U0112601

FIN—DE—SIÈCLE VIENNA

世纪末的维也纳

Carl E. Schorske

[美] 卡尔·休斯克 著 李锋 译

光明日报出版社

献给利兹

译　序

　　19 世纪末的欧洲，传统与现代针锋相对又交相辉映，政治思想如此，艺术创作亦是如此。此时的维也纳便是一个典型案例——在政治分裂、社会瓦解的危机中，这座城市涌现出一大批极具原创性的政治家、思想家、艺术家。他们的诸多观念（如反犹主义、俄狄浦斯情结、超前的建筑理念等），至今仍广受争议甚至诟病。但无可否认的是，这一代精英分子对当时（乃至后来）的西方社会文化，具有极大的塑造作用。《世纪末的维也纳》正是这样一幅群像，所描画的人物各具特色又彼此协调，就连其中的建筑，也从背景中跳了出来，俨然成为具有生命力的主体。

　　作为普利策获奖作品，《世纪末的维也纳》是一部成功的断代思想史。作者休斯克从纷繁复杂的欧洲历史中取出一个具有典型意义的切片，然后便开始细致地审视、考据、阐发，甚至还有那么一点点合理范围内的演绎和渲染。可以说，一个优秀的史学家，如果知道将历史的哪个部分切割出来作为自己的研究和书写对象，其作品就已经成功了一半。对于国内读者而言，本书颇有些《万历十五年》的味道，而取代张居正、海瑞、戚继光们的，是施尼茨勒和霍夫曼斯塔尔，是舍内雷尔、卢埃格尔和赫茨尔，以及克里姆特、柯克西卡、勋伯格，当然，还有那位永远都在刺探人类内心世界的弗洛伊德大师。

　　人人都知道，政治思想与文化艺术是不可分割的，但两者究竟怎么个关联法，却难以言说清楚，毕竟两者外在的表现形态和话语模式实在差别太大。然而《世纪末的维也纳》在这方面给出了精彩的阐释，作者用生动翔实的例子、逻辑清晰的论述，让读者心悦诚服地认定，在那个时代，那般情形下，维也纳的建筑、雕塑、歌剧、诗歌……所有的艺术形式，似乎就该那样表现，一切都是再自然、再合理不过的事情。

《世纪末的维也纳》原书用词艰涩，行文冗长，加之译者不识德语，相关表达只能通过英语理解，抑或询问友人，所以在翻译过程中确感力有不逮。第一版面世后，也收到一些朋友的批评和指正，对此译者无可辩驳，唯有虚心领受，引以为鉴。得知再版时已临近印刷时间，只是临时改动了个别词句。

值得一提的是，就在不久前（2012 年 4 月 25 日），休斯克获封"维也纳荣誉市民"的称号，这也算实至名归——尽管他写作《世纪末的维也纳》原是出于学术而非商业目的，但其中的城市刻画着实精细，以至于读过此书的人，应该都很想去维也纳观赏一番。至少是走走那经典的环城大道，然后回想一下书中第 2 章的精彩描写，两相对照，或许会发出"果然如此"的感喟吧。

译者

2012 年 5 月于上海

插图目录

图 1　重新开发之前的维也纳，1844 年　　　　　　　　　55

图 2　宣传环城大道开发的传单，1860 年　　　　　　　59

图 3　环城大道，以及（自左至右）议会大厦、
　　　市政厅、大学和城堡剧院，约 1888 年　　　　　62

图 4　市政厅（弗里德里希·施密特设计），1872—1883 年　　65

图 5　城堡剧院（戈特弗雷德·森佩尔和卡尔·哈森诺尔
　　　设计），1874—1888 年　　　　　　　　　　66

图 6　大学（海因里希·费斯特尔设计），1873—1884 年　　69

图 7　议会大厦（特奥费尔·汉森设计），1874—1883 年　　70

图 8　议会大厦前的雅典娜喷泉（特奥费尔·汉森和
　　　卡尔·昆德曼设计），1896—1902 年　　　　　72

图 9　卡恩特纳环路　　　　　　　　　　　　　　80

图 10　帝国议会街　　　　　　　　　　　　　　81

图 11　卡恩特纳环路 14 号的楼梯间，1863—1865 年　　82

图 12　帝国议会街 7 号的前厅，1883 年　　　　　　83

图 13　团体公寓楼（由特奥费尔·汉森设计），1870 年　　85

图 14　团体公寓楼的平面设计图　　　　　　　　　85

图 15　施瓦岑贝格广场　　　　　　　　　　　　87

图 16　协和广场　　　　　　　　　　　　　　　88

图 17　绅士街　　　　　　　　　　　　　　　90

图 18　奥地利土地银行大楼（奥托·瓦格纳设计），
　　　1882—1884 年，临街外观　　　　　　　　109

图 19　奥地利土地银行，后庭　　　　　　　　　　　　110

图 20　奥地利土地银行，楼梯间　　　　　　　　　　　111

图 21　下德布灵车站（奥托·瓦格纳设计），1895—1896 年　113

图 22　努斯多夫大坝：有审美感的工程（奥托·瓦格纳
　　　　设计），1894—1898 年　　　　　　　　　　　114

图 23　左河滨大街与克斯特勒街处的公寓大楼
　　　　（奥托·瓦格纳设计），1898—1899 年　　　　121

图 24　邮政储蓄办公大楼（奥托·瓦格纳设计），
　　　　1904—1906 年，其前方为格奥尔格·科克纪念塑像　127

图 25　新史迪夫特街 40 号（奥托·瓦格纳设计），
　　　　1909—1910 年　　　　　　　　　　　　　　128

图 26　模块式的城市管区（奥托·瓦格纳设计），1911 年　133

图 27　活动中心图样（奥托·瓦格纳设计），1911 年　　133

图 28　城市扩张的模块式规划图（奥托·瓦格纳设计），
　　　　1911 年　　　　　　　　　　　　　　　　　134

图 29　外皇宫广场（戈特弗雷德·森佩尔设计），1869 年　137

图 30　博物城项目："艺术总汇"（奥托·瓦格纳设计），
　　　　1880 年　　　　　　　　　　　　　　　　　142

图 31　当代艺术品展厅（奥托·瓦格纳设计），1900 年　144

图 32　艺术馆，MCM–MM（奥托·瓦格纳设计），1913 年　144

图 33　带有天顶画的城堡剧院的大楼梯间（克里姆特与
　　　　马奇绘），1886—1888 年　　　　　　　　　286

图 34　莎士比亚的戏剧，城堡剧院大楼梯间的天顶画，
　　　　1886—1888 年　　　　　　　　　　　　　287

图 35　旧城堡剧院的观众席，维也纳，1888 年　　　　290

图 36　雅典娜（位于艺术史博物馆楼梯间的拱上空间），
　　　　1890—1891 年　　　　　　　　　　　　　291

图 37　忒修斯，第一次分离派展览的海报，1897 年　　293

图 38　赤裸的真理，1898 年　　　　　　　　　　　　294

图 39　分离派之家（约瑟夫·奥尔布里奇设计），1898 年　　295

图 40　弹钢琴的舒伯特，1899 年　　　　　　　　　298

图 41　音乐，1898 年　　　　　　　　　　　　　300

图 42　无题（"享受愉悦的女孩"），无年代　　　　302

图 43　鱼血，1898 年　　　　　　　　　　　　　303

图 44　莎乐美（犹滴Ⅱ），1909 年　　　　　　　304

图 45　哲学，大学天顶画，1900 年　　　　　　　307

图 46　医学，大学天顶画，1901 年　　　　　　　322

图 47　法学，为大学天顶画所创作的构思图，约 1897—1898 年　331

图 48　法学（最终版），大学天顶画，1903—1907 年　　332

图 49　金鱼，1901—1902 年　　　　　　　　　337

图 50　马克斯·克林格，贝多芬，展于分离派展览，1902 年　339

图 51　约瑟夫·霍夫曼，分离派内部，贝多芬展览，
　　　　其中有克里姆特的饰带画，1902 年　　　　340

图 52　贝多芬饰带画，画一：渴望幸福，1902 年　342

图 53　贝多芬饰带画，画二：敌对力量，1902 年　345

图 54　贝多芬饰带画，画三细部：音乐，1902 年　346

图 55　贝多芬饰带画，画三细部：对幸福的渴望终止
　　　　于诗歌，1902 年　　　　　　　　　　　347

图 56　约瑟夫·霍夫曼，艺术展展厅，1908 年　　353

图 57　奥斯卡·王尔德的《小公主的生日》，演出于
　　　　艺术展花园剧场，1908 年　　　　　　　434

图 58　奥斯卡·柯克西卡，出自《做梦的男孩们》，1908 年　438

图 59　奥斯卡·柯克西卡，出自《做梦的男孩们》，1908 年　444

图 60　奥斯卡·柯克西卡，为《谋杀者，女人们的希望》
　　　　所画的钢笔画，1908—1910 年　　　　　447

图 61　恩斯特·斯托尔，无题，1899 年　　　　　448

图 62　阿诺德·勋伯格，空中花园篇，乐曲一　466

图 63　奥斯卡·柯克西卡，海报（自画像），1912 年　471

彩图 1　帕拉斯·雅典娜（古斯塔夫·克里姆特绘）

彩图 2　水蛇 II（古斯塔夫·克里姆特绘）

彩图 3　犹滴与荷罗孚尼（古斯塔夫·克里姆特绘）

彩图 4　玛格丽特·斯通伯勒-维特根斯坦的肖像（古斯塔夫·克里姆特绘）

彩图 5　福里查·里德勒的肖像（古斯塔夫·克里姆特绘）

彩图 6　阿黛尔·布洛赫-鲍尔的肖像 I（古斯塔夫·克里姆特绘）

彩图 7　达娜厄（古斯塔夫·克里姆特绘）

彩图 8　吻（古斯塔夫·克里姆特绘）

彩图 9　死亡与生命（古斯塔夫·克里姆特绘）

彩图 10　红色的凝视（阿诺德·勋伯格绘）

彩图 11　艺术展海报（奥斯卡·柯克西卡绘）

彩图 12　出自《做梦的男孩们》（奥斯卡·柯克西卡绘）

彩图 13　《谋杀者，女人们的希望》海报（奥斯卡·柯克西卡绘）

彩图 14　赫尔瓦特·瓦尔登肖像（奥斯卡·柯克西卡绘）

彩图 15　汉斯·蒂策和爱利卡·蒂策-康拉特的肖像（奥斯卡·柯克西卡绘）

彩图 16　暴风雨（奥斯卡·柯克西卡绘）

彩图 17　建筑师阿道夫·洛斯的肖像（奥斯卡·柯克西卡绘）

致　谢

　　但凡学术书籍，纵使最具个性之作，其成功也离不开必要的经济、智识和精神支持，由此看来，它依然是一项社会工程。就进展缓慢的拙作而言，其写作经过，与其说是完成一本书，倒更像是对一段持续探索历程的记载。因此，笔者在这一历程中所受到的私人帮助和机构支持，其重要性也就尤为明显。

　　约翰·西蒙·古根海姆基金会所提供的资金，使我得以有一年的宝贵时间在伦敦进行第一手的研读与考查。我所在的三所大学——维思大学、加州大学伯克利分校以及普林斯顿大学——也给予了该项目假期和经济支持。由于得以从教学任务中抽身出来，我能够接受斯坦福行为科学高级研究中心、普林斯顿高级研究所，以及维思人文研究中心的盛情相助。美国国家科学委员会也对我在维思中心的撰写工作给予了支持。

　　笔者对众多学者不胜感激，其中费利克斯·吉尔伯特（Felix Gilbert）当列在首位。他以其博学严谨的校正精神，成为我这一代以及下一代众多历史学家的研究生导师，他在一开始就帮我确定了研究领域，并在后期指引我跨越了诸多困难。吉尔伯特的妹妹，伦敦国王学院已故的玛丽·吉尔伯特（Mary Gilbert），将霍夫曼斯塔尔的诗歌及社交圈介绍给我，而沃伯格学院图书馆的利奥波德·艾特林格（Leopold Ettlinger）和恩斯特·贡布里希（Ernst Gombrich）给了我基础性的指导，引领我步入奥地利新艺术（art nouveau）这片泥沼之地。我已故的同事海因里希·施瓦茨（Heinrich Schwarz）和海因茨·普利策（Heinz Politzer），在一个个难忘的夜晚，同我一起观摩电影、播放唱片，并热烈探讨。不仅分别向我传授了深厚的奥地利艺术和文学学识，还传递了他们对所知领域的挚爱。罗格斯大学的罗伯特·凯恩（Robert A. Kann）在奥地利政治史和思想史上的学识无人能及，他也不断地将这些学识与我所用。

无一例外地，奥地利本国的学者既在学识上慷慨大度，为人也非常热情。其中我尤为感谢已故的弗里德里克·恩格尔-简诺西（Friedrich Engel-Janosi）、弗里茨·菲讷尔（Fritz Fellner）、哈罗德·鲁伯德-罗文萨尔（Harald Leupold-Löwenthal）博士及其太太，以及艾瑞卡·文泽尔（Erika Weinzierl）。在学术以外，《新闻报》（*Die Presse*）的前任编辑奥托·舒梅切尔（Otto Schulmeister）博士让我豁然明了：后纳粹时代的现代奥地利，对于解释这个国家前纳粹的历史有何等特别的意义。

宗教传统中有哪些与众不同的特色，关系到本书对奥地利世俗文化特性的阐释。正是威廉·博斯玛（William J. Bouwsma）、亚瑟·麦克吉尔（Arthur C. McGill）以及威廉·斯罗特曼（William Slottman）激发了我在这方面的感悟。

从罗伯特·克拉克（Robert Clark）、罗伯特·盖蒂斯（Robert Geddes）、亨利·罗素·希区柯克（Henry Russell Hitchcock）、马丁·梅尔森（Martin Meyerson）、阿道夫·普拉泽克（Adolf K. Placzek），尤其是从安东尼·维德勒（Anthony Vidler）那里，我获取到对建筑和城市规划领域的基本观念和具体批判，而萨缪尔·格林（Samuel M. Green）、欧文·莱文（Irving Lavin）及玛莉莲·莱文（Marilyn Lavin）夫妇、安杰莉卡·鲁登斯坦（Angelica Rudenstein），则对绘画部分的评论贡献良多。至于那容易使人着迷，却实在难得其要领的音乐，约翰·巴罗尔（John Barlow），以及多年以来的理查德·温斯洛（Richard Winslow）在此方面多有援助。海登·怀特（Hayden White）对第7章[*]中的音乐与视觉语言的关系提供了细致而深入的评析，这些话题单凭我自己，实难全部成功完成。

在智识上，我最为感恩的是我的五位挚友。尽管在见解上截然不同，他们在其接触的社会生活方面，却均能够全力参与创想。通过数年来对其作品及我本人作品的讨论，这几位都对我有极大的裨益和支持，使思想耕作变成了深切的个人享受。就明晰思想史家的使命感而言，莱昂纳德·克里格（Leonard Krieger）对我的帮助最大。我们这一史学分支，其内外组成成分常常相互抵触，而克里格通过自身的榜样以及评述，表明应该如何尊重和整合这些成分。诺曼·布朗（Norman O. Brown）则一次次把我从教条的迷梦中推醒，运用他的古典学识和天马行空的想象力，帮我认清历史资料中的崭新意义。阿诺·梅耶（Arno J. Mayer）强化了本书分析的政治力度，这就如同诺曼·布朗丰富了我的文化视角一样。除了他深刻透彻、详尽入微的批评（特别是第7章）之外，梅耶教授还在确定全书各章的比例，为本书最终成稿提供了必要的帮助。

两位年轻朋友以其各自不同的贡献给这项工程带来新鲜活

---

[*] 作者在原文中使用的是"篇"（essay）一词，因为他将本书当作是一部由七篇文章所构成的合集，出于中文对专著章节的表达习惯，译者将其译为"章"（chapter）。——译者注

力。安·道格拉斯（Ann Douglas）作为美国文化批评家，在本书的撰写后期展现出热情洋溢的工作精神。她从美国思想史的历程出发，既巩固又改变了我对手头这项工作的认识。道格拉斯教授和克里格教授都对导言部分的改进提出了透彻的批评意见，尽管最后仍难达到他们以及我本人对该部分的期待。数年来一直同我在这片科研的果园中亲密共事的威廉·麦克格拉斯（William J. McGrath），在耕耘过程中为我出力甚多，所以收获的果实也自当与他同享。

我的太太伊丽莎白（Elizabeth），给我写就本书带来了才思和精神上不可或缺的品质。这些品质难免会两两出现、彼此对立，可她却始终能够设法保持其平衡：她兼有理解与耐性和积极参与又不过分干涉的理智，在大方向上果敢决定，但在细枝末节上又无私劳作——当然还有贯穿始终的坚定信念。

对于打印文稿的琼·威格斯（Jean Wiggs），我深为感激她的高效、关爱，以及无尽的耐心。最后，我还要衷心感谢诺普夫出版社的诸位工作人员——尤其是罗伯特·格特列布（Robert Gottlieb）和杰弗里·赛洛伊（Jeffrey Seroy），谢谢他们如此通情达理，将此书付梓出版。

卡尔·休斯克（C. E. S.）

目 录

译 序 i

插图目录 iii

致 谢 vii

导 言 1

第 1 章

政治与心灵: 施尼茨勒和霍夫曼斯塔尔

19

第 2 章

环城大道与其批评者, 以及城市现代主义的诞生

49

第 3 章

新调性中的政治: 一首奥地利三重奏

157

第 4 章

弗洛伊德《梦的解析》中的政治与弑父

243

第 5 章

古斯塔夫 · 克里姆特：绘画与自由主义自我的危机

281

第 6 章

花园的转变

369

第 7 章

花园中的爆炸：柯克西卡与勋伯格

427

重要名词英汉对照表　487

出版后记　495

导　言

在智识活动的大多数领域，20 世纪欧洲都骄傲地宣称自己独立于过去。早在 18 世纪，"现代"一词就已有某种战斗号角的意味，但在当时只被用作"古代"的对立面，以表明其和古典时代有着鲜明的对比。然而，在过去的一百年里，"现代"一词已经将我们对当下生活与时代的感知和过往的一切区分开来，也和整个历史区分开来。现代建筑、现代音乐、现代哲学、现代科学，所有这些在界定自己时，都不认为自己"出自"过去，事实上，也很少"反对"过去，而是独立于过去。现代心灵对历史越来越漠不关心，因为被视为一种持续提供滋养传统的历史，已经毫无用处了。

对于历史学家而言，这一发展无疑值得认真关注，因为这关系到他职业存在的前提。然而对历史之死的认识，也必须引起精神分析学家的注意——在最明显的层面上，他们会将这种决然斩断与过去维系的做法，看成一代人对其父辈的反抗，以及对新自我定义的寻求。在更复杂的层面上，新兴的"现代主义"已趋于采取海因茨·科胡特（Heinz Kohut）在另一问题上所称的"自我重组"的形式了。在这里，历史变迁不仅逼迫个人探寻新的身份，同时也要求整个社会群体能够担当起对垂死的信仰体系进行修正和替代的重任。值得玩味的是，本要摆脱历史桎梏的努力，却反而加快了历史进程，这是因为漠视同过去的一切关联，使人们的想象力得以解放，从而衍生出很多新形式和新产物。所以，一旦历史连续性占据上风，复杂的改变就随之出现。反过来，意识到作为当下的历史的快速变革，则会淡化历史在关联过去上的权威性。

处于世纪之末的维也纳，我们分明能够从中感受到社会与政治解体的震撼，它是我们 20 世纪的非历史文化（a-historical culture）最为肥沃的温床之一。伟大的维也纳智识创新者在音乐和哲学、经济和建筑、自然还有精神分析方面，都或多或少地刻意地斩断他们同某种历史观的维系，而这种历史观是他们曾赖以成长的 19 世纪自由主义文化的核心。本卷书中的各章，即要探索在特定的历史语境下，这一文化转型的肇始。

❖ I ❖

虽然我将维也纳选作研究的焦点，但我并非研究哈布斯堡帝国的史学专家，在这方面没有什么特别的训练和专业知识。和所有历史学家一样，我涉及这个问题，是由自己在职业、智识和政治诸方面的经验所共同造成的。

我在 20 世纪 40 年代末刚开始教书时，曾着手组织一门现代欧洲思想史课程，意在帮助学生理解高雅文化与社会政治变化之间在宏观构造上的联系。在美国大学的课程目录里，这种联系通常会显示在课程名称上："……社会与思想史"——明显带有"进步时期"*那一代人留下来的印迹。其思想领袖詹姆斯·哈威·罗宾逊（James Harvey Robinson）、查尔斯·比尔德（Charles Beard）、约翰·杜威（John Dewey），都为20世纪的美国重申了这样的信念：启蒙运动在历史上是一个理性和社会相互依存的进步过程。而对于随后的30年代的那一代人（我也是其中一员），由于受到大萧条和马克思主义思想的影响，他们更加强调社会现实中的斗争和危机成分。不过这一代人依然保持着前人对社会进步的信心，并坚持利用思想来解释和促进社会进步。为了完成这一任务，文化史学家们掌握了一系列具有高度描述性的范畴分类，19世纪的知识分子也曾借此分类勾画出他们那个时代的发展略图，这些分类是理性主义和浪漫主义、个人主义和社会主义、现实主义和自然主义，等等。不管这些分类是多么宽泛或简化，它们毕竟有助于构建起一个框架，在这个框架内，缔造欧洲高雅文化的人们做出过哪些具体努力以从生活中提取意义，我们便可以在其特定情形下，同时结合更大的历史环境，对其进行分析。

在这个概念前提下，我的这门思想史课程一直进展顺利——可到了尼采，麻烦开始出现了。碎片化似乎无所不在——尼采和马克思主义者均将之称为"颓废"（decadence）——欧洲高雅文化进入一个无限创新的旋涡中，每个领域都宣称自己独立于整体，而这些独立出来的部分反过来又分裂成新的、更小的部分。文化现象要通过一些概念才能用思想进行表达，而这些概念本身也被卷入无情的离心变化中。不光是文化的缔造者，而且是文化的分

---

*　所谓"进步时期"（Progressive Era），指的是美国19世纪90年代至20世纪20年代。——译者注

析者和批评者们，也不幸沦为这种碎裂的牺牲品。为了界定和掌控后尼采时代的文化发展趋势，许多范畴被设想出来——非理性主义、主观主义、抽象主义、焦虑、技术主义——可这些范畴连能用来概括化的表面优点都没有，也无法被令人信服地、辩证地整合进我们先前所理解的历史进程中。想要为 20 世纪寻觅一个像"启蒙"这样过于宽泛，但在启发性上不可或缺的替代词，似乎注定无果，因为它所应覆盖的文化内容实在太过于异质化。事实上，现代运动用来界定自身的分析范畴的多样性，借用阿诺德·勋伯格（Arnold Schoenberg）的话来说，已经成为"原则的死亡之舞"。

面对这般混乱局面，历史学家该怎么办？似乎必须尊重现代文化的每个构成分支（社会思想、文学、建筑等）的历史发展，而不是用什么均一的定义来遮掩多元化的现实。于是，我转而向其他学科的同事求助，可他们的智识状况反而使问题更加复杂。在我最为关注的那些领域——文学、政治、艺术史、哲学——学界从 20 世纪 50 年代以来就不再以历史作为自我理解的基础。同时，在一场平行运动中，有些学科在重新界定自身的智识功能时，所采取的方式也削弱了它们的社会关联性。就拿文学里的新批评派来说，"二战"之前原本是文学历史主义的实践者在大学英语系里明显占上风，新批评派后来居上，一些致力于非时间范畴、内在论和形式分析的学者取代了前者。在政治学领域，随着罗斯福新政的消退，传统政治哲学的规范关注，以及实用主义对公共政策问题的热衷，都开始让位于非历史的、政治上中立的行为主义风潮。而在经济学领域，立足数学的理论家大行其道，失势的则是旧的社会意识强的机构主义者，以及以政策为导向的凯恩斯主义者。即使是在音乐这样的领域，受勋伯格和申克尔（Schenker）启迪的新式大脑思维也开始侵蚀音乐学对历史的关注。最重要的当数哲学领域，该学科以前的特点是对自身的历史特性和历史延续性具有高度的意识，可是如今，对于这些自古以来就令哲学家们关注的问题，分析学派却越来越质疑其有效性。为了在语言和逻辑领域有一个更受限和更纯粹的功能，新哲学不仅割裂了自己同整个历史的联系，也同本学科自身的过往一刀两断。

于是，在一个接一个的专业学术领域，历时性路径或者说曾经维系现实追求和过往关注的意识链条，要么被斩断，要么被磨损。在这些学科宣称自己独立于过去历史的同时，它们彼此之间也愈加丧失依赖关系。对于理解当代文化的多样性，需要有统一的前提或一致性原则，而这些具有自主性的学科，非但没有提供上述这些条件，反倒加强了文化多元的趋向，这是因为这些学科的学术专业化，在分析上恰恰对应前者。与其他领域同事进行的讨论使我相信：不管是人文学科，还是社会学科，都不要指望历史意识能够从它们那里直接或分享性地获得多少支持。同事们还打消了我原本的想法，即历史学家无论凭借何种支持，都能够为现代高雅文化找到令人满意的概括性描述，这种想法无疑太天真，而企图追求普遍适用的理解方法实在狂妄。与此同时，他们又使我确信，很多学科中的自主性分析方法，不管在总体意义上是多么与历史无关，还是向思想史学家提出了一项挑战，对此他们不能再泰然处之、不管不问。长久以来，历史学家们都满足于把高雅文化的产品用作政治或文化发展有例示性的反映，或者将其与意识形态做对比。只要文化的缔造者和阐释文化的学者都认为，自己的作用就是从社会共享价值的历史轨迹中获得意义，那么历史学家传统的研究步骤，不管可能是多么浅陋，也还是有一定合法性的。一个普遍被接受的关于作为整体的文化的历史进程的架构——尤其是像在19世纪那样的围绕进步理念的架构——允许历史学家选择特定的文化材料，这些文化材料的属性和他对历史总方向的观念密切相关，但是，既然人文学科中的内在分析法，已经揭示出艺术、文学和思想作品当中结构和风格的自主性，历史学家倘若再对它们充耳不闻，就有可能误读其材料中的历史含义了。

正如想从历史维度阐释一门现代科学，就必须了解这门科学的批判方法一样，想要认真探讨20世纪非科学文化的缔造者，就必须了解现代人文主义者所采取的分析方法。只有这样，我们才能够在阅读文本时掌握它的内容（而其形式也是一个重要成分），不管这文本是剧本、城市规划方案、绘画，抑或是心理学论文。文本创造者的社会意识越薄弱，就越需要那些文本的社会-历史阐释者做出专门的内部分析。然而历史学家同人文主义的文本分析者的目标并不完全相同。后者意在最大限度地阐明文化产品，把所有的分析准则放到特定内容中去考量；而历史学家却从时间的角度来定位和阐释作品，其领域存在两条主线：一条是垂直的，或曰历时性的，借此他可以在文本或思想体系中，跟同一文化活动分支（包括绘画、政治等）的前人表述之间建立起关联；另一条则是水平的，或曰共时性的，借此他可以评估思想内容与同时期其他文化分支或角度的相互关系。在文化史的结构中，历时线是经线，共时线是纬线，而历史学家就是织工，可是他织出来的布究竟质量如何，还要看线的强度和颜色才行。他必须从专门的学科中学会纺纱，而这些学科的学者虽然已经不再有兴趣用历史来作为理解事物的主要方法，但比起历史学家来，他们在本领域内，依旧更懂得如何织出结实耐用、色彩纯正的纱线。历史学家自织的纱线不如他们的精细，但如果历史学家在纺纱中仿效了他们的方法，他应该也能够纺出足够耐用的纱线，来织出他被要求制造出的那种粗糙花纹的织物来。

历史学家当前必须放弃的，特别是在面对现代性问题时，是预先假定一个抽象和绝对的通用标准，即黑格尔所说的"时代精神"和密尔（Mill）所说的"时代特征"。在过去曾经使用这种直觉辨认法去考察统一体的地方，我们现在却必须采取经验法来研究多元状态，以此作为在文化中找到统一模式的前提。可是如果我们在各个单独的文化生产分支中，依据其各自的模式，来重新建构变迁过程的话，那么我们就能够获得更为坚实的基础，来确定各分支之间的异同之处。这反过来又可以把我们带到人们共同关心的问题上来，找到应对某些体验的共同方法，这些方式把处于共同的社会空间和时间空间中的人，作为文化创造者维系到一起。

≫ Ⅱ ≪

我坚信，作为一个大领域的思想史，要想保持其分析上的活力，就必须采取"挖洞插杆"（post-holing）的方法，即用这个大领域中每个区域自身的术语来检视各个区域，这也就决定了我的研究策略。因此，这些研究成形于对文化活动的不同分支的单独研究——首先是文学，然后是城市规划，再往后是造型艺术等。

但是假使我只关心该领域的自主性及其内部变化的话，它们之间的共时关系或许就会不复存在。孕育文化元素的沃土，以及将这些元素凝聚在一起的基础，是广义上的共有的社会体验。使我开始关注这片沃土的，是"二战"后美国的政治和文化变迁。我后面的历史叙述，借鉴了美国的发展，当然，它并没有假装在解释它。

1947 年之后的 10 年，由罗斯福新政和反抗纳粹而带来的历史与社会乐观情绪最终消失。诚然，美国在过去也有过悲观和怀疑的思潮，有爱伦·坡（Edgar Allan Poe）、麦尔维尔（Melville）或者亨利·亚当斯（Henry Adams）这样有力的代言人，但在一个知识分子同公共生活紧密关联的国家里，他们对国家文化并没有造成很深的印迹。如今，一股悲观情绪——有时是由于无能为力，有时是由于防备心很重，有时则是干脆听天由命——笼罩着知识界，而在以前，不管是温和派分子还是激进主义者，自由主义者还是马克思主义者，都曾经满怀社会乐观精神地团结在一起。出于"二战"后几年的各种政治原因（如冷战愈演愈烈、苏军进驻捷克斯洛伐克、新揭露的斯大林暴政真相，再加上麦卡锡主义在所有社会阶层造成的巨大而可怕的分歧），知识界曾经共同享有的启蒙前提已被大大削弱。倒不是说这些政治变化导致知识分子改变了政治立场或者完全放弃政治（尽管有不少人确实这么做了），而是说在更深刻的层次上，危机似乎迫使普遍的哲学观发生转变，原本自由派和激进派的立场都镶嵌在这种世界观中。简言之，两派人几乎是在无意识间就调整了自己的世界观，以顺应这一场政治期待值不断降低的革命。一些终生对宗教漠不关心的自由主义者，开始倾向于新正统的新教教义（neo-orthodox

Protestantism）；克尔凯郭尔（Søren Kierkegaard）成了他们反复念叨的人物。约翰·斯图亚特·密尔（John Stuart Mill）的伦理理性主义或卡尔·马克思关于共产主义的构想，一度曾非常引人入胜，可是在当时，对于大学生中那些引领思想的知识分子而言，雅各布·布克哈特（Jakob Burckhardt）顺从天命的贵族哲学，似乎更能说明文化和权力问题。对年轻的美国主义者来说，佩里·米勒（Perry Miller）笔下那些清教徒先辈雄浑有力的道德现实主义，要比弗农·帕林顿（Vernon Parrington）的开放民主精神来得更有说服力。

从普罗米修斯式的文化英雄到埃庇米修斯式的文化英雄，在这个转化过程中，最引人注目的莫过于从马克思到弗洛伊德的转变。在这里，对困扰人类病因的探索和理解，已经渐渐地从公共和社会学领域，转移到了个人的私人和心理学世界。毫无疑问，弗洛伊德早已在美国思想界确立了自己的地位。他像对待《旧约》一样迷恋于罪疚和责任问题，再加上他对于解放“健康”性本能的关注，使他早在1930年之前，就赢得了广泛的道德权威，无论是作为治疗师还是作为人性的进步理论家而言都是如此。[1]然而到了20世纪50年代，美国生活各个方面中那些原本无人触及的心弦，被弗洛伊德学说里较为阴郁的那一面所拨动。观念各异的学者们戏剧性地体现出这种变化。历史学家威廉·兰格（William Langer）就是因为对历史编纂中一味囿于政治利益的研究心怀不满，才转而投向精神分析的，他将文化与社会变迁解释为一种集体创伤。莱昂内尔·特里林（Lionel Trilling）在其自由主义观和左派思想展开斗争时，也开始有限地借鉴精神分析这个本能的神秘世界，来巩固自己的人文理性主义。与此同时，其他的政治左派，如哲学家赫伯特·马尔库塞（Herbert Marcuse）和古典主义者诺曼·布朗，也着手重新绘制乌托邦的轮廓，将其思想基础从马克思转到了弗洛伊德。虽然这四位知识分子领袖的政治观点从极端保守到极端激进，彼此各不相同，但他们都在转化过程（或者说至少是拓展过程）中发挥了重要作用，而从社会范畴转移到心理学范畴来理解人类和社会，是离不开这个前提的。而且他们当时都承受着巨大的压力，那就是政治领域新出现的不容异己的趋向。

弗洛伊德当然是奥地利人，但他并不是"二战"后美国所关注的唯一一位世纪之交的奥地利人。曾经长期被看作陈腐而乏味的曲作家古斯塔夫·马勒（Gustav Mahler），突然成了交响乐演出中颇受追捧的大家。在伯克利的学生闹"革命"期间，一个新成立的马勒学社在其徽章上（这是当时流行的做法）宣示他们的信条——"马勒精神"（Mahler Grooves）。与此同时，勋伯格的影响力也从先锋派及其他作曲家那里，扩展到了学院派的大本营。古斯塔夫·克里姆特（Gustav Klimt）、埃贡·席勒（Egon Schiele）和奥斯卡·柯克西卡（Oskar Kokoschka），维也纳感官世界和心灵生活的画家们，也从默默无闻，一夜间变得风行一时。

布克哈特曾经说过："所谓历史，就是一个时代从另一个时代中发现的值得关注的东西。"两次世界大战间的美国曾经对1918年之前作为一个失败的多民族国家的奥地利颇感兴趣，而当时的美国则发现，奥地利历史上同一时期的思想作品也很"值得关注"。当然，美国人在进行文化借鉴时，几乎并不理解"另一个时代"的问题和经验，而吸引他们的观念和艺术，恰恰正是在这

"另一个时代"里形成的。这自然激起了我的兴趣，引发我在政治和社会背景下，探索曾经吸引过我同时代人的思想。把这些观念理解为广阔历史进程中的一部分，当然既不能证实它们，也无法为今天的我们展现其价值。这些都不是历史学家的任务。然而历史分析法至少可以揭示出，历史在文化的孕育和诞生时赋予它的特征。通过阐明那些观念在其所处时代中的起源、意义和局限，我们可以更好地理解我们在自己的时代里对这些观念的喜爱的含义和重要性。

❯ Ⅲ ❮

因此，我选择维也纳为研究领域，是出于多个因素的综合考量的。我在教学过程中已经遭遇过棘手的问题，比如为多元化的后尼采文化寻找相关的特征，我从中意识到，需要循序渐进，识别对理解文化创新的几个分支十分必要的自主性分析模式。同时，"二战"后美国的政治生活和智识生活表明，自由主义政策，作为实现各个文化分支同步转型的统一化背景，已经面临危机。弗洛伊德和其同时代的人在美国重新受到关注，这一事实本身就说明了维也纳是一个重要的研究课题。最后，当文化自身以及研究文化的学术方法都在愈加去历史化和多元化时，为了保持历史的概括能力原封不变，就需要一个范围明确的社会实体，它相当小，但蕴含丰富的文化创造力。

对于这样一种以政治为基础的多学科研究，世纪末的维也纳提供了不同寻常的优势。这座城市的知识界，几乎是同一时间，在一个又一个的领域内做出了革新，以至于在整个欧洲文化圈里，他们被称作维也纳"学派"——在心理学、艺术史和音乐上尤其如此。即便是在国际公认的奥地利发展较缓慢的领域（例如文学、建筑、绘画和政治），奥地利人对其传统也进行了关键性的重构和颠覆性的转型，在他们自己的社会看来，这些即使不是真正革命性的，也称得上是激进新潮了。"青年一代"（Die Jungen）这个词，作为对崇尚创新的"反抗者"（révoltés）的普遍称呼，从一个领域传播到另一个领域。这个词起先是用在 19 世纪 70 年代的政治上，指的是一群反对奥地利古典自由主义的年轻人，很快又出现在文学界（Jung-Wien）*，继而又出现在那些最早接受新艺术并赋予其奥地利特色的艺术家和建筑家中间。2

于是，在这座弗洛伊德的城市，新的文化创造者们，不断地通过一种集体的、俄狄浦斯式的反抗来界定自己。不过，与其说年轻人反抗的是其父辈，不如说反抗的是他们继承来的父权文化的权威。他们在漫长的阵线上所攻打的，是他们从小成长于其中的古典自由主义占主导地位的价值体系。考虑到他们在数个文化活动领域内部，都对自由主义-理性主义传承做出了无处不在又不约而同的批评，仅仅对某些特殊学科所采取的内在研究法，根本无法公正地解释这一现象。在文化创造者中间，这种思想和价值全面而突然的转型表明了一种共同的社会经验的存在，这种经验也迫使我们重新去思考。就维也纳而言，其高度紧凑的政治和社会发展，为此提供了这样一种背景。

自由主义中产阶级在奥地利政治占优势的时代，比西欧其他

---

* Jung-Wien：字面意思即"青年维也纳"。——译者注

地方开始得都要晚，却比其他地方更早地陷入深重危机中。按乐观估计，实际的宪政持续了约 40 年（1860—1900）。人们还未来得及庆祝其胜利，颓败之势便已开始。整个过程在时间上非常紧促，这种紧促不见于欧洲其他地方。在法国，文化上的"现代性"这一后自由主义时代的问题，作为先锋派对资产阶级的自我批评，是紧随 1848 年革命而出现的，并且从第二帝国时代一直持续到第一次世界大战前夕，虽中间有起有落，但一直在慢慢地传播。可在奥地利，现代运动在 19 世纪 90 年代才在大多数领域出现，直到 20 年后才渐臻成熟。因此，新的高雅文化在奥地利的发展如同发生在温室中，为其提供热量的是政治危机。用一位诗人的话来说，落后的奥地利，在突如其来的阵痛中，变成了"大人物执掌规划的小世界"。[3] 当我们分析文化创新者的作品时，能够发现自由主义政治衰落和失败过程的痕迹吗？衰落和失败侵蚀了人们对自己继承而来的高雅文化的信仰，这是否不仅仅限于政治？

维也纳的文化精英受社会限制的特点，再加上其独特的地方主义与世界主义、传统做派和现代品位的结合，为我们研究 20 世纪早期的思想发展，创造了比起其他大城市来更为连贯一致的背景。在伦敦、巴黎或柏林——我跟我的学生在研讨课上将其中每一个城市作为文化实体来考察——高雅文化的各个分支中的知识分子，不管是理论界的还是美学界的，新闻界的还是文学界的，政治界的还是学术界的，彼此之间互不知晓。他们生活在互不往来的专业圈子里。与之形成对比的是，在维也纳，直到 1900 年，整个精英阶层的凝聚力都相当之强。沙龙和咖啡馆一直保持着活力，在那里，各种知识分子互相交流思想和价值观，同他们混迹在一起的还有以自身的通才教育和艺术涵养为荣的商界与职业精英。同样，知识分子与其他精英群体的"疏离"，他们关于神秘或先锋亚文化的发展，与上层中产阶级的政治、伦理和美学价值的脱离，这些在维也纳也都比欧洲的其他文化都市来得要晚，尽管其发展步伐更快、更稳定。出现在本研究中的文化创造者们，其开山一代的大多数人，在自己阶级被排挤出政治权力的过程中，是和自己的阶级一起被疏离的，而不是脱离和反抗作为统治阶级的本阶级的。一直到了第一次世界大战前的 10 年，才出现知识分子同整个社会疏离的现象。

❖ IV ❖

由于本书的研究并非要构建一幅历史全景图，所以各章均可以单独阅读。每一章都是从一个独立的尝试点切入讨论范围，根据具体问题的不同性质，文章的篇幅和重点均有所不同。只有政治与文化之间的互动作为唯一的基本主旨而贯穿始终。本人的期望是，就好似在组歌里一样，中心思想的作用便是搭建起一个统一连贯的世界，各个部分能够彼此照亮对方，共同来阐明更大的整体问题。

对各章的重点和排列赘言几句，或许能对读者的具体阅读有所裨益。第 1 章，"政治与心灵：施尼茨勒和霍夫曼斯塔尔"，为整个系列提供了背景，旨在笼统介绍奥地利文化传承的特殊性质——部分是贵族的、天主教的和审美的，部分是资产阶级的、墨守法律的和理性主义的，在这种情况下，世纪末文化的缔造者要面对功能和意义上的危机。他们的两难境地，在阿图尔·施尼茨勒（Arthur Schnitzler）和胡戈·冯·霍夫曼斯塔尔（Hugo von Hofmannsthal）这两位文学人物的身上显现无遗，表现在他们的历史重任上，就是以各自不同的方式改造传承，以适应他们的社会阶级中所出现的问题。

第 2 章，"环城大道与其批评者，以及城市现代主义的诞生"，以城市形态和建筑风格为媒介，回顾和探讨了自由主义政治盛行时期的文化体系。但本章同时也具前瞻性。两位主要参与者，奥托·瓦格纳（Otto Wagner）和卡米洛·西特（Camillo Sitte）对维也纳的自由派的再改造有何批判反应，显示出了在构筑环境的现代思想上所出现的两种冲突趋向，即是社群主义（communitarian），还是功能主义（functionalist）。

第 3 章，"新调性中的政治：一首奥地利三重奏"直接进入政治领域，特别是反犹主义这一关键领域。通过对三位领军人物（两位反犹主义者、一位犹太复国主义者）的分析，本章追踪了幻想政治的产生过程，在这其中，贵族文化传统的持久力量，被这三位曾经的奥地利自由主义者加以改用，以顺应大众政治的现代追求。

第 4 章更为深入智识领域，讨论一份单一文本，即弗洛伊德划时代的著作《梦的解析》。我在这里所使用的精神分析法，被略为修改过，通过利用弗洛伊德的白日残梦，重构那些曾经影响过他关于心灵的观念的个人历史体验。梦境和回忆，是弗洛伊德在做自我分析时，从自己被压抑的过去中重新提取出来的素材，而在探索这些梦境和回忆的社会与政治内容时，我们发现，精神分析法，作为一种非历史的思想体系，是在历史给弗洛伊德造成的创伤下形成的。

有关画家克里姆特的第 5 章，重点再次拓宽，从单独一个文本到其一生的全部作品。克里姆特起先积极参与自由主义高雅文化，然后又为了追求"现代"而反对这种文化，最后又隐退到纯装饰功能里去，他的一生，通过其绘画的风格和观念，记录了在哈布斯堡时代后期的紧张局势中，艺术的性质和功能的变迁。

最后两章，"花园的转变"和"花园中的爆炸：柯克西卡与勋伯格"，展现了艺术逐渐发生重大转变的概貌，在长达半个世纪的自由主义衰落过程中，艺术失去了对社会现实的定位。花园在传统上是人类掌控秩序的象征，如今成了一个媒介，用来追踪超过四代人以来，在人类环境中新出现的后理性主义概念。第 6 章，"花园的转变"，通过特殊的文学例证，展现了对思想和情感无比痛苦但又颇富创造性的重组，这些思想和情感是在自由主义权力（以及支撑这种权力的历史维度）土崩瓦解的情形下出现的。最后一章，"花园中的爆炸：柯克西卡与勋伯格"，继续了这一过程，探讨了表现主义文化的诞生——这是一个新的更为动荡的时代，传统文化秩序的覆亡达到高潮，而新的文化开始重构。在反对世纪末唯美主义的狂暴声浪中，柯克西卡和勋伯格设计了绘画和音乐的全新语言，在对自己社会公开的价值观的超越性否定中，宣告了受苦的普遍性。现代人被定义为"被判定要重新构建自己宇宙"[4] 的人，伴随着这个界定，20 世纪的维也纳又寻觅到了自己的声音。

注释 *

1. 关于美国在 1918 年之前对弗洛伊德的接受问题，其详细的分析请见小内森·黑尔（Nathan G. Hale, Jr.）所著的《弗洛伊德与美国人》（*Freud and the Americans*，纽约，1971 年版）。

2. 关于这一反抗的初期阶段及其文化蔓延，请见威廉·麦克格拉斯（William J. McGrath）所著的《奥地利的狂欢艺术和民粹政治》（*Dionysian Art and Populist Politics in Austria*，纽黑文，1974 年版），散见全书各处。关于对整个发展的概述，请见卡尔·休斯克（Carl E. Schorske）所著的《世代紧张与文化变迁：对维也纳的反思》（"Generational Tension and Cultural Change: Reflections on the Case if Vienna"），转自《代达罗斯》（*Daedalus*，1978 年秋季号），第 111—112 页。

3. 弗里德里希·黑贝尔（Friedrich Hebbel），引自海因里希·贝内迪克特（Heinrich Benedikt）所编的《奥地利共和国史》（*Geschichte der Republik Oesterreich*，慕尼黑，1954 年版），第 14 页。

4. 奥斯卡·柯克西卡（Oskar Kokoschka）著，《文集，1905—1955》（*Schriften*, 1905—1955，慕尼黑，1956 年版），第 403 页。

---

* 本书注释中的书名，在该章首次出现时使用全称，再次出现时以简称代替。——编者注

第 1 章

政治与心灵

施尼茨勒和霍夫曼斯塔尔

在第一次世界大战结束时，莫里斯·拉威尔（Maurice Ravel）在《华尔兹》（*La valse*）中记录了19世纪世界的横死。华尔兹本是维也纳歌舞升平的象征，可在这位作曲家手里，却变成了疯狂的"死亡之舞"。拉威尔写道："我觉得，这件作品是维也纳式华尔兹的某种典范之作，在我的大脑中，维也纳式华尔兹和某种狂热的命运旋涡的印象联系在一起。"[1]他这一怪诞的纪念物象征性地引出一个历史问题：在世纪末的维也纳，政治和心灵之间的关系。

虽然拉威尔庆祝了华尔兹世界的毁灭，但他起初并未把这个世界呈现为统一体。作品开头大致勾画了构成整体的各个部分的轮廓：华尔兹主题的片段，散落在冥想的沉静中。渐渐地，各部分寻觅到了彼此——威扬的军号、有力的疾奔、甜美的助奏、横扫一切的主旋律。每个元素都有自身的动力，并被赋予了磁性，进而被吸引到更大的整体中来。每个元素在找到舞伴时都展现出了自身的个性。步调愈来愈快，几乎在未察觉之间，气势如虹的节奏过渡到让人情难自禁，而后直至疯狂的节奏。同心的元素开始偏离中心，脱离整体，因而使和谐音变得刺耳。前进的步调持续加快，突然之间，休止符在节奏中出现；当乐章的主元素刹那间戛然而止、不再演奏时，由此而产生的虚空感，让听众几乎停下来，瞪大恐惧的眼睛。每个元素都这样时停时续，削弱了音乐的动感，可整个曲子仍在演奏，义无反顾地驱驰向前，只有强劲的四三拍才能这么演奏。直到曲终，华尔兹变成一片狂响时，每个主题仍旧在整体的混乱中散发着自身的个性，无比异常而扭曲。

不管拉威尔知道与否，他这部关于现代文化危机的音乐寓言都提出了一个问题，在方式上同世纪末的奥地利知识分子所感到和所看到的，可谓如出一辙。他们的世界是如何陷入混乱的呢？是因为个体（在拉威尔这里，则是音乐主题）在心灵上包含了一些和社会整体根本不相容的特征吗？还是说整体扭曲、瘫痪、毁灭了构成它的个体呢？还是说，根本就没有什么富有节奏的社会整体，有的只不过是一个统一乐章的幻觉而已，而造成这种幻觉的实际上是根本上不协调、个体化的部分偶然表达的？假如是最后一条原因的话，那么这个统一的幻象是不是就可以转化为现实？这些问题对人类来说并不陌生，可在世纪末维也纳的知识分子们看来，它们成了中心问题。不只是维也纳最卓越的作家，还有它的画家和心理学家，甚至包括艺术史学家，都全神贯注于这个问题，即个体在一个正在瓦解中的社会的本质问题。正是出于这份关注，奥地利对关于人类的新看法做出了自己的贡献。

传统的自由主义文化曾以"理性人"（rational man）为中心，理性人凭借科学驾驭自然、凭借道德约束自我，也被期待创造出美好社会。到了我们这个世纪，理性人已经不得不让位于内涵更丰富，但也更加危险和更善变的生物，即"心理之人"（psychological man）。这个新人不只是理性的动物，更是具有感觉与本能的生物。我们倾向于将其作为我们文化中各方面的衡量尺度。我们的内主观主义（intra-subjectivist）艺术家画他。我们的存在主义哲学家试图让他有意义。我们的社会学家、政治人物和广告商操纵他。即使是我们那些高深的社会批评家，也是用他——而不是理性权利的标准——来评判社会秩序的价值。对于政治和经济上的压迫本身，我们通过心理挫败感来进行评估。颇为讽刺的是，在维也纳，正是政治上的挫败感，才使人们发现了这一如今无所不在的心理之人。他从维也纳自由主义文化的政治危机中浮出水面，为我提供了研究的主题。

在简略地交代了世纪末政治危机的性质和背景之后，本章将概括 19 世纪维也纳自由主义文化的主要特点。尽管与其他国家的自由主义文化有颇多共同点，但它亦有某些专属于自身的特色。维也纳文化可以奇怪地划分为道德成分和审美成分，两者彼此极不和谐，但依然为世纪末的知识分子提供了面对时代危机的思想武器。而在这个语境中，我们可以去理解两位文坛领军人物——阿图尔·施尼茨勒和胡戈·冯·霍夫曼斯塔尔——是如何以各自不同的方式，在自由主义的文化危机中努力地为自身寻找定位，并阐述政治与心灵之间的相互关系的。

➤ I ➤

如同大多数欧洲国家一样，奥地利的自由主义，有其反对贵族、抗争巴洛克时代专制的光辉历史。在 1848 年的惊人溃败中，这一时期结束了。历尽磨难的自由主义者执掌大权，并且于 19 世纪 60 年代，在几乎没有任何竞争对手的情况下，建立起了立宪政权。使自由主义者执掌国家的，并非他们自身内在的力量，而是由于旧秩序败于外国敌对势力手中。从一开始，他们就不得不同旧贵族和帝国官僚共掌权力。即使在其 20 年的统治期间，自由主义者的社会基础也一直很薄弱，仅限于城市中心的中产阶级德意志人和德意志犹太人。尽管越来越认同资本主义，他们在维持议会权力时，依旧采取了限制公民权这种极不民主的手段。

不久，新的社会群体提出呼吁，要求参与政治，这些群体包括农民、城市手工业者和工人，以及斯拉夫人。到了 19 世纪 80 年代，这些群体组织起了群众性政党来挑战自由主义霸权，其中包括反犹的基督教社会党人和泛德意志主义者、社会主义者，以及斯拉夫民族主义者。他们的胜利来得很快。1895 年，自由主义大本营维也纳被卷入了一股基督教社会主义的洪流。皇帝弗朗茨·约瑟夫（Francis Joseph）在天主教会的支持下，拒绝批准当选的反犹天主教徒卡尔·卢埃格尔（Karl Lueger）担任市长。这位专制君主堪称犹太人的救世主，作为自由主义者的西格蒙德·弗洛伊德就曾抽着雪茄对皇帝的这一举动颇为赞赏。可两年后，汹涌大潮再也无法阻止。皇帝屈从了选民的意志，批准卢埃格尔为市长。基督教社会党的煽动家开始了在维也纳长达 10 年的统治，他们结合了古典自由主义厌恶的一切：反犹主义、教权主义和市政社会主义。同样，在国家层面上，到 1900 年时，自由主义者作为一股议会政治力量也彻底瓦解，再也没有复兴。他们已经被基督徒、反犹主义、社会主义和民族主义等各种现代群众运动彻底击垮。

溃败造成了深远的心理影响。它所激起的情绪与其说是颓废，不如说是无能。进步似乎已走到尽头。《新自由报》（*Neue Freie Presse*）认为，预期的理性历史进程已被无情改变。"敌视文化的群众"在政治启蒙的条件创造好之前就取得了胜利。《新自由报》在 1897 年的狂欢节的最后写道：自由主义者可以戴上"假鼻子，[只是] 掩盖一张焦虑的脸庞……人们听到的不是欢快的华尔兹，而只是暴民们情绪激动的喧嚷，还有警察驱散 [政治] 敌对势力时的叫喊"。[2] 焦虑、无能，以及对社会生存的残暴性更加清醒的认识：这些特征在自由主义信条被各种事件粉碎的社会环境中占据了核心地位。

19 世纪 90 年代的作家，其实是这一饱受威胁的自由主义文化的产儿。他们继承而来并要以此面对危机的价值观到底是什么？我认为，在 19 世纪后半叶的自由主义文化中可以大致辨别出两组价值：一组是道德和科学上的，一组则是美学上的。

维也纳上层资产阶级的道德文化与科学文化，跟欧洲其他地方普通的维多利亚时代文化相比，并没有多大差别。道德上，它是安全的、正义的，但也是压抑的；政治上，它关心法治，而法治既包括个人权利也包括社会秩序。在智识上，它推崇头脑支配身体，支持近代的伏尔泰学说，即通过科学、教育和勤奋工作来实现社会进步。几十年来，这些价值观被应用到奥地利的立法、教育和经济生活中，产生了经常被人低估的巨大成就。然而不管是这些价值，还是在这些价值引导下的进步，都没有给奥地利的中上层阶级带来什么独一无二的特点。

更值得我们关注的是 19 世纪中叶之后，那些受过良好教育的资产阶级的审美文化的演变，因为正是从这种文化中，发展出了整个阶级对艺术生活的独特的接纳能力，同时在个体层面上，发展出了对心灵状态的敏感性。到 20 世纪初，寻常的欧洲资产阶级道德文化，在奥地利已经被非道德的"感觉文化"

（Gefühlskultur）所覆盖和破坏。这一发展尚未得到细致研究，而我在这里也只能提出一个纲要。

有两个基本的事实，使奥地利资产阶级不同于法国和英国的资产阶级：它既没有完全消灭也没有充分融合贵族阶层；而且由于其软弱性，它还要将皇帝视作一个关系疏远但又必不可缺的庇护者，依赖和效忠于他。由于无法垄断权力，资产阶级就总有一点局外人的感觉，努力寻求同贵族的融合，而维也纳众多资财丰厚的犹太人，以其强烈的同化主义倾向，更是加强了这一趋势。

在奥地利，很少有人能在社会层面上被同化为贵族阶层。甚至那些赢得分封特许状（patent of nobility）的人，也不会像在德国一样，受准参与帝国宫廷生活。可是同化却可以沿着另外一条更为开放的道路进行，那就是文化之路。这条路同样也有自己的困难。奥地利贵族的传统文化，与资产阶级和犹太人的律法主义、清教式文化相去甚远。它深受天主教影响，是一种强调感性的、可塑性强的文化。传统资产阶级文化把自然看作一个可以依靠神圣法则通过强加秩序来掌控的领域，而奥地利贵族文化则把自然当成是一个欢愉的场景、一种神圣恩典的展现，应该通过艺术的形式进行颂扬。传统奥地利文化并不像德国北方文化那样有着道德、哲学和科学的特征，它主要是审美的，最大成就是在应用艺术和表演艺术方面：建筑、戏剧、音乐。因此，根植于理性与法治的自由主义文化的奥地利资产阶级，就与注重感官和优雅的古老的贵族文化发生了冲突。这两种元素，正如我们将要在施尼茨勒身上看到的，只能形成一种极不牢固的化合物。

与贵族文化进行同化的第一个阶段是纯粹外在的，几乎是模仿的。19 世纪 60 年代新兴资产阶级所建造的新维也纳用石头表现了这一点。自由主义统治者的城市重建计划令拿破仑三世的巴黎相形见绌，他们试图让自己的设计拥有某种历史、某种门第。他们的宏伟建筑受到哥特式、文艺复兴式或巴洛克式的传统的启发，而这些传统都不是他们自己的。*

通往贵族文化的第二条途径，比起大兴土木来更为惹眼，那就是对传统上颇为强大的表演艺术的赞助。比起建筑，这种形式的贵族传统更为深入地渗透进中产阶级的意识中，因为传统的维也纳民间戏剧已经为此铺平了道路。维也纳新上层资产阶级，开始模仿洛布科维茨（Lobkowitz）家族和拉索默斯基（Rasoumowsky）家族，赞助古典戏剧和音乐，但见证者中没有谁能够否认，到 19 世纪末，他们所表现出的对这些艺术形式的真正热爱，远远胜过欧洲任何其他城市的资产阶级。到了 19 世纪 90年代，中上层阶级的英雄人物已不再是政治领袖，而是演员、艺术家和批评家。职业的文书人员和业余的文人学士数量激增。

到了 19 世纪末，对于维也纳的中产阶级社会来说，艺术的功能已经发生改变，而在这一变化中，政治发挥了至关重要的作用。如果说维也纳市民一开始支持艺术圣殿的做法是一种同化为贵族阶层的替代形式的话，那么他们最后在艺术中发现的却是一种逃避，一个逃避日益具有威胁性的政治现实的不愉快的世界的避难所。1899 年，批评家卡尔·克劳斯（Karl Kraus）认为对文学的广泛兴趣和文学的商业化是一种政治产物，只是近年来的产物，而"这些年来，维也纳自由主义的行动领域局限于首演之夜的戏院正厅"[3]。霍夫曼斯塔尔则把人们对艺术不断增加的挚爱，

---

* 请见第 2 章，第 I 和第 II 节。

看作跟心理焦虑有关，这种焦虑是由于公民政治生活的失意造成的。"我们必须在一个世界崩溃之前向它告别，"他在 1905 年写道，"很多人对此都已心知肚明，而一种难以名状（unnennbares）的感受使许多人成了诗人。"[4] 在欧洲其他地方，选择了为了艺术而艺术，意味着其奉献者只能从某个社会阶级中退出；只有在维也纳，它获得了整个社会阶级的忠诚，而艺术家只是其中的一部分。艺术生活成了行动生活的替代者。的确如此，当公民行动变得越发徒劳时，艺术简直成了一种宗教，是意义的源泉和灵魂的食粮。

我们决不能因此认为，维也纳的资产阶级在吸纳审美文化的同时，也吸纳了贵族阶级即使在其没落之时也一直能维持的集体等级意识和功能意识。资产阶级，无论是作为纨绔子弟、艺术家，还是政治人物，都无法根除其自身的个人主义传统。随着其"潜逃"意识（霍夫曼斯塔尔语，意即逃离世界）的增强，资产阶级将借来的审美文化，内化为对自我和对个人独特性的培养。这一趋势不可避免地导致人们专注于自己的心灵生活。它提供了对艺术的钟爱和对心灵的关注之间的联系，这一点可以从人们热切阅读的报纸文艺栏（feuilleton）的文风当中看出来。

报纸文艺栏作家是一位花边文学艺术家，他致力于那些离散的细节和情节，十分迎合 19 世纪的人们对具体事物的嗜好。但他也试图将自己想象中的色彩赋予材料上。比起文章的内容来，记者和批评家明显更加注重对其个人经历、情感基调的主观感受。呈现一种感觉状态，成了进行判断的模式。因此，在报纸文艺栏作家的作品中，形容词淹没了名词，个人色彩几乎完全抹去了文章对象的轮廓。

在 17 岁时的一篇文章中，年轻的特奥多尔·赫茨尔（Theodor

Herzl）指出了报纸文艺栏作家的一大主要倾向：自恋。他说，报纸文艺栏作家容易有这样一种危险，就是"爱上自己的精神，因而失去了对自身和他人的判断标准"。[5] 报纸文艺栏作家容易把对世界的客观分析，转换为对个人情感的主观培养。他们把世界看成一连串随意的情感刺激，而不是一个行动的场景。报纸文艺栏作家自己就是他专栏所面向的那一类文化人的典型：他们的特征就是自恋和内向，对外部现实被动地接受，最重要的是，对心灵状态极为敏感。这种资产阶级情感文化限制了知识分子和艺术家的心态，精炼了他们的感受力，也制造了他们的问题。

现在，我们把文化和政治发展的各个分支结合起来看，它们在 19 世纪 90 年代融合在了一起。受过良好教育的资产阶级试图融入先前已经存在的贵族优雅文化，他们借用了审美和感官上的敏感性，但其形式仍旧是世俗化的、扭曲的，以及高度个性化的。由此带来的结果便是自恋，还有生活情感的过度膨胀。政治性的群众运动带来的威胁则削弱了传统自由主义对其自身传承——理性、道德法则、进步——的信心，加强了这一已经呈现的趋势。艺术从装饰变成了本质，从价值的表现转变成了价值的根源。自由主义垮台这一巨大灾难，进一步将审美遗产转化成了一种敏感的神经质、不安的享乐主义和经常是极度焦虑的文化。更复杂的是，奥地利自由主义知识分子没有完全摒弃他们传统中较早的那一部分，即法律的道德和科学文化。因此，在奥地利最优秀的那类人中，对艺术和感觉生活的肯定和负罪感混杂在一起，也为负罪感所削弱。良心在那喀索斯*的神殿中的持续存在，焦虑的政治

---

*　那喀索斯（Narcissus），希腊神话中的自恋美少年。——译者注

根源在个人的心灵中得到了强化。

⹵ II ⹵

在阿图尔·施尼茨勒（1862—1931）的作品中，奥地利的世纪末文化的两大分支——道德科学文化和审美文化——几乎以同等比例出现。阿图尔的父亲是一位杰出的内科医师，他一心要儿子从事安稳的医学行业，年轻的阿图尔因此行医超过 10 年。维也纳人钟情于表演艺术，老施尼茨勒也不例外，他总是自豪地数点着维也纳的伟大表演家，都有谁曾是他的病人、是他的朋友。然而当阿图尔从自己家里感染上这份审美激情后，产生了强烈的从事文学职业的冲动，他的父亲却成了一个中世纪的卫道士，强烈反对这个年轻人的意愿。

早在学医时，施尼茨勒就被心理学深深吸引。他曾在弗洛伊德的老师特奥多尔·梅内特（Theodor Meynert）的诊所里担任助手，并成了临床催眠技术方面的专家。就像弗洛伊德一样，施尼茨勒感到，从父亲那里继承而来的道德价值观念和自己的现代信念之间存在着一种深刻的张力，这种现代信念认为，本能生活需要被承认为人类幸福或不幸的根本决定因素。同样和弗洛伊德一样，他用来解决矛盾对立的方法，是把科学观从其道德的母体中剥离出来，大胆地将其转向本能生活。无怪乎弗洛伊德在施尼茨勒 50 岁生日（1912）那天，称赞他在研究"饱受低估和污蔑的性"方面，是一位"同道中人"。[6]事实上，弗洛伊德强烈地感觉到自己同施尼茨勒的近似之处，以至于他有意识地避开这位作为自己"翻版"的作家。[7]

　　作为维也纳人，施尼茨勒能够轻易地从文学自然主义者所揭示的社会类型中，接近本能世界。维也纳的花花公子和佳丽美人，那个时代无忧无虑的纵欲主义者，都为他的早期作品提供了丰富的人物素材。在这些作品中，他探讨的是爱欲的强制力、它的满足感、它的幻想，以及性与死神之间奇异的亲近感，还有——特别是在《轮舞》（*La ronde*，1896）中——它能瓦解所有社会等级的可怕力量。19 世纪 90 年代后期，维也纳的反犹势力取得明显胜利后，施尼茨勒对旧道德世界的关注和同情增强了。他不再关注那些嘲弄道德文化的玩弄女性者，而是关心起笃信道德文化的受害者。在《帕拉塞尔苏斯》（*Paracelsus*，1897）和《博尔塔·加兰太太》（*Frau Berta Garlan*，1900）这两部戏剧中，施尼茨勒展现了道德对人类（哪怕是那些为了有秩序、有伦理、有目的的社会生活而坚决压制自己重要本能的人）是多么羸弱无力。他在另一部戏剧《生命的召唤》（*The Call of Life*，1905）中探索了传统文化残酷压抑的一面，但也探索了屈服爱的本能，在传统世界之外寻找满足感是徒劳的。"生命的召唤"是一种对狄俄尼索斯式存在的召唤，这就需要投入生命的洪流，因此也是一种死亡的召唤。施尼茨勒在对因道德说教传统不能理解人类本能而大加斥责的同时，也像弗洛伊德那样，展示了本能满足不可避免地会涉及对自我和他人的残酷。

　　在 19 世纪 90 年代中期自由主义处于危机之时，施尼茨勒转而关注政治问题，或者更确切地讲，关注在政治中表现出来的心灵。《绿色凤头鹦鹉》（*The Green Cockatoo*，1898）是一部精彩的讽刺小剧，剧中人物的本能生活成了支配他们在法国大革命中命运的核心力量。施尼茨勒既不支持也不反对法国大革命，法国大革命对他（以及其他众多的 19 世纪后叶的自由主义者）而言，早已失去历史意义。他不过是利用它作为一个载体，意在讽刺当时处于危机中的奥地利社会。《绿色凤头鹦鹉》中，身处上层的人物沉溺于感官享受：有的是公开的纵欲主义者，有的是戏剧艺术的爱好者。这部戏的场景和中心是一家餐厅戏院，在那里演出的目的是在观众面前消除戏剧与现实、面具与真人之间的差别。倘使在平时，这种戏无非就是取个乐，可在革命时期，这种演出对于其爱好者来说是致命的。艺术的腐败和腐败的艺术融为一体。舞台上的谋杀成了真实的谋杀，演员出于嫉妒而采取的真实谋杀似乎成了英勇的政治谋杀，而情杀凶手则成了非理性的革命暴民心目中的英雄。过度沉恋于感官生活摧毁了上层阶级区分政治和剧演、性侵害和社会革命、艺术和现实的能力。非理性成为整体的最高主宰。

在《绿色凤头鹦鹉》中，施尼茨勒抽象、轻松而反讽地探讨了奥地利的心灵和社会问题。几乎是 10 年之后，他在一部长篇小说中又回到了这个问题上来，但这次是从社会学的角度严肃对待这个问题。奥地利自由主义社会在反犹主义的冲击下分崩离析，这一现象为这本小说提供了特定的历史背景。题目《通向旷野之路》（ *Der Weg ins Freie* ）指的是有着良好教养的维也纳年轻一代，竭尽全力地寻找一条通往免于罪责的道路，走出病态社会的泥沼，获得令其满意的个人生活。每一位年轻的犹太人配角，都象征了自由主义被扫除之后，犹太人仍然还可以走的真实道路。而在一个更公正的社会里，他们本来都是有着自己的道路的，但是现在却被迫走向了另一条不太适合自己，甚至和自己的个性完全不相容的道路。有政治意愿的人成了沮丧失意的作家，把这种意愿向内转到了自己的毁灭上来；本应尽享爱情生活的迷人的犹太姑娘，现在成了好战的社会主义狂热分子；凭性情气质注定成为出色贵族军官的犹太小伙子，现在却成了复国主义者；凡此种种，不一而足。正如拉威尔的《华尔兹》中的主题，每个人物都被整体的狂乱旋流所扭曲，不再是真实的自己，而是变得偏执古怪。

另外一组人物代表的是旧有的一代，以及他们处于垂死挣扎的有目的的道德和科学文化。施尼茨勒现在正面看待他们。仿佛他已经跟父亲和解了。虽然老一代的价值观早已落伍，跟生活中的社会心理现实也毫不相干，可这些旧有特征依然展示了稳定的典范、致力于创造性工作的基础，甚至是某种人类同情的基础。不过，这一代人不再拥有活力。施尼茨勒看待他们，就恰似拉威尔看待约翰·施特劳斯一样，带有怀旧和温情，但他也不无悲伤地认识到，在现实中这一代注定要毁灭。他的小说表明，本能在事实上已经从政治领域被释放了出来，议会已经成了一个纯粹的操纵大众的剧院，而性也已经从制约它的道德法则中解放了出来。随着公共的死亡之舞大行其道，私人的生命之舞也就旋转得更为狂放。一方面是重新忠实于传统价值，另一方面则是针对现代社会与心理现实的科学看法（这些事实使传统价值已不再适用），而施尼茨勒悬在两者之间，止步不前。

正是从旧道德和新心理之间的这一矛盾视角出发，施尼茨勒描绘了《通向旷野之路》的主人公。格奥尔格·冯·维根廷（Georg von Wergenthin）同时是艺术家和贵族，他象征了世纪末奥地利资产阶级文化的英雄。通过他，施尼茨勒阐述了一个理念的缓慢死亡。

维根廷在他所出入的上层资产阶级犹太人圈子里，恰如其分地受到了双重追捧：既因为他作曲家的天赋，又因为他系出名门而举止优雅。尽管从表面上看，社会喜爱他这种人，也推崇他的艺术，可实际上，由于社会不可救药的多元性，他内心的漂泊感、孤独感和徒劳感反而加重了。敏感的维根廷在其心灵世界中所折射出的断裂与紧迫的情势，也是施尼茨勒所描绘的社会全景画卷的特征。在一个社会的价值取向冲突的混乱地方，维根廷也只能是其通常的产物——价值真空。

由于无力让自己专注投入，维根廷陷于瘫痪。他滞留在空洞贫瘠的意识边缘地带：徘徊于工作与娱乐之间、对内在驱动力的肯定和否定之间、挑逗和爱情之间、贵族智慧和资产阶级理性之间。他没有做出选择。施尼茨勒巧妙地展现了各种压力（包括社会或者本能的压力）如何强加给他的选择，记录下他感受震撼的意识。维根廷爱上了一个下层中产阶级女孩，几乎找到了救赎，他带着女孩离开维也纳，来到卢加诺过着与世隔绝的生活，并重新开始谱曲。对于爱情的承诺，使他也能够专注于创造性作品，可是这分崩离析的社会很快就破坏了他那充满创造力的归隐生活，维根廷从爱情和工作中又回到了漫无目标的游荡中，而安娜的孩子生下来是个死产儿。

小说没有真正的结局，主人公也没有悲剧性地位。施尼茨勒是一位没有愤怒的先知。他科学家的一面报复了道德家和艺术家的一面。作为社会观察家和心理学家，他认定这世界是困顿的，也就照此勾画这世界，但又不像真正的悲剧作家那样，认为这样的世界就是正当的。道德与本能与历史的动力之间都是不相容的。

施尼茨勒对此既不能宽恕也无法谴责。

不过作为一份宣告一种文化理念的死亡的宣言书，他的这本小说非常有力。格奥尔格跟他的艺术家恋人的分手，象征了半个世纪以来通过审美文化将资产阶级和贵族阶层联合起来的努力宣告失败。施尼茨勒指出，迫使人们承认这一失败的历史力量正是反自由主义群众政治的兴起。因此非常恰当的是，纯洁而唯美主义的安娜的哥哥却是个邪恶的反犹主义分子。由于她的贵族恋人软弱无能，她注定要过一种单调乏味的小资产阶级生活，而她的哥哥却踏上了可憎却大有前途的政治生涯。至于格奥尔格，则因自己过度膨胀的敏感而丧失力量，他意识到自己正在被内心的本能和外在的疯狂社会驱赶着。社会生活中的贵族已不再能够掌控现实；审美文化中的贵族亦无从理解现实。在一个脱轨失控的资产阶级世界，他只能感受到自己的无能。

施尼茨勒渴望的是悲剧，但只获得了悲伤。他笔下的一个人物发现，根本就没有通向旷野之路，有的只是通向自我之路。施尼茨勒夹在科学与艺术之间，夹在对旧道德和新感情的投入之间，无法像弗洛伊德和表现派艺术家一样，在自我中找到新的和令人满意的意义；他也不能像后来的霍夫曼斯塔尔那样，为精神领域的政治问题构想出解决方案。作为一个失望而坚定的自由主义者，他提出问题的方式显然就是将幻想击碎。他无力创造新的信仰，可是身为维也纳上层资产阶级社会的分析者，施尼茨勒在当时的文坛却无人可与之匹敌。就像拉威尔一样，他不仅理解华尔兹世界的传统，也理解个体的心理，这些个体与正在解体的整体之间的关系越来越离心化。他具有原创性地描绘了大部分 20 世纪主观主义得以形成的社会母体，即世纪末的维也纳正趋解体的道德审美文化。

❧ III ❧

施尼茨勒是从道德-科学传统着手，先触及心灵，后触及政治。对这一传统的信奉，促使他绘就了审美-贵族的理想如何破产的图画。与施尼茨勒形成对照的是，胡戈·冯·霍夫曼斯塔尔（1874—1929）的成长环境十分忠于贵族传统［如其后来为《玫瑰骑士》（*Der Rosenkavalier*）写的剧本所示］，事实上可以说浸染于艺术神殿。他从中挣脱出来，闯入了政治和心灵的世界，并试图运用艺术的魔力来复兴垂死的道德和政治传统。因此，这两位朋友所面对的是同一问题，使用的是同一文化素材，但是方法不同，结果也不同。

霍夫曼斯塔尔的家庭可谓资产阶级审美-贵族传统的生动体现。胡戈的父亲是最纯粹意义上的维也纳贵族，一个具有精神气质的真正贵族。与施尼茨勒的父亲不同，他对自己的儿子选择何种职业和在社会上担当什么功能，并没有什么固执的安排。他唯一关心的是能培养儿子的才能，让他最大限度地享受雅致和休闲的生活。于是，有才能的孩子从小就生长在培养审美才能的温室当中。*

无怪乎处于青春期的霍夫曼斯塔尔就变成了一个自恋之人，"早熟、温柔而又伤心"。[8] 由于快速地汲取整个欧洲的时尚诗作和

---

* 赫尔曼·布洛赫（Hermann Broch）曾对霍夫曼斯塔尔和莫扎特各自所受的来自父亲的教育，进行了颇具启发性的比较，前者的父亲着眼于休闲，而后者的父亲则是将艺术作为一项社会职业来训练他的。请见《霍夫曼斯塔尔和他的时代》（"Hofmannsthal und seine Zeit"），转自布洛赫著，汉娜·阿伦特（Hannah Arendt）编，《杂文集》（*Essays*，两卷本，苏黎世，1955 年版），第一卷，第 111—113 页。

造型艺术，他的语言闪烁着幽暗的紫色和金色的光芒，又像厌世的珍珠母一般泛着微光。难怪在崇尚文化的维也纳知识界，不分老少，全都尊他为偶像。只有维也纳最尖刻的道德家卡尔·克劳斯，对霍夫曼斯塔尔这位"珍宝收藏家"鄙夷不屑，批评他"脱离生活，热爱那些美化生活的事物"。[9]

不管克劳斯这话多么不正确，霍夫曼斯塔尔的仰慕者们也好不到哪里去！他们都被这位诗人的用字遣词给骗了。对于霍夫曼斯塔尔来说，审美态度从一开始就是有问题的。他很清楚，艺术神庙的栖居者被判定只能在自己的心灵中探寻生命的意义。这种人深受自我囚禁之苦，除了被动地接受知觉，不允许和外部现实有任何联系。在《傻子与死神》（*Der Tor und der Tod*，1893）中，霍夫曼斯塔尔探讨了伴随着"珍宝收藏心态"而出现的灾难性后果，比如怀疑主义、死气沉沉和道德冷漠。

在《提香之死》（*Der Tod des Tizian*，1892）中，诗人描绘了把艺术当作价值源泉的狂热崇拜者形象，而且用的是他们自己的语言，但是他也首次表明了他自己摆脱审美态度的渴望。作为一种舞台造型（tableau vivant），这部短剧近乎一场祭典，祭祀的是濒临死亡的美之神偶。提香的弟子们谈论着这位垂死的艺术家赋予他们的生命审美视野，其中的气氛非常风格化，让人想起沃尔特·佩特（Walter Pater）的《文艺复兴》（*Renaissance*）。弟子们称颂老师，因为他通过自己的灵魂，为他们改变了自然和人类。假使没有他的话：

我们会在黄昏中继续生活，

　　　　我们的生命没有意义……*

　　同城市里的俗夫没有两样。尽管霍夫曼斯塔尔倾尽了一个发起者的热情来表现对美的崇拜，可他的投入却是有条件的。他察觉到了危险，甚至他作品里最"审美"的部分，也表达了这种危险：对于正统的艺术宗教而言，把生活作为美来阐释，会带来可怕的依赖。天才总是能够看到美；对他来说，每个时刻都能带来满足感。可那些不懂得创造的人，就"必须无助地等待着天才的启示"。同时，生命也失去了活力：

　　　　我们的当下只有空虚和沉寂，
　　　　如果奉献不能来自外部。**

　　只有最年轻的弟子，16岁的吉安尼诺，察觉出困难的根源，这个俊秀的男孩，就恰似青年时代的霍夫曼斯塔尔，身上有一些"少女般的性质"。霍夫曼斯塔尔的很多顿悟，都是在"似梦似醒"中获得的，处在同样状态下的吉安尼诺，在夜间游走到一处石崖，下面正沉睡着威尼斯城。他透过画家之眼来看这座城市，一个纯粹视觉的物体，"依偎在月光和潮汐洒在她睡眠上的闪闪发亮的斗篷中，窃窃私语"。继而在夜风中，令人错愕的秘密出现了，那是在视觉意象之下，生命正在跳动——陶醉、苦难、仇恨、精神、

---

* 原文为："So lebten wir in Dämmerung dahin, Und unser Leben hätte keinen Sinn"。

** 原文为："Und unsre Gegenwart ist trüb und leer, Kommt uns die Weihe nicht von aussen her"。

鲜血。吉安尼诺第一次意识到有一种积极、情感丰富且全情投入的存在。如果一个人将自己和城市分开的话，"生命，充满活力又无所不能——人可以拥有它，但是也对它毫无意识"。

提香的其他弟子急于复活将艺术和生活分开的缓冲地带，可吉安尼诺的洞见却有将之毁灭的危险。有人解释说，在这座城市美丽而诱人的外表下，潜藏着丑陋与粗俗，正是这种距离，颇为高明地让吉安尼诺看不到一个邪恶、阴郁的世界，栖息在这个世界里的人全然不懂得美，即使在睡眠中也没有梦幻。还有人断言，为了将这个粗鄙的世界阻隔于外，提香已经筑起了一道高墙，隔着高墙上花朵绽放的藤蔓，执着于美的人不会直接看到这个世界，只能隐约感知而已。吉安尼诺不再说话，但垂死的提香证明他的心态是对的。大师在最后的顿悟中喊道："牧神还活着！"提香在这种重新对生命统一的倾情投入的支持下，在死前画了一幅画，其中牧神是中心人物。画家并没有直接展现这位生命之神，而是把他画成少女怀中遮着帐布的一个木偶，而这个少女其实就是有着雌雄同体特征的吉安尼诺的女性对应物，是一个感受到怀中生命奥秘的少女。大师已经指明了艺术与生活统一的道路，但他依然仅限于对其可能性进行传统的神话再现。对于吉安尼诺来说，虽然他并未如此明讲过，但仅仅这生命力的象征景象是远远不够的。他所要的不只是象征。提香的其他追随者只会一味模仿，丢弃了老师的传统艺术成就与生活之间的关联，而吉安尼诺强化了唯美主义者的视野，他穿越了那堵装点美观的围栏，却渴望着美本身，这令他的朋友大为震惊，因为他们觉得，围栏之外的生活是不可想象的。在这部分剧本里，吉安尼诺-霍夫曼斯塔尔的问题并未解决，可困扰诗人的疑问已经明确提出：艺术如何才能超越仅仅对美的被动呈现，而同这个世界生命结成一种更富有成效的关系呢？或者简单地说，哪里才是逃离艺术神庙的出路？

10 年来，霍夫曼斯塔尔都在静静地摸索神庙的围墙，企图觅到一个秘密出口。在无数次的探求中，他为自己的智识发展找到了一条特别有希望的出路：艺术是本能的唤醒者。

霍夫曼斯塔尔在诗作《上古瓶绘的牧歌》（*Idyll on an Ancient Vase Painting*）中，讲述了一位希腊瓶绘画家的女儿，她跟当铁匠的丈夫生活在一起，心里很不满意。她的童年记忆里全是父亲所画的那些极富美感的神话形象，这激发了她追求情感生活的渴望，而埋头工作的丈夫自然不能满足她。终于，一个半人马出现了，她内心的生命之火立即燃起。她想要和半人马一同逃跑，却不幸在逃跑时被丈夫的长矛给刺中。这就是故事的全部，如果与诗歌的环境脱离，故事也并不怎么动人，但其意义绝不限于此。在这里，霍夫曼斯塔尔把他十分崇敬的济慈的态度给颠倒了过来。济慈在著名的《希腊古瓮颂》（*Ode on a Grecian Urn*）里，抓住并固定住了美中的本能生命，而霍夫曼斯塔尔则从美的真实性出发，要把冻结在艺术中的、积极的本能生命重新唤醒。《上古瓶绘的牧歌》仅仅标志着霍夫曼斯塔尔关注本能生命的开始，随后，在 20 世纪头 10 年，他又创作出像《伊莱克特拉》（*Electra*）和《得救的威尼斯》（*Venice Preserved*）这等气势恢宏的剧作。

我无意表明，霍夫曼斯塔尔就是力比多（libido）的某种倡导者。事实绝非如此。本能对他来说，就像对施尼茨勒一样，是危险、狂暴的。他的文化一直把美仅仅看作一种逃离日常世界的手段，而他的贡献在于，他表明了这种美能够通向另外一个世界——非理性的模糊世界。由于把美看作危险，霍夫曼斯塔尔很少直接用当代的语言来展现本能世界，而是用神话或历史的外衣将之遮蔽住。他对弗里德里希·黑贝尔（Friedrich Hebbel）的诗歌所做的评价，也适用于他自己的诗，它"如此穿透人心，以至我们最为隐秘……内心的深处也在翻搅，我们身上的魔性与天性，在黑暗中沉吟，陶醉而同情地律动"。[10] 尽管有种种危险，但人的本能因素，即"我们身上的天性"，却赋予人以力量，使人能够摆脱唯美主义的羁束和自恋情感的麻痹。霍夫曼斯塔尔感到，要投入生活需要有决心和意志的能力。这意味着必须投身到非理性，只有在这样的世界里，决心和意志才能立足。因此，对本能的肯定，为唯美主义者打开了通往行动和社会生活的大门。

　　对于这个他现在正在步入的伟大世界，霍夫曼斯塔尔是如何看待的呢？现代社会与文化对他而言，就像对施尼茨勒一样，无可救药地多元化，缺少内聚力和方向。他在 1905 年写道："……我们这个时代的本质，就是多元性和不确定性。唯一靠得住的就是'游移感'（das Gleitende），而且意识到，其他时代确信为坚固的东西实际上也是这种游移感。"[11] 在霍夫曼斯塔尔眼里，这种对现实的新认知，破坏了理性的效力。他笔下的一个人物说过："一切都成为碎片，碎片又继续破碎，成为更多的碎片。不再有什么东西，能够允许自己被概念所接受。"[12] 霍夫曼斯塔尔认为，把"大量可能成为自己的敌人和折磨的非理性异质"[13] 纳入自身，是对最高尚本性的考验。对于这位诗人而言，这种考验，实则是要求自己发挥出在现代世界中应有的作用：把这个时代中截然不同的诸多元素编织到一起，并在它们之间构建起一个"关系的世界"（Bezüge）。这位诗人进行整合的方式，并不是通过施加什么规则，而是把生命各部分注定彼此相连的潜藏形态给揭示了出来。

因此，诗人就像历史学家一样，坦然接受事物独特状态下的多元性，并且展现出它们在动态相互关系中的统一性。通过形式，他把冲突引向了和谐。

因此，霍夫曼斯塔尔放弃了抒情诗，转而选择戏剧，因为戏剧这种文学形式更适合具体行动的领域，因此也就更适合伦理和政治。行动，如今立足于本能，发生在没有哪个法则能主导一切的人类场景中，行动意味着既为自身受苦，也成了别人受苦的原因。每个人对他人来说都是命运，他人对他也同样如此。因此，霍夫曼斯塔尔的伦理脱离了传统的理性道德法则，而包含在情感生活中。霍夫曼斯塔尔没有像施尼茨勒那样在旧道德和新现实之间模棱两可，对他而言，伦理生活就是一种有不断更新的感受力的生活，一种创造全新的关系形态的生活。

在20世纪头几年，霍夫曼斯塔尔在一系列剧作和短剧（尽管并未全部完成）中，不断实验政治手法。如同施尼茨勒，对政治上的非理性与恶魔主义的突破，构成了他的基本问题。在他的第一部短剧《佛土那徒斯和他的儿子们》（*Fortunatus and His Sons*，1900—1901）中，霍夫曼斯塔尔公开宣布了他"基本的历史学-社会学主题：新贵家庭的堕落"。[14] 剧中富有的统治者仿佛中了魔，一心要夸示自己的权力，以致臣民起来造反。这个有关滥施统治权的相对简单的寓言，被下一部政治短剧《康道里斯国王》（*King Candaules*）中更加复杂的手法所替代。康道里斯是一位稳操大权的君主，他跟王权之间的关系让我们想起《提香之死》中吉安尼诺同艺术的关系。由于对自己"陈腐乏味、充满日常气息的"存在极不满意，康道里斯渴望着城中人群的生活脉动。为了达到此目的，他犯下了"违背王权的罪行：瓦解神话"。[15] 曾经使作为艺术家的吉安尼诺获得救赎的，却令作为国王的康道里斯遭受毁灭。霍夫曼斯塔尔似乎在说，伟大的艺术依赖对日常生活的心理现实的认知，然后才能以诗的形式被拥抱。而伟大的统治，依赖对其美学元素的首要地位的持续承认，这个元素就是"'形式'，或曰'国王'：他已像祭司一般，不再具有常人的属性，而是众神之子……"16 所以，霍夫曼斯塔尔竭力避免施尼茨勒的悲观主义，努力寻找一种统治理念，能够塑造和引导政治中的非理性。他在艺术神庙中寻到了线索。从这里出发，他将他找到的解决诗人和现代生活混乱关系的问题的方案——动态形式——用于解决政治混乱的问题。

　　动态形式的概念对政治来说意味着什么？它始于这样一个假设，即个体和群体中相冲突的能量必须有一个发泄口。抽象的理性正义无法提供这个发泄口，只能量化而已；一个完整的心理之人必须参与到政治进程中。这里所说的参与，跟自主平等的个人进行民主投票的意思既接近又不同，它指的是参与到霍夫曼斯塔尔所说的"整体的仪式"中。只有在政治仪式的形式中，没有人感到被排斥在外的情况下，相冲突的个体的初始能量才能得以协调。

　　这种仪式化的政治概念带有明显的哈布斯堡传统的印记。在奥匈帝国晚期，带有仪式化的形式主义光环的帝国机关，是公民效忠的唯一重心。霍夫曼斯塔尔或许受到了这一帝国传统的启发，但并未局限于此。在其政治剧目和短剧中，他表明单单有等级形式还是不够的；形式中还要蕴含鲜活的文化现实，否则它注定将会覆亡。他在《上古瓶绘的牧歌》中传达了艺术去崇高化的信息，这在他对政治再崇高化的追求中，依然可以起到警示作用。

霍夫曼斯塔尔在他最伟大的戏剧《塔》(*Der Turm*,1927)中,表达了他对政治和心灵关系的成熟看法。他创作这部悲剧的过程前后长达 25 年,并在其中体现了他对哈布斯堡王室衰败和灭亡的经历。《塔》中最为核心的心理冲突是俄狄浦斯式的,即父子之间的冲突。不过,父亲是国王,而儿子是诗人兼王子。如同《哈姆雷特》(*Hamlet*),该剧既是政治的,亦是心理的。和奥地利自由派一样,父亲以基于法律的秩序理论为政治压迫做辩护。他的臣民(包括他被囚的儿子)都被排除在整体的仪式之外,因此他们转向侵略性。凡是在法律忽视本能的地方,本能就会反抗和颠覆秩序。在这里,政治被心理化,而心理也被政治化了。然而诗人王子控制了自己的侵略性,谋求用一种新的社会秩序的动态形式来拯救社会,这种形式受统一的和非压制性的艺术模式启发而来。父亲以法律为自己的统治做辩护,而儿子则渴望通过优雅来统治。儿子的尝试失败了,戏剧也以悲剧而告终。政治操纵的高手为了自身的利益,控制着这场由推翻父亲和他的旧有法律而引发的混乱。对于仅仅依靠法律的政治来说,这为时已晚;而对于将本能升华的优雅政治来说,却又为时尚早。诗人王子死了,像霍夫曼斯塔尔一样,将教训留给了后世。

霍夫曼斯塔尔和施尼茨勒面对的是同一问题:在奥地利现代政治的熔炉中,古典自由主义的人类观已经瓦解。两人都确认了这样的事实:心理之人已从旧文化的废墟中出现了。施尼茨勒是从维也纳自由主义传统的道德和科学一面来着手解决这个问题的,他在社会学上的洞察力胜过霍夫曼斯塔尔,但他对垂死文化的执着,让他染上了苍凉的悲观主义情绪,因此他的作品缺乏悲剧力量。施尼茨勒认定对审美文化而言必不可缺的游移感，也曾让霍夫曼斯塔尔受害过，但后者最终摆脱了这一麻痹状态。他在接受心理之人方面并不逊于施尼茨勒，还把艺术准则应用到了政治领域。他寻求一种疏导而非压制非理性情感力量的形态。他的所谓参与整体仪式的政治，似乎有些不合时代，并导致了他的悲剧。但是，他见证了扩大政治思想实践的范围的需求，以理解人类情感及理性权利，这些都成了后自由主义时代的中心问题。霍夫曼斯塔尔曾经评论说，现代诗人的活动"忍受着必要性的律令，好似在一座金字塔上建造一位死去的国王或尚未出生的神灵的庞大寝居"。[17] 霍夫曼斯塔尔既有着哈布斯堡的传统主义，又大胆地追求一种新的关于崇高化的政治，似乎在这两方面都起到了作用。

注释

1. 罗兰·曼纽尔（Roland Manuel）著，辛西娅·乔莉（Cynthia Jolly）译，《莫里斯·拉威尔》（*Maurice Ravel*，伦敦，1947 年版），第 83 页。

2. 《新自由报》（*Neue Freie Presse*），1897 年 3 月 2 日号。

3. 《火炬》（*Die Fackel*），第 1 期（1899 年 4 月号），第 15 页。

4. 引自雅各布·洛巴赫（Jakob Laubach）著，博士论文《胡戈·冯·霍夫曼斯塔尔的塔楼诗集》（*Hugo von Hofmannsthals Turmdichtungen*，弗赖堡，1954 年版），第 88 页。

5. 亚历山大·拜恩（Alexander Bein）著，《特奥多尔·赫茨尔传记》（*Theodor Herzl. Biographie*，维也纳，1934 年版），第 36 页；另参见第 96—97 页。

6. 库尔特·贝格尔（Kurt Bergel）编，《格奥尔格·布兰德斯与阿图尔·施尼茨勒：互通书信集》（*George Brandes und Arthur Schnitzler: Ein Briefwechsel*，波恩，1956 年版），第 29 页。

7. 弗洛伊德给施尼茨勒的信，1922 年 5 月 14 日，收入欧内斯特·琼斯（Ernest Jones），《西格蒙德·弗洛伊德的生平与作品》（*The Life and Work of Sigmund Freud*，纽约，1951 年版），第 443—443 页；另参见赫伯特·I. 库珀（Herbert I. Kupper）和希尔达·S. 罗曼-布兰赫（Hilda S. Rollman-Branch），《弗洛伊德与施尼茨勒（两个翻版）》["Freud and Schnitzler（Doppelgänger）"]，载《美国精神分析协会学报》（*Journal of the American Psychoanalytical Association*），第七期（1959 年 1 月号），第 109 页及其后。

8. 胡戈·冯·霍夫曼斯塔尔（Hugo von Hofmannsthal）著，《阿纳托尔书导言》（"Prolog zu dem Buch Anatol"），收入《诗集与剧本》（*Die Gedichte und kleinen Dramen*，莱比锡，1912 年版），第 78 页。

9. 《火炬》（*Die Fackel*），第 1 期（1899 年 4 月号），第 25、27 页。

10. 霍夫曼斯塔尔给施尼茨勒的信，1892 年 7 月 19 日，《给朋友的信》（"Briefe an Freunde"），载《新评论》（*Neue Rundschau*）第 41 期（1930 年 4 月号），第 512 页。

11. 《诗人与他的时代》（"Der Dichter und diese Zeit"），收入胡戈·冯·霍夫曼斯塔尔（Hugo von Hofmannsthal）著，玛丽·吉尔伯特编，《随笔选集》（*Selected Essays*，牛津，1953 年版），第 125—126 页。

12. 《一封信》（"Ein Brief"），引书同上，第 109 页。

13. 胡戈·冯·霍夫曼斯塔尔（Hugo von Hofmannsthal）与埃伯哈德·冯·博登豪森（Eberhard von Bodenhausen）著，《友谊书信集》（*Briefe der Freundschaft*，柏林，1953 年版），第 97 页。

14. 胡戈·冯·霍夫曼斯塔尔（Hugo von Hofmannsthal）著，赫伯特·斯坦纳（Herbert Steiner）编，《戏剧》（*Dramen*，法兰克福，1953—1958 年版），第 508 页。

15. 同上，第 512 页。

16. 同上，第 520 页。

17. 《诗人与他的时代》（"Der Dichter und diese Zeit"），收入霍夫曼斯塔尔著，《随笔选集》（*Selected Essays*），第 138 页。

第 2 章

**环城大道与其批评者，
以及城市现代主义的诞生**

1860 年，奥地利的自由派在哈布斯堡帝国西部，迈出了他们执掌政权的第一大步，并且依照宪政原则和中产阶级的文化价值观，改造了国家机构。与此同时，他们也掌握了维也纳的控制权。于是这座城市就成了他们的政治大本营、经济首都，以及思想生活的辐射中心。从他们掌权的那一刻起，自由派便开始以自己的构想来重塑这座城市，及至世纪之末，这些人被赶下台时，他们可说是几近成功了：维也纳的面貌已被大大改变。这一城市重建的中心项目，就是环城大道（Ringstrasse）。这个复合了众多公共建筑和私人住宅的庞大工程，占据了一片带状的宽阔土地，将昔日的内城同郊区分隔开来。由于风格统一，规模宏大，"维也纳环城大道"（Ringstrasse Vienna）已经变成了奥地利人的一个概念，能够在他们心中唤起一个时代的特征，就仿佛"维多利亚时代"之于英国人，"创造者时代"（Gründerzeit）之于德国人，或者"第二帝国"之于法国人一样。

　　到了 19 世纪末，当奥地利的知识分子对他们曾成长于其内的自由主义文化开始心生怀疑时，环城大道成了他们进行批判的一个象征性的焦点所在。就像"维多利亚主义"在英国一样，"环城大道格调"（Ringstrassenstil）也成为一个相当普遍的贬义词，一代充满怀疑、批判，并且有着审美敏感的年轻人，就是喊着这个词，抛弃了他们无比自信、跻身新贵的父辈的。不过更确切地说，正是以环城大道风格为砧板，在维也纳及其建筑方面的两位现代思想先驱——卡米洛·西特和奥托·瓦格纳才锤炼出了城市生活和形态的思想，现在这些思想的影响依然在我们中间发挥作用。西特的批评为他在公共城市理论家的神庙中赢得了一席之地，并受到了后来诸如刘易斯·蒙福德（Lewis Mumford）和简·雅各布斯（Jane Jacobs）这些创新改革家的推崇。瓦格纳的构想则在其基本前提上是极端功利主义的，这为他赢得了现代功能主义者及其重要盟友的赞誉，其中包括佩夫斯纳学派（Pevsners）和吉迪恩学派（Giedions）。西特和瓦格纳的看法明确对立，但是他们都将出现在奥地利生活的其他领域的、对19世纪文明的仿古和现代主义反对带到了对这种城市的思考中。他们在城市理论和空间设计中，展示了两个能体现20世纪奥地利高雅文化的鲜明特征——对心灵状态的敏感性，以及对将理性作为生活指导的惩罚和可能性的关注。

首先，我将环城大道本身视为一个社会阶层价值观的视觉表达。但是应当记住的是，就城市发展而言，不仅仅是用空间和石材来投射价值观。统治维也纳的自由主义者们，将他们一部分最为成功的成果应用到平淡无奇的技术上来，使这座城市能够相对健康、安全地容纳快速增长的人口。他们以惊人的办事效率，开发出世界各地正在快速扩张的现代都市中全都拥有的那些公共服务设施。多瑙河被疏通，以保护这座城市免受困扰了几百年来的洪水侵袭。城市专家们在19世纪60年代开发出一流的供水系统。随着第一家市立医院在1873年的开设，自由主义的市政当局，以医疗科研的名义，接管了过去教会以慈善名义所担负的传统责任。

公共卫生体系消除了主要的传染疾病，尽管在工人阶级聚居区，肺结核仍旧是个问题。[1] 跟柏林和其他北方的工业城市不同，对于开放式空间，扩张中的维也纳在总体上依然保持了其巴洛克式坚守。毫无疑问，人们不再仅仅是用几何语言来构思公园，也采用了受 19 世纪青睐的生理学和有机语言：卡耶坦·费尔德（Kajetan Felder）市长曾说："公园，是一座城市的肺。"[2] 在公园规划、市政设施和公共服务的提供方面，维也纳的自由主义者可谓成就不凡。[3] 相反，维也纳后来为人所乐道的那些城市规划特征——提供廉价住房，城市扩张的社会统筹——在环城大道时代还根本不存在。[*] 环城大道的规划由专业人士和富裕人士所把持，其设计从根本上讲，是为了这些人的便利和荣耀。管理维也纳发展规划的帝国法令，让这座城市的其他部分排除在城市扩建委员会的管辖范围之外，由私人建筑企业来负责。公共规划的基础是一种整齐划一的网格系统，控制只限于建筑的高度和街道的宽度。[4]

　　这些公共服务是现代城市的骨架和肌肉，在它们的确定和开发方面，自由主义城市规划的先人无论有什么优点和缺点，都为自己改变了城市面貌而备感自豪。对维也纳的新开发，凭借其地理上的集中，在视觉冲击力上超过了 19 世纪的任何一座城市的改造——甚至包括巴黎。几年前，大通曼哈顿银行的经理们，通过其纽约的模块化的摩天大楼中的所谓"冲天角"，来宣布他们的性

---

[*]　有两个例外：一次是 1898 年弗朗茨·约瑟夫登基五十周年大典时成立的一个基金会建造的一栋公共住宅工程；另一个是 1912 年建造的一个商业工程。请见汉斯·波贝克（Hans Bobek）和伊丽莎白·利希滕贝格尔（Elisabeth Lichtenberger）著，《维也纳》（Wien，格拉茨－科隆，1966 年版），第 56—57 页。

格，而新维也纳城的规划者的"投射自身形象"的意识，比之一点也不弱。这座城市在重新设计时可能实现了实用目的，但其远不如再现当中的象征功能重要。支配着环城大道设计的，不是实用，而是文化上的自我投射。通常用来描述 19 世纪 60 年代伟大工程的词，不是"改造"或者"再开发"，而是"城市形象的美化（Verschönerung des Stadtbildes）"。[5] 沿着维也纳环城大道建起的宏大的集会广场，以及上面的纪念碑和住宅，为我们理解处于全盛期的奥地利自由主义思想，提供了比其他任何素材都要方便的形象化索引。

❧ I ❧

颇具讽刺意味的是，维也纳能在其中心位置有一大片用于现代开发的空地，是它在历史上的落后使然。在其他欧洲都城将自己的防御工事夷为平地多年之后，维也纳却依然完好地保存着它。大规模的防御工事和广阔的缓冲地区，原本是为了保卫帝国首都，抵御四处劫掠的土耳其人，但现在已不再界定城市的边界。在 1844 年的地图上能看出来，紧靠着广阔缓冲地区的住宅环带是多么密集（图 1）。内城和郊区之间依旧由大片的开阔地带所隔开。仁慈的"人民皇帝"约瑟夫二世，把大片的缓冲地区开发为娱乐用地，然而，1848 年革命在政治上和军事上重新界定了缓冲地区在城市生活中的位置。对封建政治管辖权的废除，导致郊区被完全融入了城市。与此同时，自由主义者从皇帝手里获得了城市自治的权力，结束了长达 3 个世纪的帝国直接管辖。1850 年 3 月 6

图 1　重新开发之前的维也纳，1844 年

日颁布的新市政条例，虽然直到 1860 年全奥地利引入宪政之后才得以充分贯彻，却为推动市民对缓冲地区的权利要求提供了政治框架。在政治压力的背后，是 19 世纪 50 年代快速的经济增长，这座已有 50 万人口的城市人口大量涌入，住房也严重短缺。*6

1848 年革命导致了对防卫区的民用使用有了日益增长的政治和经济要求，但也恢复了防卫区的战略重要性。如今需要被考虑的敌人已不是外国入侵者，而是革命群众。整个 19 世纪 50 年代的大部分时间，奥地利军队都对 1848 年撤离维也纳耿耿于怀，他们极力反对缓冲区的民用开发。中央军事大臣对此的主要理由就是，革命的威胁一直未曾消失。帝国宫廷必须得到保护，免受"来自城郊和偏僻地带的无产者"的可能的攻击。"捍卫帝国政府，只有军队可以信赖"，卡尔·格伦尼（Carl Grünne）将军一直到 1857 年还坚决反对拆除防御工事的提议，他当时是如此断言的，他说，在一个充满"革命欺诈"的年代，即使是保守派，面对"骚乱"，7 也会保持消极被动的。

在 19 世纪 50 年代，随着时间的推移，在政府的最高议会中，经济上的需要终于压过了反革命的恐惧。1857 年 12 月 20 日，弗朗茨·约瑟夫皇帝宣布了他的打算，即开放军事用地为民用，并且成立了一个城市扩建委员会来规划和实施具体开发。自由主义的《新自由报》后来用童话的语言阐释了这一事件的象征含义："皇帝的命令，打破了石墙的古老界线，数百年来，它曾像一符邪恶的魔咒，捆住了维也纳高贵的手脚。"8 然而这几行字的作者，在 1873 年自由主义者接管环城大道时所写的这些文字，显然歪曲了这一开发的初始阶段。事实上，在头三年（1857—1860）里，

---

* 在 1840 年至 1870 年之间，维也纳的人口数量和企业数量均翻了一倍。

空间的分配，尤其是对纪念性建筑的优先考虑，仍旧表现了王朝的新专制主义价值观。首先修建的是一座大教堂，即感恩教堂（Votivkirche，1856—1879）——"一座象征爱国主义和奥地利人民效忠皇室的纪念丰碑"——是为了庆祝皇帝躲过匈牙利民族主义刺杀者的子弹而建的。感恩教堂是由皇室家族和高级教士组织公众捐资而建的，这表现了皇帝和教会牢不可破的同盟关系，而他们一致对付的，是"受了致命伤的革命之虎"，[9] 这是维也纳大主教兼枢机主教约瑟夫·冯·劳舍尔（Joseph von Rauscher）在教堂奠基仪式上所说的。感恩教堂既用来充当维也纳卫戍部队的教堂，又发挥类似威斯敏斯特大教堂的作用（成为奥地利大人物的安葬地），这就使它变成了——用《新自由报》的话讲——"刀和宗教的统治"（Säbel-und Kultenregiment）象征。

对军方而言，虽然他们在城墙和防御工事的斗争中失利，但在最早的环城大道规划中得到了优待。现代化的反叛乱设施链早在 1858 年就已提出，如今为了完成这项工程，一个壮观的新军火库和两座兵营被颇具战略性地建在了火车站旁边，可以用来从各省向首都输送增援军队。临近霍夫堡的大片土地依然保留了下来，好作为面对市郊的射击防御地带。* [10] 最后，军方最终在作为主干

---

* 靠近火车南站的军火库，建于 1849—1855 年，目的是给三个团的士兵和一个火炮车间提供驻地。建筑师西卡德斯堡（Sicardsburg）和范·德·努尔（van der Nüll）参与了建设，尽管两人都曾是大学生军团的军官，该军团是 1848 年对抗军方的主力部队。军火库还附建有奢华的军事博物馆，这可是缓冲地带第一座"文化机构"。建筑师是特奥费尔·汉森（Theophil Hansen），他狂热支持希腊革命，后来又设计了奥地利议会大厦。最大的兵营是弗朗茨-约瑟夫-卡瑟尼（Franz-Josef-Kaserne）兵营（1854—1857），在 19 世纪末被拆除，好为新式官僚化军队的大本营——国防部腾出地方来。

道的环城大道上也留下了印记。随着防御工事的消失，奥地利军方发言人，和当时的法国军方在巴黎大道的建设中一样，倾向于尽可能宽的道路，以最大限度地利于军队集结，并尽量减少未来的叛乱者设置路障的机会。* [11] 于是街道被设计成宽敞的干道，完全环绕整个内城，以方便将人员和物资快速移动到任何发生危险的地点。民众对一条宏伟壮观的道路的渴望与军方的考虑不谋而合，让环城大道既有圆形的外观，又有宏大的规模。

在 1857 年帝国法令颁发后的 10 年里，由于政治形势的发展，新专制主义政权变成了君主立宪制。军方在 1859 年败给了法国和皮埃蒙特联军，在 1866 年被普鲁士打败，因此失去了在国务委员会中的决定性发言权，而自由派则执掌权力。结果，环城大道计划的实质和意义均发生改变，相应新统治阶级建立起一系列表现"自由主义和平"（pax liberalis）价值观的公共建筑的意愿。1860年，最早发给大众的介绍发展规划的传单里，通过图示的形式展现了新倡议者的意识形态（图 2）。地图两侧的女性形象，其意义在图示铭文上已清楚标明：右边写的是"通过法律与和平实现强盛"（也就是不通过军事力量）；左边（其中艺术之神真的就是在为她的女主人维纳斯穿衣）写的则是"通过艺术来点缀"。

老的内城和环区之间，由于政治变迁，其对比不可避免地愈加显著。内城以象征第一和第二等级的建筑为主：巴洛克风格的霍夫堡，即皇帝的寝宫；贵族阶层的高雅殿堂；哥特风格的圣斯蒂芬大教堂，以及散布在狭窄街道上的众多小教堂。而在新的环城大道的开发上，第三等级在其建筑上表现出宪法的"法律"

---

* 实际上军方的要求比原先规定的 82 英尺还要宽，但他们未能如愿。

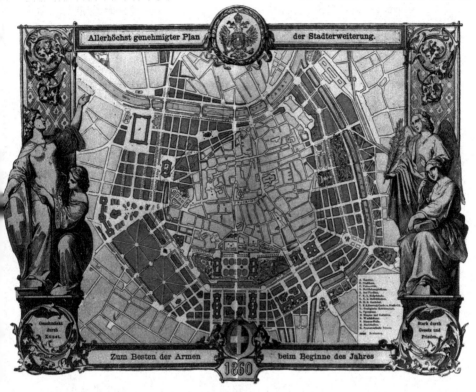

图 2　宣传环城大道开发的传单，1860 年

（Recht）战胜了帝国的"权力"（Macht），世俗文化压倒了宗教信仰。在环区占主导地位的，不再是皇宫、卫戍部队和教堂，而是立宪政府和高雅文化的各大中心。在旧城中为了表现贵族之恢宏和教会之壮丽的建筑艺术，在这里变成公民的共有财产，在一系列所谓的"华丽建筑"（Prachtbauten）中，表现出资产阶级文化理想的各个方面。

　　虽然环区的规模和宏伟依旧表现出巴洛克风格的持久力量，但激发其设计灵感的空间概念却是原创和新颖的。巴洛克风格的规划者在组织空间时会将观众引向一个中心焦点：建筑环绕和支配空间，而空间作为背景，对建筑起到了视觉放大的作用。而环城大道的设计者们，几乎将巴洛克的程式完全颠倒过来，运用建筑来扩大水平空间。他们把一切与中央大道有关的因素都组织了起来，没有构造上的牵制，也没有什么视觉上的目的。在这庞大的建筑综合体中，呈多面形的街道是唯一真正具有独立生命的元素，不从属于任何其他的空间实体。巴洛克设计者力图把郊区同城市连为一体——营造出开阔的远景视野，使其朝向那些居于中心位置的宏大特征——而 1859 年所采用的规划，除了个别的例外，尽量减少远景视野，且青睐于环形的流动线路。所以，环区把旧的中心和新的郊区分隔开来。主要规划人之一路德维希·冯·福斯特（Ludwig von Förster）曾写道："……通过对其不规则边缘的填充，内城呈现出一种封闭而又规则的形态，像一个七边形，而世间最有气派的大道之一就是沿其四周展开的，从而把这内城跟外围的郊区分开。"[12] 通常把外围和市中心连接在一起的，是一种呈强烈放射形的道路体系，可在这里，不管是从内城还是从郊区进入环区的道路，大多数都并不显眼。这些道路流入环区，而不是横穿环区。老城于是就被环区所包围，用一位评论家讲过的话，化为博物馆似的东西。[13] 原本用于军事目的的隔离带，变成了社会学意义的隔离带。

在环区这片巨大而又连续的环形空间里，资产阶级的宏大的代表性建筑有时成群，有时孤立，但在布局上它们彼此之间很少遵循什么主从的原则。宽阔的道路没有聚焦于建筑；相反，倒是建筑都分别朝向道路，这是组织连贯的唯一原则。图 3 中的照片，摄于环城大道在议会大厦处的拐弯之一，体现出由街道而产生出的线形动力。图中中心偏右的大学*，并未直冲着左边的议会大厦，中间有公园阻隔。面对环城大道的大学，就像议会大厦自身，以及矗立于中心偏左的市政厅一样，完全独立于其周围的那些有分量的建筑。** 沿着整条环城大道所栽种的树木只是更加凸显出街道的首要地位和其建筑物的孤立而已。垂直的建筑体服从于扁平的横向街道。难怪整个开发工程都以"环城大道"来命名。

　　建筑中所代表的这几项功能——政治、教育和文化上的——在空间组织上都得以平等表现。这些建筑分别都是视角兴趣中心，它们不是直接地彼此关联，而是巍然独处，直面环形主干道，引得市民从一座建筑看向另一座建筑，从生活的一个方面转到另一个方面。公共建筑在一种空间媒介中无序地浮动，而其中唯一的稳定因素，就是在干道上来往的人流。

　　由建筑物的空间布局所造成的这种孤立感和不关联感，因为这些建筑所展现的历史风格的差异，显得更加突出。在奥地利，如同其他地方一样，得胜的中产阶级在法律领域和科学领域展示自己对于过去的独立性时非常自信。可是无论在何处，只要他们意图在建筑上表达自己的价值观念，最终总是要回到历史上来。福斯特在职业生涯早期（1836）着手在其期刊《建筑学报》（*Die Bauzeitung*）上力图让现代建筑师充分注意到过去的财富，他当时就说道："……19 世纪的天才已不能按自己的路线走下去……这个世纪没有决定性的色彩。"[14] 因此，它用过去的视觉习语来表

---

* 原著中的"大学"一词，特指维也纳大学，以下同。——译者注

** 这种以街道为中心的布局，也有著名的例外之处，那就是两座主要博物馆——艺术史博物馆和自然史博物馆，两者就彼此相对，中间隔着的空间，被规划者设计为一个广场。

图 3 环城大道，以及（自左至右）议会大厦、市政厅、大学和城堡剧院，约 1888 年

达自己，借用的风格，其历史联想十分适合用于表现某一座特定建筑的功能。

为了说明建筑布局的均等原则，我在前面提到了所谓的市政厅地带（Rathaus Quarter），这个地带同时也展现了建筑风格的多元思想及其观念上的重要性。位于这一区域的四座公共建筑，共同构成了一个法律和文化的名副其实的四边形。它们就像风向图一样，代表了自由主义的价值体系：议会大厦中的议会政府，市政厅中的市政自治，大学中的高等教育，以及城堡剧院（Burgtheater）中的戏剧艺术。每一栋建筑所体现的历史风格，感觉都能呼应其功能。所以，为了唤起人们的记忆（维也纳起初是一个自由的中世纪社会，如今又在专制统治的长夜后获得新生），自由主义的维也纳采用了庞大的哥特式风格（图 4）来建造其市政厅。为奥地利的传统艺术女王提供场所的城堡剧院（图5），被设计成早期巴洛克风格，为的是纪念这样一个时代，即剧院首度通过一种共同的审美激情将教士、朝臣和民众联合到一起。在其内部的大楼梯间里，最年轻的环城大道绘画大师之一，古斯塔夫·克里姆特，用刻画戏剧历史的油画来装饰顶篷，并以此声名大振。如同歌剧院和艺术史博物馆，城堡剧院为旧贵族和新资产阶级精英提供了一处集会场所，在这里，等级差别和政治分歧，即使没有完全消除，至少由于文化审美上的共同点而大大淡化。帝国宫廷（Hof）通过这些艺术表演机构——皇家城堡剧院（Hofburgtheater）、皇家歌剧院（Hofoper）、皇家博物馆（Hofmuseen），能够轻而易举地接触到新近扩大的公众，而新资产阶级则可以在这些艺术中热切地吸收传统文化，而不必牺牲自己在宗教、政治和科学上引以为豪的独立感。

　　与城堡剧院形成对比，文艺复兴风格的大学是自由主义文化的明确象征。正因为如此，它不得不等上很长时日，才名正言顺地成为环城大道上的一处重要建筑场所。作为世俗理性主义的大本营，大学最后才赢得老右派顽固势力的认可，又第一个因民粹主义分子和反犹主义新右派的崛起而倒霉。大学的选址（甚至其建筑风格）在政府内部（以及构成政府的各个游移不定的社会利益集团之间）引发了多年的冲突。数年来，大学一直因其在 1848

图 4　市政厅（弗里德里希·施密特设计），1872—1883 年

年革命中所扮演的角色而处于阴影之中。由大学和其他高等教育
机构的师生组成的大学生军团（Academic Legion），曾经是维也
纳革命武装战斗组织的核心力量。帝国军队曾经在这群武装知识
分子面前撤退，他们对这次大失颜面之举，既不能遗忘，也无法
原谅。在革命被镇压之后，军方占领了内城的老大学，并强行将
其功能分散到了城外区域的各个建筑中。1849 年 7 月，当出身贵
族、为人虔诚但开明的保守主义者利奥·图恩（Leo Thun）伯爵
刚刚担任宗教与教育部大臣时，他就曾试图让大学变得现代化，
同时既保持服帖，又保持其自主性，但又加紧其同王室和教会之

图 5　城堡剧院（戈特弗雷德·森佩尔和卡尔·哈森诺尔设计），1874—1888 年

间的联系。他与军队和其他政治反对者进行了徒劳的斗争，试图
将大学从其惩罚性的分裂状态中解救出来。从 1853 年至 1868 年，
图恩及其合作者致力于在感恩教堂四周建起一个新的英国式的、
哥特风格的大学校区，但无果而终。[15]

　　直到自由主义者掌权，大学问题才得以解决。在当时，对自
由派最为重要的三处公共机构——大学、议会和市政厅——都仍
然设在要么临时，要么局促的区域，而军方却紧紧握着阅兵场，
这可是缓冲区仅存的一块开阔地带（超过 500 英亩）。新的民政部
（Bürgerministerium）在 1868 年刚刚成立后不久，就向皇帝请求
获准这块地，但未能成功。这一僵局最终被市长卡耶坦·费尔坦
打破。他成立了一个由三位建筑师组成的委员会，负责为议会大
厦、市政厅和大学画出平面图，好让阅兵场容得下所有这三座建
筑。1870 年 4 月，在自由派控制的市议会的热情支持下，费尔德
的三大建筑的规划获得了皇帝的批准。在从城市扩建基金中获得
一大笔补偿金后，军方终于把阅兵场交给了自由主义政治和学术
的拥护者。[16]

　　能将大学定址于环城大道上的无比荣耀之地，靠的是政治上
的变化，这种变化还体现在大学建筑本身的形态和风格上。图恩
伯爵原本规划的是一个中世纪式的大学城（cité universitaire），哥
特式的建筑簇拥在感恩教堂四周，就像小鸡围在母鸡身旁一样，
但这个规划随着促其产生的新专制主义政治的衰败而跟着夭亡。
现在的大学采取了独立建筑的形式，形象高大、气势恢宏。大学
采用的风格也不是哥特式，而是文艺复兴式，以此展现在中世纪
迷信的长夜之后，现代理性的文化同世俗学术的复兴之间的紧密
关系。

大学设计者海因里希·冯·费斯特尔（Heinrich von Ferstel，1828—1883），即使在当时政治上颇为变通的建筑师中，也堪称一个见风使舵之徒。他熟练掌握各种各样的所谓历史"风格建筑"，以顺应伴随政权更替而出现的喜好上的变化。作为银行家之子，费斯特尔也曾有过革命的青春岁月，在 1848 年参加了大学生军团，但很快就重回其腐朽的出身，在保守的 19 世纪 50 年代，他为波希米亚贵族当起了建筑师。在波希米亚贵族图恩伯爵的支持下，费斯特尔成了感恩教堂的建筑师并声名鹊起。[17] 当自由主义时期的大学规划最终开始时，费斯特尔又被任命设计一座文艺复兴风格的建筑。于是，他前往现代人文主义学术的摇篮——意大利，在那里研究了帕多瓦大学、热那亚大学、博洛尼亚大学和罗马大学。可以肯定的是，对于费斯特尔意欲在其壮丽的建筑构造中过分渲染文艺复兴传统的做法，某些自然科学家极力反对。他们的意见是，这些庄严的建筑，起不到推动自然科学发展的作用。自然科学昌盛的地方是柏林大学和慕尼黑大学、法兰西学院，以及伦敦大学。它们的建筑很简单，"更符合严肃审慎的要求……严谨的科学在这里感到舒适自如"。可是即使是这些批评家，在提出其侧重功能的观点时，也多少有些妥协，对于当时盛行的强调表象的观点，他们最终也部分地予以接受："当人人都在为意大利大学的风格而赞叹不已时，倘若我们能胜之一筹，无疑能获得巨大的荣耀。"[18] 于是，作为维也纳自由主义学术之重要中心的适宜风格，文艺复兴得以大行其道（图 6）。

在这个法律与文化的四边形区域，或许最为壮观的建筑便是议会大厦（Reichsrat，图 7）了。丹麦建筑师特奥费尔·汉森

图 6　大学（海因里希·费斯特尔设计），1873—1884 年

（Theophil Hansen，1813—1891）为环城大道的建筑群建造了 5座建筑，但是议会大厦是他凝聚心血最多的。他选择了自己最崇仰的风格——古典希腊风格——来装点建筑外观，尽管其彼此连接的块状形体更像是巴洛克风格。作为一个真正推崇希腊文化的人，汉森相信，他所采用的"高贵、古典的形态，将会以其无法抗拒的力量，对人民代表产生一种启发心智、趋于理想的影响"。[19]就如同大学的例子一样，议会大厦的形式、风格以及选址规划，

---

*　包括音乐学会大厅、高雅艺术学院、证券交易所、福音教会学校和议会大厦。

随着自由主义势力的增长而发生改变。起初，他计划把议会两院
安排在两座单独的建筑里，且风格也不一。在早先的计划里，汉
森要把上议院设计成古典希腊的样式，也就是更改为"贵族"的
风格。而众议院则考虑采用罗马文艺复兴风格。但是所有这些计
划，都随着普奥战争的爆发，以及随之而来的 1866 年国内危机，
而告一段落。当硝烟散去，一部更趋自由的宪法颁布以后，政府
在 1869 年决定将两院联合在一起，置于"一座壮观恢宏的光辉

图 7　议会大厦（特奥费尔·汉森设计），1874—1883 年

建筑中"，两院分别各占据一个侧翼。共用的中央大厅、两院议长共用的接待室，以及整体采用"更为高贵"的希腊风格，象征着议员和人民能够同心的愿望。[20] 为了实现汉森的这一奢华的设计，使用的都是最昂贵的材料，可谓不惜一切代价。

把阅兵场从军方手中解放过来，也让议会获得了与其新政治地位相称的位置。起初为其构想的地点比较普通，* 而现在大楼在环城大道上占据了显要的位置，隔着一个小公园直接对着霍夫堡。汉森如此设计这一建筑，是为了尽可能地营造出一种高度的错觉，如图 7 所示。他将进入议会的主入口置于第二层上，在一个立有圆柱的壮观的门廊之内，还建造了一个宽阔的斜坡，从地面直通入口，方便车辆驶入。斜坡那有力上升的对角线，给气势庞大、质地粗糙的底层赋予了特色，使它如同一座砖砌的卫城，其上是精美古典的上部楼层。然而，不管这种错觉设计得有多么巧妙，这座法律的神庙似乎还是未能像其建造者预期的那样，气势逼人地俯瞰周围环境。

用来装点斜坡的雕塑，暴露出奥地利议会的自由主义者对其自身缺乏历史根基有多么忧虑。由于缺乏历史，他们找不到自己的政治英雄，无法通过雕塑来纪念。于是就借用了罗马议会山上的那对"驯马人"雕像，来守卫斜坡入口。沿着斜坡自身，摆放着 8 位古典历史学家的雕塑——修昔底德（Thucydides）、波利比乌斯（Polybius），以及其他杰出名家。在历史传统匮乏的地方，就需要有历史学识来填补空缺。最终，他们选择了雅典娜来作为首要象征，立于这座新大楼的正前方（图 8）。在这里，神话被引

---

* 位于现在的席勒广场上。

入，来发挥历史所无法履行的功能。奥地利的议员并不倾向于类似自由女神像那种承载革命历史的雕塑。智慧女神雅典娜作为城邦的守护者，可算是一个更为稳妥的象征。这位女神还贴切地象征了政治与理性文化在自由主义下的结合，其表现在人们常说的那句启蒙运动口号中："知识使人自由"（Wissen macht frei）。虽

图8　议会大厦前的雅典娜喷泉（特奥费尔·汉森和卡尔·昆德曼设计），1896—1902 年

然雅典娜雕像规模庞大，但也并不比汉森的议会大厦更能统领周边环境，只是冷冷地凝视着风中的生活中心——环城大道自身。*

　　风格上的壮丽压过功能上的实用，这一点甚至体现在精心设计的议会大厦建筑上，但是这并不总是投合建筑委员会里那些追求实用之人的心意。1867 年，当建筑师费斯特尔和汉森提交的艺术史博物馆和自然史博物馆的规划，为了正立面漂亮而牺牲部分内部空间时，一名委员会成员就表示反对，他拿出一位工程师的草图，指出这是一种"注重功能的结构（Nutzbau），其平面设计很实用，而正立面不可用"。为了协调这两种彼此矛盾的需求，委员会不得不从德国请来一位新的建筑师戈特弗雷德·森佩尔（Gottfried Semper），此人在原则上倡导实用与壮丽相统一。[21]有趣的是，只是在城市建筑中，这些资产阶级先驱才有意坚持审美优先。而在乡村，他们觉得根本没有必要遮掩自己的商业身份。因此，在市议员要为新维也纳供水系统的巴登水渠选择一种风格时，他们否决了"带有装饰"（etwas mit Schmuck）的提议。相反，他们遵循了一位建筑师的建议，后者断言，对于这种地处乡村的实用构造来说，只有一种合适的样式，"叫作亚当风格，即赤裸而强壮"。[22]但在城市，这种裸露肌肉的风格会被视为粗俗。在那里，工商社会的真实面目需要用前工业时代的艺术风格这块高雅体面的帷帐来加以遮掩。科学与法律是现代的真理，而美却来自历史。

　　作为整体，环城大道上的宏伟建筑充分展现了自由主义统治时期文化的最高价值。在这样一个阅兵场的废墟上，自由主义的

---

* 昆德曼的雅典娜雕塑，虽然是汉森规划的一部分，却直到 1902 年（大厦竣工近 20 年之后）才矗立起来，此时理性精神早已在议会中荡然无存。

信徒建起了立宪政府的政治机构、为自由民族培养精英人才的学校，以及博物馆和剧院，后两者为大众提供的文化可以把"新人"（novi homines）从其低贱的出身中拯救出来。如果说跻身旧的世袭贵族很难，那么理论上精神贵族可以通过新的文化机构向每个人敞开大门。它们有助于人们将旧有文化同皇家传统联系起来，从而强化"第二社会"，有时也叫作"中间夹层"。在这夹层中，处在上升中的资产阶级，与愿意接受新形态的社会与经济力量的贵族相接触，在其中胜利和失败也随之变成了社会和解与文化整合。

当时的自由派历史学家海因里希·弗雷德荣（Heinrich Friedjung）从整体上把环城大道的开发解释为一种对历史欠债的兑现，是几代维也纳普通市民劳动和苦难的实现。他们被掩盖的财富和才华，"就像深埋在地下的巨大煤层一样"，在 19 世纪末叶终于被发掘出来。弗雷德荣写道："在自由主义时代，权力至少部分地落到了资产阶级手中；而这一现象，在维也纳的重建中表现得最为充分和纯粹。"[23]

有位来自外省的年轻人，阿道夫·希特勒，也来到了维也纳，用他自己的话来说，这是因为他"想出人头地"。环城大道给他带来的魅惑，一点不亚于弗雷德荣，对于他第一次来到维也纳，他是这样记述的："从早到晚，我从一个景点跑到另一个景点，可最引起我的兴趣的，总是这些建筑。我能一连几小时站在歌剧院前，一连几小时盯着议会大厦看；对我而言，整个环城大道有如《一千零一夜》当中的魔法。"* [24] 作为一名雄心勃勃的艺术家和建筑师，希特勒很快就沮丧地发现，这个法律与文化的魔幻世界并

---

* 希特勒对环城大道细致、个人化而又常常富有创见的评论，清晰地体现出这条大道作为一种生活方式的象征所具有的力量和活力。

不容易进入。[25] 30 年后，他将重返环城大道，而那时的他已成为大道所代表的一切的征服者。

❯❯ Ⅱ ❮❮

环城大道上那一排非凡大气的建筑，很容易使人忽略一个事实，即占据绝大多数建筑空间的，其实是公寓住宅。城市扩建委员会的独创性恰恰就在于，他们利用私营部门为公共建设创造了财政基础。出售土地所获得的款项都进入了城市扩建基金（Stadterweiterungsfond），用以支付街道、公园，以及（很大程度上）公共大楼的建设费用。

政府当局对于私人企业创造所需的财务业绩，表现出十足的信心，因此它对转让财产的投机行为采取了鼓励而非限制的措施。19 世纪 50 年代的内城对住房的迫切需求，为这条路线提供了一个颇为吸引人的经济上的论据。尽管内城的房产持有者因为惧怕大规模的新房屋建设会带来竞争，对之极力反对，可城市扩建委员会的运转原则是：最能获利的土地开发，会给社会带来最大的好处。委员会的着眼点当然并非低收入群体的住房需求，甚至也不是城市经济的整体发展，而仅仅是环城大道上那些具有代表性的公共建筑和公共空间。住宅区的建筑控制仅限于高度、建筑红线，以及一定程度上的土地分割。其余的全由市场决定。而所谓的市场，指的也就是富裕阶层的经济利益和文化价值的交集部分。

城市地理学家伊丽莎白·利希滕贝格尔对环城大道的社会及

经济结构进行过深入研究。结合勒纳特·瓦格纳-里格（Renate Wagner-Rieger）对环城大道建筑的研究，我们可以了解，维也纳新掌权阶级在 1860 年后的半个世纪中是如何为自己建造住所的。不管是空间组织，还是建筑格调，都展现出了建筑师及其客户的需要和追求。

　　基本的住宅建筑都是公寓。普通的多户住宅有 4 至 6 层楼高，很少超过 16 个单元。[26] 这种住宅类型的典型代表是巴洛克时期的贵族府邸（Adelspalais），很多这类精美建筑就存在于维也纳的内城。为了适应环城大道新贵的需求，用今天的语言说，贵族府邸变成了一种租赁式宅邸（Mietpalast），或公寓式住宅（Wohnpalast）。* 它还有个名字，是从投资者而不是从租户的角度来看的，叫作生息型住宅（Zinspalast）。这种租赁式宅邸，比起贵族府邸来较为平民化，可比起租赁式棚屋（Mietkaserne）来又略为贵族气一些，后者是在维也纳外围区域一时大量涌现出来的供工人阶级居住的单调多层租赁式楼房。[27] 这两种建筑类型，都因其四四方方的外形和宽敞的体积，很像其位于内城的巴洛克和古典式的原型：资产阶级的租赁式宅邸像是贵族府邸，而工人阶级的租赁式棚屋则像是帝国士兵的军营。无论是上升中的财富新贵，还是正在沦落为产业工人大军中的流动手工业者，都不再保留其传统的房屋形态。传统房屋无论是独门独户还是彼此连接，都曾经是同时用作主仆们居住和干活的场所。[28] 19 世纪的城市生

---

* Palast 这个词单独使用的话，不光指大型的单户住宅，也可以指气派的俱乐部、机构大楼，甚至是较大的仓库。参见勒纳特·瓦格纳-里格（Renate Wagner-Rieger）著，《19 世纪的维也纳建筑史》（*Wiens Architektur im 19. Jahrhundert*，维也纳，1970 年版），第 205—206 页。

活逐渐把居住和工作、住宅和店铺或办公室区分了开来，而公寓住宅就折射出这种变化。环城大道上的建筑则标志着这一发展历程的过渡阶段。尽管在租赁式宅邸这种准府邸中，依然把商用空间和居住区合为一体，但是其商用部分很少是居住在建筑中的人的工作空间了。

当居住模式问题首次摆到环城大道规划者的眼前时，他们当中的一些人觉得，过去人们被迫集中居住，如今终于有机会改正历史所造成的这一损害。当时一本小册子叫《应当如何建设维也纳？》，针对的就是统治精英所面对的这个问题。在旧城，为中产阶级大量建造多户住宅，实在是因人口不断增加不得已而为之。如今，独户住宅找到了两位杰出的鼓吹者，他们就是小册子的作者——鲁道夫·冯·埃特尔伯格（Rudolf von Eitelberger），维也纳大学里主要的艺术史学家，以及海因里希·费斯特尔，后者我们在前面已经讲过，是感恩教堂、大学和环城大道上其他主要建筑的设计者。两人都是浪漫的历史主义者，而且和众多的奥地利自由派一样，都酷爱英国文化。费斯特尔在 1851 年赴英国及低地国家 * 旅行时受到启发，他在环城大道的开发中，大力宣扬带有私人小花园的英国式半独立房屋的好处。可是英国的市内排屋（town house），尤其是 19 世纪那种，纯粹就是居住用。现代分工把工作集中在某些特殊的建筑里（甚至是单独的区域里），作为这样一种分工的产物（也是其征兆）的英国中上阶层住宅，已不再充当工作场所。然而，当这两位奥地利批评家提倡为环城大道建造英式住宅时，他们对其进行了改造，以适应早期的生活方式：

---

* 低地国家：指荷兰、比利时、卢森堡等国。——译者注

在资本主义早期发家致富的手工业者和商人的生活方式，这些人的家同时也是其工作场所。埃特尔伯格和费斯特尔的房屋模式，既不十分现代，也不特别英式，这种房子在底楼有一间店铺或办公室，二楼用来给家人居住，再往上的楼层则是用人和工人干活与住宿之处。对于那些居住与工作分开的现代资产阶级家庭，埃特尔伯格和费斯特尔则提出了独立公寓式住房，其中每层供一家居住。这种所谓的"公务员住房"（Beamtenhaus，在奥地利，政府官员确实是商业主管的先驱）依然保持了其中世纪化的市民住房的规模，以保持其审美的同质性。[29] 这些住房设计中所透露的中产阶级理念，反映出奥地利资本主义的发展步伐之缓慢，以及社会上的怀古风气，由此也成了中产阶级中一部分最为活跃的艺术代言人的特征。

英式或贵族式的市内排屋，并没有在环城大道开发者委员会取得优势。它既不能满足土地使用最大化的要求，又无法满足人们彰显贵族身份的渴望。维也纳内城的居住者出于巴洛克传统，已经习惯了租赁式住宅。因此，现在的问题不是取代它，而是提升它。新的维也纳中产阶级人士渴望的与其说是成为贵族，不如说是想变得高雅尊贵，即使不是在其内在的价值观上，也要在外表上有所体现。虽然有种种矛盾之处，环城大道的租赁式宅邸作为一种建筑类型，还是带有这种奥地利资产阶级-贵族气派和睦共处的印记。

分块出售土地，并非按照在内城和郊区盛行的小块地段的大小，而是按照传统宅邸的大小，这个决定实际上决定了英式住房理念的命运。[30] 尽管在这些地块上新建了几处威严的宅邸，以供或凭血统或凭财富的贵族阶层私人居住，可大多数建筑仍然是多户住宅楼，其"贵族"特征只是首先体现在它的正立面上而已。而下层往往粗糙土气，出租为商用，二楼有最宽敞的公寓房间，得一美名曰"贵族楼层"（Nobelétage 或 Nobelstock，来自意大利用法：piano nobile）。三楼有时照搬贵族楼层的平面设计，有时则进一步分割为更小的公寓房间。正立面在窗户高度、装饰华丽与否、柱子上的垂直变化，都在一定意义上体现了公寓内部的大小和豪华程度：楼层越高，住户越多，每户面积就越小。不过，正立面的所谓"贵族化"（Nobilitierung）经常是很有欺骗性的。瓦格纳-里格曾指出，内部空间里公寓的数量和布置，取决于消费者的需求和投机者的意愿。[31]

在环城大道的第一个建造期，即 1861—1865 年，中等收入者的住房需求压倒一切，由此引发了小户型、整齐划一的住宅趋向，与之对应的，就是正立面的某种经典的一致风格。卡恩特纳环路（Kärntner Ring）就表现出这种趋势（图 9）。到了第二波建造期，即 1868—1873 年，正立面和内部都盛行分化，这同样展现出环城大道社会分层的事实，以及其居民的追求。在议会大厦后面有一条专用街道——帝国议会街（Reichsratsstrasse），其层积正立面可谓达到了极致（图 10）。建筑师在进行平面设计时，将尽可能多的公寓房间以直角冲着街道，以让更多的房间拥有能带来声望的正立面窗户，以最大限度地获取租赁价值。[32] 能够使出租收入增加的"贵族化"特征，并不一定非要局限于单个公寓单元里。壮观的楼梯间（图 11）和宽敞的前厅（图 12）也颇受青睐，这些都是从宫廷建筑改用到公寓住房的措施。[33] 这些特征当然也用来在公共建筑上表现其庄严——人们可以想想歌剧院里的"皇家楼梯"（Kaisertiege），或城堡剧院中的那两个专门用于装饰华丽的楼梯的侧翼建筑——其中一个是宫廷专用，一个面向大众（见第 5 章，图 33）。在垂直差异变化很大的公寓建筑里，主楼梯（Herrschafts-stiege）可能只到贵族楼层为止，或者再上去一层，更高的楼层就用简便楼梯了。如同在环区那宽敞的街道一样，在其建筑物（无论公共还是私人的）内部，走动空间也是极力扩充，以营造出一种宏大的感觉。

图 9　卡恩特纳环路

　　无论是对于购房者还是对于租房者来说，环城大道作为一处居住区域，都取得了惊人的成功。一直到哈布斯堡君主国覆亡——尽管其间在城郊开发了别墅区——环城大道对维也纳的各路精英始终保持着巨大的吸引力：贵族、商人、官员，以及专业人士。[34] 社会最上层人士不仅居住于环区一带，令人惊讶的是，他们很多还拥有所住建筑的所有权。这是因为环城大道的公寓虽

图 10　帝国议会街

说一般都是由开发公司建造，却被视为最为保险、最有利可图的私人投资之一。为了最大限度地提高其吸引力，国家和市政府免征房产税长达30年。高等贵族、商人、有固定收入的寡妇，或者负担得起的医生，都被吸引来购买公寓楼，自己住其中一个单元

图 11　卡恩特纳环路 14 号的楼梯间，1863—1865 年

里，其余的用来获取租金收入。所以就环城大道的房子而言，社会需求和经济收益是相辅相成的。

人们想以合理的成本造出尽可能增加收入的好房子，大量的聪明才智被用于满足这一愿望。开发公司购置了整个街区的地块。

图 12　帝国议会街 7 号的前厅，1883 年

最好的建筑师——设计歌剧院的奥古斯特·西卡德斯堡（August Sicardsburg）和爱德华·范·德·努尔（Eduard van der Nüll），设计议会大厦的特奥费尔·汉森——都致力其中，发挥才能来最大限度地利用土地。他们用规模和比例都很宏伟的独栋建筑来覆盖整个街区，采用楼梯间和庭院的形式来实现修饰效果，而没有牺牲太多涉及实际居住单元的空间。但是为了吸引更多的个人投资者，小户型是必不可少的。汉森为一家开发公司（通用奥地利建设公司）解决了这一问题。他设计出了一种被称为团体公寓楼（Gruppenzinshaus，图13）的共同住宅。汉森设计的这幢覆盖整个街区的大楼可以分成8个多户的居住体，每个居住体可以单独出售给业主（图14）。由于大家共享内部庭院和一个巨大的富丽堂皇的正立面，再加上运用了统一的入口设计，因此每个业主都得以坐拥尊贵，而这一切，倘若是为其购买的同等面积房屋单独设计的话，将会昂贵得让人却步。[35] 在为不同客户设计相邻建筑时，建筑师们有时将它们的设计调整一致，这样不光是为了经济，也是为了让窗台线、楼层线，甚至装饰风格统一，以产生一种恢宏的效果。[36]

　　个人所有的租赁式宅邸在声望和盈利上的巧妙统一，反映了自由主义时代的主要社会趋势之一：贵族和资产阶级之间的和谐共处。趋向于整合的动力并非总是自下而上的。事实上，无论是财富新贵还是世袭贵族，都是19世纪60年代对环城大道住宅最早进行大量投资的人。这个最高的社会阶层开辟出一片几乎属于他们自己的区域，主要集中在宽敞的施瓦岑贝格广场（Schwarzenbergplatz）周围（图15）。在那里，像路德维希·维克多（Ludwig Victor）大公和银行家冯·韦特海姆（von Wertheim）

图 13　团体公寓楼（由特奥费尔·汉森设计），1870 年

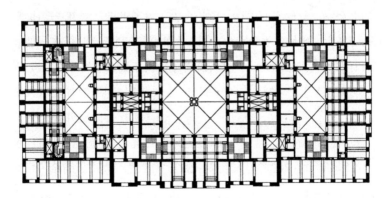

图 14　团体公寓楼的平面设计图

男爵这样的人，几乎拥有其中一半的房产。*这些贵族不光做外居房东，有一半人就住在他们建造的宫殿般的租赁式宅邸里。尽管晚至 1914 年，形形色色有爵位的贵族亦掌握了环区各处的大多数地产（大约是全部私有房产的三分之一），可是只有在施瓦岑贝格广场地段，他们才真的会住进自己拥有的房子里。[37]

在中产阶级内部，纺织制造商构成了最大的住房持有者群体，他们集中在一个单独的街区，职业标志很显著。纺织居住区之于中产阶级，正如施瓦岑贝格广场之于贵族，是明显的卓尔不群的地带。在环城大道刚刚开始开发的 19 世纪 60 年代，纺织业正处在全面现代化的进程中。不过它又同过去有着密切的联系。直到 20 世纪，奥地利的纺织公司还都是有名有姓的家庭企业，由企业家个人来把控。虽然制造业大多在地方各省开展，特别是波希米亚和摩拉维亚，可管理却依然集中在首都。内城里历史久远的织布商区域，蔓延到了环城大道的东北部，形成了新的纺织居住区。在那里，纺织企业家所盖的房子，还是按照传统方式将居住和工作结合到了一起（图 16）。底楼（有时还有夹层）被用作公司办公室。贵族楼层由业主和家人居住。上面各层，如果不用作额外的办公室或仓储空间的话，就租出去。除了贵族，纺织制造商算是环城大道区域业主和租户比例最高的群体了。当然，一般而言，只有那些最兴旺的公司，其所有者才能在环城大道的开发区域开

---

* 费斯特尔曾经为这两位客户建造府邸，在内部设计上做了颇为有趣的变化，以迎合旧贵族和金融新贵在生活格调上的固有差别。参见诺伯特·威比拉尔（Norbert Wibiral）与勒纳特·米库拉（Renate Mikula）著《海因里希·冯·费斯特尔》（*Heinrich von Ferstel*），出自勒纳特·瓦格纳-里格编，《维也纳的环城大道》（*Die Wiener Ringstrasse*），第 8 卷，iii，第 76—85 页。

得起总部。在该区域125家企业当中，三分之二的雇员超过了500人，五分之二的甚至超过了1000人。[38]

环区一带还散布着其他企业，不过它们的办公室一般设置在多户住宅楼里。等到大型官僚化公司开始需要特殊设计的楼型时，环城大道几乎已经完工，用来居住的租赁式宅邸也已占据主流。新的办公室只能通过改造来提供。直到1914年，环城大道的148栋私有建筑中，仅有72栋为公司法人所持有，其中只有27家的

图15 施瓦岑贝格广场

业务是在其自己的建筑中开展的。[39] 在这里，环城大道的开发也显示出它本身是个人主义时期的产物。住宅的高度超过商业建筑，使后者几乎成为其住宅正立面的一个部分。商业用途不被允许主导住宅区的面貌，也不可以超越其一开始设计时就要满足的社会表现功能。

纺织居住区及施瓦岑贝格广场周边地区具有非常明显的阶级印记，但环城大道大部分街区都融合了贵族和上层资产阶级这两个流动阶层。当我们按顺时针方向，沿着环区从施瓦岑贝格广场

图 16　协和广场

步行到歌剧院一带时，第二社会（有修养的贵族、食利者、官员，以及商业精英）开始占据主流，而高等贵族的存在感则大为消减。继续往前走，到了博物馆和大学之间的地方，我们就进入了上层公民（Grossbürgertum）的代表区域，即市政厅一带。这里居住着掌权的自由派中最为强大的社会中坚力量，这从帝国议会街上威严的踱步之人就能看出（图 10），也有数据为证。金融与商业领袖、食利者、大学教授，还有任何其他区域都能见到的为数众多的政府高官和企业领导，都住在此地。[40] 政治与文化新秩序下的宏伟建筑群——议会大厦和市政厅，博物馆和城堡剧院，以及大学——仿佛是一块磁石，吸引着统治精英在这些区域安居，正如旧城里的皇家霍夫堡早先曾吸引贵族在其周边安家一样。

市政厅区域的公寓楼，尽管在规模上让人想起圣彼得堡，却有一种强烈的集体庄严感，虽然单独看来都显得浮夸。帝国议会街位于汉森设计的议会大厦后面，通往市政厅（图 10）。这条街简直就像是资产阶级对旧贵族的绅士街（Herrengasse）的一种回应，后者通往霍夫堡前方的广场（图 17）。帝国议会街上的公寓楼，其单个建筑的正立面虽说高度个性化，具有浓重的新文艺复兴风格，可彼此之间却依旧通过窗台、粗面及窗户比例，创造出一种和谐统一的街景，让视线直通宏伟的公共建筑，即市政厅和感恩教堂。和绅士街一样，帝国议会街也是一条居住感十分明确的街道。这跟环城大道自身形成鲜明对比，环城大道由于路面（相对于建筑高度）很宽，再加上其水平方向的延伸感，使其上的建筑在反衬下显得偏矮。最后，市政厅区域的建筑师们，通过对底层店铺和办公室极为谨慎的调整，使这些租赁式宅邸的商业味不那么浓重。不管是像巴黎的里沃利街一样，把商业店面掩藏在奢华的拱廊下面，还是仅仅避免悬挂惹眼的招牌，设计师们都力图确保一种典雅之感，这种感觉即使在环城大道区域也并不多见。虽说没有施瓦岑贝格广场巨大的巴洛克式广场和完全外露的街区

图 17 绅士街

大楼那么壮观，市政厅区域依然具有一种充沛的尊贵感，令自由主义时期的精英心向往之。这一带的住宅楼为那些自信张扬、气势宏伟的公共大楼提供了适宜的环境背景，在自由主义维也纳的环区，这些大楼恰似镶嵌于其中的一颗颗珍珠。

❖ Ⅲ ❖

如果说环城大道通过石材和空间体现出一组社会价值观的话，那么不可避免地，那些批评环城大道的人也并非只针对纯粹的建筑问题。美学上的批评根植于更为广泛的社会问题和社会态度。那些指责环城大道上的风格和功能之间关系不协调的人，其实提出了另一个更为广泛的问题：在自由主义的资产阶级社会中，文化追求和社会满足之间的关系。不过，风格与功能之间的矛盾，可以从两方面的任何一个切入。卡米洛·西特非常严肃地看待环城大道建造者们的历史-审美追求，并且批评他们为了急切地迎合现代生活而背叛了传统。奥托·瓦格纳则从相反的角度发难，批评他们打着历史风格的旗号，掩盖了现代性及其功能。所以，在这场围绕环城大道的书籍之战中，不管是古代派还是现代派，都对这些世纪中叶城市建造者的合成方式发出诘责。西特的拟古主义和瓦格纳的功能未来主义，都引发了城市建设上的全新美学的产生，其中社会目标受到心理因素的影响。

在其主要著作《城市建设艺术》（*Der Städtebau*，1889）中，西特从古人的角度出发，以环城大道为反面教材，对现代城市进行了基本的批判。西特称自己为"艺术一方的辩护律师"，要为现代的城市建设体系提出"一个权宜之计"。[41] 这一自我界定十分重要，因为它体现出西特深信的一个假设，即"艺术"和"现代"从某种意义上讲是相互对立的。对他而言，"现代"指的是城市建设中技术和理性的方面，优先考虑的是他不断提到的"交通、公共卫生等"。一边是感情效力（wirkungsvoll）和美丽如画性（malerisch），另一边则是效率和实用，两者在本质上是矛盾对立的，而随着现代生活变得越来越受物质因素的支配，这种对立也更趋尖锐。[42] 对利润的贪求，必然要求密度最大化，这种要求也支配着土地使用和街道规划。经济目的表现在城市规划中那些冷酷无情的几何体系中——直线形的、放射状的、三角形的。西特抱怨说："现代系统！没错！就是系统地看待一切，而一旦规则确定，就不能有丝毫偏差，直到所有的天才都被折磨致死，所有的人生欢愉都被扼杀掉，这就是我们这个时代的标志。"[43]

西特反对整齐划一的网格模式，他提倡古代和中世纪城市空间组织中的自由形态：不规则的街道和广场。它们不是从制图板上绘出来的，而是"自然地"（in natura）出现的。他也不同意投机商和工程师的强烈主张，想通过慎重的艺术规划，力图实现早期通过自然缓慢的发展已经达到过的效果：美丽如画的、让人心理上满足的空间组织。他引用了亚里士多德的话来反对现代："一座城市的建造必须让其公民同时感到安全和幸福。为了实现后一个目标，城市建设就绝不能只是一个技术问题，而是一个最高意义上的美学问题。"[44] ．

在对环城大道进行批判时，西特并没有针对哪座具体的宏大建筑。他完全赞同这些建筑对历史格调的借鉴。他从没有质疑过19 世纪盛行的原则，即选择与建筑用途相关的历史风格，也从未像现代人眼光所认为的那样，感到有什么视觉上的不协调。西特远非反对历史主义，相反，他要延续历史主义——从个别建筑到这栋建筑的空间环境。现代建筑师在其建筑中模仿希腊、罗马、哥特风格——可是它们合适的环境呢？集市、论坛、市场都在哪儿？"根本没有人考虑这些问题。"西特抱怨道。[45]

西特认为广场是把城市从"我们这个数学世纪"和街道统治中拯救出来的关键。[46]广场作为一个舒适的封闭空间，曾经形象地代表了社会的理想。正确类型的广场可以从现代人的灵魂中解除一些诅咒，包括城市生活中的孤寂感，以及对巨大而喧嚣的空虚产生的恐惧感。一个原本毫无特色的空间，只因被围成广场，就摇身一变，成了人类的活动场所。在西特眼里，广场绝不只是一块没有盖楼的空地，而是一个被墙体围起来的空间，就像是室外的房间，为平常的生活充当着剧院。[47]

西特的批评弥漫着一种对逝去时光的怀旧。其中特别提出了现代的社会-心理需求，当时的其他文化批评家也都有此意，尤其是西特心目中的英雄——理查德·瓦格纳（Richard Wagner）。对西特而言，环城大道体现的是一种无情的功利理性主义最为糟糕的特征。在环城大道上，"对开放空间的极度渴望"——眼睛看不过来的宽阔街道、宽敞的广场——把人和建筑隔离开来。西特指出，一种新的神经症正在形成，就是广场恐惧症（Platzscheu），即害怕穿过大片的城市空间。人们在空间中感到自我渺小，面对行驶于这些空间中的车辆，亦感到无能为力。[48]他们也失去了与这些建筑和纪念碑的关系感。这种"对自由布局的狂热追求"——在开放空间（而非封闭空间）就把建筑隔离开的做法——损害了建筑与环境的统一。而像维也纳的感恩教堂和歌剧院这样的建筑，其效果（Wirkung）遭到了破坏，沦为空洞、统一的空间。"一座独立的建筑永远只是盘子里的一块蛋糕。"[49] 况且，这样的建筑也并不能满足用户的需要。即使是自己的建筑学老师费斯特尔所设计的大学，在西特看来也未能免于批评：其美观的内庭很少吸引路人进来。华丽的正立面必须招人注意，空间必须衬托出精美的正立面，而精美的正立面也能丰富空间。西特从人性化构造的角度批判整个环区，他呼吁将建筑和人结合起来，达成和谐统一的关系。

那么环城大道该怎么办呢？西特提出了具体的建议。他主张建造广场，在交通占主导地位的冰冷的海洋中，广场是人类社会的岛屿。他提议在几个大建筑——感恩教堂、议会大厦等——前面建造一些从主体结构中延伸出来的部分，以合围成一个广场，构成主要外观的基本框架。这些延伸部分有时会采用低矮建筑围墙的形式，如布鲁塞尔的市政厅广场；有时则采用柱廊的形式，像贝尔尼尼（Bernini）在圣彼得大教堂前面所做的那样。无论哪种方式，其结果都是空间的内在化，即从一种无限的媒介转变成一种确定的体积。环城大道这样一条漫无目的的河流，需要用大小适合的水塘来加以节制。于是，西特开发出一套广场的心理功能主义，来抵消街道那种运动导向的功能主义。他之所以运用广场的历史模式，并非因为像环城大道上的建筑风格那样，想要象征一种功能，而是想在一个理性社会的框架中，力图重建社区体验。

这些想法在现代城市规划史中可谓成果丰硕，那么当时西特是如何想出来的呢？毫无疑问，在其思维中，有一个因素就是典型的 19 世纪的那种对往昔艺术的热忱。和环城大道的几位学院派建筑师一样，他是通过研究艺术史这门令人兴奋的新生学科得到这些想法的。不过，西特对于已逝的文化遗产如此执着，并非仅仅出于一种学究气的浪漫怀旧。在奥地利，前工业时代的文化与社会假如说已采取守势的话，在 19 世纪中叶仍相当活跃；而它们正是西特的思想根源。对于当时罗斯金（John Ruskin）和莫里斯（William Morris）这样的英国改革家来说，复兴已死的手工业文化才是关键问题。而在相对落后的奥地利，关键问题并不是复兴，而是保存：保护这个尚存活，但受到致命威胁的手工业社会。西特自己就是工匠阶级出身，在他身上，新学术和旧工艺结合在了一起。

西特的父亲弗朗茨（Franz）是一位著名的教堂建造者和修复者。他称自己为"私人建筑师"，这一称谓反映出了身份上的过渡，即从中世纪的匠师，到现代的拥有学术背景的国家认证建筑师。在 1848 年革命中，在反对盛行的政府古典主义、将新哥特风格作为民族风格的战斗中，老西特发挥了自己的作用。他还奋力争取过作为艺术家的建筑师应有的自主权。不过，与一些同行战友不同的是，对于一个垂死的前工业时代的社会阶级所持的价值观，老西特依然十分珍视，而且他对新的学院派专业主义，和对国家权威一样，持怀疑态度。[50]

由于从童年时代起就跟着这位多才多艺的父亲工作，卡米洛·西特学会了作为"整体艺术"（Gesamtkunst）一部分的绘画和雕塑，将这些用作建筑装饰。作为现代建筑师和艺术史学家，他所受的理论教育是以工匠为基础的。而他在现代书本中所学到的只不过强化了他对古老方式的执着追求，以及对逝去的城市生活价值的挚爱。在虔信广场（Piarist Square），他父亲曾翻新过教堂正立面，而他自己也在其中读过高中。这个广场一直是西特心中的理想，也是一个代表维也纳温馨的传统生活空间的典范，足以对抗冷漠无情的环城大道。[51]

西特就读的大学的历史主义情怀强化了他在童年和少年时代形成的价值观。他在大学里最重要的教授就是鲁道夫·冯·埃特尔伯格，维也纳的第一位艺术史教授（1852 年受聘），也是一位充满活力的应用艺术支持者。我们前面已经提到过，他在环城大道住宅项目中提倡私人住宅单元，但并不成功。埃特尔伯格在 1862 年的伦敦博览会上受到南肯辛顿博物馆（现在的维多利亚和阿尔伯特博物馆）的启发，回国后，他说服政府成立了艺术与工业博物馆。当时的工业生产和针对行会组织的自由主义立法大大削弱了手工业，而埃特尔伯格则争取到了政府支持，把手工艺传统带入工业时代。以典型的 19 世纪风格，救赎是通过观念的首要地位来实现的。埃特尔伯格期待他的博物馆能够激励工人和制造商"根据高等艺术的流行格调"[52] 来生产产品。因此，老西特是从实用的手工传统出发，采取自下而上的努力方式，而埃特尔伯格则是自上而下，通过国家出资的奖学金、公共展览以及教育的方式来实现的。1863 年，埃特尔伯格成功获得建立博物馆的批准令；1868 年，又增加了附属的应用艺术学院。卡米洛·西特在工艺学院（Polytechnikum）的主要建筑学老师海因里希·冯·费斯特尔为埃特尔伯格位于环区的学校和博物馆设计大楼，把它设计成雄伟而又具有教学特征的样式，成为应用艺术的整体艺术作品（Gesamtkunstwerk）。[53] 因此，埃特尔伯格和费斯特尔虽然在联合推动环城大道的独户排屋运动中未能够重振中世纪的市镇理想，但却成功地为现代工业引入了作为国家扶持艺术模式的传统工艺。

经由博物馆和学校的教育，现代生产可以通过融入工艺精神而得以增强。在这里，也像在建筑中一样，"新人"通过回顾过去来丰富现在。

1873 年的经济崩溃给了国家对传统手工美术观的支持的第二个推动力。1859 年颁发的行业条例刚刚在法律上取缔了手工业行会组织，以支持完全的经济自由放任政策；自由主义政府自身也在教育中为行会寻找替代组织，以加强陷入困境的手工业阶级。自由企业完全出乎意料的溃败，使新的统治阶级心生惭愧和怀旧之情，同时也增强了手工业者的怨恨，他们开始在政治上组织起来，争取扩大特许经营权，要求得到经济保护。[54] 政府把手工艺教育的控制权从贸易部手里接管了过来，并责成教育部开发出一个综合性的手工艺学校体系。设计这一学校体系的高层官员本人就是个自由主义者，其民族主义由于奥地利"世界主义型"资本主义的失败而更加强烈，并由此被推上了传统的浪漫主义路线。*

新的手工艺教育计划给了卡米洛·西特一个理想的制度环境，

---

* 这位官员名叫阿曼德·冯·杜姆赖歇尔男爵（Armand Freiherr von Dumreicher），是维也纳大学一位外科教授的儿子，也是埃特尔伯格的个人朋友。他的德意志民族主义思想，在奥地利与普鲁士冲突中大受挫伤，于是转向文化民族主义，以期实现其长远的政治潜能。由于贵族和手工艺者中的保守主义分子也支持加强手工业，所以领导其教育复兴的居然是一个幻想破灭的自由派，这就格外值得注意了。出于民族主义信念，杜姆赖歇尔于 1866 年辞去了政府官职，为的是在议会发展。10 年后，他辞去了自由主义的立宪党行政官职务，因为该党拒绝反对斯洛文尼亚人的受教育权。参见费迪南德·比尔格著《阿曼德·冯·杜姆赖歇尔男爵》，出自《新编奥地利名人传记：1815—1918》（*Neue Oesterreichische Biographie, 1815–1918*，维也纳，1923 年版以及后来各版），第 5 卷，第 114—129 页。

他可以同时结合他的两个主要兴趣——建筑艺术和手工艺，以及艺术史和建筑史。1875 年，在埃特尔伯格的推荐下，西特担任在萨尔茨堡新成立的国立职业学校（Staatsgewerbeschule）的校长。1883 年，他应召在维也纳成立和督导一个类似的学校。弗朗茨·西特怨恨儿子为了这样一个官职，而出卖自己作为自由艺术家的天赋权利。[55] 事实上，儿子的妥协是保存准中世纪手工文化的唯一途径，即政府扶持的教育和学术界的宣传。西特把约翰·罗斯金在美学批判上的博学多闻，同威廉·莫里斯实用的工艺知识结合了起来，他不但组织了从制陶到木雕的大量工艺课程，还在新闻界和讲坛上为手工艺开展了大规模的公众活动。他撰文介绍书籍装订、皮革手艺、花饰陶器制作史、喷泉修复、乡村陶艺，以及其他数不清的话题，其中结合了他对往昔的尊崇和对现代审美想象力的解放。[56]

西特在 1889 年作为城市理论家开始工作时，还不是一个城市"规划者"，只是一个应用艺术的拥护者和手工艺环境的保护者兼主要参与者，我们说的很多东西都能表明这一点。他把自己的书命名为《城市建设艺术》，而非《城市规划艺术》。这个书名，强调的是真正的"建造"，而不是抽象的设计，传达出作者的手工艺者观念。不过副标题却反映出西特在现代审美上的自我意识：《遵循艺术原则进行城市建设》（*City Building According to Its Artistic Principles*）。他暗指的是，现代人必须通过审美推论，才能获得在过去的手工艺实践中获得的东西。

使西特能够把历史博学和工匠传统结合成一种审美社会使命的理论，便来自音乐家理查德·瓦格纳。西特还在虔信派高中读书时，就与附属勒文堡修道院学校（Löwenburg Convent

School）里学音乐的同学们建立了持久的友谊；该校以传统的音乐工艺培养出了著名的宫廷男童合唱团［现在的维也纳少年合唱团（Wiener Sängerknaben）］。西特本人成为一名技艺颇高的业余大提琴演奏手，而他最要好的同学之一——汉斯·里希特（Hans Richter）在 19 世纪 60 年代成了理查德·瓦格纳的亲密助手，后来成了伟大的瓦格纳指挥家。[57]

1870 年之后，随着普鲁士战胜法国，德国统一，瓦格纳的民族主义思想在年轻的奥地利知识分子中间迅速传播开来。他大力颂扬德国中世纪的手工艺社会，反对现代资本主义社会，而 1873 年的经济崩溃使这一立场尤为吸引人。西特也被卷入了这股巨大的洪流中，而且终其一生都是瓦格纳的热情追随者。当然，拜罗伊特也成了他心中的圣地。[58] 戏剧节的布景画师约瑟夫·霍夫曼（Josef Hoffmann）*和《尼伯龙根的指环》（*Nibelungenring*）的首任指挥里希特都是他的密友。通过他们，西特又结识了瓦格纳剧场的建筑师戈特弗雷德·森佩尔，后者的城市规划和戏剧理念，都在环城大道本身得到了体现。1876 年，也就是里希特在拜罗伊特首次完整地指挥了《尼伯龙根的指环》的那一年，西特的长子出生，他给儿子取名为齐格弗里德（Siegfried）**。而到了 1883 年，西特担任新成立的国立职业学校校长时，他对自己所住的精美公寓进行了装修，公寓客厅的天花板上所装饰的画，就是《尼伯龙根的指环》中的情节。[59]

在 1875 年为维也纳瓦格纳协会致辞时，西特揭示了，在他自

---

* 注意不要跟那位同名的分离派建筑家混淆。

** 齐格弗里德：理查德·瓦格纳名剧《尼伯龙根的指环》中的英雄人物。——译者注

己在现代资本主义世界中倡导工匠价值的工作中，瓦格纳的重要性在于提供了一个智识框架。[60] 在西特看来，现代生存的根本性事实，便是缺乏生活所必需的一整套连贯的价值。现代世界的缔造者，要么是科学家（从伽利略一直到达尔文），要么就是探险家兼征服者，或者商人冒险家。歌德的浮士德和瓦格纳的漂泊的荷兰人（Flying Dutchman，西特说后者的原型是一个真实的商人冒险家）都是这一独特的现代类型的史诗英雄——颠覆者，"和平的扰乱者"，他们毁坏了人们过去赖以组织生活的宗教神话。现代境况的本质是生命的碎片化，而我们需要一个具有整合力的神话。西特坚持认为，历史主义急于恢复希腊或其他文化的热切决心是行不通的；它只能在艺术和生活中产生一些苍白无神的幽灵。西特呼唤一种具体展现的新理想，"紧扣但又高于真实世界"，把人类当前那些破碎的价值，整合成一个连贯未来的形象。西特把瓦格纳奉为天才，瓦格纳则将自己这部救赎性的、面向未来的作品视为艺术家的特殊使命。世界被那些无根的科学和贸易的追求者摧毁了，导致苦痛的人民缺少一个富有生命力的神话可供依靠，艺术家就必须创造新的世界。西特援引了众精灵对浮士德所做的训诫：

> 你已经毁了，
> 这美丽的世界；
> ……
>
> 重新建造吧，

在你心中重建这世界。*

西特断言，理查德·瓦格纳在两种意义上指明了道路：他既是"整体艺术作品"的创造者，也是拯救民族的神话英雄的塑造者。"整体艺术作品"为克服碎片化提供了一种模式。正如音乐戏剧（music-drama）统合了分裂的艺术，民族神话也必须把一个分裂的现代社会联合起来。瓦格纳式的英雄人物为艺术家和人民指出了这一使命的途径。瓦格纳塑造的齐格弗里德，深深根植于武力冲突的条顿时代，他拥有力量，而这一长处，在这个极端理性和崇尚功利主义的年代，正是德意志民族复兴所格外需要的。凭着天真的力量和坚定的意志，齐格弗里德把父亲的宝剑的碎片又锻造成一件新的武器，屠戮了看守宝藏的群龙，粉碎了垂死的众神的权威。所以，现代艺术家也必须以瓦格纳的艺术为榜样，产生出足以战胜碎片化倾向的力量，为全体民众提供一个"公共群体的生活观"。

西特的人民概念完全遵循瓦格纳的思想，即人民是保守的，往往庸俗无知，但又能够对天才的呼吁做出回应，能够辨别最深的价值。西特说，《纽伦堡的名歌手》（*Die Meistersinger*）中的市民是"充分成长"的人。他们通常的生活都是遵从工匠传统的，但是对于歌剧主人公的新艺术，即一种基于内心呼喊的艺术，也

---

* 原文为：Du hast sie zerstört,

　　　　　Die schöne Welt,

　　　　　　　…

　　　　　Baue sie wieder,

　　　　　In deinem Busen baue sie auf.

能够做出回应。不过在瓦格纳和西特看来，人民并非政治中的积极元素，这跟马克思和法国的革命理论家不同。人民是被动、保守的，需要把他们从那些现代的、破坏性的、高高在上的颠覆分子——科学家和商人冒险家——手中解放出来。作为救赎者的艺术家不会像浮士德那样无情毁灭保守的（前工业时代的）人，而是通过同他们结盟，从而带来进步。*他们要创造一种"全新建构的现代生活"的戏剧，以对应"其文化深处最为隐秘的动机"。西特明确宣称，创造齐格弗里德，就是创造未来，创造全新的德国人。这既是音乐戏剧作者的任务，也是造型艺术家（der Bildner）的任务。

带着这种思想，西特毕生致力于在城市批评中宣扬瓦格纳式理想，重新给人造的环境划定秩序。在瓦格纳有关现代社会中艺术家之功能的观念的影响下，构成西特作品和见解的所有要素都到位了：忠于手工艺阶层，为其充当教育者、研究者和宣传者，复兴和宣扬其过去的艺术成就，以使其继续存在合法化。西特还致力于让相关艺术跟任何建筑或城市工程建立起联系。[61] 最后，西特把瓦格纳将整体艺术作品看作未来社会模式的想法，从歌剧院转移到了城市本身。作为城市建设中"艺术一方的辩护律师"，西特为"艺术"一词所赋予的公共性社会标准，远远超越了他的老师埃特尔伯格或环城大道的历史主义建筑师所赋予的。他的社会传统主义，还有他那瓦格纳式的功能主义，使他在界定城

---

* 在歌德的《浮士德》中，主人公的身份是一位现代企业家，在填海填出的土地上建造新的社区，他杀死了一对代表旧秩序的善良的农民夫妇。但是在他想象生产者的自由社会这一最后的幻景中，浮士德超脱出这个社会罪行。歌德，《浮士德》，第二部分，第五幕。

市规划者的作用时，就像瓦格纳界定作曲家的作用：文化的再造者。这就是西特为我们今天所知的现代城市规划者的思想成形所做出的贡献：一个齐格弗里德式的人物，通过重新设计我们的环境，来重新创造我们的生活。

所谓城市，借用西特那瓦格纳式的措辞，千万不能"仅仅是一个机械的官僚产物"，而应该是"一件富含意义的精神艺术品……一件伟大的、真正的民间艺术品……尤其是在我们这个时代，我们这个时代缺乏一个将所有视觉艺术以一种大众化、民众化的方式综合在一起，以服务于民族的整体艺术作品"。[62] 假若一个建筑师无法建造整座城市，那么至少应该给他一个广场。音乐戏剧之于瓦格纳，就如同广场之于西特：都是关于未来的艺术品，或者更准确地说，都是为了未来的艺术品。广场必须把好几种艺术形式统一成视觉上的整体艺术作品。在一个理性、财富和效用进行严厉而分裂的统治的社会里，艺术家必须创造出一种社会完整性的典范。在冰冷无情、车辆飞驰、充斥着计算尺和贫民窟的现代城市里，外观风景如画、能给人以心理慰藉的广场能够重新唤起人们对消逝的市民时代的记忆。这种在空间上极为戏剧化的记忆，可以激发我们去创造更加美好的未来，那时没有粗鄙、没有功利主义。尽管西特如此指点未来，可他面对当前的统治力量所做的妥协，并不亚于理查德·瓦格纳：

> ……艺术家为了自己的目的，仅仅需要几条大街和几个广场就足矣，至于其他的，他可以心甘情愿地向交通与日常生活的物质需求低头。就让那大片的住宅楼沦为工作间吧，就让那一带的城市披上工作装吧；而少有的几个主要广场和

街道，却应该穿上假日的盛装——为了居民们的自豪与欢欣，为了重新唤起他们的归属感（Heimatsgefühl），也为了培养年轻人心中伟大而高尚的情感。昔日的城市就是这样的。[63]

西特为环城大道所提的建议，虽然不算过分，却为时过晚。他试图把位于感恩教堂和市政厅区域的纪念性建筑前面的空间合围成广场，以此来打破街道的主权，然而这一想法在既得利益和维系这些利益的价值观——对环城大道所体现的机动性和流动性至上的自豪感——面前败下阵来。西特这种将城市空间重新人性化的社群主义设想，需要在人们对过度膨胀的大城市普遍产生反感的时代才能有说服力，而战前的奥地利社会尚未出现这种情绪。

❧ IV ❧

1893 年，也就是西特出版《城市建设艺术》的 4 年后，建筑师奥托·瓦格纳在新维也纳开发规划的竞标中获胜，他的出发点却跟西特截然不同。市政当局发起这次竞标，是由于 1890 年并入了一大片新的郊区地带，因此维也纳城面临了自环城大道开通以来第一次有计划开发的大好机会。1859 年，当环城大道开发项目正式开始时，政府公布的建设目标明确将任何整座城市的开发计划推延至未来。因此，环城大道也就被看作一个独立区域，没有考虑其更广泛的效果。而这一次，市议会终于决定采用一种比环城大道的规划者更全面的方式，来处理未来发展的调控问题。* 本次集中关注的，是城市发展中的非审美因素：交通运输、社会与卫生控制，以及区别利用土地。[64]

根据市议会这种新的关注点，瓦格纳在 1893 年的竞标上提交的设计方案，把交通思想作为发展的关键。他提出了一个由四条环路和铁轨带所构成的体系，其中环城大道将是第一条环路。这些环路再由放射状的干道贯穿其中。瓦格纳对于维也纳未来的设想，其前提是城市的无限扩张，这也被当局愉快地采纳。"再现"和"对城市形象的美化"曾经是环城大道规划的指导思想，但在 1893 年竞标的具体要求中，以及瓦格纳的提议中，这一思想却毫无影响力。相反，瓦格纳为他的大都会维也纳项目配上了一句让卡米洛·西特听了定会心惊胆战的格言："必要性才是艺术唯一的伴侣（Artis sola domina necessitas）。"[65]

对于这个阶段的瓦格纳而言，"必要性"指的是效率和经济上的需求，以及为商业追求提供便利的需要。这就是现代人的全部意义，和过去之人完全相反。他的规划中并没有拟定城市生活的各个构成部分（如工业、居住、办公空间）在地理上是如何分布的。相反，他的设计集中在交通运输上。交通可以把范围广阔的大都市联结成一个高效的单位，不管这个都市的构成部分究竟是什么，以及位于何方。只有在新建的城外地带，瓦格纳才提出了所谓"前沿居住点"（Stellen）来作为交通和地方服务的中心。[66]

---

* 　这次城市竞标要求"为整个维也纳市政区域的调控设计出一个总体规划（zur Erlangung von Entwürfen für einen Generalregulierungsplan über das gesammte Gemeindegebiet von Wien）"。

西特试图扩展历史主义，把人类从现代技术和效用中拯救出来；而瓦格纳却相反，他想要压制历史主义，来迎合一贯理性的城市文明价值观的利益。瓦格纳宣称："艺术的功能，就是将所有出现的东西都神化，以完成（现实的）目标……艺术有责任改变城市面貌，来适应当代的人性。"[67] 1895 年，他在自己所著的教材《现代建筑》（*Modern Architecture*）的序言中，用大写字体驳斥了统治整个 19 世纪建筑教育的历史主义观：

> 整部书引发自一个念头，那就是，盛行于今日的建筑观念，其整个基础都必须由新的认识所替代，即我们的艺术创造唯一可能的出发点就是现代生活。[68]

在对环城大道时代的"过时的形式世界"发起第一轮攻击时，瓦格纳对建筑师和城市规划者提出了新的要求。他后来补充道，这些人必须"把我们更好的、民主的、自我意识的、思维敏锐的本质显露出来（veranschaulichen），公正地对待巨大的科技成就，以及现代人类身上本质的实用特点"。[69]

因此，在环城大道时代结束时，西特是从过去的公共社会生活中提取视觉模型，来对抗现代都市的失范（anomie），瓦格纳却是另觅新的审美形式，来表现资本主义都市风格的真实面目；他对这种紧张忙乱，但又富于目的性的风格十分钟爱。无论作为建筑师还是辩论家，教师还是城市理论家，瓦格纳都是从环城大道文化中脱颖而出的一位杰出的现代主义者。

生于 1841 年的瓦格纳作为环城大道建筑师，原本有着富足而成功的事业，可他却在 19 世纪 90 年代突然对历史主义展开了攻击。跟西特一样，这位思想家的社会背景和思想关系，清晰地体现在他对环城大道准则所进行的富有创造性的批判上。西特根植于不安全的工匠阶层，而瓦格纳则出生自用自身的形象来构想和建造环城大道的"第二社会"。瓦格纳之父出身卑微，后来成了法院公证人，事业十分成功。瓦格纳精力充沛的母亲来自一个富裕的官僚家庭。早年守寡的瓦格纳夫人培养了儿子新的创业价值观——一种强烈的自我意识，以及更为强烈的获取经济成功的雄心。瓦格纳记述说，他那"深受崇拜的、可敬的妈妈"多次告诉他"要努力争取独立、金钱，还有由此产生的更多的金钱；这样，人们才能认可你的价值"。在回忆时，他称之为"不同寻常的哲学，但也是唯一正确的哲学"。事实上，正是这种哲学，使他就如母亲预期的那样，"依靠自己的理想而生存"。[70]

从少年时代，瓦格纳就与环城大道的建筑者们交往。早在1848 年之前，他那魄力十足的母亲就有了一栋由议会大厦的设计者特奥费尔·汉森进行"现代化改造"的三套公寓楼。[71]瓦格纳夫人有意地教导儿子，要在教化（Bildung）与财富（Besitz）的新世界中功成名就。西特在教育中耳濡目染的手工匠经历和历史情怀，丝毫没有触及瓦格纳。在经过良好的预备教育之后，年轻的奥托进了维也纳技术学院，开始接受其建筑上的培训。短期接触柏林古典建筑学派，为他在 1861 年进入正统、精英的维也纳美术学院接受职业教育打下了坚实的基础。他在那里的老师就是奥古斯特·西卡德斯堡和范·德·努尔，这两位环城大道的建筑师当时正值权威与声誉的巅峰，他们共同设计了歌剧院。瓦格纳回忆道：西卡德斯堡"占据了我的艺术家的灵魂，培养了我心中的实用原则"，而范·德·努尔则通过其绘画天才启发了他。[72]遮掩在历史风格之后的实用性：这就是学院留给瓦格纳的遗产。

19 世纪 60 年代后期，当处在环城大道社会的思想边缘的西特的工艺定位和怀古学识正在形成之时，瓦格纳投身到建设大潮的投机中心。25 年来，他一直在从事建筑师兼企业家的职业，在环城大道区域建造了许多公寓。瓦格纳经常住在自己的房子里，直到有机会卖掉，好为下一次投资提供资金。他严格遵循备受欢迎的"自由文艺复兴"风格，很少有人会认为他是一名正在成长中的现代主义者。[73] 同样，在其建树相对较少的公共项目中，瓦格纳也体现出了纪念碑式的宏大精神，而这正是精美艺术和环城大道建筑的特征。他的狂想能到达什么样的程度，可以在他 1880 年的艺术馆工程（图 30）上看出。那是一个乌托邦式的博物馆综合体，其规模之大，足以令环城大道上的众多博物馆相形见绌。*

就一方面而言，瓦格纳早早地脱离了环城大道的建设惯例。他深受独立商业结构观念的吸引，所以背离了将商务和居住功能集中在一栋建筑里的传统。在维也纳早期独立的公司大楼之一的土地银行（Länderbank，1882—1884）中，瓦格纳将传统的两层式文艺复兴外观大为简化（图 18）。他通过把大楼下半部分粗面石块之间的垂直接缝完全去除掉，将砖石结构变成了水平波纹，使得这栋大楼同街道的轨线之间相协调。在大楼的内庭（图 19），瓦格纳甚至更进一步。他剥除了外墙上的所有装饰元素，而且将窗面外移，令其与灰泥墙面相平，清楚地预示出未来的功能风格，或元风格（meta-style）。在土地银行的楼梯间里，瓦格纳也打破

---

* 请见后面第 5 节。

了环城大道的惯例。同时代人都用华丽的楼梯来彰显主人的身份，瓦格纳却使用单薄的古典样态，通过简单的表现形式，表明了楼梯对于其使用者的功能：仅仅就是为垂直交通提供一个直接的途径（图 20）。

虽说此时已表现出一些新方向的迹象，但一直到 19 世纪 90 年代从事市政开发项目时，瓦格纳才成为真正的功能主义理论家和设计家。他转型的第一步，是通过参与城建工程方案来实现的；第二步则是通过参加作为维也纳新艺术的分离派运动

图 18　奥地利土地银行大楼（奥托·瓦格纳设计），1882—1884 年，临街外观

（Secession）实现的。城市铁路项目让他有了新的建设原则，而
分离派运动则提供了贯彻这些原则的一种全新风格。工程问题和
新艺术美学共同影响了 19 世纪 90 年代的奥托·瓦格纳，正如手
工艺教育和理查德·瓦格纳意识形态曾经影响 19 世纪 90 年代的
西特。它们提供了一个思想体系的坐标，用来在理论和建设实践
上批判和转变有关环城大道的城市形态。

在 1893 年的竞标中提出运输网络是城市规划的关键之后，瓦
格纳很快就投入了一个与之相关的庞大工程项目中，即 1894—

图 19 奥地
利土地银行，
后庭

1901 年维也纳城市铁路系统的建设。作为项目总工程师，瓦格纳不仅设计了 30 多座车站，还亲自参与了高架桥、隧道和桥梁的布局与设计。他力求设计简单实用的车站，通过减少外部装饰和花样，车站同时还可以作为公共运转的焦点所在，可以服务于邻近的街区。瓦格纳所追求的，是他日后所说的"艺术与目的的和谐一致……在现代的观念中……这是理想解决方案的首要条件"。[74]起初，"艺术"在他的设计中占主导地位，车站用的是光面砖或灰泥砖这种传统材料。甚至沿着铁道线，"风格"也在长达数英里的

图 20　奥地利土地银行，楼梯间

铁轨上占据突出地位。这些铁轨的方形和对角线模式，是受古罗马启发而来的，非常恰当地成了奥地利帝都铁路系统的非正式的象征符号。然而随着工程推进，功能和建材的考虑在设计和形式上不断占据上风。[75] 瓦格纳开始容许车站建筑的外表使用铁材：粗面的工字梁充当过梁；而钢材则出现在入口和售票厅处。[76] 即使是在瓦格纳设计的所有车站当中最不合时代的那个——席津（美泉宫）的皇室私人的城铁候车亭——也有大量钢材赫然出现在半巴洛克式石楼的筒形拱顶门廊中。在这里，对现代建材的崇尚没有在反对历史风格中表现自己，而是充当历史风格的一个补充装饰。在另一座瓦格纳设计的车站，下德布灵车站（Unter-Döbling）中，我们可以看到，环城大道在建筑形态上所坚持追求的象征化做法成了自己的对立面（图21）。在那里，装饰性的铁制拱门支撑着中心建筑探出来的屋顶，而拱门的形状是一个铁轨栈桥。所以，瓦格纳对钢铁的使用只是象征性的，因为他采用的形式是钢铁在栈桥上支撑铁路时采用的形式，而在这里钢铁并没有发挥这种作用。[77] 新生的功能主义表现出的矛盾现象，真是颇为奇特啊！因此，瓦格纳给这座城市带来了实用的"亚当风格……赤裸而强壮"，而这种风格，环城大道的建设者仅仅容许它出现在位于乡村的工程作品中。

在瓦格纳力图将新的建材作为词汇融入传统建筑表现语法中时，这种反常情况都是不可避免的伴随现象。瓦格纳的前辈，19世纪中叶建造火车站的那些精美艺术建筑师也遇到过同样的问题。[78] 而瓦格纳与他们的不同之处就在于，他试图使技术一面显得高贵，把它尊崇为"文化"。在他设计的大多数车站中，其基本风格依然是基于历史的。尽管瓦格纳创造性地使用了新型建材——尤其是钢铁和玻璃——传统的结构形式在他的车站中仍旧占据主导地位。不过在高架桥、路堑和桥梁上，瓦格纳的步子就大了，他赋予工程结构以优先权，允许其美学特性在巨大的纵梁、拱座上铆固的巨型弯管等处表现出来（图 22）。可即使是在这儿，瓦格纳往往也还是对自己激进的结构审美观做出调整，通过增加一些美化结构的特征来迎合传统：如用来遮掩粗糙铁柱的石头饰面，用来装点（以及可以说是教化）新型建材的雕饰、花环、塑像等。除了个别例外，瓦格纳这一时期的作品中无法磨灭的特点，就是建筑结构的功能伦理同建筑美化的传统审美之间的矛盾。

　　1894 年，当瓦格纳仍在投身于彻底变革其建筑特点的工作之

图 21　下德布灵车站（奥托·瓦格纳设计），1895—1896 年

时，他被聘为美术学院的建筑教授。聘用他这一事实本身，就说明了他的市政铁路项目受到了认可。城市建筑立足于实用，这样一种观念正逐渐侵蚀着环城大道的文化理想，其大本营美术学院也未能幸免。瓦格纳所获提名的这个教授职位，原先曾看重对历史风格的注重，拥有该职位者必须是"古典文艺复兴的忠实代表"才行。而高年级的建筑专业学生，只能选择这种文艺复兴"特殊派"，或者哥特式建筑中的相应风格。

在其他申请这一职位但被拒绝了的建筑师中，就有卡米洛·西特。在1876年厌恶资本主义的氛围中，西特那崇尚传统主义、偏好手工艺的思想曾颇具吸引力，也为他赢得了国立职业

图22　努斯多夫大坝：有审美感的工程（奥托·瓦格纳设计），1894—1898年

学校校长这样的职位。而在 20 年后，则轮到瓦格纳来引领时代大潮，并从人们对城市现代交通与工程的热忱中获益。市政铁路渐渐替代宽敞的大道，成为城市伟大和进步的象征，就恰似环城大道时代的大道替代广场一样。美术学院的教师任命委员会顺应这股潮流。他们选择瓦格纳，并不是因为他 30 年来致力于文艺复兴风格的建设，而是因为他能够"把现代生活的需要与现代建筑材料的运用，同艺术上的需求协调一致起来"。不过，该委员会也在其报告中不无遗憾地记录说，宏大建筑的日渐衰微，导致无法辨别谁才是历史风格的大师。* [79]

　　担任教授一职的责任，给了瓦格纳巩固和阐述其思想的机会。在对学院的就职演说中，他表达了全新建筑时代的基调：

> 我们这个时代的现实主义必须渗透进艺术品中……它并不会导致艺术的衰败；相反，它会给［建筑］形态带来新的生命律动，并且能够征服新的世界，例如工程领域，这些领域依然与艺术无缘。[80]

　　虽说瓦格纳强调效用优先，要求建筑师应当坦率地让形式服从于目的（Zweck），但是他绝对没有抛弃建筑师即艺术家的想法。然而与西特相反（西特将建筑师视为捍卫审美、反对效用之人），瓦格纳却是力图通过投身效用（他将效用看作优点），重新振兴建筑的审美功能。在其就职演说中，他预言说，现代生活本

---

* 卡尔·哈森诺尔（1833—1894）作为前任教授，是因为其精通宏大风格而入选，他曾设计过（或参与设计过）环城大道上的数座最宏伟的建筑：两座博物馆、城堡剧院和新霍夫堡。

身就会促使建筑师寻找"一种代表我们的独特风格"。而作为第一步，建筑师必须先将自身从历史的奴役中、从"风格建筑师"（Stilarchitektur）的传统中解放出来。

在他那极富挑战性的教科书《现代建筑》（1895）中，瓦格纳发展出一套历史理论，来解释19世纪折中主义"风格建筑"可悲的窘境。他说，纵观历史，每一种新的风格，每一种新的审美理念，都是从上一种逐渐衍生出来的。"新的构造、新的建材、新的人类使命和观点，都呼唤对既有形式的改变和重组……伟大的社会变革总是产生新的风格。"可是到了19世纪后半叶，这一进程却止步了。社会变革的步伐太快，艺术发展的速度已经跟不上了。由于无法想出一种风格来表现现代人的需求和观念，建筑师只得在过去的一切历史风格中去挖掘，来填补这个空缺。瓦格纳评论说，环城大道时代把建筑委托称作一种"风格任务"（Stilauftrag）。这在以前的任何历史时期都是不可想象的，因为它暴露了艺术和目的的脱节，等于使建筑作品沦为考古研究的产物。这就是形成"艺术宿醉"的根源，现代人如今仍在深受其害。瓦格纳号召建筑师作为艺术家（而不是仅仅追求实用的技术人员）代表现代人进行道德上的反抗，反抗半个世纪来艺术上的一潭死水。[81] 在其教育理论中，瓦格纳向记忆训练（记忆是复古主义所青睐的能力）宣战。他反对去意大利取经的做法，理由是这个艺术型建筑教育的古典圣地的建筑模式同现代人类关系甚少。让建筑新手转而去"大都市"吧，还有"那些拥有现代奢华的地方"。[82]

可是到底什么是现代风格呢？剥下历史的外套是一回事，而界定现代人类，并在建筑中展现其本性就是另一回事了。在寻找适合自己所处时代的视觉语言时，瓦格纳在年轻一代的维也纳艺术家和知识分子当中找到了盟友，这些人是创造 20 世纪高雅文化的先驱者。1897 年，其中一群人聚到一起，成立了"分离派"，意欲打破传统的桎梏，让奥地利准备好接受欧洲在造型艺术上的革新，特别是新艺术。分离派的宣言最能拨动瓦格纳的心弦："每个时代都有它的艺术，每种艺术都有它的自由。"因此，分离派的期刊所选的名字，《神圣之春》（Ver Sacrum），表现了该运动的神圣使命，即复兴奥地利艺术，并通过艺术来复兴奥地利。瓦格纳最具天分的一个年轻伙伴，约瑟夫·奥尔布里奇（Josef Olbrich），设计了分离派的早期现代建筑。他运用了现代化庙宇的形式来表现艺术的功能，即艺术为维也纳世俗的知识分子精英们提供一个替代性的宗教（图 39）。*

在分离派设计的众多象征中，或许最合瓦格纳心意的就数"赤裸的真理"（Nuda veritas）了：一个贞洁的流浪女孩，手持艺术之镜照向现代人（图 38）。设计这一象征的画家古斯塔夫·克里姆特，同瓦格纳一样，认为在为艺术新功能找到表现手段之前，迫切地需要宣扬这种新功能。作为分离派运动的主席，以及其中最有才华之人，克里姆特（又是跟瓦格纳一样）抛弃了古典的历史绘画，尽管他当初是作为环城大道艺术家成名的。他投身到一种几近狂热的实验性探索中，寻找一种画家的语言来表现现代人的状况。瓦格纳崇拜克里姆特，称其为"这个世界上所出现的最伟大的艺术家"**。[83] 克里姆特在他心目中的地位，就好比理查德·瓦格纳在西特心目中的地位一样：帮助自己重新界定其作为

---

*　请见后面第 5 章。

**　原文为："... der grösste Künstler, der die Erde je getragen"。

专业人士和艺术家使命的文化英雄。就像西特用瓦格纳歌剧里的场景来装饰自己的客厅一样，奥托·瓦格纳也把克里姆特的绘画挂在自己位于许特尔斯多夫的别墅里。[84]

克里姆特和分离派在两个方面影响了瓦格纳的观念：加强了他投身现代的信念，同时为他提供了一种新的视觉语言，来代替环城大道的历史风格。然而，这种关系却充斥着矛盾。这是因为克里姆特和奥托·瓦格纳在《赤裸的真理》的镜子里看到的现代人，其面孔是截然不同的。此外，对于瓦格纳在城市建筑中应用的实用原则和结构功能原则，新艺术对之既有推动效果，也有阻碍作用。[85]

克里姆特对现代人的探求，从根本上讲是奥菲斯式的和内在的，是一种对 19 世纪 90 年代早期的文学中已经出现的"心理之人"的探究。克里姆特起初代表着人类的本能的（尤其是性爱的）生活，进行着一种振奋人心的反抗，但他很快就沉溺于由于回归压抑而造成的苦痛中。在展现一个叔本华式的、边界消解的、理性结构被破坏的宇宙时，克里姆特运用讽喻和象征性的语言，刻画出无助地困顿于命运大潮中的现代人类痛苦的心灵。*

在瓦格纳那面现代之镜里的面孔可就迥然不同了：一个活跃、高效、理性、时髦的资产阶级——时间不多、金钱不少、对纪念性情有独钟的都市人。瓦格纳的都市人只遭受一样病理上的缺失：方位感。在他那快速移动的时间世界和变化世界中，人们总是很容易就能感受到瓦格纳所说的那种"痛苦的不确定感"。建筑师必须提供确定的运动路线，才能有助于克服这种感觉，而克里姆特

---

* 请见后面第 5 章。

和分离派的风格，在这方面对瓦格纳帮助极大。首先，克里姆特的二维空间概念，虽然最初是为了象征性地展现虚幻世界的抽象本质，却可以被借用到建筑上，为墙体创造新的意义。跟环城大道租赁式宅邸那种严重分节、凹凸不平的墙体不同，瓦格纳设计的第一座分离派风格的公寓楼，外观上普普通通，表明其功能仅仅就是墙面。环城大道上那精雕细琢的房子与街道大异其趣，而瓦格纳的分离派风格的正立面，则反映出街道作为平面的简约之处，既服从于又强化了街道的方向感。在内部，瓦格纳同样改造了新艺术的线条，以满足他对位置指向的热情：楼梯扶手、地毯、镶木地板，全都沿着行人走动的主要方向设计上了嵌入式条纹，来帮助住户克服"痛苦的不确定感"。

　　分离派在意识形态上激进地反对历史，他们自觉地释放幻想，构建一种不受过去所约束的风格。但对风格的自觉追求一直没有停断，它为瓦格纳提供了一种新的装饰性语汇，激发他不断把结构从风格中区分开来——而风格正是环城大道建筑文化中瓦格纳坚决抨击的方面。在瓦格纳的建筑中，所谓"美"，在某种程度上依旧是偶发性的，纯属外表，是装点其形态的审美外套，通过时尚的象征来宣扬现代性的荣耀。

　　瓦格纳于 1898—1899 年在维也纳河滨大街上建造的两座相邻的公寓楼，显示出他利用分离派风格，与环区上那些文艺复兴式的宫殿模式决然分裂（图 23）。在这些建筑中，瓦格纳首次把他在19 世纪 90 年代开发的三大构成原则融合在一起。其中两条原则来自工程项目：功能至上，因为它是形态的决定因素；根据现代建材的内在属性而坦率使用之；至于第三条原则，即整体投入现代性那种非历史的、准象征性的语言，是他取自分离派的。

图 23 左河滨大街与克斯特勒街处的公寓大楼（奥托·瓦格纳设计），1898—1899 年

　　瓦格纳在追求第一条原则（忠实于功能）时，放弃了整齐划一的文艺复兴外表后面的那种风格，即商住两用的隔板式结合。相反，他所设计的河滨大街上的建筑的外观通过风格独特、对比鲜明的形式，体现出内部空间的两大独立功能：下面商用，上面居住（图 23）。一连片醒目的玻璃和钢材把底层清楚地标记为商用空间。二层以上，居住功能接管了正立面，装饰也由这一层开始。* 瓦格纳对大楼的两大功能坚持采用区别性的象征手法，这一点从街角位置最容易看出来。右侧那一面冲着住宅边道，处理方式非常单一，底楼的小店铺毫不唐突地融入传统格调，适应了住宅边道的静谧气氛。相反，大楼的左侧立面则朝着繁忙的滨河大街和街上的集市，这一面被水平切分为工作和居住用房，而且各有不同的风格和材料。对建筑角落的处理方式，使由此而来的这种两重性，在表现力上达到了极致，上部各居住楼层的楼角呈优雅的弓形，抹着灰泥，从其下方则坚定有力地探出有棱有角的钢材和玻璃办公空间。在顶层，有一个装饰奢华的凉廊，上面点缀着新艺术风格的垂花、花枝、瓮缸和雕塑，这个凉廊就仿似一顶华丽的王冠盖在大楼之上，象征着城市生活的华贵，而它的经济基础就是下面平凡而理性的办公空间。在滨河大街的建筑中，瓦格纳表现出了他眼中的现代都市人所具有的两面，每一面都自成其风格特色：商务之人和追求品位之人。因此，他谨慎但却公开地将这两面并列展示出来，而当初环城大道的建筑师们却试图以隐蔽的形式将两者整合在一起，比如在纺织居住区，他们就采用文艺复兴宫殿

---

* 这两幢相邻的大楼，其中一幢的外观从二楼开始出现了巨大蔷薇树的图案，树向上伸展，覆盖了整个居住楼层的外表。另一幢则是每面墙的末端都有外凸的立柱，柱上以浮雕的形式刻着镀金的一段生命之树。

式的住宅风格，把建筑的商业用途遮掩了起来。

瓦格纳这种风格上的双重性并未持续多久。短短几年内，他为滨河大街楼宇内的商业区所提出的理性风格，就占据了绝对优势，先是在办公楼，继而在居住区盛行起来。现代人的"务实本性"（瓦格纳语），以及适合其工作生活的风格，似乎渐渐地主导了现代人存在的所有方面。而隐藏在这种建筑开发背后的是政府机构和商业企业的日渐官僚化。中央集权的行政机构迅速扩张，使传统上那种把办公室安置在公寓楼的一、二层这种做法，已无法再满足这种扩张所引发的对空间的需求。早在 1882—1884 年，瓦格纳就因建造土地银行而成为独立办公楼的先驱，如今更是热情地回应这种功能设计的新机遇。

这位建筑师最后一次创造力勃发的场合，就来自战前 10 年环城大道上最后的一个开发区域，即所谓的施图本区（Stuben Quarter）。在 19 世纪 90 年代，瓦格纳曾参与过该区的规划。到 20 世纪之后，帝国政府为了加速发展，为区域内的两座行政大楼开放竞标：一个是新的国防部，另一个是皇家邮政储蓄银行的总部办公楼。这两项工程虽然在满足大量行政官僚集中办公的需要方面是现代的，但依旧体现出政治上的一种复古思想。它们标志着军队和天主教重返环城大道——这两股传统势力在环城大道始建时曾占据主导地位，却由于自由主义的胜利而被早早地排除在大道开发之外。而这两股旧势力如今又以现代官僚的面孔重返故地。新的国防部相当于一座帝国的五角大楼，能容纳一支现代征召部队庞大的管理部门，它所分到的地皮就是 19 世纪 50 年代职业军队反革命的要塞之一，即在 1898 年因不合时宜而被拆除掉的弗朗茨·约瑟夫兵营。奥托·瓦格纳在竞标中失利，输给了一位更为传统的、追求巴洛克复兴风格的建筑师。

而瓦格纳为其建造总部的邮政储蓄银行办公楼，则见证了旧宗教势力顶着新的社会装束重新兴起。这个机构的设立是为了帮助那些"小人物"的，它受到了国家的大力支持，以平衡大的银行家族——"罗斯柴尔德集团"——的势力。这也是基督教社会党所采取的制度上的努力，即代表下层中产阶级，回应犹太银行家和自由主义者的权力：众多小存款者往往会集中他们的资财，以抗衡少数人的权力。在 19 世纪 80 年代创立邮政储蓄银行的官员格奥尔格·科克（Georg Coch）成了基督教反犹主义者心中的殉道英雄。他的支持者竭尽全力，但仍未能在新的总部大楼里竖立起他的半身像，据说是因为某些有权有势的犹太人的反对。市长卡尔·卢埃格尔将此事作为政治问题对待。他所领导的基督教社会党市政府把邮政储蓄银行前的广场改名为科克广场，并在奥托·瓦格纳的明确同意下，在广场的一个基座上竖起了科克的半身像——这是环城大道上第一个为反犹的文化英雄所竖立的纪念物。[86] 我们之前已经看到，在自由主义时代开始之际，位于环城大道一端的感恩教堂曾如何代表传统的天主教反动势力；而到了自由主义时代行将结束之时，位于大道另一端（新的国防部对面）的邮政储蓄银行，则标志着它作为一股民粹主义势力的复兴。

不管邮政储蓄银行在政治含义上有多么反资本主义，其功能上的建筑要求却是完全现代的。奥托·瓦格纳作为城市商业生活方式的倡导者，在建筑实践中实现了无比丰富却又简约而优雅的现代格调（图 24），他本人追求这一格调已至少有十年之久。在这里，他把之前滨河大街公寓楼已十分显著的趋势又做了进一步的延伸：普通的外立面，其上的窗户几乎同墙面相平，对新型材料的实验（这里用的是铝材），设计上的简化。官僚理性主义的威严的统一特性，也反映在大楼的外表，窗框的大小一样，毫不突兀，未经装饰的大理石板墙体由铝制的螺栓铆固，螺栓的样式丰富但又十分简单，入口足够宽敞，但与环城大道早期公共建筑所青睐的那种宏伟大门比起来，又显得不引人注目。*

　　一旦解决了办公大楼这种特殊类型的问题，瓦格纳马上就把在那里开发出的技术转而应用于住宅建筑上：使用铝材、壁板、浇注式钢筋混凝土；在楼梯、外露式柱子、照明器具设计中大胆进行几何上的简化；在内部涂饰和外部式样之间的完美一致。他在邮政储蓄办公大楼之后建造的第一栋公寓楼——新史迪夫特街40号（图25）就具有以上所有这些特征。

　　在新史迪夫特街40号，瓦格纳实现了他的伟大创新——把为办公楼构思出的新风格，转而用到住宅本身上来。这标志了瓦格纳在思想和实践上长期发展的终结。在其早年，他在商业建筑上的功能实验一直限于基本的文艺复兴形态中（图18）。之后的滨河大街建筑取得了最先的功用主义形态上的部分突破，进入占据传统主流的住宅楼中（图23）。最后，在新史迪夫特街40号（图25），这一发展轨道取得了完胜，即办公功能完全超越居住功能。新史迪夫特街40号的标准窗没有窗台，大小一样，这清楚无误地表明了一座商业楼内部整齐划一的分隔空间。这种窗户还暗示出，楼内租户的地位相差无几，这跟环城大道的公寓楼正好相反，后者具有明显的垂直差别，通过外表就能看出住户各自不同的经济地位。此外，所有的外来装饰——不管是维多利亚式石材，还是

---

* 有关该楼的结构创新问题，还有很多可谈，但已超出我们的讨论范围。

图 24 邮政储蓄办公大楼(奥托·瓦格纳设计),1904—1906 年,其前方为格奥尔格·科克纪念塑像

图 25　新史迪夫特街 40 号（奥托·瓦格纳设计），1909—1910 年

新艺术的绘画和贴花——也都不见踪影。只剩下有限的直线线条和图案在加强着构造中的几何感。大楼底部的商用空间，虽然仍处在上面楼层那文艺复兴风格的映衬之下，但凭借其橱窗和黑色玻璃瓦的线条，也彰显出自己的强烈特色。在滨河大街，上部的住宅楼层尚且凭借其高雅的外形和装潢，表现自己完全独立于楼下的商业店面，而在这里，上部楼层已经适当接受了商业部分的风格特色。而且，瓦格纳心中的忙碌市民如果需要找到这座理性的大厦的话，也可以很容易找到它——大楼用的是清晰、块状的整体形态，还有着巨大的平面外板，上面写着大楼的门牌号码。

在新史迪夫特街 40 号，建筑师终于为现代城市人创造出一种统一的建筑风格，而这也是他长期进行实验性探索的最后一个阶段。

$$\Rightarrow\ V\ \Leftarrow$$

1910 年，也就是瓦格纳完善新史迪夫特街 40 号那座现代化标准大楼的一年，他再一次关注起城市的总体问题。从环城大道开始破土动工已经过去了 50 年，而维也纳第二次城市扩建规划的采用，也已过去将近 20 年了。这两个时期的建设瓦格纳全都参与过。作为第一个时期中的建筑师兼投机者，他亦认同在当时占据主流的注重阶级性的历史纪念主义建筑。而作为在 1893 年第二次城市开发规划的竞标中成功胜出的竞争者，瓦格纳把考虑的重心放到了交通运输上，也因此把美学优先变成了功能与技术优先。随后的 10 年，他都花在了为现代资产阶级的实用原则开发相应的风格上。瓦格纳将新技术和新艺术融合在一起，创造出一种惊人的完全摆脱历史情怀的建筑，为当时的城市建筑（不管是办公，还是居住）奉献出一种优雅、简单、功能上极富表现力的风格。他一直想要在类似的路线上清晰地表现一种城市观，即展现出来的环境，应该让自己设计的建筑在其中能够实现功能和美学上的潜力。

瓦格纳提出他的现代城市新概念，其实也是颇为适宜地响应了来自美国的邀请，当时的美国已经是典型的大都市的国度。在其设计精美的著作《大都市》（*Die Groszstadt*）中，瓦格纳阐述了先前在哥伦比亚大学城市艺术国际研讨会上提出的想法。* 如同西特在《城市建设艺术》中一样，瓦格纳也利用维也纳来阐发自己的城市设计原则，较少强调过去的实践，而更看重未来的机遇。虽未指名道姓，但他含蓄而强烈地攻击西特及其追随者，攻击他们“只是一些面对城市建设问题抱怨的历史主义者”。[87] 瓦格纳非常蔑视这些人“打着民间艺术的钟爱口号，迎合城市形象，在城市风景中追求安适自在（Gemüt），等等”，以及西特为达此目的所提出的所有举措——如画般的规划、故意不规则的街道和广场，还有“哎呀，如此可爱的城市‘装扮’（Aufputz）”。[88] 而对于西特眼里的现代城市建设中的必要之恶——经济因素、“交通、公共卫生，等等”——瓦格纳却全盘接受，把它们看作优秀规划的基础。最重要的是，西特无比憎恶的大规模一致性，瓦格纳却非常

---

* 本次会议是纽约州和纽约市共同赞助的。请见奥托·瓦格纳著，《大都市：相关研究》（*Die Groszstadt. Eine Studie über diese*，维也纳，1911 年版），第 1 页。

珍视，并且有意开发其艺术性的城市设计的潜能。

对瓦格纳而言，现代经济使城市的无限扩张不可避免。他将自己和每座城市管理对成长的"自我理解"的意愿联系在一起。城市扩张的必要性似乎有一种心理上的价值。瓦格纳本人就是一位战无不胜的资产阶级都市人，他毫不怀疑"大多数人宁肯住在大都市里，不愿待在小城市和乡下……大都市中谋生的便利、社会地位、舒适、奢华、智育和体育设施、或好或坏的娱乐，最后还有艺术，都在推动这一现象"。和建筑一样，在城市规划中，艺术"必须……使城市形象适应当代人"。[89]

城市扩张和资本主义经济导致巨大的居住社区成为解决数百万城市人口居住的唯一办法。"我们的民主核心，来自对廉价、健康的住宅的需求，以及我们生活方式中的强制经济，而其后果，就是我们的住宅房屋的统一样式。"因此我们要迎接这一挑战，不能退缩到过去，而要"提升统一性，使之永垂不朽"。[90]

对于环城大道的建设者来说，纪念碑性的关键存在于那些宏大的公共建筑中，街道则用于引导市民进入这些建筑。而瓦格纳赋予了街道以纪念碑性。房屋成一排自然排列，使"街道呈一条漫长、平坦的平面"。这些房屋在高度上受到限制，也没有那些令人不安的表面装饰，让街道本身就成了一座纪念碑。住宅社区平滑、线形的外观也增加了一种心理上的优势。它强化了街道的轨迹，前面我们已经看到，这对商业经营的指引和定位是至关重要的。最后，艺术家兼设计者可以偶尔以巴洛克的方式插入一些构造焦点（诸如正式的广场、公共建筑或石制纪念碑），来满足街道的纪念碑性和方位功能。瓦格纳将这些称为对街道的"插入"，这些焦点与其说吸引人进入（对西特来说），不如说吸引人向前移动。西特对抗的是失范，所以他利用广场来锁住运动中的人流；瓦格纳则利用广场来为人流提供方位和目标。瓦格纳的城市理念是从车辆的角度出发，而西特的理念则是以考虑行人为主。不管在何处，只要瓦格纳从行人角度肯定城市生活体验的话，那他必定也是本着为商人或购物者考虑的。就像一个崇尚消费主义的波德莱尔，瓦格纳所引以为傲的，便是"漂亮的商店一个接一个，里面摆放的城镇和乡村的工艺品光彩熠熠"。[91]

在投身于无限扩张的城市的同时，瓦格纳也面临着一个问题，就是让城市正常运转。他意识到，需要把市中心从过度的人口压力下解放出来，而且要把整合在一起的工作和生活限制在合理的地理范围内。他的解决方案，和他的现代公寓楼的方案一样，就是模块化。他以维也纳为示范，提议把城市的每个管区规划成一个半独立的子城区（sub-city），居住人口为 10 万 ~ 15 万。每个管区都有自己的工作场所（瓦格纳故意避免提及工厂！），有整齐划一的公寓街区，每个街区都临近一个绿地广场。另外，还要有相当正式的"活动中心"（air center），里面有公共与文化建筑。如图 26 的规划所示，毫无疑问，直尺和圆规在其中大行其道。从瓦格纳所绘的活动中心俯视图中（图 27）可以看出，他是如何毫不妥协地构想将统一性提升至纪念碑性的目标的。环城大道追求宏伟大气的愿望，如今在瓦格纳勾画出的大都市理想国，一个晚期理性主义者的"理性之梦"面前，竟也顿失光彩。

西特怀着悲观的现实主义思想，把城市大部拱手让与功利主义者，他强调保护过去的城市财富，建造广场以作为更加美好的未来城市的典范。瓦格纳所做的选择则截然相反，他认识到重建旧城毫无可能，于是便把这项任务交给历史主义者，他自己仅仅

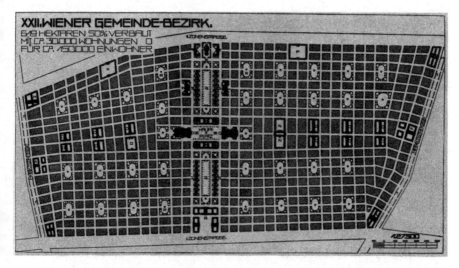

图 26 模块式的城市管区（奥托·瓦格纳设计），1911 年

图 27 活动中心图样（奥托·瓦格纳设计），1911 年

赞成对现有城市进行必要的最低限度的管理和修缮。他的着眼点放在未来，即城市边缘地带，以及周围的乡村。因为在那里才可以进行合理的城市规划。和他 1893 年的规划一样，瓦格纳在《大都市》中所设想的，仍然是由中心向外辐射的铁路和公路干道，从而确定城市扩展的方向（图 28）。

在这种网格中，只要时机一到，就可以增加新的子城区。瓦格纳最终放弃了环城绿化带的想法——当时的维也纳（在推进改革的基督教社会党政府领导下）实际上正在建造一个绿化带。瓦格纳写道："毕竟，开发环城（绿化）带不过是又一个预设的限制，这种限制自然是应当避免的……更为正确的方法，似乎应是

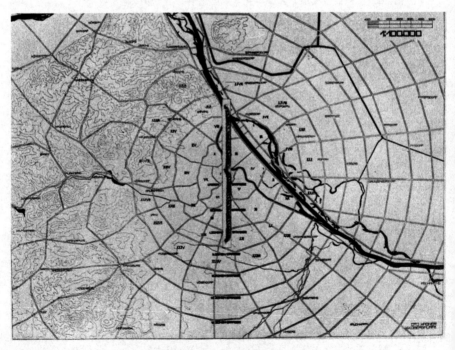

图28　城市扩张的模块式规划图（奥托·瓦格纳设计），1911 年

为每个管区建造足够的活动中心。"[92] 瓦格纳的理性主义不给浪漫主义留有任何余地。他的表现本身已经很清楚，就是无限扩张的城市不仅席卷土地，还要把所有植被变为绿色的建筑雕塑。

对于西特的情感来说，上述想法简直太过异类。西特走的是另一条路线，即把"天赋之自然"（nature naturante）吸收进自己宁静如画的城市社区中。就拿树木仅仅充当装饰的林荫小道来说，这种道路是瓦格纳城市设计的突出特征，却被西特斥为"对我们品位的一种强烈控诉"：

> 在城市里，树木那自由、天然的形态，原本应该用来召唤开阔的大自然的魔力，如今却将它们布置得高矮一般、间隔均等……最糟糕的是，一排排就这么无限延伸出去，难道还有比这更堕落的吗？看到这种压抑而无聊的画面，人们简直要头疼。可这偏偏就是那些满脑子几何图案的城市规划者设计出来的主要艺术形态！ [93]

卡米洛·西特和奥托·瓦格纳，一个是浪漫主义的复古者，一个是理性的功能主义者，他们就这样各自继承环城大道历史传承中互不相容的两个部分。西特，出于其手工艺传统，热情接受环城大道的历史主义，以此推动自己的设计计划，即重建一个公共社区型的城市，而封闭式广场便是他眼中的未来典范。瓦格纳，出于资产阶级对现代技术的肯定，对于西特最反感环城大道的地方，他当成优点来信奉，即街道的主要动力。保守的西特害怕时间的作用，把他对城市的希望寄托在封闭空间，即人们进行社交的广场范围之内。而瓦格纳则比之前的环城大道革新主义分子更进一步，让城市臣服于时间的威权。因此，街道就是国王，是人员流动的大动脉；对他而言，广场充其量只是街道的目的地，为使用者提供指引和定位。风格、景观化，西特通过这些元素来寻求多样性和如画性，以对抗现代社会的失范，而瓦格纳则基本上用这些来加强街道的力量及其时间轨迹。

环城大道以一种不安的方式将历史主义的美和现代的效用整合到一起，虽然这两位理论家对之所采取的抗争方式各不相同，但是两人都一直忠于自由资产阶级城市建设者的基本价值观中的一条：纪念碑性。西特在为环城大道提出改革建议时，把广场设计成放大那些宏大公共建筑的空间背景。[94] 而瓦格纳在判断作为艺术家的城市规划者是否成功时，其标准是将统一性上升至纪念碑性的能力。

在他们致力于追求纪念碑性的共同基础上，这两位批评家终于有了一处共识，那就是都对整个环城大道开发中最为宏伟华丽的工程——外皇宫广场（图 29）表示钦佩。戈特弗雷德·森佩尔设计了这座巨型广场——他将其称为"帝国广场"（Kaiserforum）——以此把霍夫堡跟环城大道对面的自然史博物馆和艺术史博物馆连起来。森佩尔是理查德·瓦格纳的挚友，并在 1848 年与他一起为自由而并肩战斗过，他还为瓦格纳的剧院（他的音乐戏剧就在此上演）画了最早的平面图。对于这样一个人，西特怎么会不敬重呢？革命之后，森佩尔逃亡到英国，在那里与其他人共同创办了南肯辛顿博物馆，把艺术和工业融合在一起，同时他也成为一名很有影响的实证主义建筑理论家。森佩尔的这一面，自然很是吸引奥托·瓦格纳。

在其环城大道的帝国广场上，森佩尔为城市设计中的"再现"

问题提供了一个切实可行的解决方案。他对这座巨型广场的构思方式，严重地挑战了福斯特的流速空间的主权。整个广场就像一个中轴，把环城大道对半切开。巨大拱门的目的是要把位于前景的两座博物馆和背景位置的皇家霍夫堡两侧延伸段给连接起来。环城大道的路面代替了环绕内城的石头防御工事，而这个中轴切断了该路面的外围。它把旧的和新的融合在了一起：宫廷和高雅文化的大众中心，古代王室的府邸和资产阶级的科学艺术机构，内城与外城。

在西特眼里，森佩尔本着古人（特别是罗马人）的精神，"用

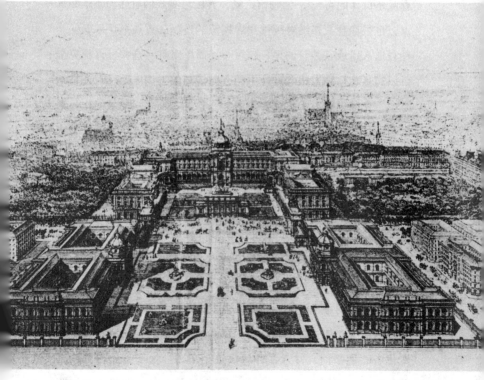

图 29　外皇宫广场（戈特弗雷德·森佩尔设计），1869 年

大手笔构思出庄严的新皇宫广场"。由于其体量巨大，罗马城所使用的空间模式，仍然能够为现代城市所用，即"可以应付庞大人群"的空间。西特通常关心的亲密性和风景如画性，如今让位于森佩尔那宏大的工程规模。在环城大道开发之初，这样一个项目"很可能被认为是乌托邦式的"，而现在维也纳能开启这样的项目，西特认为这是维也纳成熟的标志。对于森佩尔这位戏剧性空间的大师而言，时机已经成熟，钟声亦已敲响。[95]

自 19 世纪 90 年代以来，奥托·瓦格纳就十分尊崇森佩尔，认为他是一位在确定风格时优先考虑目的和技术的理论家。况且，森佩尔设计的霍夫堡-博物馆广场，其巴洛克式的宏伟而清晰的焦点，也很迎合瓦格纳对理性和规模感的崇尚。直线形草坪上的小径直通入口或其他目的地，建筑布局简单对称，这些设计都完全可以满足瓦格纳对纪念碑性中的方向清晰的迫切需要。在瓦格纳眼中，在维也纳艺术整体失败的大背景下，唯有森佩尔的作品卓越超群。"虽然具备这么多有利条件，可维也纳 60 年来就没出现过什么都市形象（gross-städtisches Bild），只有森佩尔的外皇宫广场是个例外……而环城大道本身，其开端则全要仰赖幸运的意外而已。"瓦格纳以森佩尔的广场为例外，向那些外行证明了一个规则，即"假使没有《大都市》里呼吁过的那种想象力，假使没有艺术一次又一次地委身于新生事物，根本就不会出现什么美丽的大都市"。[96]

富有讽刺意味的是，环城大道上这块能让两位批评家都赞不绝口的地段，却一直没有完工。森佩尔那扇连接皇宫和资产阶级文化中心的拱门，并未在环城大道上出现。由于高速行驶的车辆的出现，环城大道用来分割内城和外部区域的功能便愈加明显了。

　　无论在哪个时代，很少有建筑师或城市设计者能够实现其梦想。西特和瓦格纳各自对未来城市的构想，都还不如森佩尔及其广场来得走运。在这世纪末快速扩张的城市里，历史正在飞速推进，这种感觉使提出好的城市的概念的需求变得非常迫切，以免那些投机买卖以及公众的冷漠让城市的未来陷入单调和无序之中。因此，西特和瓦格纳都不知疲倦地进行宣传——在学校里，在公众论坛上，在新闻媒体中，还有在数不清的国家、市政府、职业协会的委员会上。两人都是 19 世纪的产儿，他们诉诸那个世纪最受欢迎的手段之一——博物馆——来传达各自想要留给子孙的信息。对二人来说，博物馆既是一项教育工程，同时也是某种表达个人哀伤的纪念物，能够把他们各自准备加之于社会现实的想法，给戏剧性地表现出来。比较一下二人都未完工的博物馆工程，能给我们提供最终的洞见，理解他们作为批评家的立场。

　　在西特的构思中，博物馆是一座高塔，是日耳曼文化的民族纪念碑。博物馆是为了给他毕生致力的一个伟大的学术项目提供视觉展示：关于艺术形态的七卷本《整体艺术史》（Gesamtkunstgeschichte）。在其城市规划中，西特曾极不情愿地向现代的实用需求和经济力量妥协；而他设想的博物馆则丝毫不受现实污浊，"远离一切实用目的，一个纯粹艺术的民族纪念碑"。而实际的形态和位置所表现出的，则既有他的坚定理想，又有实际的让步。西特将他的博物馆称为"荷兰人之塔"（Holländer Turm），希望它的选址远离市区，在一片荒凉的海滩上。据传闻，他选这个塔名，是受到瓦格纳《漂泊的荷兰人》的启发。[97] 或许西特在这里把荷兰人与歌德笔下年老的浮士德合为一体，后者最后在荷兰成了现代的土地开垦者和乌托邦式社会的建造者，建造了一座塔。* 不管其形象的来源是什么，西特的塔式博物馆在阴茎的形式和历史主义的内涵上，都表现了他的一大愿望，即坚信过去有能力对抗当前的掠夺。西特放置他的高塔的位置在心理学上也非常恰当。只有远离真正的现代大都市，才能安心地产生出这种恋尸癖般的幻想。

奥托·瓦格纳的梦中博物馆则属于另一种类型，它致力于展示现在和未来的艺术。不过，就像西特纪念昨日的艺术，瓦格纳面向明日的博物馆记载了他在转变都市文明时未竟的事业。瓦格纳的一生也致力于博物馆问题。在其职业生涯初期（1880），他曾经为一种乌托邦式的博物城（Museum City）画过草图，取名曰"艺术总汇"（Artibus，图 30）。城市乐土中的这一过度膨胀的美术之角，其中心是一座艺术的万神殿，它体现出瓦格纳起初是多么赞同环城大道的文化追求。[98] 然而，随着他逐渐投靠分离派，并于 1897 年开始探索新的风格，他的博物馆思想也随之改弦更张。瓦格纳参与了分离派要求政府赞助建造一座现代艺术博物馆的运动。他的努力包括政治煽动、参加文化与教育部艺术委员会的讨论、提交博物馆设计，但所有这些努力都收效甚微，也未能得到政府委托。[99] 对于当时盛行的观念，即现代博物馆只是零散

---

* 既然西特融合了瓦格纳的荷兰人和歌德的浮士德，以此作为现代企业家的原型，那么在塔的形态选择上，也能看出有浮士德因素的影响。为了建造一座巨塔来俯瞰自己在荷兰的事业，他杀光了救助过流浪者（如飞行的荷兰人）的传统农民（《浮士德》，第二部分，第 5 幕）。因此，西特这座纪念过去民间文化的塔，也跟歌德塑造的人物有关，可以为现代开发者犯下的罪行实现赎罪。

艺术品（objets d'art）的储藏室，由专业策展人收集并进行监督，瓦格纳对此极力反对。他甚至故意避开"博物馆"这个词，而是倡导一种动态的展柜，这样可以展现出"未来一个世纪艺术创造状况的清晰图画"。[100] 瓦格纳所设想的展厅内部是未完成的。其空间还要进一步划分为 20 个单元，在一个世纪的进程中，要把这些单元按照 5 年间隔期一个个填满。每个单元所收藏的，都是那 5 年当中最好的艺术和建筑展品。人们既不需要也不想要策展人。瓦格纳坚持认为，组织这 5 年一次的艺术状况展览，应该交给顶尖的当代艺术家或艺术团体来负责，"他们的创作才符合所处时代的情感和精神"。[*][101] 因此，西特的博物馆是学术性的，面向过去的，管理严格而且静态的，正符合他的保存意志，而瓦格纳的艺术馆则是自我界定性的、展示型的、富含创造力而且动态的。

瓦格纳于 1900 年为他的"我们时代的艺术品展厅"（Gallery for Artworks of Our Age）设计了首个建筑形态，西特的建筑有多么高耸入云，瓦格纳的建筑形式就有多么脚踏实地：一座坚固、低矮的二层楼（图 31）。在整个第二层的宽敞水平面上，瓦格纳都用上了花陶中楣，其中所蕴含的就是他在现代艺术的求真功能上所要传达的熟悉信息："艺术就是要把原先压在人类心头的那层幕布给揭开。"[102] 在这幅设计中，瓦格纳的革新热情和历史乐观主义仍旧在起作用。

1913 年，瓦格纳 70 岁时，他再一次修改了他的现代展厅设

---

* 瓦格纳的这种设想，肯定是受到了分离派策略的启发，即从奥地利政府中为自身赢得代表性地位，以及在国外博览会上摆放统一的展品等。由瓦格纳的学生约瑟夫·奥尔布里奇于 1897 年建造的分离派之家（House of Secession），可能也影响到了他的现代展厅构想。

图30　博物城项目："艺术总汇"（奥托·瓦格纳设计），1880 年

计，其乐观主义精神已明显消退。[103] 新大楼叫作"MCM-MM"，它远非现代艺术启示功能的思想宣言，而是表现出了感觉上的现代性和形态上的传统性之间一种古怪的杂糅（图32）。瓦格纳以颇为现代的方式，把墙体当作外皮，表现的是大楼的体积，而非体积之下的重量。不过在大楼的形态上，他还是回归历史，回归环城大道上的大师。他确凿无误地参考了森佩尔和哈森诺尔

（Carl Hasenauer）设计的艺术史和自然史博物馆（图 29）：两层楼被分成 5 个开间，中心的那个入口开间向外突出。在对环城大道的新文艺复兴形态进行的这一借鉴中，最古怪的地方是盖在正立面上的那个穹顶了。在这个位置，瓦格纳尊崇的大师们使用的都是坚固的有遮蔽功能的穹顶，而他仅仅用了金属拱肋，活像一个骷髅（memento mori），象征了环城大道文艺复兴风格的死亡。

　　尽管很想避免西特那种与世隔绝的心态，瓦格纳却愈加感受

图 31 当代艺术品展厅（奥托·瓦格纳设计），1900 年

图 32 艺术馆，MCM-MM（奥托·瓦格纳设计），1913 年

到艺术家的孤独及其在塑造现代世界上的相对无力（哪怕遵循的是其自身的实用需求），这些都迫使他回到自己以前曾力图抛弃的传统中来。瓦格纳颇为自己的一句口号而骄傲："必要性才是艺术唯一的伴侣"，对于这位理性的乐观主义者来说，最后的一个反讽之处，就是他受到了这句口号中的真理所驱使，终究还是将他为"现代"审美模式的纪念碑设计成了一座历史博物馆。瓦格纳为自己无比珍爱的家乡市中心，无意间构想出一个相当于西特的海滩上的"荷兰人之塔"的事物——一座充满了对未来理想憧憬的博物馆，带有环城大道的影子，而环城大道的历史主义文化，正是他曾极力所大胆超越的。

注释

1.　汉斯·波贝克（Hans Bobek）与伊丽莎白·利希滕贝格尔（Elisabeth Lichtenberger）著，《维也纳》（Wien，格拉茨–科隆，1966 年版），第 60—61 页。

2.　卡尔·格罗希（Carl Glossy）著，《卡耶坦·费尔德》（"Kajetan Felder"），出自《新编

奥地利名人传记》(*Neue Oesterreichische Biographie*),第 4 卷,第 215—217 页。

3. 有关维也纳行政史的详细介绍,请参见鲁道夫·提尔(Rudolf Till)著,《维也纳市政史》(*Geschichte der Wiener Stadtverwaltung*,维也纳,1957 年版),第 38—99 页。

4. 波贝克和利希滕贝格尔著,《维也纳》,第 45—47 页。

5. 爱德华·苏斯(Eduard Suess)著,《回忆录》(*Erinnerungen*,莱比锡,1916 年版),第 171 页。

6. 有关 19 世纪城市转型背后的生成结构问题,请参见波贝克和利希滕贝格尔著,《维也纳》,第 30—41 页。

7. 有关军方对城市扩建计划所持态度的复杂变化过程,请参见沃尔特·瓦格纳《军方对维也纳城市扩建的态度,1848—1857》("Die Stellungnahme der Militärbehörden zur Wiener Stadterweiterung in den Jahren 1848-1857"),收入《维也纳城市历史协会年鉴》(*Jahrbuch des Vereines für Geschichte der Stadt Wien*),第 17/18 期(1961—1962 年),第 216—285 页。有关格伦尼在皇帝批准开辟缓冲区前夕所持的立场,请参见同书,第 282—284 页。

8. 《新自由报》(*Neue Freie Presse*),1893 年 12 月 2 日号(晨版)。

9. 雷恩霍德·洛伦兹(Reinhold Lorenz)著,《维也纳环城大道政治史》("Politische Geschichte der Wiener Ringstrasse"),收入《三百年来的民众、政府与帝国》(*Drei Jahrhunderte Volk, Staat und Reich*,维也纳,1944 年版),第 487—489 页。将缓冲区拨给教堂无疑预示了 1857 年让渡土地的诏令。

10. 海因里希·弗雷德荣(Heinrich Friedjung)著,《1848—1860 年的奥地利》(*Oesterreich von 1848 bis 1860*,第 3 版,斯图加特与柏林,1912 年版),第 2 卷,i,第 424—426 页。

11. 瓦格纳著,《军方对维也纳城市扩建的态度,1848—1857》,收入《维也纳城市历史协会年鉴》,第 17/18 期,第 284 页。

12. 引自布鲁诺·格林西茨（Bruno Grimschitz）著，《维也纳的环城大道》（*Die Wiener Ringstrasse*，不来梅与柏林，1938 年版），第 6 页。另可参见勒纳特·瓦格纳-里格（Renate Wagner-Rieger）编，《维也纳的环城大道，一个时代的缩影》（*Die Wiener Ringstrasse, Bild einer Epoche*，维也纳-科隆-格拉茨，1969 年版以及随后各版），第 1 卷，《绘画艺术品》（*Das Kunstwerk im Bild*，1969），第 87 页。

13. 引自格林西茨著，《维也纳的环城大道》，第 6 页。有关放射状交通模式最好的论述是地理学家伊丽莎白·利希滕贝格尔所著的《维也纳环城大道的经济功能与社会结构》（*Wirtschaftsfunktion und Sozialstruktur der Wiener Ringstrasse*），收入瓦格纳-里格编，《维也纳的环城大道》，第 6 卷，第 24—26 页。

14. 引自格林西茨著，《维也纳的环城大道》，第 8 页。

15. 诺伯特·威比哈尔（Norbert Wibiral）与勒纳特·米库拉（Renate Mikula）著，《海因里希·冯·费斯特尔》（*Heinrich von Ferstel*），收入勒纳特·瓦格纳-里格编，《维也纳的环城大道》，第 8 卷，iii，第 44—49 页。

16. 洛伦兹著，《三百年》，第 497—499 页；弗雷德荣著，《1848—1860 年的奥地利》，第 2 卷，i，第 426—427 页；威比哈尔和米库拉著，《费斯特尔》，第 55—57 页。

17. "第二社会"是资产阶级和贵族融合得很好的阶层，作为该阶层的真正一员，费斯特尔不只建造庞大的公共建筑，还为皇室成员和银行家建造府邸，为投机性的建筑公司建造公寓楼。有关费斯特尔的职业生涯，请参见威比哈尔和米库拉著，《费斯特尔》，散见书中各处；有关他参与各项大学工程之事，请参见该书第 44—75 页。

18. 引自某院系 1871 年 4 月 4 日的请愿书，同上书，第 61 页。

19. 同汉森的谈话收录在苏斯著，《回忆录》，第 171—172 页。汉森于 1838—1846 年曾在年轻的希腊王国担任过教师和建筑师，并于 1861 年设计了希腊科学院。

20. 有关规划历史的相关细节，被议会规划委员会收入其《关于维也纳安置新的议会规划委员会的计划评估报告》(*Bericht zur Begutachtung der Pläne für das neue vereinigte Parlaments-gebäude zu Wien eingesetzten gemischten Kommission*, 1873 年 3 月 5 日），报告人库贝克公爵（Baron Kübeck），维也纳，1873 年版。另可参见瓦格纳-里格纳著《19 世纪维也纳的建筑师》(*Wiens Architektur im 19. Jahrhundert*，维也纳，1970 年版），第 177—178 页。

21. 苏斯著，《回忆录》，第 171—172 页。有关博物馆竞标的大辩论，请参见《历史博物馆成立五十周年纪念集》(*Festschrift des historischen Museums zur Feier des fünfzigjährigen Bestandes*），第 1 部分，阿方斯·洛茨基（Alphons Lhotsky）著，《博物馆与新城堡建造史》(*Die Baugeschichte der Museen und der neuen Burg*，维也纳，1941 年版），第 53—92 页。

22. 苏斯著，《回忆录》，第 216 页。

23. 弗雷德荣著，《奥地利》，第 2 卷，i，第 427—428 页。

24. 阿道夫·希特勒著，《我的奋斗》(*Mein Kampf*，波士顿，1943 年版），拉尔夫·曼海姆（Ralph Mannheim）译，第 19 页。

25. 同上书，第 2、3 章，散见书中各处。

26. 利希滕贝格尔著，《经济功能与社会结构》，第 46 页。

27. 有关 19 世纪维也纳工人阶级住房开发问题，请参见波贝克和利希滕贝格尔著，《维也纳》，散见书中各处。

28. 对于 19 世纪住宅形式脱离传统的发展过程所进行的综合详尽之论述，请参见利希滕贝格尔著，《经济功能与社会结构》，第 46—48 页。

29. 同上书，第 34—36 页；瓦格纳-里格著，《维也纳的建筑师》，第 216 页。

30. 利希滕贝格尔著，《经济功能与社会结构》，第 34 页。

31. 瓦格纳-里格著，《维也纳的建筑师》，第 206 页。

32. 利希滕贝格尔著，《经济功能与社会结构》，第 34 页，第 39—43 页。

33. 瓦格纳-里格著，《维也纳的建筑师》，第 206 页。

34. 有关环区房主和租户的充分社会分析，请参见弗朗茨·巴尔扎莱克（Franz Baltzarek）、阿尔弗雷德·霍夫曼（Alfred Hoffmann）、汉尼斯·斯特克尔（Hannes Stekl）著，《城市扩建中的经济与社会》（*Wirtschaft und Gesellschaft der Stadterweiterung*），收入瓦格纳-里格编，《维也纳的环城大道》，第 5 卷（威斯巴登，1975 年版）。

35. 瓦格纳-里格著，《维也纳的建筑师》，第 207—209 页，平面设计图亦出于此书。另可参见特奥费尔·汉森《通用奥地利建设公司所委托的苏格兰环路建设团体》（"Die für die Allgemeine Oesterreichische Baugesellschaft ausgeführte Baugruppe am Schottenring"），载《奥地利工程师与建筑师协会学报》（*Zeitschrift des Oesterreichischen Ingenieur-u. Architektenvereins*），第 30 页，图 1—6。

36. 瓦格纳-里格著，《维也纳的建筑师》，第 208 页。毫无疑问，为公共和私人部门搞建设的建筑师，本身已成为一个强大的利益集团。有关他们在造型艺术学院的建筑教育中所具有的影响，请参见沃尔特·瓦格纳著，《维也纳造型艺术学院史》（*Die Geschichte der Akademie der Bildenden Künste Wiens*，维也纳，1967 年版），第 119—246 页，散见书中各处。注：此处提到的"维也纳造型艺术学院"（Akademie der Bildenden Künste Wiens）应即为"维也纳美术学院"（Academy of Fine Arts Vienna），但由于作者英文使用的是 Academy of Plastic Arts，而非 Academy of Fine Arts，故做此翻译。——译者注

37. 利希滕贝格尔著，《经济功能与社会结构》，第 55—58 页。本处及随后的论述，其基础就是房主和租户之间阶层差别的打破，有关这个问题，请参见第 56—63 页，其中的资料以表格形式方便地列出。

38. 同上书，第 58 页，第 68—72 页。

39. 同上书，第 57—59 页。

40. 同上书，第 63 页。

41. 卡米洛·西特著，《根据艺术原则的城市规划》（*Der Städtebau nach seinen künstlerischen Grundsätzen*，第 5 版，维也纳，1922 年版），第

102 页。

42. 同上书，第 121—122 页，第 102 页。

43. 同上书，第 101 页。

44. 同上书，第 2 页。

45. 同上书，第 92 页。

46. 同上书，第 2 页。

47. 同上书，第 2—12 页。

48. 同上书，第 56 页。

49. 同上书，第 67 页，第 33 页。

50. 有关老西特的主要建筑作品，参见西特，弗朗茨（Sitte, Franz）条目，
   收入提姆–贝克尔（Thieme-Becker）编，《造型艺术家大辞典》（*All-
   gemeines Lexikon der bildenden Künstler*，莱比锡，1907—1950 年版），
   第 31 卷，第 106 页。有关 1848 年革命的建筑模式，请见瓦格纳–里
   格著，《维也纳的建筑师》，第 106—108 页。有关弗朗茨的传记，请
   见海因里希·西特（Heinrich Sitte）著，《卡米洛·西特》（"Camillo
   Sitte"）《新编奥地利名人传记》，第 6 卷，第 132—149 页，散见书中
   各处。

51. 他在《城市建设艺术》中援引到虔信广场，但只是在探讨本地的巴
   洛克式教堂兼广场设计时间接提及。西特著，《城市建设艺术》，第
   151—152 页。

52. 瓦格纳·里格著，《环城大道》，第 1 卷，ii，"注释"，第 139 页；同作
   者，《维也纳的建筑师》，第 150 页。

53. 同作者，《环城大道》，第 1 卷，ii，第 139—140 页。该建筑于 1871 年
   完工。威比哈尔和米库拉所著《费斯特尔》中有详细分析，第 126—
   133 页。

54. 奥地利的手工业及小工匠相对于德国来说，具有顽固的社会两重性。
   此外，工匠阶层在 1873 年之后的经济大萧条期间对自由主义施加了
   巨大的政治压力，有关这两个话题，请参见汉斯·罗森伯格著，《大

萧条与俾斯麦时代》(*Grosse Depression und Bismarckzeit*，柏林，1967年版)，第 227—252 页。

55. 乔治·柯林斯（George R. Collins）与克里斯汀·克莱斯曼·柯林斯（*Christiane Crasemann Collins*）著，《卡米洛·西特与现代城市规划的诞生》(*Camillo Sitte and the Birth of Modern City Planning*)，收入《哥伦比亚大学艺术史与考古学研究》(Columbia University Studies in Art History and Archeology)，第 3 期（纽约，1965 年），第 8 页。

56. 有关西特代表性文章的列表，请见柯林斯著，《西特》，第 112 页，注释 12。

57. 威廉·金茨尔（Wilhelm Kienzl），《汉斯·里希特》，《新编奥地利名人传记》，第 7 卷，第 218—224 页。

58. 《西特》，《新编奥地利名人传记》，第 6 卷，第 138 页，第 140—141页，第 143 页。他还为《帕西法尔》(*Parsifal*)设计戏服。请见罗伯特·贾德森·克拉克（Robert Judson Clark）著，《约瑟夫·玛丽亚·奥尔布里奇与维也纳》(*Joseph Maria Olbrich and Vienna*)，为未出版的博士论文，普林斯顿大学（1973 年），第 24 页，注释 37。

59. 《新编奥地利名人传记》，第 6 卷，第 138 页，第 141 页，第 143 页。

60. 《理查德·瓦格纳与德国艺术》(*Richard Wagner und die deutsche Kunst*)，本篇为译稿，出自维也纳瓦格纳研究会双年刊所印制的单行本（维也纳，1875 年版）。后面的讨论均出自这篇演讲稿。

61. 这可以从梅切塔莱特教堂（Mechitarite Church）中看出，西特负责其中的绘画和建筑。请见《西特》，《新编奥地利名人传记》，第 6 卷，第 141 页。

62. 卡米洛·西特著，《大都市的绿化》("Grossstadtgrün"，1900)，《城市建设艺术》，第 5 版附录，第 211 页。

63. 西特著，《城市建设艺术》，第 102 页。

64. 请见索克拉蒂斯·迪米特里欧（Sokratis Dimitriou），《大都市维也纳——世纪之交的城市开发》("Grossstadt Wien—Städtebau der

Jahrhundertwende"），载《建筑构造》(*Aufbau*)，第 19 期（1964 年），
第 189 页，第 192 页。

65. 这句格言实际是工业艺术的先驱理论家森佩尔所说的。海因茨·格
雷特赛格（Heinz Geretsegger）与马克斯·佩恩特纳（Max Peintner）
著，《奥托·瓦格纳，1841—1918》(*Otto Wagner, 1841-1918*，萨尔
茨堡，1964 年版），第 12 页。[英文版由杰拉德·奥恩（Gerald Onn）
翻译，伦敦，1970 年版。]

66. 迪米特里欧著，《建筑构造》，第 19 期，第 193 页，第 196 页。

67. 奥托·瓦格纳著，《当代建筑艺术：建筑艺术专业学生指南》(*Die
Baukunst unserer Zeit. Dem Baukunstjünger ein Führer auf diesem
Kunstgebiet*，第 4 版，维也纳，1914 年版），第 76 页。这是瓦格纳
于 1895 年以《现代建筑》(*Moderne Architektur*) 为题出版教材的扩
充版本。瓦格纳说，他把"建筑"（Architecture）改为"建筑艺术"
（Baukunst），是受到赫尔曼·穆德修斯（Hermann Muthesius）的影
响，他的那本善辩的《建筑艺术，并非风格建筑》(*Baukunst, nicht
Stilarchtektur*) 是一部反对历史审美观的重要文献。

68. 同上书，第 10—11 页。

69. 奥托·瓦格纳著，《大都市：相关研究》(*Die Groszstadt. Eine Studie
über diese*，维也纳，1911 年版），第 39 页。

70. 汉斯·奥斯特瓦尔德（Hans Ostwald）著，《奥托·瓦格纳：对其建筑
作品之理解》(*Otto Wagner. Ein Beitrag zum Verständnis seines baukün-
stlerischen Schaffens*，博士论文，苏黎世联邦高等工业学院，巴登，
1948 年版），第 24 页。

71. 格雷特赛格与佩恩特纳著，《瓦格纳》，第 11 页。

72. 奥斯特瓦尔德著，《瓦格纳》，第 17 页。

73. 格雷特赛格与佩恩特纳著，《瓦格纳》，第 12 页。

74. 瓦格纳著，《建筑艺术》，第 75 页。

75. 达哥伯特·弗雷著，《奥托·瓦格纳》，《新编奥地利名人传记》，第 1

卷，第 181 页。

76. 格雷特赛格与佩恩特纳著，《瓦格纳》，第 56 页。

77. 拱门部分的设计原先有旋涡形花饰，如今则是直线形的木条，具有功能上的象征主义。请见上书，第 55 页，图 25。

78. 参见例如卡洛尔·米克斯（Carroll Meeks）著，《火车站》（*The Railroad Station*，纽黑文，1956 年版），散见书中各处。

79. 沃尔特·瓦格纳著，《艺术学院史》，第 251—252 页。

80. 引自奥斯特瓦尔德著，《瓦格纳》，第 60 页。

81. 瓦格纳著，《建筑艺术》，第 17 页，第 31—33 页。

82. 同上书，第 26—27 页。

83. 引自未出版的信件，奥斯特瓦尔德著，《瓦格纳》，第 23 页。

84. 同上书，第 56 页。

85. 我们在这里所探讨的，只是瓦格纳同分离派的接触当中，与其整体的城市理论与实践相关的那些方面。他那有趣的建筑开发观念，从更狭义上看，需要进行单独研究。这方面最好的开端性工作当数阿德里亚纳·丘斯蒂·巴库罗（Adriana Giusti Baculo）著，《奥托·瓦格纳：从风格建筑到实用风格》（*Otto Wagner dall' architettura di stile allo stile utile*，那不勒斯，1970 年版），第 83—98 页，散见书中各处。

86. 杰哈特·卡普纳（Gerhardt Kapner）著，《环城大道纪念碑》（*Ringstrassendenkmäler*），收入瓦格纳-里格编，《维也纳的环城大道》，第 9 卷，i，第 59—61 页；同一作者著，《纪念碑与旧城区，关于维也纳环城大道纪念碑的历史类型学》（"Monument und Altstadtbereich, Zur historischen Typologie der Wiener Ringstrassendenkmäler"），载《奥地利艺术与建筑知识学报》（*Oesterreichische Zeitschrift für Kunst und Denkmalkunde*），第 22 期（1968 年），第 96 页。

87. 瓦格纳，《大都市》，第 2 页。

88. 同上书，第 3—4 页。

89. 同上书，第 7 页，第 3 页。

90. 同上书，第 3 页。

91. 同上书，第 5 页。

92. 同上书，第 10 页。

93. 卡米洛·西特，《大都市的绿化》，《城市建设艺术》附录，第 210 页。

94. 西特，《城市建设艺术》，第 161 页，第 126 页。

95. 同上书，第 95 页。

96. 瓦格纳，《大都市》，第 22 页。

97. 由于西特一直将其博物馆工程对公众保密，我们只能从其同事口中了解情况。他为艺术形态史留下了多卷草图和笔记，这些档案材料可以提供博物馆的具体内容。有关整个工程，请见朱利叶斯·科克（Julius Koch），《卡米洛·西特》，载《奥地利工程师与建筑师协会学报》，第 55 期（1904 年），第 671 页；卡尔·亨里奇（Karl Henrici），（讣告）《城市建设》，第 1 期，第 3 册，第 33—34 页。

98. 格雷特赛格与佩恩特纳著，《瓦格纳》，第 180—181 页。森佩尔的帝国广场（图 29）带来的启发非常明显。

99. 有关瓦格纳在艺术委员会中所扮演的角色，请参见行政档案（Allgemeine Verwaltungsarchiv），《艺术委员会议定书》（Protokoll des Kunstrates，1900），第 7 页，第 10 页；有关瓦格纳的博物馆项目，请参见格雷特赛格与佩恩特纳著，《瓦格纳》，第 196—197 页。有关现代博物馆的历史，请参见费利克斯·冯·奥本海默著，《公共艺术收藏二十五年协作史》（25 Jahre Vereinsarbeit für öffentliche Kunstsammlungen，维也纳，1936 年版），散见书中各处。至于分离派的立场，则请见《神圣之春》（Ver Sacrum），第 3 期（1906 年），第 21 号，第 3—4 页。

100. 奥托·瓦格纳著，《建筑草图、项目以及已实施的工程》（Einige Skizzen, Projekte and ausgeführte Bauwerke，维也纳，1890—1922 年版），第 3 卷（1906 年），第 21 号，第 3—4 页。

101. 同上书，第 4 页。

102. 格雷特赛格与佩恩特纳著，《瓦格纳》，图 209 及其文字说明。

103. 瓦格纳就艺术之未来的问题持有悲观情绪，有关这种情绪的几个发展阶段，请见其《建筑草图》，第 3 卷的导言部分；有关他在 1908 年国际建筑师大会上的主席发言，请见《第八届国际建筑师大会报告集》（ *Bericht über den VIII. Internationalen Architektenkongress*，维也纳，1908 年版），第 112—116 页。有关博物馆的最终计划，请见奥托·格拉夫，《奥托·瓦格纳的 MCM-MM 艺术馆》（"Ein 'Haus der Kunst MCM-MM' VON Otto Wagner"），收入《奥地利艺术展厅报告》（ *Mitteilungen der Oesterreichischen Galerie*，第 6 卷，1962 年版），第 50 号，第 33—45 页。

第 3 章

新调性中的政治

一首奥地利三重奏

罗伯特·穆齐尔（Robert Musil）在谈到 19 世纪末的奥地利时曾说："若不是出生在当时的人，恐怕很难会相信这一点，但事实是，在那时，时代变化的步伐比骑兵队的骆驼还要快……不过在那个年代，没有人知道变化何去何从。"穆齐尔接着说："也没有人能分清，哪些是上层，哪些是下层，什么在前进，什么在后退。"[1]

那些挑战自由主义权势的新兴社会力量，肯定会让通过自由派视角看待历史、具有自由派历史期待的观察者困惑不已。在 19世纪 60 年代，奥地利的自由派，虽既非空想家，亦不相信所谓完美，但对"哪些是上层，哪些是下层，什么在前进，什么在后退"有着十分清楚的认识。从社会角度看，他们相信，在大多数历史时期一直身居"上层"的贵族阶层，有的正在被自由主义所同化，有的则陷入无害的、仅供装点的享乐主义。那些构成自由主义信条的原则与计划，其设计目的是系统地取代被蔑称为"封建分子"的贵族。君主立宪制将会代替贵族专制主义；而议会集权制则会代替贵族封建制。科学将会取代宗教。德意志民族性将会承担起教化任务，以教育臣民，而不是像封建分子曾经那样，宁可让自己的臣民一直是物质的奴隶。因此，民族性本身将成为一个多民族国家的民众的凝聚力原则。自由主义领袖 J. N. 伯杰（J. N. Berger）在 1861 年写道："奥地利的德意志人所争取的不应是政治霸权，而是在奥地利各民族中的文化霸权。"他们应该"把文化带到东部去，宣传德意志的思想、德意志的科学、德意志的人文精神"。[2] 最终，自由放任政策会打破特权在经济领域中的专断统治，让美德，而非特权或施舍，成为经济回报的基础。

在其计划的各个方面，奥地利自由派都非常明白，他们正在反抗的力量在社会地位上比他们高，在历史上出现得也比他们早：他们认为自己正在领导下层的进步势力对抗上层的落后势力。就算现在还不能信赖普通民众——因为他们并不总是能够明白事理——那么理性文化的传播有一天将会为广泛的民主秩序提供先决条件。民众权力只会随着理性责任的增加而增加。

奥地利社会并不尊重秩序和进步这两个自由主义价值坐标。在 19 世纪的最后 25 年里，自由主义者制订的反对上层阶级的计划，引起了下层阶级的爆发。自由主义者成功地将大众的政治能量释放出来，可是这些能量反对的是自己，而不是他们的老对手。他们针对上层的敌人放的每一枪，都会在下层引起一阵充满敌意的乱枪齐射。德意志民族主义摇旗呐喊，反对的是贵族的世界主义，结果导致斯拉夫爱国者呼吁自治。当自由主义者出于多民族国家利益的考虑，而弱化德意志主义时，反自由派的德意志小资产阶级便将之斥为民族主义的叛徒。自由放任政策的初衷是为了把经济从过去的枷锁中解放出来，却唤起了未来的马克思主义革命者们。天主教，作为贵族压迫的帮凶，被从学校和法庭中逐出，可又作为农民和手工业者的意识形态而卷土重来，在这些人

彩图 1 古斯塔夫·克里姆特，帕拉斯·雅典娜，1898 年

彩图 2　古斯塔夫·克里姆特，水蛇 II，1904—1907 年

彩图3 古斯塔夫·
克里姆特，犹滴与
荷罗孚尼，1901 年

彩图 5　古斯塔夫·克里姆特，福里查·里
德勒的肖像，1906 年

彩图 4　古斯塔夫·克里姆特，玛格
丽特·斯通伯勒–维特根斯坦的肖像，
1905 年

彩图6 古斯塔夫·克里姆特，阿黛尔·布洛赫-鲍尔的肖像Ⅰ，1907 年

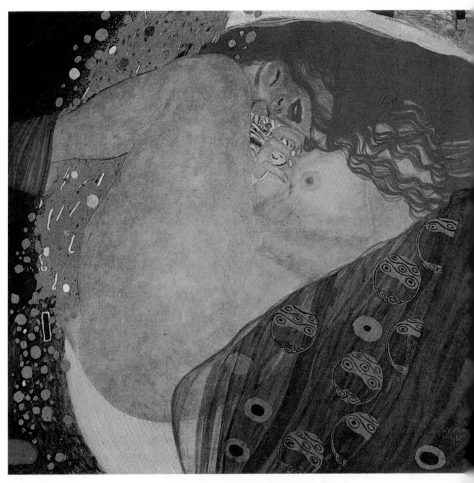

彩图 7 古斯塔夫·克里姆特，达娜厄，1907—1908 年

彩图 8 古斯塔夫·克里姆特，吻，1907—1908 年

彩图 9　古斯塔夫·克里姆特，死亡与生命，1916 年

眼里，自由主义就等于资本主义，而资本主义就等同于犹太人。奥地利自由主义曾令犹太人摆脱压迫，获得机会，融入现代社会，可到了世纪末，即使是犹太人，也对自己的恩人背弃不顾。自由主义的失败让犹太人成了受害者，而对受害者最有说服力的回应便是投向犹太复国主义所提供的民族家园。其他民族主义者只是对奥地利国家构成混乱的威胁，而犹太复国分子却威胁要分离出去。

那时，自由主义者非但没能团结群众来对抗旧的统治阶级，反而无意间在社会底层激起了瓦解社会的巨大力量。尽管自由主义强大到足以分裂旧有的政治秩序，可他们无法驾驭由这种分裂释放出的社会力量，这些力量在自由主义宽容但不灵活的庇护之下，产生了新的离心推力。新生的反自由主义群众运动——捷克民族主义、泛德意志主义、基督教社会主义、社会民主主义和犹太复国主义兴起于下层，挑战受过良好教育的中产阶级的托管地位，破坏其政治制度，削弱他们对理性历史结构的信心。

我们在这里的任务不是追溯奥地利自由主义者丢掉政治权力的复杂历史，也不是追溯议会制在民族与社会斗争中陷入瘫痪的复杂历史。我们所要集中探讨的，是那些领袖的性质，这些人摆脱了自己的自由主义出身，把自由派未能争取到的团体组织了起来，表达了他们的追求。我们这三位新群众运动的领导人，尽管在政治目的上有所不同，但都显示出了一种共同的新风格——都是一种新的政治文化的先驱，在这种政治文化中，权力与责任的结合方式不同于理性自由主义文化。

并不是所有这些从侧面和下面攻击自由主义优势地位的新运动，无论是民族运动还是意识形态运动，都代表了对自由主义

政治文化的背离。对于普通自由主义者而言，非日耳曼的民族主
义政党和社会民主党是最容易了解的。德意志自由主义者致力于
争取德意志民族自主的斗争前后长达半个世纪，因此他们很容易
理解捷克人在法律与文化制度上要求平等的日益高涨的呼声，尽
管他们对此感到遗憾，并加以拒绝。于 1889 年正式建党的社会
民主党，也没有让自由主义者难以理解。事实上，在所有这些意
在取代父辈的后世反叛者中，社会民主党带有的父辈印记是最为
明显的。他们的语言是理性主义的，世俗观点是好战的，而对教
育更是有着近乎无限的信念。诚然，社会民主党的主要领袖维克
多·阿德勒（Victor Adler）在学生时代曾反抗过理性主义，极力
赞成德意志民族主义和瓦格纳基于民族特点的社会整合观。[3] 然
而，阿德勒后来信奉马克思主义，从根本上讲，他坚守的依然是
科学与法律的理性主义传承。

自由主义者自己也感觉到，虽然在一些问题上持不同意见，
社会主义者还是跟他们颇有渊源关系的。自由主义者可以谴责社
会民主党的乌托邦空想，批评他们在政治启蒙"最原始的先决条
件"还未形成之际就提出福利国家的荒唐要求，[4] 无论是社会主
义者不耐烦的理性主义，还是其以阶级为导向的世界主义，都不
能破坏自由主义者对他们的亲近感。虽然一个人可以拒绝社会主
义立场，但至少可以用同一种语言与之争辩。在自由主义者眼里，
社会民主党不可理喻，但并不是非理性的。

自由主义者未能将群众融入国家，由此导致的其他一些运动，
代表了同奥地利自由主义传统更为革命性的决裂，也在自由主义
群体中激起了更具创伤性的反应。这些运动有泛德意志主义、基
督教社会主义，以及对这两者进行回应的犹太复国主义。与乏味

理性的自由主义政治相反，这些运动的强大领袖发展出了被称为"更高调"的政治行为模式，这种模式比自由主义者的慎重风格更为粗暴，更富创造性，也更能满足情感生活。这种新调性的两大名家——泛德意志主义者的格奥尔格·冯·舍内雷尔（Georg von Schönerer）和基督教社会党的卡尔·卢埃格尔——成了阿道夫·希特勒的启发者和政治榜样。另一位是特奥多尔·赫茨尔，他首先向希特勒的受害者做出了最富吸引力、最强有力的政治回应，以应对外邦人的恐怖统治。因此，即使在维也纳的知识分子开辟 20 世纪高雅文化之前，以上这三位就已经开始引领后理性主义政治。

舍内雷尔、卢埃格尔、赫茨尔都是作为政治自由主义者起家，后来却改弦易辙，组织被自由主义权势所忽略与抛弃的群众。此三人都具有特殊的才能，即通过创作意识形态的拼贴画（也就是把现代性、对未来的一瞥和关于近乎遗忘的过去之残存拼贴到一起），来满足追随者的社会与精神需要。在自由主义者眼里，这些意识形态的镶嵌图案令人困惑，让人厌恶，混淆了"上层"与"下层"、"前进"与"后退"。可是上述每位政治艺术家——舍内雷尔、卢埃格尔、赫茨尔——都把握住了一种自由主义者未能看到的社会心理现实。每个人都在政治上表现出了对理性和法律的反抗，随后很快便取得更广泛的影响。无论是在脱离自由主义政治传统的姿态的方面，还是在挑战自由主义价值观的方式方面，这三位政治巨头都勾勒出了一种超越纯政治的生活理念和行为模式，构成了迎来 20 世纪的更广泛文化革命的一部分。

✦ II ✦

格奥尔格·冯·舍内雷尔（1842—1921）于 1882 年把激进的德意志民族主义者组织起来，领导他们走向极端的反犹主义政治。尽管他未能成功地建立起一个强大的政党，但他使反犹主义成为奥地利政治生活中一股主要的分裂力量。他对奥地利政治中新出现的喧嚣所负的责任或许要超过任何一个人，这种喧嚣，即所谓的"升调"，指的就是充斥 19 世纪最后十年的嘈杂争吵和街头喧闹。

舍内雷尔，这个稀奇的集强盗、市侩、贵族于一身的人，自认为德国民众的骑士兼救世主。他喜欢一个具有豪侠味道的称呼——"骑士格奥尔格"，或以他在下奥地利的庄园为名——"罗泽瑙骑士"。他的政党的正式党歌《骑士格奥尔格万岁!》（*Ritter Georg hoch!*）的曲调跟奥地利人歌颂其军事英雄萨伏依的欧根亲王（Prince Eugene of Savoy）的传统曲调如出一辙，这位亲王被称为"高贵的骑士"，他把奥地利从土耳其人手里拯救了出来。[5]惹人注意的是，舍内雷尔那极富革命性的民族颠覆计划，非常吸引民主派学生、失意的中低阶层，还有穿着骑士古装的手工艺阶级。他的贵族做派，则为我们了解其强烈反抗自由主义文化的心理根源，以及他所组织的阶层具有什么样的社会情感，提供了线索。

格奥尔格·冯·舍内雷尔的头衔来自正式继承，但他本人并非血缘贵族。我们所讨论的三位领袖人物当中，只有他出身新兴工业阶级。他的父亲因担任工程师和铁路管理人员深受皇帝赏识，获得了分封特许状。因此，格奥尔格可说是一位白手起家者，"有本领之人"的儿子。他的一生都摇摆于两种倾向之间，在过一种配得上这种身份的生活，还是弱化这种遗产之间摇摆不定。

马蒂亚斯·舍内雷尔（Matthias Schönerer）是一位多么了不起的父亲，早期工业时代的代表性人物！1828 年，年仅 21 岁时，他就造出了奥地利的第一条铁路——用马拉的——随后又建造了数条蒸汽动力铁路。[*] 1838 年，他从美国研修铁路工程学归来，带着首台蒸汽机车"费城号"返回维也纳。随后，他就开始组织最早的机车和车厢建造工作，以减少奥地利对国外设备的依赖，同时他还请来美国的机车工程师，培训国内的司机。[6] 马蒂亚斯任职的额外奖赏包括位于维也纳新火车南站的一处住宅。1842 年，正是在这座现代马厩中，未来的德意志民族主义救世主诞生了。老舍内雷尔所展示的行政管理才能，毫不亚于建造方面的才能。[**] 在这个需要工程师和银行家紧密合作的行业里，老舍内

---

[*]　老舍内雷尔的强大动力、经营才能以及冷酷无情，都在这个项目中暴露无遗，他同那些满脑子经济的主管联合起来，一起反对工程总设计师（也是他自己的老师），以此取代了他的位置。请见奥地利铁路局联合会（Oesterreichischer Eisenbahnbeamtenverein）编，《奥匈帝国铁路史》（Geschichte der Eisenbahnen der Oesterreichisch-Ungarischen Monarchie，维也纳、特斯臣与莱比锡，1897—1908 年版），第 1 卷，第 1 部分，第 99—101 页。

[**]　1846 年，当他担任奥地利-格洛克尼兹铁路线总设计师时，一位忠诚的员工送给他一个茶壶，以颂扬他的多才多能，上面绘有当时流行的各类肖像：密涅瓦象征"民用工程"；墨丘利则从行骗者与神仙信使的传统角色摇身一变，成了"行政管理"的象征；机车也跻身万神殿，代表"铁路管理"，而作为"机器制造"标志的铁砧，则为这曲象征符号的四重唱画上最后的句号。参见康斯坦丁·冯·伍兹巴赫（Constantin von Wurzbach）著，《奥地利民族变迁史》（Oesterreichische Nationalbiographie，维也纳，1856—1891 年版），第 31 卷，第 149 页。

雷尔与当时的金融巨头建立起了良好的工作合作关系。不管是凭借外交才华，还是依靠自己作为铁路建造者的不可替代性，他都设法与奥地利高层金融界的两大死对头同时保持合作：一面是罗斯柴尔德家族，另一面是西蒙·希纳（Simon Sina）男爵，此人经常同阿恩斯坦（Arnstein）和埃斯克勒斯（Eskeles）犹太家族合伙投资铁路。这两个私营银行家之间的竞争愈演愈烈，进而发展为两大巨型股份银行——希纳的动产信贷公司和罗斯柴尔德家族的奥地利信贷公司[7]——之间的争斗时，马蒂亚斯·舍内雷尔在两家集团的铁路项目理事会里都身居高位。1834 年，罗斯柴尔德家族请他为专家，决定该用马力还是用蒸汽来为北方铁路（Nordbahn）这项大工程提供动力。[8]正是这条铁路，后来成了舍内雷尔在 1884 年发动的反犹国有化运动的中心。老舍内雷尔事业上的巅峰是成为伊丽莎白皇后铁路（建于 1856—1860 年）董事会的成员。作为一家由罗斯柴尔德控制的企业，其董事会与信贷公司的董事会完全交叉。[9]而这位精力充沛的工程师则变成了一位富人，成了银行家、自由主义者、犹太人、股票从业者和帝国官僚的合作者——以上这些社会标签，都是在他死后，他的儿子格奥尔格倾尽其政治能量所意欲摧毁的。

1860 年，伊丽莎白皇后铁路落成之际，皇帝对马蒂亚斯·舍内雷尔建造铁路的功劳心怀感激，授予他分封特许状。像其他对自己在工业和贸易领域的成就深感自豪的人一样，他选择的纹章非常符合自己的职业：一个带翼的飞轮，颜色是象征科技的银色与蓝色。他的座右铭——"坚守正道"（Recta sequi），也十分符合其所属阶级和世代的伦理规范，尽管并不总是符合他们的实践。[10]有些特别的是，老舍内雷尔决定购置一处封建地产，以庆祝自己的社会成就。他买下了茨维特尔附近的罗泽瑙庄园，这是一座建于 14 世纪的庄园，其中还有一座建于玛利亚·特蕾莎（Maria Theresa）时代的迷人城堡。在英国，商人通过购买乡村地产跻身士绅阶级是一个由来已久的传统，这个习俗已经神圣化了。而在奥地利，因服役而成为贵族的情况已颇为普遍，可其通常的标记和陪衬依然是高雅文化，而不是乡间地产。获得贵族庄园并不是一件有品位的事情，因为这有在社会上傲慢自大之嫌。

面对这种疑虑，老舍内雷尔不为所动。与同时代其他白手起家者不同，他对培养后代的人文素养似乎兴趣不大，尽管这种素养对于奥地利的上层资产阶级（haute bourgeoisie），尤其是服役贵族（老舍内雷尔已是其中一员）的社会风格不可或缺。他有 5 个孩子，其中两个从各自所属的阶级标准来看都有着中产阶级趣味。格奥尔格的姐姐——亚历山德琳·冯·舍内雷尔（Alexandrine von Schönerer）——拥有与父亲和弟弟一样的组织才能，同时也有维也纳人对戏剧的巨大热情。在当了几年演员之后，亚历山德琳利用自己的才能和巨额遗产做起了剧院经营者。1899 年，她买下了维也纳剧院——最古老的大众戏剧中心之一。[剧院最初的经理伊曼纽尔·希卡奈德（Immanuel Schickaneder）即为莫扎特《魔笛》（The Magic Flute）的词作者和贝多芬《费代里奥》（Fidelio）的第一位制作人。] 在舍内雷尔女士的经营管理下，这里成了著名的轻歌剧剧院，约翰·施特劳斯（Johann Strauss）和卡尔·米洛克（Karl Millöcker）的欢快作品取代了约翰·内斯特洛伊（Johann Nestroy）和路德维希·安岑格鲁贝（Ludwig Anzengruber）的严肃社会道德剧。亚历山德琳是拥护世界主义的奥地利戏剧圈的一员，这个圈子里有许多犹太人，她明确反对弟弟的反犹政治立场。她既是热衷于把戏剧当成娱乐的人，又具有企业家精神，而且始终忠于有着中产阶级性质的维也纳自由主义文化。[11]

充满活力的社会新贵的子女往往会受到这种模糊态度的烦扰，而格奥尔格似乎比姐姐受到了更多的伤害。从马蒂亚斯·舍内雷尔对儿子的教育来看，我们再次在这位本该十分寻常的皇家企业家身上察觉到一些反常之处。他并未按本阶级的惯例，把孩子送到"文理中学"（Gymnasium），而是偏重技术的"职业中学"（Oberrealschule）。格奥尔格多次转校，表明他还有适应问题。[12] 1859 年，格奥尔格进入了德累斯顿商业学校。在随后的几年里，当父亲获得贵族头衔和地产时，格奥尔格改变了路线。他在 1861 年离开了商业学校，在两所农学院里完成了学业。按照父亲的精神（如果说不是迫于父亲的压力的话），格奥尔格准备继承刚刚得到的地产和头衔，用乡村士绅的生活彰显自己的价值。贵族的做派与经济现实主义在第二代（如果不是第一代的话）罗泽瑙骑士身上得到了调和。

因此，格奥尔格会在奥地利最大的贵族企业家之一施瓦岑贝格亲王约翰·阿道夫（Johann Adolf）的庄园担任管家或者农场经营人，以此作为自己教育的顶点，这是非常恰当的。施瓦岑贝格亲王致力于地主贵族的经济现代化，正如他的天才哥哥菲利克斯（皇帝弗朗茨·约瑟夫的老师）在 1848—1852 年间致力于政治现代化（aggiornamento）一样。[13] 约翰·阿道夫在英国学习了资本主义的农业、食品加工及采矿等多项最新技术，借此把自己的古老庄园变成了一个盈利丰厚的土地帝国。他被称为"农夫中的亲王，亲王中的农夫"。作为波希米亚议会的政治领导人，他是极端贵族保守主义的支柱，而作为企业家，他又和马蒂亚斯·舍内雷尔一起活跃在同一个资产阶级金融和工业圈子里。施瓦岑贝格亲王参与了奥地利信贷公司的筹建委员会，并担任该公司董事会（Verwaltungsrat）的首任董事长，该董事会又和伊丽莎白皇后铁路董事会具有错综复杂的关系。[14] 马蒂亚斯·舍内雷尔与亲王有很多共同的商业伙伴，由此他很容易接近亲王。虽说缺少具体的证据，人们依然可以假定，父亲肯定会利用自己的人脉关系，确保儿子拥有日后成为技术型贵族的宝贵渠道。无论如何，这位未来的罗泽瑙骑士很难找到能比在施瓦岑贝格亲王庄园更有前途的锻炼机会了。

在奥地利，大多数成功的中产阶级子女都前往城市谋职，格奥尔格·舍内雷尔却要以施瓦岑贝格亲王为楷模，将科学与企业家精神用于土地上，成为一名现代庄园主。至于这一职业是出自父亲的愿望，还是儿子自己的雄心，我们就不得而知了。[15]

可以确信的是，格奥尔格执意（如果说有些唐突的话）要担当起"显贵"（grand seigneur）的角色。然而在这位罗泽瑙骑士诚实、"高尚"的框架里，他渐渐准备背离自己的父亲建立人生所依靠的几乎一切前提：效忠哈布斯堡王室、资本主义、种族宽容，以及金融投机。作为一名无比沮丧的准贵族，格奥尔格几乎是在无意间，就准备要领导那些在工业资产阶级统治下充满怨恨的社会阶层，尽管他自己也出身工业资产阶级。反抗的群众和叛逆的儿子适时地会师到了一起。

从罗泽瑙骑士转变为民族主义煽动者，这一过程进行得十分缓慢，直到他父亲 1881 年去世之后才算完成。凭借他的财产、他的精力，以及他对农村需求的实际了解，舍内雷尔首先在本地为自己的政治生涯建立起一个坚实的基础。他组建了"农业改良协会"，并为其提供资金，该协会相当于美国的农民协会，还组建了志愿消防部门。为了推动自己选区的工作，他还选择了"人民皇帝"约瑟夫二世为思想上的象征。约瑟夫一以贯之地将科技成果应用到土地上，并试图建立一个强大的农民阶级。舍内雷尔在区内的各个村庄都竖起了匾额，上面画有约瑟夫皇帝手扶耕犁的形象。[16]在这里，自由主义对科学技术与公共福利的崇拜，同对哈布斯堡的效忠交融在一起：很明显，此时的舍内雷尔仍然身处自由主义的约瑟夫传统这个大框架中。

舍内雷尔在这个可靠的乡村基础上，开始了自己的议会生涯。他在 1873 年当选帝国议会议员后，加入了"进步俱乐部"（Fortschrittsklub），* 即自由主义阵营中的左翼民主派。他在早期以捍卫农民利益而闻名。不久就同主流的自由主义势力发生冲突。有两件事情最先引起了舍内雷尔对同行的不满：他们对社会问题漠不关心，在对付斯拉夫民族主义问题上软弱无能。在后一问题上，舍内雷尔削弱奥地利自由主义势力的努力取得了第一次巨大成功。作为一个整体，德意志自由主义者当时正在民族问题上产生分裂。如果向好战的捷克人让步，就意味着打破日耳曼中产阶级对波希米亚和摩拉维亚的控制，从而削弱自由主义。另一方面，如果把斯拉夫人逼得太甚，无法达成妥协，则可能会威胁到帝国自身。不管怎样，自由主义者都找不到什么原则，能把他们对民族主义、对世界主义以及对社会的忠诚维系到一起。他们最好的防卫措施，似乎就是继续维持限制投票权制度，这样可以把激进

---

* 所谓"俱乐部"，是议会中政党组织的基本单位。一个政党通常是由数个这种团体组成的松散组织。

的民族主义群众排除在投票之外。[17]就算他们自己的民族价值遭受了一些损失，多民族帝国的完整性仍然得以维持，而自由主义者在法律上和社会上的优势略受一点削弱而已。

自分裂的自由主义者在 1879 年失势之后，舍内雷尔和一群年轻的大学知识分子（这群重要人士把他作为自己在议会中的代表），公开反对自己政党的路线。他们将民主原则与德意志民族主义置于帝国稳定和中产阶级寡头政治之上。*在所谓的"林茨计划"（1882）中，这群人建立了一个集激进民主、社会改革和民族主义于一身的平台，与同时期出现在美国的民粹主义现象类似。该计划支持本国工业和"诚实劳动"，为手工业者颁发义务培训证书，禁止挨门挨户叫卖，这些举措都是考虑到反犹的维也纳工匠联合会的不满。这些人都是早先那个经济时代的幸存者，如今却由于工厂、零售商店、犹太商贩（他们把工厂的产品卖给原先属于驻点工匠的顾客）的到来而甚为窘迫。不过，林茨计划本身并没有直接的反犹主义意图。

林茨计划要求成立一个关税联盟，并同德意志帝国建立更为紧密的条约关系，因此蕴含有一种"大日耳曼"思想的定位。[18]不过该计划并未包括舍内雷尔在帝国议会中盛怒之下提出的目标：

---

* 其中包括社会民主党后期领导人维克多·阿德勒（Victor Adler）与恩戈尔伯特·佩纳斯托佛（Engelbert Pernerstorfer）；基督教社会党后期领导人罗伯特·帕特伊（Robert Pattai）；自由主义历史学家海因里希·弗雷德荣（Heinrich Friedjung）。该组织主要源于大学的学生组织——"维也纳德意志学生读书会"（Leseverein der deutschen Studenten Wiens，1871—1878），请见威廉·J. 麦克格拉斯（William J. McGrath）著，《维也纳的学生激进主义》（"Student Radicalism in Vienna"），载《当代历史学报》（Journal of Contemporary History），第 2 卷，第 2 号（1967 年），第 183—195 页。

"要是我们已经属于德意志帝国就好了！"[19] 舍内雷尔的民族主义同伴们在 1882 年还没有想要完全肢解哈布斯堡帝国，但他们对他向奥地利政府提出的两大要求却已表示赞同，而这些要求都是自由主义者早先发动，却未能有效控制也未能满足的：民族至上和社会正义。

1881 年，舍内雷尔在民族主义联盟——德意志人民党联盟（Verein der deutschen Volkspartei）的宣言中，陈述了对几种解决方案的汇总："我们想要生动表达奥地利国内的德意志民族的团结感情，不光是对抗斯拉夫人，还有反对为了少数人利益而剥削最为崇高的人民力量（大概是指农民和手工业者）的斗争。"[20] 这种汇总可以让关心社会改革的奥地利-德意志自由派民族主义者组成一个广泛的阵线，但是这个阵线很难稳固。舍内雷尔本人坚持扩展汇总方案中的两个词语的含义，以至于同奥地利自由主义者发生了严重抵触。在民族方面，他对"团结感情"的解释是，不仅包含"奥地利的德意志人"，还包括所有地方的德意志人。舍内雷尔在这里援引的是 1848 年的"大德意志"（grossdeutsch）理想，德国民主革命分子曾在 1848 年试图建立一个单一的泛德意志共和国，以取代非民族性的君主国。在普法战争期间，以及随着德意志帝国在 1871 年的成立，维也纳以及各地的大学生群情激动，呼吁统一的范围应当扩大，把哈布斯堡领地也包括进去。1878 年，作为曾参加 1848 年革命的大学生军团的年长牧师，舍内雷尔被选为学生读书会的名誉成员。这一巧合说明，所谓"前进"与"后退"是多么难以区分，旧的民主民族主义是多么容易以新的右翼激进形式而重新面世。对舍内雷尔而言，他倒并不像 1848 年的民主分子那样，企图建立一个单一的德意志共和国，而是致力于分裂"亲斯拉夫"的哈布斯堡王朝，这样一来，哈布斯堡帝国西部地区就可以同俾斯麦的帝国统一。没有多少左翼进步分子追随舍内雷尔的这种保守主义革命路线。不过他提出的反奥地利的民族忠诚思想，在学生圈里得到了积极回应。大学曾是欢欣鼓舞的奥地利自由主义的中心，可是在 19 世纪 70 年代末及 80 年代，随着舍内雷尔热潮的蔓延，却成了民族主义者喧嚣鼓噪的场所。[21]

舍内雷尔的民族-社会计划的第二个延伸涉及反犹主义。他在 1879 年的选举纲领中首次发表了反对犹太人的纲领性声明。在这里，舍内雷尔以他典型的作风，将贵族与人民联系了起来——"土地财产的利益与劳动双手的利益"共同对抗"流动资本的特权利益——以及……犹太人对金钱和话语（指新闻界）的控制"。他呼吁法律"防备由于公司和企业董事会不负责任而带来的道德与经济危险"，[22] 这似乎是在斥责自己年老的父亲以及自己的巨大财源。对于舍内雷尔这样一个反犹激进分子，广阔的政治机会随即大开，而此时也正逢他父亲 1881 年濒死之际，因此他可以不受约束地开始攻击马蒂亚斯·舍内雷尔所代表的一切。格奥尔格反自由主义领导地位的社会基础，同他维护这一基础的心态由此汇合到了一起。

在舍内雷尔的泛德意志主义问世之前，就已经有民族主义的学生团体，同样，在他的社会反犹主义之前，手工业者运动也已出现。1880 年，第一个反犹的"手工业者自卫协会"在维也纳成立。1882 年，该协会被并入"奥地利改革同盟"，而舍内雷尔便是该同盟成立大会上的主要发言人，他扬言要向那些"敲打……日耳曼农民与工匠寒舍房门的……浑蛋吸血鬼"宣战，他指的便是犹太人。[23] 他言辞中恶毒的"新调性"，十分吸引受挫的工匠，其受欢迎程度丝毫不亚于在瓦格纳派的学生当中。

舍内雷尔在 1884—1885 年担任议员期间，声誉达到了顶峰，当时他领导了争取北方铁路国有化的斗争，该铁路正是他父亲多年前提议罗斯柴尔德家族修建的。这条盈利的线路的经营权到了需要延长时，偏逢在社会各阶层都能听到反对自由放任政策的呼声。舍内雷尔把公众抗议银行家和经纪人的斗争引向反犹主义的渠道，他那迟来的俄狄浦斯式的叛逆让这个问题充满了爆炸性能量。他不仅批评自由主义者和各部大臣，还间接影射宫廷"屈从于罗斯柴尔德家族及其同伙的权力"，他还威胁众人说，如果这种权力现在不被打破，那就会在民众手中被"大规模的暴力所推翻"。[24] 资本主义社会中受压制者的回归，宛如舍内雷尔的心灵中受压制者的回归。自由主义者面对这种原始的怨恨，发现自己现在面临着巨大的困境。

舍内雷尔在反犹运动中选择的其他目标，更直接地来自维也纳的激进工匠，他已开始认同这一阶层。下层社会的犹太商贩相当于上层的犹太百货商店老板：两者都对传统的店主构成威胁，也都招到了小额消费者的敌意（尽管他们照常光顾）。最后，舍内雷尔集中力量反对犹太人，企图在俄国大屠杀时期限制犹太人移民。他的父亲曾希望从美国工程师那里学习铁路设计的技术模型，而格奥尔格则向美国学习种族歧视的立法模式，也就是 1882 年的《排华法案》。

在某些方面，在考虑他对自由主义社会的瓦解性影响时，他的反犹主义要远比他的民族主义更重要。汉娜·阿伦特（Hannah Arendt）正确地指出，犹太人是奥地利最优秀的"国家-民族"。[25] 他们并不构成一个民族——甚至不是类似斯洛伐克人或乌克兰人这样的所谓非历史民族。他们在公民生活及经济生活中的地位，不像德意志人和捷克人那样，取决于参加本民族的团体，相反，取决于不参加这种团体。即使他们被某个民族的文化所完全同化，他们也始终无法摆脱"皈依者"的身份。而不管是对皇帝的效忠，还是对作为政治制度的自由主义的效忠，都不会带来这种困难。皇帝与自由主义制度给予犹太人地位，不用考虑什么民族性问题；他们已经成为多民族国家中超越民族性的群体，事实上，他们延续了早期贵族阶级的道路。他们的命运，与自由主义、世界主义国家一起起伏不定。更值得我们关注的是，自由主义信条自身的命运，也同犹太人的命运纠缠在了一起。民族主义者为了自己的利益，试图削弱君主国的中央集权，而犹太人以各个民族的名义遭受了同等程度的攻击。

舍内雷尔算是奥地利历史上最强硬、最彻底的反犹主义者。他也同样坚决反对这个多民族帝国赖以维系的所有原则，他同时是自由主义、社会主义、天主教，以及帝国权威的敌人。作为一名纯粹的民族主义者，他无法满足于帝国国家。在他看来（他这么看也是对的），皇帝似乎总在向导致国家民族分裂的各族群众妥协，向导致国家社会分裂的各意识形态妥协。如果说皇帝是超民族的，那么犹太人就是次民族的，是帝国无所不在的民族实质，其代表在每个民族与每个信仰团体中都能找到。无论他们在哪个群体当中发挥作用，犹太人都绝对无意分割帝国。这就是为什么只要某种离心力准备颠覆帝国时，他们总会沦为这种力量的牺牲品。

舍内雷尔是自由主义支配时期出现的第一位极端离心力量的领导者。没有人像他那样，全心全意地支持社会上每一种分裂的

潜在可能：阶级、意识形态、民族和宗教问题。民族主义从正面
为舍内雷尔提供了信仰的中心；可既然民族主义的需求在国家并
不完全瓦解的前提下依然可以得到满足，那么他还需要一个因素，
让他的体系得以连贯一致。反犹主义即是这样一种元素，使他同
时成为反社会主义者、反资本主义者、反天主教分子、反自由主
义者，以及反哈布斯堡分子。

　　舍内雷尔从未像后来的卢埃格尔和希特勒那样，成功组织起
大规模的群众运动。他的持久影响主要是在政治举止和言行上，
他的风格和他的意识形态一样具有侵略性，但更具感染力。在帝
国议会这个自由派合法性与尊严的中心，舍内雷尔及其同党发出
了更尖锐的声音，发出掺杂着混乱和谩骂的嘈杂音调。这座庄严
的殿堂，不得不习惯他对犹太金融家、北方铁路的犹太人、犹太
商贩、犹太记者、犹太骗子等的抨击。这些代表"崇高"德意志
人发出的攻讦，全都当着犹太人与外邦人的面。需要一段时间来
习惯。

　　1886 年 6 月，自由党领袖恩斯特·冯·普勒纳（Ernst von
Plener）博士，一位威严的律师和亲英派绅士，试图限制帝国议
会中的反犹风潮。他对"本来……如此关心议会尊严"的议长居
然允许这种谩骂口气伤害尊严，表达了自己的遗憾。他还暗示应
当更加强硬地使用议长职权。普勒纳另外提议说，反犹主义者最
终会通过立法提案的形式，提出约束犹太人的要求。普勒纳总
结道："到那时，我们就会看到这些先生的真实用意，而到那时
候……议会也将有机会表达自己对骚动的看法，而这场骚动，也
是我们这个时代最令人遗憾的征兆之一。"

　　舍内雷尔有力地结合了议会行动与武力威胁，来应对这一挑

战。他许诺要引入多种法案来遏制犹太人。而在许诺与践诺之间，就是武力威胁。万一议长同意了普勒纳的建议，限制对犹太人问题进行自由讨论的话，"那么这个问题就不可能通过议会上的提案与言论得到任何解决；在这种情况下，就等着议会外的拳脚相加吧"。[26] 自由主义的议员谴责说"所谓的反犹运动不应是文明人民所为"，而罗泽瑙骑士却呼吁通过"对犹太剥削者进行法律限制"来实现"祖国的道德重生"。在这里，舍内雷尔再次使用了威胁性的措辞。他在 1887 年向帝国议会扬言说，如果他的运动现在不成功，"我们的骨子里也有复仇之心"，"要让犹太压迫者及其走狗惊恐不已"，要让这话成为现实，"'以眼还眼，以牙还牙'"。[27]

　　舍内雷尔的政治风格与个人性格都带有偏执狂的痕迹。不管是指控别人还是被别人指控，他都频繁地卷入诽谤官司中。曾给他带来众多追随者的侵略性人格，也造成了他最后的失败。在他威胁议会要"以眼还眼"不到一年之后，这位贵族骑士就闯入了《新维也纳日报》（Neues Wiener Tagblatt）的办公室，在一群同伙的帮助下，殴打了这家"犹太破报"的职员。报纸编辑莫里茨·赛普斯（Moritz Szeps）是鲁道夫皇储的密友。作为非常有攻击性的自由主义者，赛普斯跟舍内雷尔在以前就互相口诛笔伐或者法庭对峙，但并非总占上风。* 可舍内雷尔这次突击报社，是这种政治新风格第一次采取了比武审判的形式。言论中更尖锐的调性是一回事，而身体攻击的殴打则是另一回事了。法庭不仅判舍

---

* 1885 年，由于被舍内雷尔控告诽谤罪成立，赛普斯入狱一个月。请见伯尔塔·赛普斯-祖卡坎德尔（Berta Szeps-Zuckerkandl）著，《我的生平与历史》（My Life and History），约翰·索莫菲尔德（John Sommerfield）译（伦敦，1938 年版），第 86 页，第 91 页，第 95 页。

内雷尔短期入狱，还剥夺其政治权利 5 年——这是对他的政治生涯致命的打击。[28] 最后，法庭判决还自动让格奥尔格·冯·舍内雷尔失去了头衔。由此，这位罗泽瑙骑士丢失了自己从父亲那里继承来的父亲真正珍视的东西。在试图毁灭他父亲的世界的过程中，他也毁掉了显赫地位的象征（而这一地位正是该世界对成功的回报）。舍内雷尔的政治破坏生涯以自我毁灭告终。他很快就归于沉寂，又回到了自己父亲发迹的起点。

舍内雷尔的性格中各种因素的令人费解的结合，让我们再次想起了穆齐尔的讽刺话语中的严肃历史内容，在那个时代，没有人能分清，"哪些是上层，哪些是下层，什么在前进，什么在后退"。不管是舍内雷尔本人还是他的意识形态，都兼具各种矛盾元素。极度渴望成为贵族的他，或许可以成功地成为一名普鲁士容克地主，但无法成为一位奥地利骑士。奥地利的贵族传统要求优雅、处事变通，或许还有对这个世界的种种不公与弊病的容忍，而这些品质都与舍内雷尔的性情完全不符。维也纳成功的中产阶级家庭，特别是服役贵族家庭中大多数有社会抱负的孩子，都在努力汲取审美文化，作为成为门第贵族的替代品。舍内雷尔（或者说是他父亲）则走了一条更为激烈的道路，通过获得一个封建庄园，成为一个贵族技术官僚，他不是什么绅士，而是不可阻挡的骑士。舍内雷尔因此并没有向贵族阶层（他未能进入其圈子）宣泄自己的政治热情，而是向着他父亲所属的自由主义者的世界（也就是他早就想要抛诸身后的上层资产阶级）进行宣泄。他一直从事政治破坏的职业生涯似乎有其个人根源，作为一个暴发户的儿子，他缺乏教育、自不量力，野心受挫。

在追求仇恨革命的过程中，舍内雷尔所构建起来的意识形态中的很多元素来自许多时代和许多社会阶层的态度与价值观：贵族精英主义和开明专制主义，反犹主义和民主政治，1848 年"大德意志"民主和俾斯麦式民族主义，中世纪骑士精神和反天主教思想，同业公会限制和公共事业的国家所有权。19 世纪的自由主义者会认为上面每一对价值观都是相互矛盾的。但是这套观念有一个共同的特征：对自由主义精英及其价值观的完全否定。

　　由于舍内雷尔心怀愤怒，因此他的意识形态蒙太奇格外吸引愤怒的民众：因为受骗而失去往昔利益的手工业者，从目前的顺从中得不到任何安慰，在未来又看不到任何希望；具有浪漫主义反叛精神的学生，对自由伦理传统的乏味说教心怀不满——这些人都是最早的漂泊者，是后来被右翼领导人组织起来的日益腐朽的欧洲的社会弃儿的精神先辈。无怪乎这位带有强烈中产阶级色彩的罗泽瑙骑士，迟来而暴力的堂吉诃德，能在工匠和青少年中寻找准封建性质的侍从，以此来排练自己野蛮的闹剧。总有一天，这场闹剧会以悲剧的形式上演，而剧中的主演，就是舍内雷尔的崇拜者——希特勒。

❯ Ⅲ ❮

　　卡尔·卢埃格尔（1844—1910）与罗泽瑙骑士的共同点颇多。两人最初都是自由主义者，起初都是从社会和民主的角度批判自由主义，最后又都变节，持明确反自由主义的信条。两人都利用反犹主义来动员全民中的不稳定因素：手工业者和学生。而且，对我们的讨论至关重要的是，他们都利用议会权力之外的政治伎俩，即流氓政治与暴民政治。但相似之处也就到此为止了。

舍内雷尔主要的正面成就是把旧左派的传统转变成新右派的意识形态，他将民主的、"大德意志"的民族主义变成了种族歧视的泛德意志主义。卢埃格尔则正好相反，他把旧右派的意识形态——奥地利政治天主教——变成了新左派的意识形态，即基督教社会主义。舍内雷尔起初是一个乡村选区的组织高手，最后成了城市里的政治煽动家，拥有一小撮狂热追随者。而卢埃格尔一开始是城市里的政治煽动家，征服了城市，然后组建了一个将稳固根据地设在乡村的大党。我们所关注的，是好战的卢埃格尔，而不是得胜的卢埃格尔。1900 年后，这位成熟的民族主义政治家把一度不听话的羊群赶到了霍夫堡的简朴畜栏里。我们将集中探讨作为保民官的卢埃格尔，与新调性作曲家舍内雷尔亦敌亦友的卢埃格尔；因为这才是那个把"前进"与"后退"、"上层"与"下层"结合到一起的卢埃格尔，他把自由主义的古今大敌都集中起来，对其中央大本营维也纳市实施了成功的政治打击。1897年，不情愿的皇帝终于批准卢埃格尔担任市长，奥地利古典自由主义的统治时代也随之正式宣告结束。

"我们可以等待，知识使人自由（Wir können warten, Wissen macht frei）。"在这番充满自信的话语中，坚定的安东·冯·施梅林骑士（Anton Ritter von Schmerling）表达了他对 1861 年自由主义时代肇始的政治进程的理性期待。[29] 在那个时代结束时，出身于有教养的中产阶级家庭的诗人胡戈·冯·霍夫曼斯塔尔提出了获得政治成功的另一个方案："政治就是魔法。谁懂得如何从深渊中召唤力量，他们就会追随谁。"* 30 当卢埃格尔沿着传统的自由主义路线开始其生涯时，他是"卢埃格尔博士"，当他春风得意时，便成了"英俊卡尔"（der schöne Karl），一位能吸引听众的演说家。他甚至比他的竞争对手舍内雷尔还要成功，他走过了从施梅林到霍夫曼斯塔尔、从理性政治到空想政治之间的道路。

舍内雷尔成长于维也纳火车南站的一座行政官公寓，而小卡尔·卢埃格尔则是在低层公务员宿舍里长大的，也就是维也纳技术学院管理人员的公寓。卢埃格尔曾公开表示以父亲为荣，父利奥波德（Leopold）从农村来到维也纳，"在没有受过教育的情况下，能够实现这样一个目标（成为管理人员）"。31 不过有人怀疑，卡尔的母亲才是家中的真正力量。她的两个女儿以及儿子都未结婚——明显有极端母权的迹象。根据一位历史学家的记述，卢埃格尔太太在临终前曾强迫自己 44 岁的儿子保证终身不娶，好照顾两个妹妹。32 她还曾把两个女儿紧紧地留在自己身边，帮助打理烟草商店，丈夫死后，她就是靠着这家铺子过着朴素的生活。没有证据显示，家里的生活方式在儿子发达以后有什么变化，甚至儿子对自己这位固执母亲的顺从也没有变。33 强大的暴发户父亲塑造了罗泽瑙骑士，而坚忍的小资产阶级则造就了未来的"维也纳上帝"（Herrgott von Wien）。

卢埃格尔太太从小就鼓励儿子要通过教育这条路来提高社会地位。她的儿子充满感激地记叙道："作为一个普通女人，她（却带我一起）诵读西塞罗的演说辞。她一个字都不懂，只是一丝不苟地看着课本上的文字——只要我有一段背得不对，我就遭殃了！

---

* 原话为："Politik ist Magie. Welcher die Mächte aufzurufen weiss, dem gehorchen sie"。

她对我的学习要求很严。"[34] 得益于母亲的严格教育，年轻的卡尔进了维也纳最难进的预备学校——特里萨中学（Theresianum）。[*]

不要以为卡尔在特里萨中学的 6 年里是跟豪门子弟平等相处的。他并非住校生（Zögling），而是走读生（Externist）。学校是从 1850 年才开始招收走读生的。他们几乎全都来自学校所在的维也纳的维登区。虽然上层资产阶级子弟占据走读生的多数，[**] 但据研究该校的历史专家说，"他们身边总会出现平常人家的孩子……像卡尔·卢埃格尔博士……就是一名技术中学里的公务员的儿子"。[35] 走读生跟住校生在同一教室听课，但大概不穿学生制服。

走读生肯定能感觉到自己与"常规生"的不同，尤其是像卢埃格尔这样来自所有社会阶层中最低级的。不过卡尔从特里萨中学的经历中得到的似乎只有收获。没有任何证据表明，他像舍内

---

[*] 这所学校对于世袭贵族与服役贵族的重要性可以从以下事实看出：1867 年联合帝国成立以后，对显赫的匈牙利家族子弟的招生名额，都成了奥匈双方行政机关进行高端谈判才能确定的问题。欧根·古戈里亚（Eugen Guglia）著，《维也纳特里萨中学：过去与现在》（*Das Theresianum in Wien. Vergangenheit und Gegenwart*，维也纳，1912 年版），第 156—157 页。特里萨中学的校长相当于美国学校里的校董会主席，一般只能由举国闻名的人士担任。当卢埃格尔在 1854 年入校时，校长为塔弗伯爵（Count Taafe），此人是首相之父，而卢埃格尔后来正是在该首相任职期间声名鹊起的。另一位政府首脑安东·冯·施梅林则在 1865—1893 年任校长一职，而其下一任保罗·古斯塔夫·冯·弗兰肯图恩（Paul Gustav von Frankenthurn）男爵也在 1897 年成为奥地利首相，而正好在这一年，卢埃格尔最终实现其梦想，成为维也纳市长。

[**] 有些资产阶级家庭对其地位过于骄傲，从而不愿让其子弟接触特里萨中学里那种势利的贵族环境。世俗的自由主义者以及犹太人最喜欢的学校是"学术型高中"（Akademisches Gymnasium）。参见卡尔·考茨基（Karl Kautsky）著，《回忆与论述》（*Erinnerungen und Erörterungen*，格雷文哈奇，1960 年版），第 211 页。

雷尔一样嫉妒贵族。他对奥地利传统的统治阶级始终怀有并保持尊敬。尽管后来成了民众煽动者，他的风度总是具有某种斯文优雅，甚至品位不俗的特点，这也让他得到了"英俊卡尔"的称号。[36] 他属于维也纳介于日益腐败的贵族和备受压制的"小人物"中间的那种奇怪的沉默的知识分子群体，也就是赫尔曼·布洛赫（Hermann Broch）所谓的维也纳放荡末日中的"果冻民主"。特里萨中学无疑培养了卢埃格尔对社会差别的天然情感，还让他产生了一种相比自己未来的敌人（那些顽固的资产阶级）的社会优越感，尽管他本人也出身卑微。他有着受过良好训练的仆人的敏感，比介于他主人和自己之间的那个阶级的成员更懂得教养。他日后承担起了把贵族和群众联合起来反对自由主义中产阶级的政治任务，而上述认识被证明是一笔宝贵财富。

在大学时，卢埃格尔的专业是法律。在法律与社会科学的期末口试中，这位年轻人的论文答辩表明他是一名奥地利民主派分子，也是关心社会问题的全民普选支持者。但是跟大多数民主派分子不同，卢埃格尔似乎拒绝了民族路线。"民族观念具有破坏性，是人类进步的障碍"：卢埃格尔当时是在普法战争前夕（1870年 1 月 14 日）参加考试的，他为一篇具有如此激进的世界主义观的论文进行辩护，这对于一个学生来说是很少见的。[37] 战争爆发后，当德意志民族主义浪潮席卷维也纳大学的学生团体时，年轻的卢埃格尔博士重返母校，反对亲普鲁士的民族主义。学生们组织示威，要求奥地利同那些为黑白红三色旗而战斗和牺牲的人联合起来，卢埃格尔却将这种北德意志的色彩斥为"专制霸道的产物"，几乎因此导致暴乱。尽管受到支持者的欢呼，卢埃格尔被愤怒的民族主义者粗暴对待，不得不逃离礼堂。[38] 他第一次作为受害者体验到了政治上的升调，而涉及的议题是他整个职业生涯中唯一坚定不移地坚持的：反对没有奥地利而进行德国统一的"小德意志"方案。他在这里所展现的形象并不是当时的一个典型的民主派分子，而是特里萨中学忠实的学生。

在 19 世纪 70 年代早期，光是敌视北德意志还不足以让他在维也纳市建立起自己的政治事业。凭借手中的法律学位作为工会会员证，卢埃格尔通过最保险的通道进入了政坛，那就是加入了他所在的第三区里的"自由派市民俱乐部"（Liberal Bürgerklub）。俱乐部的领袖里特·冯·库恩（Ritter von Khunn）是曾经参加过 1848 年革命的老革命，他把这位年轻人培养成了可以接触到"小人物"的人——那些人尽管尚无选举权，却有望成为民主激进分子的突击队。1876 年，进入维也纳市议会仅一年后，卢埃格尔就赢得了《新自由报》的喝彩，被称为"对抗左派的中间力量的护卫者"。[39] 没过多久，在同一年，卢埃格尔突然转向左派，与犹太民主党人伊格纳兹·曼德勒（Ignaz Mandl）合作，后者是一位民众领袖，猛烈抨击控制整个城市的自由主义寡头政治中的独裁和腐败。市长卡耶坦·费尔德是一位白手起家的律师，也是一位鳞翅类昆虫学专家，他成了曼德勒-卢埃格尔这派的首要打击目标。两位搭档代表的是小店主、"裁缝与菜贩群体"，这些人要求在政治事务上享有更多的发言权。这些支持者并不是无产阶级，而是小额纳税人，也就是第三投票阶级中的所谓"十盾之人"，他们对市政府的浪费、职权获利（他们自己没有份儿）等事都格外敏感。他们还对压制措施愤恨不已，因为这些措施把参政权只留给市政府中的特权阶级。[40] 卢埃格尔和曼德勒给市政政治引入了一种新风格。原本单一的"知识分子市议会"的沙龙，让位于极具煽动力的民主党人的"撸袖子风格"（费尔德语）。[41] 正直的市长拒绝日益民主化的市议会调查他的行政机关行为，并在 1878 年辞职。这是维也纳下层中产阶级在议会中的一大胜利。[42] 同时，卢埃格尔和曼德勒又领导了市议会中要求扩大选举权的团体——自由主义者在这一改革上产生了意见分歧，改革本身直到 1884 年才实现，此时五盾纳税人也获得了参政权。[43] 以费尔德市长为首的一些自由主义者抵制扩大选举权，可这只能增加下层阶级的反自由主义情绪。在这样的背景下，民主和自由主义变成了相互矛盾的用词。

卢埃格尔作为民主煽动者的成功，几乎在不知不觉之间让他在反对自由主义秩序的路上越走越远。他利用一些确凿可见的问题来渲染社会仇恨，用经济上的嫉妒来加强对民主的愤恨。他把他的自由派政敌等同于富有之人，这样就很容易为集中怨恨提供发泄目标。卢埃格尔于是发动了一场针对一家英国工程公司的活动，这家公司本该获得建造一处市内交通体系的合同。卢埃格尔控告其支持者试图贿赂自己和其他的市议会成员；随后的诽谤审判让他备受公众关注。像舍内雷尔一样，他现在扮演的是大卫的角色，面对的是"国际资本"这个强大的歌利亚。"这些金融财团和经济巨头……毒害与腐蚀公共生活。"卢埃格尔在 1882 年 3 月第二次审判宣告他无罪后说，他还发誓要同对方继续战斗下去。[44]

从 1882 年至 1887 年，这 5 年来，卢埃格尔继续以民主派自居，在帝国议会中同左派人士坐在一起。作为一名城市政治家，他最大的才能就在于反映和表达其选民的意旨，所以不可避免地，在那些"小人物"走向更为激进的立场时，他也必须紧紧跟随：他从反腐败转向反资本主义，从反资本主义转向反犹主义。

1883 年，卢埃格尔支持舍内雷尔，一起阻止延长罗斯柴尔德家族对北方铁路这项高利润经营权的把持。当舍内雷尔在帝国议会领导支持国有化的斗争时，卢埃格尔则在市议会和维也纳公众舆论中组织声援。[45] 作为一名民主派城市改革家，卢埃格尔极力反对"利益派"，这让他越发接近低等的工匠阶层，而反犹情绪正在这个阶层中日渐高涨。他跟奥地利改革同盟建立了联系，我们已经提到，1882 年舍内雷尔就是在这个同盟的成立大会上发的言。

卢埃格尔比舍内雷尔更加机会主义，但又不像后者那样被自己的强烈情绪所支配，所以他并不急于投身到反犹立场中。在风云变幻的 19 世纪 80 年代，卢埃格尔担任的公共职位反映了从民主政治到原型法西斯政治的模糊转变。直到 1884 年，他还在积极参与起草一项民主党纲要，坚持"一切派别的平等原则"。[46] 在 1885 年的帝国议会选举中，也是首次有五盾纳税人参加的选举中，卢埃格尔仍以民主党人的身份参选。他在 1885 年竞选议会席位的对手也被列为民主党身份，这是他所在的维也纳地区（玛格丽雷滕）的特点，也是其投票阶级的特点。两位候选人的差别存在于他们各自的外来支持上：反犹的改革同盟支持卢埃格尔，而自由主义者则支持其对手。民主意识形态思想仍然是衰落的自由主义与崛起的反犹主义共同的基础。卢埃格尔突出自己反对"利益派"的民主斗争，而低调推行反犹主义，这令改革同盟颇为不快，却因此拉拢住了足够的民主派选民，从而以 85 票的优势赢得选举。于是，卢埃格尔在 1885 年在帝国议会获得了一个席位，加入的是费迪南德·克罗纳韦特尔（Ferdinand Kronawetter）博士所领导的奥地利民主党，但卢埃格尔对该党并没有长久忠诚。"我们静观哪个运动将会更为强大，是民主运动还是反犹运动，"他对克罗纳韦特尔说道，"人必须相应地改变自己。"[47]

当舍内雷尔在 1887 年 5 月递交限制犹太移民的立法议案时，卢埃格尔似乎也下定决心要支持舍内雷尔的法案。同克罗纳韦特尔的最终决裂随之而来；卢埃格尔放弃了把民主和反犹主义这两个日趋分离的趋势结合在一起的努力。虽然他排斥泛德意志主义，但还是发现，相比起对克罗纳韦特尔的过时的承诺，同舍内雷尔结盟的前景更加光明。

因此，卢埃格尔在 1887 年完成了舍内雷尔在 5 年前所经历过的同一转变：从政治自由主义，经由民主与社会改革，再到反犹主义。不过其中有一个差别，卢埃格尔是个维也纳的政客，代表的是这座帝国都城的利益。他对哈布斯堡王室仍旧忠心耿耿，于是也就对德意志民族主义不感兴趣，而这却正是舍内雷尔巨大仇恨的演变本质所在。卢埃格尔必须到别处去找寻自己的整合意识形态。

尽管卢埃格尔被他所代表的中低阶层和工匠追随者推到了舍内雷尔一边，但在一个最令人意想不到的领域——天主教群体——不那么民族主义的大众政治的可能性正在悄然出现。随着卢埃格尔的事业发展，形形色色的反自由主义元素（如民主、社会改革、反犹主义、效忠哈布斯堡等）彼此渐行渐远，而天主教赋予他一种可以将这些元素整合在一起的意识形态。反过来，卢埃格尔也能够给予天主教以政治领导权，从而将其破碎的社会成分重新联合起来，形成一个强大的组织，足以在现代的世俗社会中不断前进。

直到大约 1889 年卢埃格尔的基督教社会党出现之前,*奥地利天主教无论在政治上还是在教会上,都由于脱离时代而日渐衰落。在智识上和社会问题上,天主教领导层一直坚守秩序,而这种秩序已被自由主义权力永远地破坏掉了。天主教主要领导人都是拥护联邦主义的波希米亚贵族和来自阿尔卑斯地区的地方保守分子。他们在议会里的俱乐部叫"绅士党"(Honoratiorenparteien),是贵族们的小团体。现代性及其所有的成果和盛况,都让他们恐慌不已;他们只能伤感地回首过去的岁月,那时宗教依然是一个毕恭毕敬的社会的基础,而地主贵族占据优势地位。为了寻求当前的庇护,他们按照约瑟夫时代的方式,开始投靠皇帝,尽管皇帝本人在 1860 年之后也明显沦为自由主义者的"囚犯"。

教会统治集团中的高阶教士往往来自贵族家庭,对教会传统权威的瓦解同样几乎无力抵抗。无论主教还是神父,都像梵蒂冈一样,被新专制主义的崩溃所震撼。作为普世教会的长子,亦是其最后的守护者,奥地利皇帝先后于 1860 年和 1866 年在战场上被皮埃蒙特背教者和普鲁士新教徒所打败。当庇护九世的国务卿听到奥地利在科尼格拉茨战败的消息后,大呼"世界末日来了!"(Casca il mondo!)这句话预示了巴洛克式天主教在自由主义时代的命运,也表现了教会的狭窄而惊恐的观念。眼下自由主义欢庆自己在奥地利的胜利,他们不仅成立了立宪政府,还废除了帝国与教宗之间的教务专约,引入学校改革,教宗失去罗马,被禁闭在梵蒂冈,更是令他们欢呼雀跃。

"世界末日来了!"随着旧世界的崩溃,无力适应新世界的奥

---

* 日期不明是因为组成该运动的众实体经过了数年的缓慢重组。

地利教会又重回约瑟夫时代的行为习惯。它紧紧依靠帝国体制，就好似人们在沉船后紧抓撞船的礁石一样，它还通过"绅士党"和宫廷来开展工作，试图远离麻烦。因此，教会的行为方式和其领导人所属的贵族阶层大同小异。它听天由命，摆出一副耐心的受害者的架势，没有自我检查，也没有自我怀疑。

如此顺从天命的立场，自然不会产生复兴的力量。在奥地利，如同在欧洲的其他各国一样，只有当信徒重新审视现代社会的可能性，同时审视他们古老教会的种种缺点时，天主教社会才可能焕发新的活力。无论是平信徒，还是教会人员，都慢慢开始了这个回顾和重新定位的过程。这个复杂的发展历程大大超出了社会范畴，因此不在我们讨论的范围之内。但是我们关心教会的侵略精神，因为它影响到了世俗的自由主义世界。这种精神在1887年第一届奥地利天主教大会上有清楚的体现。其筹备委员会在给教宗利奥的信中表达了这一新的意愿：

> 在我们的土地上忠于信仰之人有很多，可很多最正直的天主教徒都对局势缺乏清晰认识，以及在新形势下所必需的有关战斗方法的知识，最重要的是，缺乏必要的组织。绝大多数天主教平信徒，曾始终习惯于在基督的精神下，接受天主教君主及其随意选任的心腹的统治，现在全然迷失了方向。[48]

这番声明中所包含的计划元素，都是天主教政治复兴所必须遵循的：解放天主教群体，让他们摆脱对君主及其顾问的依赖，找到适合新形势的战斗方法，建立组织。

从1875年至1888年，正当卢埃格尔逐渐背离自己的自由主义出身，并在世俗的民主与民族主义的反犹主义之间不安地摇摆时，能够实现以上目标的政治天主教的部分元素开始慢慢浮出水面。参与这一新运动的人来自社会各界，有贵族和天主教知识分子、商人、教士及工匠，这些人在自由资本主义的统治下，都不同程度地受苦。代表这个全新阵营的，是利奥·图恩伯爵的行为，这位天主教保守分子的温和的领袖，任命卡尔·冯·福格尔桑（Karl von Vogelsang）男爵为自己的政治与理论机关报《祖国》（*Das Vaterland*）的编辑。福格尔桑认为，资本主义社会的冷淡是自由主义的致命弱点。这位新封建体制的理论家将其致命的矛头对准了这一点。福格尔桑把资本主义同 1789 年的革命精神联系起来，越过中产阶级，诉诸手工业者和工人，这些人对自由放任政策越发不满。上层之人（一部分贵族）开始与下层的自由放任政策的受害者进行合作。这种模式在英国、法国以及福格尔桑的祖国——德国，都有过先例，唯有细节上的必要变动而已（mutatis mutandis）。不过在这些国家，这种意识形态都没有成为成功的民主政党的纲领。

在社会立法领域，一些贵族发展了一种与福格尔桑的思想类似的实用模式。19 世纪 80 年代，被政敌称为"红色亲王"的阿洛伊斯·冯·利希滕施泰因（Alois von Liechtenstein）亲王从右侧推动议会的社会立法，而卡尔·卢埃格尔从左侧支持这一努力。贵族离经叛道者与民主派的煽动家一拍即合。[49]另外还有两组力量加入这个松散的联盟中来，从而完成了基督教社会党的构成：一群渴望教会与人民之间的联系更为有效的狂热年轻教士，再就是反犹的手工业者运动，该运动已给舍内雷尔和卢埃格尔带来了支持。

以上各组力量的非正式代表们第一次会面的地点很具象征意义，梅勒妮·梅特涅-兹奇（Melanie Metternich-Zichy）公主的别墅。在充满强烈怀旧气息的氛围中，贵族、社会理论家，还有群众运动的实践家会合到一处。他们有利希滕施泰因亲王、道德神学家弗朗茨·辛德勒（Franz Schindler）教授、福格尔桑、民主党人卢埃格尔和反犹艺术家恩斯特·施奈德（Ernst Schneider）。在辛德勒的智识指导下，他们经过长时间的连续讨论，制定了纲领，并通过 1889 年和 1893 年的奥地利天主教大会，在宗教世界中正式推出这一纲领。该组织先是组成"联合基督会"（1888），后又发展成为基督教社会党，由此形成了一个政治组织，以执行复兴天主教的使命。

无论在教会还是在政治领域，基督教社会民主行动的纲领都遭到了更谨慎的老一代人的反对。新纲领要挑战当权者，因此容易招致风险，必然不会受天主教世界更谨慎的领袖的欢迎。19 世纪 80 年代末至 90 年代，在天主教信徒中出现的冷酷无情的升调，其清晰程度，不亚于曼德勒和卢埃格尔在自由派的维也纳市议会上所发出的民主抗议，或舍内雷尔在帝国议会中发起的反犹运动。激进的天主教徒显示出很多文化疏离的迹象，这些迹象正是泛德意志分子、社会民主党和复国主义者的特征。他们成立了自己的出版社，组织体育俱乐部，并像泛德意志民族主义者一样，发展了一个学校联合会，以摆脱其群体对国家教育的依赖。他们还走上街头，进行喧嚣的群众示威，这既震惊了保守派的天主教集团，也引起了自由主义者的警觉。年轻的新派天主教徒和年轻的民族主义者一样，感到有必要表现出自己对既定秩序的疏远态度，因为这是获得救赎的必要前奏。他们实现拯救，无论靠的是远离政府，还是征服政府，其成功的心理前提似乎是明确自己的少数分子身份，坦率地把自己界定为受压迫的社会次群体。对于新派天主教徒是这样，对于新的民族主义者和犹太复国主义者亦是如此。

而对于把天主教对社会不满的各种元素融合成一个重要的团体这一任务，完成它的政治"化学家"正是卡尔·卢埃格尔。尽管本人并不特别虔诚，可卢埃格尔知道如何利用新的天主教社会理论来作为政治试验的催化剂。由于舍内雷尔被监禁，卢埃格尔坦白了自己的反犹立场，获得了舍内雷尔的势力的支持，得以领导维也纳的手工业追随者，让他们成为基督教社会党的追随者。

在维也纳市，卢埃格尔的拥护者随着一次次选举而越来越多，直到 1895 年，他获得了当选市长所需的市议会多数选票。他的公众形象也反映出支持他的选民可谓形形色色。"英俊卡尔"风度翩翩、洒脱不凡，正如波德莱尔所说，在"民主尚未无往不胜、贵族依然尚存余威的过渡时期"，[50] 这种风度仍是政治领袖的一种有效品质。他那优雅而近乎冷静的举止，令广大群众无比折服，他还会使用维也纳温暖的民间方言赢得民心。这个有着贵族派头却又深受民众爱戴的卢埃格尔，还拥有能够把维也纳中产阶级招到自己麾下的特性。他真心地热爱这座城市，并要努力发展它。但他也无情地批评几位前任，指责他们的无谓花销，一发现浪费的迹象就不留情面。因此，卢埃格尔一步步削减了自由主义者的势力，直到 1895 年 3 月，他赢得了富裕的第二区的选民。只有那些最富有的房产持有者还对自由主义者忠心不贰。

1895 年卢埃格尔在维也纳的选举中获胜，开启了长达两年的僵局，这两年被认为是维也纳自由主义最后顽抗的阶段。虽然卢埃格尔凭借必需的市议会多数票被正式选为市长，可皇帝却拒绝批准他就任。有三股势力在迫使皇帝反对他：联合政府中的自由派和保守派分子，还有高级教士。政府试图通过枢机主教弗朗茨·肖伯恩（Franz Cardinal Schönborn）的个人调解，获得教宗干预，从而抵制这场运动，却无济于事。维也纳人前往投票站重申自己的选择，皇帝坚持反对，这种局面一直僵持到 1897 年。

曾极力拥护代议制政府的自由主义者，如今陷入一种极为矛盾的困境。他们也许确信，如其领袖恩斯特·冯·普勒纳所言，一个明确把对抗政治生活激进化作为其纲领的联合政府，不可能容许皇帝批准"这个近乎革命运动的代言人"，这样一个对"我们众议院里的气氛日益野蛮无礼"负有责任的"公众煽动家"。[51] 不管普勒纳的推理多么容易理解，他那反教权的政党如今却首先要依赖主教（甚至是教宗）的戒律，来避免自由主义的机构安排所带来的后果，其次还要依靠皇帝的命令以阻止选民的意志得以实现。崇尚进步的西格蒙德·弗洛伊德在年轻时曾像贝多芬一样，坚持拒绝向皇帝脱帽致敬，如今却欢呼弗朗茨·约瑟夫皇帝对卢埃格尔及多数人意愿的独裁式的否决。[52]

然而在一个群众政治的时代，皇帝的否决权很难持久。在 1897 年耶稣受难节，皇帝终于让步，"英俊卡尔"昂首进入市政厅。与此同时，奥地利政府也由于在捷克地区的语言法令问题而陷入重大危机。因此，正如旧的自由主义大本营落入基督教反犹势力之手一样，帝国议会也陷入了绝望的嘈杂声中，皇帝不得不解散议会，通过法令来组建政府。无论有多么遗憾，自由主义者只能欢迎这一变革。从此以后，他们就只有退回约瑟夫主义那里去寻求拯救，不仅逃避民主，甚至逃避代议制政府，如此一来，只会有两种结果，要么是全面的混乱，或者就是某种反自由主义势力的胜利。

舍内雷尔与卢埃格尔以各自不同的方式，在反对自由主义的同时成功地捍卫了民主。两人构建起了一种意识形态体系，把自由主义的敌人团结在一起。两人都以自己的方式利用贵族风格、姿态或做派来动员起大批的追随者，这些人仍旧渴望一个领导层，其权威建立在某种比理性论证和经验证据更古老和更深刻的事物上。在这两位领袖中，舍内雷尔在释放破坏本能上是个更加冷酷和强硬的先驱，他以强有力的反犹主义吁求打破了缺口，但组织大军取得胜利、获得战果的却是卢埃格尔。

相比失意的罗泽瑙骑士，卢埃格尔要更不疏远主流，也更传统。即使在反犹主义上，卢埃格尔也没有舍内雷尔那样的心有怨恨、坚定或始终一贯。舍内雷尔利用犹太群体的超民族特性来抨击奥地利社会与政治生活中的一切整合准则，而卢埃格尔却将反犹主义相对化，仅仅攻击自由主义和资本主义。他的名言"谁是犹太人由我说了算"（Wer Jude ist bestimme ich）使卢埃格尔能够减弱反犹主义潜在的爆炸力和颠覆力，以迎合多方利益，包括皇室、天主教，甚至还有他宣称要予以打击的资本主义。要建立联盟，就必然会和原则产生冲突。因此，卢埃格尔对自己的副手中最恶毒的反犹主义者也保持忍耐，但他更是一个操纵家和组织家，而非理论家，对于反犹主义，他是利用而不是欣赏。即使是在新调性的政治当中，卢埃格尔也以牺牲自己的残暴对手舍内雷尔为代价，为了群众政治的时代，改写了古老的哈布斯堡格言：

　　　　让别人去发动战争吧。

而你，快乐的奥地利，尽情（昌盛）……*

　　卢埃格尔更大的成功在于，将种族主义这剂毒药仅限于攻击自由主义敌人，建立了贵族与民主分子、工匠与神父的联盟。

➤ IV ➤

　　随着自由主义的政治基础受到侵蚀，自由主义的社会期待在现实面前也站不住，致力于自由主义的人开始寻觅新的基础来拯救他们最为珍视的价值观。特奥多尔·赫茨尔（1860—1900）就是其中之一。他想要为他的人民实现一个自由主义的乌托邦，不是基于施梅林的理性主义前提——"知识使人自由"——而是出自创造性的狂想，基于欲望、艺术和梦境的前提："欲望使人自由（Wollen macht frei）。"在犹太复国主义中，赫茨尔为自由主义掌权的时代筑起了一座恰如其分（如果说有些反讽）的纪念碑，也是舍内雷尔和卢埃格尔所开启的创造性的毁灭活动的一个恰如其分的续篇。

　　赫茨尔之所以能为反犹主义的受害者提供强有力的领导，是因为他自己本人就体现了民族同化主义的理想。作为有教养的自由主义者楷模，他为犹太人问题提出了非常有创新性的解决方法，这并不是因为他沉浸于犹太传统，而是因为他徒劳无益地试图摆

---

* 原文为：Bella gerant alii,
　　　　Tu, felix Austria, nube...

脱这种传统。他逐步接受了富于幻想的超自由主义政治，不是像舍内雷尔和卢埃格尔那样出于社会敌意和政治投机，而是出于个人的挫折和审美上的绝望。即使是赫茨尔的犹太复国观，我们也最好这样加以理解，即他试图通过一个新的犹太国家来解决自由主义问题，同时通过一个新的自由主义国家来解决犹太人问题。他的人生经历给了他世纪末知识分子的一切价值观。正是利用这些价值观，他把受困的犹太人从日渐崩溃的自由主义秩序中解救了出来。如果说他对这项任务的反应是他自己的，那么他表达看法的素材就都是非犹太的自由主义文化的，他和许多上层中产阶级的犹太人一样，将这种文化拿来为己所用。

虽然赫茨尔在布达佩斯出生和长大，但这并不妨碍他成为一个地道的维也纳人。他的家庭来自日益发达的犹太人阶层，他们在跻身现代企业家阶级之后，便采用德意志文化，改说德语，即使在非德意志人为主的民族区域亦是如此。父辈的信仰随着子辈地位的提高而日渐衰落。特奥多尔的祖父是兄弟三人中唯一坚持宗教信仰的，而他的儿子，即特奥多尔之父，则仅仅保留了其外在形式。特奥多尔的母亲杰奈特·迪亚曼特（Jeanette Diamant）的父亲是一个富裕的布商，他给了女儿非常世俗化的教育。而她的哥哥则走上了更为快捷的同化之路，他在1848年参加了匈牙利革命军，尽管其职务直到1867年犹太人被真正解放后才得到官方批准。[53] 当特奥多尔在1860年出生时，他的家早已远离犹太人隔都：经济上富足，宗教上"开明"，政治上自由，文化上则是德意志式的。而他们的犹太教信仰，基本上也就是同化犹太古典学家特奥多尔·贡珀茨（Theodor Gomperz）所说的，"对家族的虔诚纪念"（un pieux souvenir de famille）。

因此，赫茨尔成长于开明的犹太家庭，算是奥地利自由主义"国民"（Staatsvolk）中受过良好教育的公民。他的母亲是一位坚强、富有想象力的女性，她的社会地位与文化成就都超过读书少于自己的丈夫，她还灌输给儿子对德意志文学的深情挚爱。在他 14 岁那年，也就是参加受戒礼（他的父母更喜欢将其称为 Konfirmation，即"坚信礼"）后不久，赫茨尔跟同学一起组建了一个德意志文学社团，名叫"我们"，决心通过写作来扩大会员的知识面，而所写文章的思想"必须始终披着相宜的外衣"。[54] 由于他的学校中开始出现马扎尔反犹主义，年轻的赫茨尔转学到布达佩斯福音派中学，这里的学生大多是犹太人。赫茨尔年轻时就明确反对匈牙利的犹太人被马扎尔文化同化。由于深受其母的亲德影响，再加上自编的戏剧演出，以及在私人家教中所接受的英文、法文和音乐教育，赫茨尔越来越倾向于世界主义的德意志文化，尤其将其审美的和人文的传统视为自己的价值体系的核心。

这种文化适应过程跟赫茨尔父亲所经历的有多么大的差异！老赫茨尔通过经济活动和宗教世俗化成功地提升了自己的社会地位。到他 15 岁时，已经上完了 4 年的德语现代中学（Normalschule），并在德布勒森的一个亲戚那里当学徒，在生意场上一帆风顺。而他的儿子在同样的年纪时却在中学里学习一般文化，跟投身某项职业没有任何的直接关系。

本章的三位主人公，每一位都致力于"贵族"事业以及"贵族"传承：舍内雷尔通过父亲这边的任命而获得贵族身份，并最终在反自由主义仇恨中消耗完了这一身份。卢埃格尔跟贵族之间的灵活关系来自在学校和政界所建立起来的恭敬的联盟关系，对于最高阶层贵族，他既不求进入，也无意将之毁灭。而赫茨尔同贵族的关系，尽管在根源上同样是社会学的，可在性质上是思想性的。赫茨尔和舍内雷尔一样野心勃勃，想成为"贵族"，而他的社会地位及其母亲的价值观，都让他信奉一种浪漫的精神贵族，以作为门第贵族的替代品。和众多年轻的资产阶级知识分子一样，赫茨尔获得了一种审美文化，来替代等级意识。所谓精神的阶梯，其实也是社会的阶梯。

在奥地利，高雅文化作为地位的标志被那些自由主义的城市中产阶级所高度珍视，而该阶级中的犹太人同样也分享这些盛行的价值观，或许还更强烈地信奉这些价值观，因为商业的污点在他们的生活上留下了更深的印记。赫茨尔在后来观察到，人们都以为从商是犹太人的天性，可实际上他们却在极力逃脱商业生活："大多数犹太商人让孩子（去大学）念书。由此导致所有的受教育行业都出现了所谓的犹太化现象。"[55] 通过文化来接受同化是犹太人同化的第二个阶段，它只是中产阶级向上流动（从经济职业到知识职业）阶段中的一个特例而已。赫茨尔的父母在全力支持儿子成为作家的想法时，也遵循了本阶级的这一价值观，只不过同时坚持要求他在大学里还要学习法律，以求在不利情况下能有个保障。

纵使是赫茨尔最早的作品（追溯到他的学生时代），也体现出各种价值观的奇特结合，这是他作为上层资产阶级的精神贵族的暧昧的社会地位所致。他的短剧和故事里的主人公往往都是家族血统和道德信念上的双重贵族。在物质主义世界粗俗欺诈的包围中，他们为了保护恶意与不幸的受害者，展现出从容、优雅和慷慨的价值。[56] 赫茨尔笔下的主人公的中心目标似乎既不是自我实

现，也不是掌握现实，而是自我牺牲和自我克制。而激发他行为
的，也绝非资产阶级对法律与劳动的重视，而是更加高尚的骑士
精神和荣誉感。不过这些高尚的英雄并没有什么社会根基；他们
是所处环境中的异类，在一个异质世界中，他们在社会上不合时
代，在精神上孤立无援。

学生时代的赫茨尔为自己所塑造的公众形象，同他笔下的贵
族主人公完全相容，甚至早在高中时代，他就开始培养自己的富
家公子特点。一位同学回忆他是"一个皮肤黝黑、苗条、穿着优
雅的青年，始终脾气很好，随时准备好找乐子和讲俏皮话，但多
数时候显得高人一等，喜好讽刺甚至挖苦人"。[57] 既是梦想家又是
愤世嫉俗者的赫茨尔，对世界有着很强的防备意识，而且以富家
公子的孤独方式，把世界当成一面镜子，用它来展现自己的优越
感。在大学期间，他傲慢的个人风格显露无遗。当时同在维也纳
大学就读的阿图尔·施尼茨勒从远处注视着赫茨尔，渴望能跟他
交上朋友，羡慕他的泰然自若和对下等世界的高傲蔑视。两人同
属学院读书会（Akademische Lesehalle），这原先是一个非政治性
的学生会，在一次严重的冲突之后，在赫茨尔加入的那个学期，
被德意志民族主义者所接管。施尼茨勒对赫茨尔在新调性中的演
说能力印象深刻："我依然记得'第一次见你时'，你正在演讲，
声调很'高'——真的非常高！……你嘲讽地微笑着。我心中暗
想，要是我也能那样演讲、那样微笑就好了。"[58]

还有一次，年轻的施尼茨勒追求优雅服饰，当他穿着最时
髦的衣服出现时，赫茨尔"打量了一下我的领结，然后——大大
伤害了我。你知道当时你说的什么吗？'我还以为你是布鲁梅尔

呢!'"*面对赫茨尔的嘲讽的微笑,还有那居高临下的姿态,施尼茨勒陷入了"沮丧的情绪之中,就好像在同一条路上,前头总有一个人比你领先20步"。最重要的是,施尼茨勒深深为赫茨尔身上的自信所折服,后者相信自己将来会成为维也纳最负盛名的艺术形式(戏剧)大师:"新的城堡剧院仍在施工当中。我们在深秋的夜晚来到木栅栏前踱来踱去。你用征服般的眼神望着筑起的高墙,说'总有一天,我会在那里的!'"59

施尼茨勒过分夸大了年轻时代的赫茨尔泰然自若、处事机警的外表下所隐藏的沉稳和自信。实际上,赫茨尔假装获得的成功只是他渴望获得但已不抱希望的。他那敏锐的传记作者,亚历克斯·拜恩(Alex Bein)揭露了赫茨尔的过度野心(不管是在文学上还是在社会上的野心)给他带来的痛苦的挫败感。**

赫茨尔有时候认为,只有成为上层官僚或者军官队伍中的一员,才会取得最大的成就。若不是父母态度的影响,他可能就去接受从事这些职业所必需的洗礼了,甚至在他投身犹太事业之后,他对准贵族地位的渴望依旧挥之不去。他于1895年7月在日记中吐露道:"假如说有一件事我想做的话,那就是成为一名普鲁士贵族。"60另有一次,在1895年跟巴德尼(Badeni)伯爵商讨担任一家官方的政府报纸编辑时,他提出了自己的主要条件,就是他

---

* 此处赫茨尔提到的"布鲁梅尔",指的应该是乔治·布赖恩·布鲁梅尔(George Bryan Brummell,1778—1840),著名的英国花花公子,他用剪裁朴素的衣裤代替西装、领带,从而成为男士的流行服装。——译者注

** 赫茨尔只向一流的剧场与期刊投稿,在其手稿未被接受后,他于1883年在日记中写道:"成功总是不来。""而我真的很需要成功。只有成功才能让我兴旺。"亚历克斯·拜恩著,《特奥多尔·赫茨尔传记》(*Theodor Herzl. Biographie*,维也纳,1934年版),第70页;另请参见第54页,第73页。

可以"像大使一样"（comme un ambassadeur）随时面见巴德尼。[61]
在 1891 年，赫茨尔得到了《新自由报》驻巴黎记者这个重要职位，他不光向父母表达了自己的满意之情，即获得了"一个可以高升的跳板"，还提醒他们，海因里希·海涅（Heinrich Heine）和伦敦《泰晤士报》的亨利·布罗维茨（Henri Blowitz）这些伟大的记者，都同样担任过这个"像大使一样"的职位。[62]

根据这些个人幻想来看，赫茨尔的文学主人公已足够有意义。作为贵族，他们在其高尚的服务生活中受到一个腐朽的资产阶级世界的阻挠，他们是赫茨尔的个人窘境的倒影——他自己作为一个渴望获得贵族地位的资产阶级，却被一个无法穿透的贵族世界挡在门外。

赫茨尔的浪漫主义唯美主义思想，虽然在他那一代年轻的资产阶级中很常见，但还是给他带来了巨大的心理力量。这种力量又因为大学里正在发展的反犹主义的经历而得以强化。1880 年，赫茨尔加入阿尔比亚兄弟会（Burschenschaft），这是当时一个具有强烈民族主义色彩的决斗兄弟会。此时的赫茨尔似乎非常倾向于德意志民族主义。然而，反犹主义的兴起让他的这种立场变得毫无可能。1883 年瓦格纳去世时，赫茨尔在阿尔比亚兄弟会里的一个伙伴赫尔曼·巴尔（Hermann Bahr）领导了一场反犹学生的纪念仪式，警察出面干预。当阿尔比亚兄弟会力挺巴尔时，赫茨尔提出退出该组织，其中既有自己就是犹太人的个人原因，也有作为"热爱自由者"（freiheitsliebender）的政治原因。令他蒙羞的是，兄弟会立即接受了他的辞呈。[63]

赫茨尔被同学抛弃极具反讽意味，这还因为他本人厌恶作为整体的犹太人，认为他们受隔都的影响，身体和心理都很畸形。

他相信，对外不容异己，对内近亲繁殖，这"在身体上和心理上都限制了（犹太人）……他们已经没办法改善种族……西方种族同所谓东方种族在共同的国教基础上通婚繁育，这是最理想的解决方法"，赫茨尔在 1882 年写道。[64] 他非常赞成种族与宗教的全盘同化，因此，他作为犹太人被逐出组织这一事件既尖锐深刻，又毫无意义。

赫茨尔的经历令他富家公子的自信大打折扣。他在日记中倾吐道，那些仰慕他风度和力量的人，"根本不知道这个'崭露头角的年轻人'在他（自信）外表的背后，承受着多少悲伤、苦楚和绝望。疑虑，绝望！一种优雅的疑虑，一种芬芳的绝望！"。[65]

带着这种社会无能感和个人孤立感，赫茨尔开始了自己的作家生涯。艺术生活部分可以为他充当通向成功的载体，部分可以充当自我规划的方法。无怪乎他没有一头扎进纯文学里，而是在新闻行业中找寻寄托。在这里，他可以宣泄自己的创作雄心，获得听众群，而且成为文化领域里的权威人士，不必担心天才必须承受的孤独和失败的风险。对于身为精神贵族的赫茨尔来说，新闻行业可以为他日后的犹太复国事业提供可靠的基础，正如罗泽瑙庄园可以为作为德意志人民的骑士兼拯救者的舍内雷尔提供可靠的基础一样。

维也纳新闻界强烈的审美化趋向十分适合赫茨尔的才能。他致力于为报纸文艺栏写作。这种当时在维也纳新闻行业最流行、最具代表性的文体，既有实证文化所要求的自然主义描写，又有一种高度个人化的视角。报纸文艺栏以新闻体的形式，为读者提供的作用相当于沃尔特·佩特对艺术的一般性功能的描述，"通过一种气质筛选过的生活角落"。

早在高中时代，赫茨尔就已看出困扰报纸文艺栏作家的危险。可是这些危险——过度的主观与自恋——是他天性的一部分，也让他成为这种体裁的大师。然而在将近 10 年的自由撰稿人经历之后，他取得的成就却让他抽身而退。1891 年，赫茨尔被任命到全奥地利新闻界最令人艳羡的岗位上工作，也就是《新自由报》驻巴黎记者。如果说这份职务为精神的培养留下了巨大自由的话，它也要求对政治与社会情景进行客观冷静的报道。赫茨尔从大学时代起，就曾努力摆脱社会现实，躲进了具有审美性的新闻行业，而巴黎迫使他又重新回到社会现实的世界。赫茨尔说："在巴黎，我开始介入——至少是观察——政治。"[66] 对法国的政治与社会生活长达 4 年的细致观察，让赫茨尔发生了转变，他从唯美主义者变成了充满关切的自由主义者，又从自由主义者变成了犹太人，最终从犹太自由主义者变成了犹太复国主义斗士。

还在奥地利读书时，赫茨尔就已经认识到反犹主义的蔑视和自由主义的软弱带来的痛苦。他认为法国应该不一样。就像大多数奥地利自由主义者一样，他前往法国时把那里看成自由和文明的圣地，人类权利的故土。赫茨尔在《新自由报》的上级也像他一样具有亲法偏见，对新来巴黎做记者的赫茨尔说："我们的同情心大都在机会主义共和派这一边……我们的记者必须建立与维持人际关系，而我们也很乐意让他们（比我们）更加亲法一点。"[67]

赫茨尔倾向于——也被指示——将法国作为一个启蒙之地进行报道，结果却发现，这个国家深受严重的自由主义秩序普遍危机困扰。在 19 世纪 90 年代早期，法国似乎正在陷入甚至比奥地利更糟糕的混乱局面。共和国面临当时的一切社会疾病：贵族堕落、议会腐败、社会主义阶级争斗、无政府主义恐怖，以及反犹主义暴虐。

赫茨尔在看待奥地利的政治生活时曾持有的那份高傲冷漠，在一个他有着更多期待的社会，并不那么容易保持。况且，他作为记者的职责，也让他必须近距离地分析社会与政治情形的各个成分。然而即使他对政治的兴趣有所增加，赫茨尔仍和他记载的场景之间刻意保持了一段审美上的距离。他感觉，政治的分析范畴与它们所描述的社会事实之间太过紧密，而且也失去了它们之间的相互关联。"手工业者""工人""纳税人""公民"，这些现代世界概念让政治分析家成了"叫卖细节的商贩"，[68] 但无法让各部分凝聚成一个统一的整体。赫茨尔自觉地用艺术家的眼光来审视法国政治，他确信艺术能够更好地渗透进人类的普遍状况，成为千差万别的社会碎片形成的基础。在自己到巴黎的第一年快要结束时，他写道："诗歌所应对的，是比政治还要高的抽象概念：世界。一个能够把握世界的人难道不能理解政治吗？"[69] 赫茨尔在转向具体的政治领域时，故意坚持报纸文艺栏作家的审美态度，对构成这一领域的各群体表现出一副公正无私的姿态——这种姿态令他的眼力更加敏锐，但也对他介入政治构成了限制。

在 19 世纪 90 年代初的法国，赫茨尔特别关注的现象是有关对自由主义法律秩序的腐蚀。赫茨尔不像舍内雷尔或者卢埃格尔那样，否认这种秩序的合法性，或欢迎它的瓦解；恰恰相反，他以一种惊恐而又迷恋的心情，对整个过程进行了观察和报道。1892 年，赫茨尔报道了无政府主义者，他们的暗杀与爆炸行为让全欧洲陷入了恐慌。他对法国恐怖主义分子弗朗索瓦·拉瓦绍尔（François Ravachol）的审判进行了全程记述。赫茨尔并未为恐怖分子辩护，但他却很同情和钦佩对方。赫茨尔为政治罪行中的道德问题找到了一种心理学解答：拉瓦绍尔"相信自己和自己的使命。他因为自己的罪行而变得诚实"。拉瓦绍尔"已经发现了一种新的快感，那就是伟大思想和英勇殉难的快感"。[70] 所以，尽管赫茨尔对无政府主义者的事业持批判态度，但其力量中的心理学来源却让他颇有共鸣。不过他还是委婉地谴责了陪审团未能判处拉瓦绍尔死刑的做法。赫茨尔相信，陪审员的失败说明，法国的人民主权已经失去了勇气和荣誉。民主已被掏空，对君主制的向往成了其本质。社会"再一次需要救世主了"，也就是一位将守法公民出于惧怕而拒绝承担的一切责任全都挑到自己肩上的人。赫茨尔预言，这位新的严厉的主将会出现说："听着，我将把你们所有的不安（Ungemach）带走。所有对压迫者的仇恨将会落在我的头上。"[71] 因此，下层阶级的斗士身上那种恐怖的快感，反而在上层阶级的救世主兼统治者身上找到了回应。就此而言，共和国的法制，将会让步于有超凡魅力的君主秩序。

赫茨尔的恐惧为时过早。拉瓦绍尔被高等法庭判刑，并被公开处决，为此赫茨尔由衷地感到欢欣鼓舞，共和国又找回了它的力量。不过赫茨尔对自由主义秩序尚未完全恢复信心。他自己也感觉到了群众领袖身上的"伟大思想的快感"这一深刻现实，还有作为对此的回应，一个救世主般的君主对受到无政府恐怖所触动的法律秩序支持者的诱惑。不是作为犹太人，而是作为奥地利自由主义者，赫茨尔自己都深深感到了法国反共和政治的震撼力。

上层的失败，下层的爆发：这就是赫茨尔为报道法国事态的后续发展在接下来几轮中所更加强烈地感受到的印象。最重要的是，群众问题令他着迷。"我观察着群众现象——但长时间来都没有理解它。"赫茨尔后来回忆道。[72] 并不是群众要求社会公正的呼声让他无法理解。如同众多和他一样出身的年轻自由主义者，他十分拥护这些呼声——至少原则上如此——反对传统的放任式自由主义。他认为科技正在让私有财产被更广泛地分配。从这种资产阶级乌托邦的未来观出发，赫茨尔认为，马克思主义是退步的，因为它的目标是恢复原始的公有财产制度，而一切历史的发展方向都是个体化和私人权力的扩大化。[73]

吸引赫茨尔关注马克思社会主义的并非其经济主张，而是推动其向前发展的心理动力。法国的社会主义运动是真正的无产阶级运动，是一种令赫茨尔感到恐怖惊骇的群体性原始主义。他目睹了群众战胜法庭：当社会主义领导人保尔·拉法格（Paul Lafargue）于 1892 年被判入狱时，里尔的选民选举他进入下议院，从而让他免遭牢狱之苦。[74] 1893 年夏，在一次竞选期间，赫茨尔记录了发生在里尔的一次社会主义者集会上令人难忘的群众场面。一方面，赫茨尔对沦为机器奴隶的听众表示同情；另一方面，他对那些群众举止的记述，也同样会令《新自由报》的读者感到不快：

> 在这个依旧阴暗的大厅里，他们的低语声越来越大，汇成一股黑暗而不祥的洪流。这股洪流穿过我的全身，就像在预示他们的力量。作为个人，他们彼此很难区分；作为整体，他们就像是开始张开四肢的猛兽，对自己的力量只是朦胧半解。成百上千的脑袋，还有两倍于脑袋的拳头。……这只是法国一座城市中的一个区域。[75]

群众不光因其力量而危险，而且缺乏组织、变化无常，还易受别人影响。在 1893 年竞选当中，赫茨尔记录下了不可思议的煽动民心行为是如何战胜稳健的政治意识的。同其他对蒙昧的选民不抱信心的奥地利自由主义知识分子一样，赫茨尔开始把"人民"等同为"群众"。他用这样的问题表达了对他们见识的失望："这种人能与之商讨吗？"[76] 在对法国民主进程的幻想破灭中，我们可以发现赫茨尔后来作为犹太复国主义者所做政治评判的根源。他在 1896 年所写的第一本犹太复国主义巨著中写道："哪里的民众都像个大孩子，坦白讲可以对之进行教育。但是即使在最有利的条件下，这种教育也需要很长的时间，而我们……早就可以用别的方式帮助自己了。"[77]

赫茨尔对人民失去信心，这可以从他对人民的统治者也失去信心的角度来理解。在这方面，巴拿马丑闻至为关键，它证明了法国议会制的破产。这项庞大的运河工程导致成千上万人丧生，花费高达数百万法郎，在对该工程中存在的严重管理失当问题所进行的调查中，政治贿赂及侵吞公款等行为被揭露出来。责任感已不复存在；议员在任何道德意义上都不能"代表"人民。腐败破坏了法治，引发了群众的不理性力量的发泄。最后，共和国最新的敌人登场亮相，即反犹主义者。整个政治制度爆裂，法国社会中激昂的内在张力冲破法律与道德的庄严约束，而赫茨尔则看到了全剧的上演。

作为这种遭受威胁的法律文化的产儿，记者赫茨尔向奥地利自由主义者提出了一系列核心问题：既然议会制政府如此容易受到腐败与攻击的影响，那么这种体制还有什么意义？法庭对巴拿马丑闻中的政府官员提出诉讼，对共和国造成了沉重的打击，这么做正当吗？此时的赫茨尔正在踏入危险区域，因为他对法律的至高无上地位本身，以及当共和国和社会由此陷入危险时运用法律的政治智慧，均提出了疑问。赫茨尔总结了自己在 1892 年的调查结果，对法国的走向做出了预言般的评价："凡是亲眼看到议会最后几次会议的人，都会想起 1792 年的国民公会。愚行和罪恶周而复始，就像人类自身一样。记忆顽强地重现。仿似回到一百年前，随后便是血腥之年。丧钟敲响，'九三年！'"[78] 在议会中心，自由主义的祖国病了。对于一名奥地利知识分子来说，这不仅意味着一次新的政治体验，它还打击了人们对政治自由主义生命力的信心，因为即使在政治自由主义的发源地法国，这种信心如今也渐趋瓦解。

在这种 19 世纪 90 年代早期自由主义危机的大背景下，反犹主义问题不断地出现在赫茨尔的意识中。不知何故，但凡攻击共和国，就必定有反犹主义的份儿。埃杜瓦德·德鲁蒙（Edouard Drumont）的《犹太人的法兰西》（*La France juive*，1885）认定，国际犹太人应当为法国的衰落负责，他呼吁撤回解放犹太人法令，没收犹太人资产。1894 年，德鲁蒙发行了极具影响力的期刊《言论自由》（*Libre Parole*），用作对犹太人及其辩护者进行不懈攻击的根据地。这种非理性的政治风格再一次吸引了赫茨尔。"我现在在构思上的自由有很多要归功于德鲁蒙，"他在 1895 年刚刚转投犹太复国主义后不久的一篇日记中写道，"因为他是一名艺术家。"[79] 而一位政治艺术家，我们会记得，对于赫茨尔而言，就是能够将自己从破碎化的局限中解放出来的人，而破碎化过程又是实证性社会分析的范畴中所固有的。

亚历克斯·拜恩追溯了赫茨尔对法国犹太人问题越来越多

的关注，最终犹太人问题在德雷福斯上尉事件[*]中达到顶峰。一则又一则的事件——一部反犹演出，一位军官为了捍卫自己作为犹太人的名誉在决斗中丧生，反犹示威，诽谤案审判，巴拿马丑闻——赫茨尔报道了这些事情，反思了，也更深入地投身其中。起先，作为一名社会同化方案的支持者，他觉得犹太人问题在社会问题中不过是次要性的。作为现代社会问题的一个方面的犹太人问题，只能随着更大问题的解决而得以解决。在 1893 年，他得出结论，犹太人"被逼到了墙角，他们除了社会主义将别无选择"。[80] 赫茨尔并非赞同这种办法，而是出于对其他一切办法的绝望。

哪怕这些经历消磨掉了他的希望，赫茨尔的主要关切依然是如何保全外邦人社会，如果这能得到解决，那犹太人问题也会自行得到解决。因此，他积极为奥地利的大人物出谋划策，阻止法国爆发的群众叛乱也在这里发生。他敦促《新自由报》的编辑，要在大众出于对自由主义限制自身选举权的愤慨而反对自由主义之前，就支持推行普选权。他也推荐积极的社会行动。在一份给非常有影响力的自由派领袖赫卢梅茨基（Chlumecky）男爵的备忘录草案中，赫茨尔提议成立一个国家劳动服务部门，将失业工人、潜在的革命者从城市中清除出去，让他们在农村从事建设性工作。"内部殖民化"或许可以成为社会主义和自由放任政策之间的中间道路。这种社会改革的方法后来也出现在赫茨尔的犹太建

---

[*] 阿尔弗雷德·德雷福斯（Alfred Dreyfus，1859—1935），犹太裔法国炮兵军官。1894 年，时任上尉的德雷福斯被控出卖军事情报给德国，从而被判处叛国罪，后来冤情大白，引起法国政坛的巨大震动，"德雷福斯事件"亦成为法国历史上著名的政治丑闻。——译者注

国规划中。然而，在 1893 年，他最关心的仍不是犹太人，而是如何帮助奥地利自由主义克服其社会局限性。[81]

然而为时过晚，赫茨尔也很快意识到了这一点。身在法国，赫茨尔目睹了卢埃格尔以及反犹主义者的势力在奥地利选举中一直在增长。他对法国自由主义秩序和奥地利自由主义秩序命运的关切现在汇聚到了一起。事实上，在他的思想中，"犹太人问题"已经从欧洲社会病态的一种征兆——一根释放外邦人挫败感的避雷针——变成了犹太人本身的生死问题。

犹太人怎样才能得救？这个问题从他多年来的观察当中顺理成章地出现了，不过这也是个全新的问题，同他以前作为艺术家、记者和自由主义者的身份毫不相关。赫茨尔最终对该问题的关注，具有皈依体验的所有特征。

心理学家而非历史学家更容易理解他那强烈的个人因素，这种因素毫无疑问在他所推崇的救世主角色中发挥了关键作用。从 1890 年起，赫茨尔经受了一系列个人创伤。他娶了一个社会地位高于自己的女人，婚姻从一开始就不美满，他很多时间都躲着妻子和孩子。虽然没有像卡尔·卢埃格尔那样一直单身，但赫茨尔显然十分依恋自己美丽而意志坚定的母亲，这一点跟卢埃格尔很像。两人同各自妹妹的关系也有相似之处。终身未娶的卢埃格尔遵照母亲的遗嘱，全力照顾妹妹。虽然赫茨尔的姐姐保利娜（Pauline）在他 18 岁时就去世了，可他对姐姐一直有种近乎病态的依恋感。每年到了她的忌日，他都会前往她在布达佩斯的墓地去祭奠。[82]赫茨尔对自己家族女性持久的依恋，让他很难再对别的女人产生新的爱慕。他的妻子朱莉亚（Julia）是最主要的受害者。假如说赫茨尔少有的几封留下来的信中，偶尔会有对妻子的些许温情，那也是关心多过爱情。他似乎在充当父亲而不是爱人的角色时更为自在，甚至常常称呼妻子为"我亲爱的孩子"，落款则为"你忠实的爸爸，特奥多尔"。[83]

赫茨尔信仰转变中的另一个个人因素是友谊危机。早在 19 世纪 90 年代初，丧钟无情地敲响，他失去了两个最好的朋友。他们代表了犹太知识分子的两个极端。一位是海因里希·卡纳（Heinrich Kana），此人性情敏感，由于无力达到自身的创造成就的标准，于是自杀身亡。另一位是个精力旺盛的记者，他在热带地区为俄国犹太人建立聚居地时失去生命。[84] 这两个人似乎处于赫茨尔当时立场的两侧；他把两人的结局看成是典型的犹太式结局，都是白白送命、毫无意义。

对婚姻极度失望，再加上丧失好友，赫茨尔在巴黎的情感生活比平时更加困顿。或许这也有助于解释他为什么甘愿放弃原先超然于社会之外的高傲态度，全心全意地投身到更为广阔的事业当中。随着他回到先前从未充分认可的母体群落，犹太社会体在他眼里成了一种集体性热爱的对象。[*] 可是为什么当时他没有去拥抱无产阶级事业或自由主义事业呢？他早年在法国时曾为这二者深深吸引。事实是，它们都不像犹太教那样深切地关乎他自己的出身。就像他在学生时代时一样，19 世纪 80 年代反犹主义第一次给了他沉重的一击时，他原先从文化上产生的对犹太自我认同感的抵触情绪消失了。他在 1895 年写到自己同犹太人问题的关系："事实上，当我得以全面思考自己的个人经历时，不管是快乐

---

[*] 诺曼·O.布朗（Norman O. Brown）在《爱的躯体》（*Love's Body*，纽约，1966 年版）中开启了对群体身份认同的全新认识，这种代替母亲的身份认同，能够阐明赫茨尔的发展历程，尤其见第 32—36 页。

还是忧伤，我总是回到这个问题上。"[85]

在法国的创伤岁月中，他的个人生活日趋空洞，再加上自由主义危机和反犹主义的强力推动，赫茨尔开始皈依犹太事业——我们只能如此描述。这位温文尔雅的社会同化主义者重新定位自己的民族身份，凭借这一自由行为，变成了受苦的选民的救世主。通过处理他们的问题，他自己的问题也就得以解决，并由此完成了从艺术家到政治家的转型。

随着赫茨尔逐渐接近其皈依的时刻，他的态度中的若干特征，也暴露出他与舍内雷尔和卢埃格尔的相似之处，即摒弃理性政治，致力于高贵的贵族化领导风格，对宏大姿态的欣赏。另一个把他和他的敌人联系在一起的纽带是他对犹太人的厌恶，尽管他由此得出了不同的结论。

到1893年，赫茨尔已开始丢弃依赖理性劝说来解决犹太人问题的方法。他不愿跟那些杰出的德国与奥地利知识分子建立的"抵制反犹主义协会"（Society for Defense against Anti-Semitism）发生任何关联。在拒绝同该协会的报纸进行合作时，赫茨尔明确表达了自己的信念，即理性论证是没有出路的："凭礼貌温和的手段就能达到一切目的，这种时代早就一去不复返了。"犹太人似乎根本不可能"摆脱那些导致他们正当地受到谴责的特征……真是一条漫长、艰辛、无望的路"。他仅仅看到两种有效的方法：一种治标，一种治本。针对反犹主义症状，最佳的治标办法就是诉诸"血腥暴力"，即与恶意中伤犹太人的人进行个人决斗。[86]赫茨尔同往常一样，把犹太人的荣誉置于问题的中心。难怪他竟然想要通过个人决斗这种浪漫的封建方式，来证实自己浪漫的封建价值观。他曾对该协会说："只要几次决斗，就可以大大提升犹太人的社会地位。"赫茨尔在日记中吐露了自己更为夸大的英雄梦想（这一部分被从发行的版本中删掉了），他想象自己就是捍卫犹太人荣誉的英勇战士，亲自上阵参战。他要挑战奥地利的反犹领袖们——舍内雷尔、卢埃格尔或阿洛伊斯·利希滕施泰因亲王——跟他们进行决斗。假如他在交锋中丢掉性命，他会留下一封信，表明自己是"世界上最不公正的运动"中受害的烈士。而万一他赢了，赫茨尔设想——也许是基于他在法国报道的庭审——自己在法庭上扮演一个激动人心的角色，由于造成对手身亡而受到起诉。在对死于其手下的受害者的个人荣誉进行一番赞扬之后，赫茨尔便会做一场抗议反犹主义的精彩演说。而法庭将被迫尊重他的高贵，宣布他无罪，犹太人则希望他成为他们的代表进入帝国议会，但是赫茨尔会高尚地婉拒，"因为我不能踩着一个人的尸体走进众议院"。[87] 因此，这种针对反犹主义的治标之法带有荣誉的色彩。

另一种针对反犹主义的，是治本之法，依旧主张社会同化的思想，但是随着他对自由主义力量丧失信心，赫茨尔的这种同化思想退回一种更为古老的基督教的视野：大规模改宗。即使在这里，梦想着实现个人伟大的念头又袭上了赫茨尔的心头。1893年，他幻想与教宗达成一个划时代的协议。在奥地利的教会首脑的帮助下，赫茨尔将会有机会面见罗马教宗，并对他说：

> 如果您帮助我们对抗反犹主义，我就会领导一场伟大的运动，让犹太人自由而体面地改信基督教。……在澄明的日光下，正午时分，排着庄严的队列，（并且）听着肃穆的钟声，改宗皈依仪式在圣斯蒂芬大教堂开始了。带着自豪的表

情，（犹太人将进入教堂）——并不像此前的个人改宗那样感
到羞耻……那种改宗似乎是出于怯懦或者攀附的目的。[88]

这个愿景仍是社会同化主义的，但已没有多少自由主义色彩。
它颇为戏剧性，又是非理性的，其中带有多重迹象，即赫茨尔暗
中想成为一名普鲁士贵族，带有赫茨尔从无政府主义的拉瓦绍尔
那里认识到的"伟大思想的快感"，或是从反犹的德鲁蒙那里领略
到的政治"艺术"的伟力。

通过罗马教会来同化犹太人——对于一名世俗自由主义者来
说，实在是个古怪的提议！决斗中的"优雅姿态"（beau geste）
也同样显露出一种不合时代的特性：给予别人打击，并非为了现
代自由，而是为了封建荣誉。当赫茨尔寻求用后理性主义的方法
来解决有关犹太人未来的问题时，社会同化主义的目标呈现出复
古、前资产阶级的形态。由于赫茨尔本人仍未与犹太人打成一片，
嫌弃他们要么是"金融界犹太人"（Geldjuden），要么是"隔都犹
太人"（Ghettojuden）；有些是过于乐观的理性主义者，有些则是
过于原始的信徒，所以他着手要为犹太人将新调性中的各种政治
元素整合到一起，即贵族立场，对自由主义先知般的遗弃，引人
注目的姿态，以及对意志的坚守，因为意志是社会现实发生转型
的关键所在。

赫茨尔的个人幻想还未发展出一个大规模计划。他自己从外
邦人世界的退出也不完全。一系列大小不同的政治事件，到 1895
年完成了赫茨尔的心理革命，让他从一名维也纳的社会同化主义
者，变成了一位领导新的民族迁徙的领袖。1894 年 12 月 22 日阿
尔弗雷德·德雷福斯被判有罪是这些事件中的第一场。赫茨尔对

德雷福斯审判及其中道德堕落的报道，反映出这名记者内心深深的不安。在几乎所有人都相信德雷福斯有罪时，赫茨尔却表示怀疑，尽管他也缺乏证据。赫茨尔的论证出于他自身的心理，即一个在外邦人世界取得成功、有着贵族价值观的被同化的犹太人的心理。他对意大利军事专员亚历山德罗·帕尼萨蒂（Alessandro Panizzardi）上校说："一个当上了总参谋部军官的犹太人，前面是一条光耀之路，他是不可能犯下这种罪行的……由于长期在社会上蒙受耻辱，所以犹太人对荣誉具有一种常常是病态般的渴望。在这一方面，一名犹太军官尤为如此。"[89] 就算德雷福斯犯了罪，暴民要他以命相抵的呐喊声，"处死他，处死犹太人！"（À mort! À mort les Juifs!）也远远超出了叛国罪的后果。四年后，赫茨尔回忆说，共和国的这次不公审判"包含了法国绝大多数民众诅咒一个犹太人的愿望，而在诅咒这个犹太人时，也就诅咒了所有的犹太人"。这件事不是发生在俄国，甚至不是奥地利，而是法国，"共和、现代、文明的法国，而且是人权宣言发表一百年之后"。赫茨尔由此得出结论："大革命的敕令已经被撤销了。"[90]

如果说德雷福斯事件还不够的话，1895 年 5 月的几天中集中发生的事，让赫茨尔永远放弃了社会同化主义方案，不管是理性的还是浪漫的。5 月 25 日及 27 日，他目睹了法国议会议员对政府的质询，目的是防止犹太人"渗入"法国——这个场景与舍内雷尔于 1887—1888 年在奥地利提出的排犹法案如出一辙。两天后，卡尔·卢埃格尔首次在维也纳市议会的选举中赢得多数票。虽说他当时还未接受市长职位，可这只是一系列选举的第一场，后面每次选举，基督教社会党获得的票数都日渐增多，最后皇帝及内阁于 1897 年终于向反犹浪潮让步，批准卢埃格尔为市长。对赫茨尔来说，最后的一个停泊地崩塌了。

➤ V ◄

曾经把赫茨尔同"正常的"外邦人文化维系到一起的纽带，已经一个个地被磨损掉了：婚姻、友谊、法兰西共和国的宽容、犹太人通过社会同化获得尊严的梦想，以及位于其维也纳大本营的奥地利自由主义。在得到维也纳选举的消息后，赫茨尔去观看了一场《汤豪塞》(*Tannhäuser*) 的演出。赫茨尔并非狂热的瓦格纳崇拜者，对歌剧的爱好也仅限于普通维也纳人的程度，但这一次，他却被《汤豪塞》震撼了。他兴冲冲地回到家，以一种近乎着魔的热情，坐下来勾画犹太人脱离欧洲的梦想。居然是瓦格纳引发了赫茨尔思想能量的释放，让他进入创作的激流，这多么有讽刺意味，但在心理上又多么贴切！1883 年瓦格纳去世后不久，学生们为了纪念他而举行的示威活动，使赫茨尔第一次痛苦地感受到外邦人的容忍限度之低，迫使他在兄弟会成员的荣誉和作为犹太人的荣誉之间做出选择。自此之后，赫茨尔就过起了非犹太式的生活，作为一名受过良好教育的、开明而优雅的欧洲人，仰赖"外邦人社会的进步"。直到最近，他才在幻想中转向了基督教的权威，寻求解决犹太人问题的办法。汤豪塞能对赫茨尔讲话吗？——汤豪塞这个浪漫主义的朝圣徒，在自己面临基督教良知的危机时，曾徒劳地寻求教宗的帮助，最终又通过肯定了他曾试图摆脱的世俗之爱，重申了自己的操守。赫茨尔是否会觉得，汤豪塞在道德上具有解放意义的重归洞穴行为，与自己重归隔都的行为颇有几分相像？我们不得而知。不管怎样，瓦格纳对于赫茨尔，就像对于他同时代的很多人一样，都代表了支持心灵对抗头脑、"人民"（Volk）对抗群众、青年之活力对抗老年之僵化的过程。在这种精神下——再配以现代理性与艺术直觉这两大武器——赫茨尔如今全身心投入，让自己同自由主义世界决裂，也让犹太人脱离欧洲。犹太复国主义将成为一种新政治中的"整体艺术品"。赫茨尔感觉到了这点，他说，"摩西的出埃及（跟我的）相比，就如同汉斯·萨克斯（Hans Sachs）的忏悔星期二小歌剧跟一部瓦格纳的戏剧相比"。[91]

赫茨尔现在献身于犹太人的梦想的荣耀，就像他过去梦想着自己的荣耀一样。他有意识地和明确地把梦、苏醒的幻想、无意识和艺术奉为力量之源，它们能够克服并塑造顽疾缠身的社会现实。"梦同行为的差别，并非很多人想象的那么大，"他写道，"一切人类活动均是以梦想开始，最后又变回梦想。"[92] 所谓政治任务，就是要呈现梦境，其形式要触及人类欲望与意志的亚理性的源泉才行。此前，犹太人一直都在外部世界寻找答案，却一无所获。现在，必须把他们领进内在的精神世界。"谁也没想过应该到正确的地方去寻找应许之地，而实际上它离我们并不远。它就在那儿：我们的内心！……我们走到哪儿，应许之地就在哪儿。"[93]

赫茨尔称，建立一个犹太国家的驱动力就是对这样一个国家的需要。梦想与现实之间，只需有欲望和意志便足矣。"犹太人想要自己的国家，就可以拥有自己的国家，他们会实现理想的。"他在 1895 年写道。在他的乌托邦小说《老新地》（*Altneuland*，1900）的开头，赫茨尔添上了这样的话："如果你想要，那它就绝不是童话。"在结尾处,他又告诫说:"如果你不想要的话,那就只能是一个童话,而且永远都将是一个童话。"[94]

赫茨尔这种激进的主观主义思想,让他跟周围那些谨慎的自由派现实主义者(不管是犹太人还是外邦人)区分开来,同时也让他走向原先的天敌。作为唯美主义者,他对幻觉的力量十分迷恋,这也影响了他作为政治领袖的风格。就像歌德的普罗米修斯一样,赫茨尔蔑视现实,出于自己作为艺术造物主的伟力,想要塑造一个新的种族。在他突然皈依的过程中,赫茨尔抛开了历史进步的实证主义观念,而是认同纯粹的精神能量就是历史的原动力的看法。在一篇文章中,赫茨尔既定义了社会现实的分量,也定义了政治风格(它导致自由主义者无力改变这种社会现实)与之相似的重要性,他阐明了其梦幻政治的动力:"伟大的事物无须坚实的基础。苹果必须放在桌子上才能不掉下来。而地球则在空中悬浮。所以我也许能够在不需任何稳定的固定点的情况下,建立并保卫犹太国家。其秘诀就在于运动。因此我相信,在某个地方将会发现导航飞机。凭借运动,重力可以被克服。"[95] 由此而言,犹太复国主义并非一个政党,赫茨尔说道,不是一个确定整体的一部分,而是一种运动——"处于运动中(unterwegs)的犹太人民"。[96]

这一动态的政治观的实际推论就是,赫茨尔决心诉诸犹太人的心灵,而非头脑。必须设计出某种象征符号,来唤醒人们的潜能,打破那些束缚犹太人的社会引力。赫茨尔向冷静而精明的慈善家希尔施(Hirsch)男爵谈论德意志统一的模式,以证明非理性在政治中的强势地位。"相信我,整个民族的政治——尤其当这个民族散布于世界各地时——只能依靠高悬在空中的那些无法估量的因素。你们知道德意志帝国是凭什么建立起来的吗？凭的是梦想、歌唱、幻想和黑红黄三色旗。……俾斯麦只是摇了摇幻想栽下的那棵树。"[97] 犹太人能够生存至今，本身就是对幻想的力量的歌颂，也就是他们的宗教，这种想象支撑了他们长达两千年之久。如今，他们必须有一个新的、现代的象征体系，即一个国家，一种属于他们自己的社会秩序，还有最重要的，就是一面旗帜。"凭借一面旗帜，我们可以领导人民去任何地方，哪怕是应许之地。"旗帜大概是"唯一人类甘愿为之大批牺牲的东西，只要有人训练他们这样做"。[98]

死亡的意志，即上述"无法估量的因素"之一，赫茨尔认为它对自己的动态政治非常重要。在这里，他又以俾斯麦为老师和楷模。由于俾斯麦清楚如何"对待激动情绪，这种情绪和生活本身一样神秘而不可否认，它出自民族灵魂无底的深处，以呼应1848 年的统一之梦"。赫茨尔把政治上的心理动力，同其理性目标清晰地区分开来。在他眼中，俾斯麦亦是如此。俾斯麦很清楚，民众和诸侯不会由于受到歌曲与演说的感动，从而为里面的目标去做出小的牺牲。因此他把大的牺牲加到他们头上，逼迫他们投入战争。在和平中陷入沉睡之中的无比慵懒的德国人民，在战争中则兴高采烈地冲向统一。[99]

那么，在赫茨尔的政治运动观里，起决定作用的不是目标的内容，而是行动的形式。他对于国家的看法折射出一种类似的心理抽象主义思想。其中根本就没有什么犹太性。他总结道，每一个国家都是同等"美丽"的。而使它如此美丽的，并不是这个国家的独特美德，而是国家在其人民当中所唤起的心理美德。这是由于每个国家"都是由国民个体最优秀的（品质）所构成：如忠诚、热情、乐于牺牲，以及甘愿为理想而献身"。[100] 所谓国家，不过是把群体能量组织起来战胜社会惰性的载体。国家在社会上所唤起的骑士风范与牺牲美德，同赫茨尔早年在光荣之梦里作为个人所珍视的那些美德，是完全一样的。

赫茨尔的国家概念将他长期以来对群众的恐惧转变成了希望。在此之前，作为一名自由主义者和犹太人，他面对过各种威胁自由主义秩序的力量——无政府主义者、社会主义者、民族主义者、反犹主义者。那时候，他关心的是安抚那些外邦民众，转移其焦点，而现在他的目标则是激发起犹太民众。或许因为他观察群众时日太久，正如他所说，"并未真正把握他们"，所以当他转向犹太人时，那种想要操纵他们的自觉意识就越发敏锐。随着他转向犹太政治，这位老练的知识分子精英变成了某种民粹主义者。不过对于他所领导的群众，他依然有所保留，并保持距离。卢埃格尔凭直觉所做的事，赫茨尔则靠计划来实现。

在赫茨尔最初的犹太复国主义战略中，群众有两大功能。一方面，他们可以提供民族迁徙的突击队，在应许之地充当定居者；另一方面，他们可以被用作大棒，迫使那些富有的欧洲犹太人支持犹太复国方案。隔都犹太人是新国家的载体，隔都犹太人也是武器：这些动员计划中的第一条，赫茨尔曾公开讲过，至于对政治新调性同样必不可少的第二条，他也在日记中透露过。

在他的最早也是最伟大的一本政治小册子《犹太国》（*Judenstaat*，1896）中，赫茨尔坦率地探讨了引导群众的最佳方法。赫茨尔批评了一些犹太慈善殖民者诉诸个人私利与钱财引诱的方式吸引拓荒者的做法，漠视宗教的他敦促犹太人应当遵循麦加和卢尔德（Lourdes）的模式。领导群众的最佳方法，莫过于为他们

"信仰上的最深切的需要"设定一个追求的目标或中心。而就犹太人而言，这种接受统治与指引的需要就来自"自由的故土"这个古老的愿望。[101] 虽然赫茨尔利用了古老的宗教追求，但作为一名现代世俗领袖，他并不完全依赖它。起初，他甚至不愿把犹太人的家园定在巴勒斯坦——但正如他对罗斯柴尔德家族所说的那样，"单单是这个名字，就足可成为一个计划……非常吸引下层民众"。不过大多数犹太人"已不再是东方人了，他们早已习惯了其他地方的风土（andere Himmelsstriche）"。[102]

因此，赫茨尔在他的政治"整体艺术品"中，在古老希望的诱惑上又增添了现代的吸引力。他设想，每天七小时工作时间是对现代欧洲犹太人的主要吸引之处。锡安将比社会主义国际还要多出一小时的休闲时间！即便是犹太国的国旗，也反映出赫茨尔为现代社会的公正这一吸引力所增添的价值。在一片象征纯洁新生命的白色土地上，七颗金星代表了我们一个工作日的七小时。"在这个工作标志下，犹太人进入了应许之地。"至于大卫王之星或其他犹太象征，赫茨尔则只字未提。* [103]

在迎合群众的过程中，赫茨尔以与之前的舍内雷尔和卢埃格尔相同的方式，结合了复古主义和未来主义的元素。三位领袖都倡导社会正义的事业，并将之作为他们批判自由主义失败之处的重心所在。三人也都把这一现代愿望同古老的社群主义传统结合了起来：舍内雷尔是同日耳曼部族传统相结合的，卢埃格尔是同中世纪天主教社会秩序相结合，而赫茨尔则是同犹太人流散之前

---

* 犹太复国主义实际所采用的旗帜，是带有两个蓝色条纹和一颗大卫王之星（位于两道条纹之间）的白旗——是从古代的祈祷披巾（犹太人的晨祷披巾）中即兴创作而来的。

的以色列王国相结合。三人都在各自的意识形态中将"前进"与"后退"、记忆与希望结合在一起，因此对于那些深受工业资本主义之害（他们尚未被其融入其中）的追随者——手工艺者和蔬菜水果商，流动商贩和隔都居民——而言，这些都远胜令人不满的现状。

尽管赫茨尔把下层犹太人作为自己救赎使命的目标和主要的力量来源，但他首先还是从有财富和有势力的人们那里寻求支持。对于他自己在犹太人中的事业，赫茨尔得出了与犹太人在外邦人中的事业同样的结论，即"在当前的世界局势下……强权优先于公理"。[104] 要赢得主要犹太慈善家——希尔施男爵和罗斯柴尔德家族——的支持，这对赫茨尔而言，似乎是解决自己在 1895 年至 1896 年的权力问题时应走的第一步。普鲁士成功的情景再一次在他的眼前舞动。"我去找过希尔施，我还要找罗斯柴尔德，就像毛奇（Moltke）从丹麦前往普鲁士一样。"[105] 他希望把希尔施"以及所有的犹太大人物都召集过来"，把他们都放到犹太社团的行政委员会里，这是一个对其民族迁徙计划进行政治组织工作的机构。一方面，赫茨尔真诚地感觉到，自己在"赋予罗斯柴尔德和其他犹太大人物以应有的历史使命"；而另一方面，假如他们拒绝合作的话，他就决心毁灭他们。1895 年和 1896 年，暴力复仇的念头在他那激昂的灵魂中和希望一起摇摆不定。如果说在实践中，赫茨尔从未诉诸新调性政治中的暴力手段的话，他在叙述自己同罗斯柴尔德家族的关系时，则清晰地表露出暴力对他的无穷诱惑，这是一种夹杂着讨好与敲诈的奇特混杂物。他会对家族理事会说："我会欢迎所有有着良好意愿的人——我们必须团结在一起——并粉碎那些有着不良意愿的人！"（J'accueillerai toutes les bonnes volontés—we must be united—et écraserai les mauvaises! ）万一他

们被证明属于"不良意愿的人"，赫茨尔便威胁对其释放所谓的
"雷霆之怒"以及街头骚乱。他可以保全罗斯柴尔德的财产，前提
是他们必须合作——"否则就让他们倾家荡产"。[106] 如果希尔施真
的背叛他，公开他的一份密信的话，赫茨尔说："我就会为此而毁
掉他，煽动对他的狂热仇恨，在小册子里严重中伤他（我会在适
当时候告诉他）。"[107] 即使是在赫茨尔谨慎表达自己政治热情的《犹
太国》里，他也严厉警告那些"企图要抵制犹太运动"的犹太富
人，"我们将会进行这样的战斗，就像别人强加到我们头上的每一
场战斗一样，冷酷而无情"。*

　　除了威胁要释放群众的仇恨反对其精英敌手之外，赫茨尔在
皈依期间还有另一个反犹领袖的政治特点：他相信诱发的危机中
所具有的潜在能量。1893 年，他放弃了"抵制反犹主义协会"的
会刊里所提出的理性的"指导性"方法，其论点是一份期刊只有
包含"行动上的威胁"才可能有效力。[108] 到 1895 年，他深信"发
明烈性炸药的人，对和平的贡献比一千个传道者还要大"。[109] 当
有一位朋友反对说，组织犹太人集体迁徙的企图有可能会招致新
的迫害时，赫茨尔却认定这正是他所需要的炸药："这一忧虑恰恰
证明了我的基本观点有多么正确。因为如果我能够成功将此问题
尖锐化，那么它就是我解决权力问题的唯一有效手段——虽然是
一种可怕的手段。"[110] 因此，通过解开把犹太人束缚在欧洲的枷锁，

---

* 就本例而言，赫茨尔所说的无情措施就是把犹太中产阶级组织到一家
联合银行里。这一威胁使人想起佩雷勒（Pereires）组织信贷流通商以抵制
罗斯柴尔德，尽管并无证据表明赫茨尔也知道这一幕。他会采用从犹太人
和反犹主义者那里轮流进行公共募捐的形式来打击犹太财阀。参见特奥多
尔·赫茨尔著，《犹太国》（Judenstaat，第 9 版，维也纳，1933 年版），第
64 页。

赫茨尔在不久前还无比惧怕的群众非理性，如今不仅有可能出现，甚至还在赫茨尔自身的事业中很有前途。只要经过适当的引导，最落后的犹太人也会冲破他们那些"文明的"上层阶级同胞所设置的阻力，哪怕是引发大屠杀这种间接的道路。赫茨尔很少这么想过，但是在其新发现的使命的激情感召下（把犹太人从正在崩溃的自由主义欧洲解救出来），这种情况即便真的发生，他也不再惧怕了。

被同化的犹太人的领袖假若愿意合作的话，赫茨尔的任务就会相对简单些，可是这些人比任何外邦人都憎恨和抵制赫茨尔为自由犹太梦想所提供的挑战。于是，他们自然成了他幻想中攻击的目标。由于我们这几位新调性中的政治先驱都是出身自由主义，而后又反叛这一母体，所以他们每个人选择了最接近他们自己事业的人为敌人，因为他们想要清除所有妥协因素。对舍内雷尔来说，德意志民族自由主义者可谓最为不忠的德意志人，也是最危险的自由主义者。对于卢埃格尔来说，懦弱胆小但根深蒂固的自由派天主教徒，构成了天主教社会革新的最大障碍。赫茨尔的情况也是如此：那些"开明的"自由主义犹太人，一方面与他自己同属一个知识与社会阶级，另一方面又盲目地拒绝承认他们自己的问题也是犹太人问题。自由主义：这就是敌人！（voilà l'ennemi!）自由主义在领导集团中的持久生命力，对于这3个群体中每一种新政治而言，都是最大的问题，而新领袖们还指望组织起这些群体中的民众。正如舍内雷尔的首要任务是突破德意志自由主义者，而卢埃格尔是要粉碎天主教自由主义者一样，赫茨尔则要打击犹太自由主义者。不过在这3个例子中，新的激进分子在意图挫败自由主义领袖时，都试图求助于一个非奥地利人、但在他们各自社区里得到认可的权威人物。舍内雷尔寻求俾斯麦的支持，卢埃格尔恳求教宗援助，赫茨尔则是求助于希尔施和巴黎的罗斯柴尔德。3 人全都失败了。3 人组织各自的群体时其群体内部仍有自由主义者，而且也未能如愿获得最高的外部权威的支持。

赫茨尔与另外两人的不同之处在于，他对自己群体之外的最高权威依然尊重和依赖。这种依赖部分上是策略性的。把犹太人问题变成一个国家问题，就意味着要在国际层面上将之解决。[111]人们会记得，赫茨尔还在当记者时就希望"像大使一样"受到大臣巴德尼的对待，如今他的举手投足确实像个大使了。他巧妙而又坚持不懈地动用一切关系，以争取欧洲的统治者们，假若可能的话，甚至采取个人交谈的方式。他面见了俄国沙皇、教宗、德国皇帝和奥斯曼苏丹——就后面两个而言，并非没有取得成功。[112]

赫茨尔同君主的关系，就像卢埃格尔同奥地利贵族和梵蒂冈的关系一样，为他提供了铁钳的一臂，可以让他对付他身边那些上层中产阶级的社会同化主义敌手，而隔都和东欧犹太人则提供了铁钳的另一臂。1896 年 4 月 21 日，希尔施男爵逝世，尽管两人有分歧，但赫茨尔还是很敬仰他，赫茨尔在日记中表达了自己在策略上的巨大转移："奇怪的一天。希尔施去世了，而我跟王公们建立了关系。犹太事业开启了新的篇章。"[113]第二天，赫茨尔又记下了事情的另一面，即他成功争取贫苦群众的美好前景。希尔施未能争取到穷人是因为他是富人。"我采用不同方法处理这个问题，而我相信我的方法更好、更有效，因为我凭借的不是金钱，而是思想。"[114]慈善现在必须让位于政治，微不足道的殖民努力让位于建立独立的犹太国家。"犹太人失去了希尔施，"赫茨尔写道，

"但他们还有我。"[115] 国王已死。国王万岁。

虽然赫茨尔并没变成国王，他却像君王一般显示出冷静的贵族风范，甚至早在青年时代就有此特征了。他有着倨傲的优越感，再加上对作为一名领袖的公共效应的做作派头有着最细致的关注，迷住了他的同情者，也激怒了他的反对者。他自认是犹太人的俾斯麦，而在追随者的心目中，他就是大卫王。正像他对一个民族国家的现代设想满足了古老的宗教之梦一样，他那威严的西欧风范，也在东部隔都犹太人心中激发起一副大卫王或摩西的原型形象，并让这种形象得到强化。

在巴塞尔召开的第一届犹太复国主义代表大会（1897 年 8 月）上，赫茨尔对上层阶级形态的狂热关注，引起了下层阶级的最大反响。他在最后时刻把会址改到了巴塞尔优雅的市立赌场，因为起先用于会议的啤酒厅无法提供足够气派的环境。他坚持要求所有代表都穿着礼服参加开幕式。他曾强迫马克斯·诺尔道（Max Nordau）更换衣服，并对他说，"人民应该习惯看到，本次大会是最高级和最庄严的场合"。[116]

在那位来自杰西隔都的年老的族长主席祈祷完和进行漫无边际的缅怀之后，赫茨尔慢慢起身走向讲坛，此时他对现代"舞台演出"（mise en scène）的细心关注达到了顶点。犹太复国主义作家本·埃米（Ben Ami）后来回忆了他那泰然自若的形象的影响：

> 那已不再是维也纳城文雅的赫茨尔博士，而是死而复生的大卫的皇室后裔，他庄严而典雅地出现在我们面前，身边萦绕着传奇的色彩。人人都被迷住了，似乎发生过一场历史

奇迹。的确，在这里发生的难道不是奇迹吗？整整 15 分钟，（大厅）都回荡着热情的呐喊和雷鸣般的欢呼声、掌声，以及挥舞的号旗。我们民族两千年来的梦想似乎就要实现了。好像站在我们面前的，就是弥赛亚，大卫之子。一股强烈的欲望袭上我的心头，让我在这片波涛汹涌的欢乐海洋中尽情呼喊："国王万岁！（Yechi Hamelech!）国王万岁！"[117]

这真的"已不再是维也纳城文雅的赫茨尔博士"了吗？恰恰相反，他还是那个令施尼茨勒无比羡慕与敬仰的花花公子，只不过他如今以魅力非凡的政治家形象示人，继承了亚西比德（Alcibiades）*与恺撒、迪斯雷利（Disraeli）**与拉萨尔（Lassalle）***的传统。正是赫茨尔内心里对落后的犹太人既蔑视又真心怜悯的复杂情绪，加强了他的吸引力。群众是他的情人和镜子。在索菲亚的犹太教堂里，他背对祭坛，这颇有失礼之处，可会众当中竟有人喊道："你尽可以背对着祭坛；你比托拉还神圣！"在索菲亚车站，迎接他的人高喊"元首""万岁""以色列王"。[118] 即使是最文雅的欧洲犹太人，不管是敌是友，例如弗洛伊德、斯特凡·茨威格（Stefan Zweig）和卡尔·克劳斯，都感受到了他崇高，甚至是神圣的帝

---

*　亚西比德（Alcibiades，前 450—前 404）：又译作阿尔基比阿德斯，雅典城邦时代著名的政治家、演说家、将军。——译者注

**　本杰明·迪斯雷利（Benjamin Disraeli，1804—1881），犹太人，英国保守党领袖，三届内阁财政大臣，两度出任英国首相，在把托利党改造为保守党的过程中起了重大作用。——译者注

***　费迪南德·拉萨尔（Ferdinand Lassalle，1825—1864），普鲁士著名的政治家、哲学家、法学家、工人运动指导者、社会主义者，本书第 4 章第 IV 节中亦有更为详细的涉及内容。——译者注

王风范的影响。[119]"犹太人的王"：嘲笑者[120]和狂热者都这样称呼他，这个称谓显示出这样一个基本真相——赫茨尔的政治力量之所在，以及现代群众政治的复古化性质。此处，霍夫曼斯塔尔的政治规则再次回响在我们心头："政治就是魔法。谁懂得如何从深渊中召唤出力量，他们就会追随谁。"[121]

赫茨尔作为复活的国王兼救世主有着非凡的魅力，但我们不应由此忽略渗透其目标和方法里的现代中产阶级元素。他在同名著作中所构想的犹太国，却并没有任何犹太特性的痕迹。没有所谓共通语——希伯来语肯定不行。"我们毕竟不能互相说希伯来语。我们当中谁能够用这门语言去买一张火车票？连这个单词都根本不存在。"[122]新的国家将会采用"语言联邦制"，每个人都讲自己仍旧热爱的语言，也就是"我们被排挤出的故土的语言"。只有意第绪语这种"蹩脚而备受压抑的隔都语言""盗取而来的囚犯语言"，才会废弃不用。在一个文明的世界主义天堂里，带有侮辱的标记绝对不能存在。[123]宗教也要限制在其应有的位置。"神职工作中的神权复古主义（Velleitäten）"并不会出现。"信仰让我们团结，科学使我们自由。"神职人员虽受尊敬，但只能待在神庙里，就像兵营里的军队一样，以免他们给一个致力于思想自由的国家制造麻烦。[124]

无论从哪个特征来看，赫茨尔的应许之地都不是一个犹太乌托邦，而是一个自由主义乌托邦。无法在欧洲实现的社会同化之梦将要在锡安实现，在那里，犹太人会享有赫茨尔从青年时代就一直梦想的高贵与荣誉。"那个犹太男孩会变成犹太青年（Dass aus Judenjungen junge Juden werden）"：赫茨尔如此简述犹太民族家园的目标与功能。这将使克服几个世纪来的压迫在犹太人当中所产生的所谓犹太人特征成为可能。新社会将是分阶层的，而不是完全平等的。通过参加按照"全军事化"路线组织起来的青年劳工旅（Arbeitertruppen），其后又通过职位提升、退休金，以及吸引人的生活与工作条件，普通工人也可以凭借纪律与公正的手段享有尊严。孩子会有"友好、明亮、健康的学校"，工人可以继续进修，年轻人则从事劳动服务。[125] 法律、劳动和教育，所有这些欧洲自由主义观必需的东西——随着衰落的欧洲被抛在身后的——都将会重新出现，没有以前那些拒绝与排挤犹太人，让他们无法享受福祉的种种限制。赫茨尔的锡安让现代自由主义欧洲的文化转世得以再生。

赫茨尔对当代奥地利自由主义的坚持不懈的忠诚，还体现在渗透于他计划中的亲英元素。新的犹太人应当是运动员和绅士。"年轻人（甚至包括穷人）要参加英式运动：板球、网球等。"至少在短时间里，赫茨尔就像霍夫曼斯塔尔及其朋友那样，考虑模仿英式的寄宿学校——"山里的公立学校"（lycées）。[126] 赫茨尔还给负责民族迁徙和建立犹太国家的两个机关起了英文名称。从政治上领导犹太人的实体是犹太社团（Society of Jews），它将负责组织运动，它作为原始政府来代表犹太人民，并最终充当建国的权威机构。"犹太社团就是犹太人民的新摩西。"犹太社团的中心将设在英国，由重要的英国犹太人所组成，可谓一个集体性的英国摩西！[127] 在经济领域则有一家类似的机构，犹太公司（Jewish Company），它将为移民们提供商业代理和金融管理服务。赫茨尔设想它"部分上仿效了大的领土（扩张）公司的模式，即犹太特许公司"。其总部将设在伦敦，"因为公司必须在一个当时并不反犹的大国庇护下"。[128] 就未来的犹太社会秩序而言，他依然保留着某种英国政治上高效而负责的贵族统治的理想。"政治必须自上而下"仍是他的原则,不过上层阶级必须是可以进入的,而不是像奥地利贵族那样完全封闭的。必须在新国家中培育起"一股来自上层的强大气流"。"每一个伟大的人都能够成为我们中间的贵族。"赫茨尔写道。[129] 因此,他把自己的国家视为"一个贵族共和国",其中的很多元素,都来自曾经启发过英国辉格党的同一榜样:威尼斯,尽管赫茨尔本人或许并不知道。[130]

他在英国遇到的情形同奥地利一样,大多数犹太领袖的反对迫使赫茨尔转而投向群众。在一次与犹太领袖不成功的会面并离开后,他对一个朋友说:"帮我把伦敦东区召集起来。"[131] 1896 年,赫茨尔在那里受到了热烈的欢迎。虽然他更想组建一个"贵族共和国",可连英国的犹太领袖都对他支持不足,他被迫走上了一条"民主君主制"的道路。赫茨尔很清楚,精英分子的让位可以使自己的力量更加强大,强化自己作为救世主的角色。他看出隔都犹太人对自己的热爱是出于他们对他本性的无知,但他们还是赋予他以光环,而这个光环对他的使命至关重要。在伦敦的一处工人论坛上他曾说:

> 我眼看耳听着自己的传奇正在增多。人民是情感用事的,群众看得并不清晰。一层薄雾正在开始笼罩着我,它也许就会变成云彩,让我腾云前行。这可能算是我在日记中记下的最有趣的事了:我的传奇如何增多。……我下定决心一定要更值得他们〔群众〕的信赖和爱戴。[132]

仿佛是为了向自己,也向整个民族证明,他希望把哪怕最底层的犹太人都接纳进自己一生都很向往的贵族阶层,赫茨尔建议伦敦东区的犹太人把他们的复国主义组织命名为"巴勒斯坦骑士"。[133] 犹太隔都的居民将会被组织起来，集体承担起世俗的基督骑士这种浪漫封建角色，以此来建造他们社会同化的天堂。很难再找到比这还要生动的例子，来说明在后自由主义群众政治诞生之时，贵族幻想所发挥的作用。

就像罗泽瑙骑士和"英俊卡尔"一样，赫茨尔通过开启虔诚之往昔的源泉，以满足人们对社群主义社会的渴望，并领导追随者走出了行将崩溃的自由主义世界。赫茨尔拥护新调性的政治，只是为了拯救犹太人免受外邦人世界中的新调性政治后果的影响，但这并没有妨碍他和其对手们拥有某种类似性。他们都以各自的方式，成了奥地利自由主义文化的叛逆子孙。对于仍旧怀念前理性主义社会秩序的民众来说，这种文化只能满足头脑，却无法喂饱灵魂。

注释

1. 罗伯特·穆齐尔（Robert Musil）著，《没有个性的人》（*The Man Without Qualities*，伦敦，1953 年版），埃伊桑·维尔金斯（Eithone Wilkins）译，第 8 页。

2. J. N. 伯杰（J. N. Berger）著，《论奥地利宪法问题之解决方法》（*Zur Lösung der oesterreichischen Verfassungsfrage*，维也纳，1861 年版），第 19 页，引自理查德·查玛茨（Richard Charmatz）著，《阿道夫·菲施霍夫》（*Adolf Fischhof*，斯图加特与柏林，1910 年版），第 219 页。

3. 威廉·麦克格拉斯（William McGrath）著，《奥地利的酒神艺术与民粹政治》（*Dionysian Art and Populist Politics in Austria*，纽黑文与伦

敦，1974 年版），第 17—39 页，第 208 页及以下；同一作者，《维也纳的学生激进主义》（"Student Radicalism in Vienna"），载《当代历史学报》（*Journal of Contemporary History*），第 2 卷，第 2 号（1967 年），第 183—195 页；汉斯·莫姆森（Hans Mommsen）著，《哈布斯堡多民族国家中的社会民主党与民族问题》（*Die Sozialdemokratie und die Nationalitätenfrage im Habsburgischen Vielvölkerstaat*，维也纳，1963 年版），第 101—127 页。

4. 《新自由报》，1897 年 3 月 10 日号。

5. 爱德华·皮切尔（Eduard Pichl）著，《格奥尔格·冯·舍内雷尔》（*Georg von Schönerer*，奥尔登堡与柏林），第 2 卷，第 516 页。

6. 请见奥地利铁路局联合会（Oesterreichischer Eisenbahnbeamtenverein）编，《奥匈帝国铁路史》（*Geschichte der Eisenbahnen der Oesterreichisch-Ungarischen Monarchie*，维也纳、特斯臣与莱比锡，1897—1908 年版），第 1 卷，第 1 部分，第 167—168 页，第 174—175 页。

7. 信贷公司-银行协会（Creditanstalt-Bankverein），《百年来的信贷公司-银行协会》（*Ein Jahrhundert Creditanstalt-Bankverein*，维也纳，1957 年版），第 2 页，第 6—7 页。有关两大巨头为争取铁路控制权（从政府也从彼此之间）而产生的敌对状态，请见奥地利铁路局联合会，《铁路史》，第 1 卷，第 1 部分，第 321—325 页。

8. 老舍内雷尔建议使用蒸汽动力，请参见上引书第 1 卷，第 1 部分，第 133 页。

9. 同上书，第 1 卷，第 1 部分，第 447—449 页；信贷公司-银行协会，《百年》，第 31 页。

10. 康斯坦丁·冯·伍兹巴赫（Constantin von Wurzbach）著，《奥地利民族变迁史》（*Oesterreichische Nationalbiographie*，维也纳，1856—1891 年版），第 31 卷，第 148—149 页。

11. J. W. 纳格尔（J. W. Nagl）、J. 齐德勒（J. Zeidler）与 E. 卡斯特尔（E. Castle）著，《德奥文学史》（*Deutsch-Oesterreichische Literaturg-*

eschichte，维也纳，1899—1937 年版），第 3 卷，第 798—800 页。

12. 皮切尔所著的《舍内雷尔》（第 1 卷，第 21—22 页）记载，格奥尔格从技术中学转到位于德累斯顿的一家私立中学，是由于在宗教信仰上与老师发生了冲突。

13. 参见《黑山伯爵与亲王》（"Die Grafen Fürsten zu Schwarzenberg"），载《奥地利评论》（*Oesterreichische Revue*），第 4 期，第 2 号（1866 年），第 85—167 页。

14. 海因里希·贝内迪克特（Heinrich Benedikt）著，《弗朗茨-约瑟夫时代的经济发展》（"Die wirtschaftliche Entwicklung in der Franz-Joseph-Zeit"，《维也纳历史研究》（*Wiener historische Studien*），第 4 卷（维也纳与柏林，1958 年版），第 38 页，第 42—43 页。

15. 除非额外注明，这里使用的一切有关儿子（格奥尔格·舍内雷尔）的传记信息，均来自所知详尽但心存祖护的皮切尔，此人在舍内雷尔身上没有发现任何可能会改变这位英雄人物历史地位的问题。请参见皮切尔著，《舍内雷尔》，第 1 卷，第 21—26 页。皮切尔对马蒂亚斯的爱好、性格，以及与格奥尔格的关系只字不提，这本身就暗示了父子之间可能关系紧张。

16. 同上书，第 1 卷，第 23 页，注释 2。

17. 参见恩斯特·冯·普勒纳（Ernst von Plener）著，《回忆录》（*Erinnerungen*，斯图加特与莱比锡，1911—1921 年版），第 3 卷，第 90—91 页。

18. 有关林茨计划的缘起，以及舍内雷尔在当中扮演的角色，请见普尔策（G. J. Pulzer）著，《德奥政治反犹主义的兴起，1867—1938》（*The Rise of Political Anti-Semitism in Germany and Austria*, 1867-1938，纽约，1964 年版），第 148—153 页；麦克格拉斯，《酒神艺术》，第 165—181 页。

19. 1878 年 12 月 18 日，引自普尔策著，《反犹主义》，第 151 页。

20. 同上书，第 152 页。

21. 有关奥地利学生运动的总体情况，请见保罗·莫里奇（Paul Molisch）著，《1848 年之后奥地利德语大学及政治民族主义的发展》（*Die deutschen Hochschulen in Oesterreich und die politisch-nationale Entwicklung nach 1848*，慕尼黑，1922 年版）。

22. 这一计划的完整内容收入了皮切尔的《舍内雷尔》，第 1 卷，第 84—87 页。

23. 同上书，第 2 卷，第 25—26 页；另请见汉斯·提耶茨（Hans Tietze）著，《维也纳的犹太人》（*Die Juden Wiens*，维也纳，1933 年版），第 238—239 页。

24. 引自他在帝国议会的演讲，1884 年 5 月 2 日，收入皮切尔著，《舍内雷尔》，第 1 卷，第 232 页。有关更广泛的问题，请见同书，第 224—250 页；奥地利铁路局联合会编，《铁路史》，第 1 卷，第 2 部分，第 360—365 页。

25. 汉娜·阿伦特（Hannah Arendt）著，《极权主义的起源》（*The Origins of Totalitarianism*，第 2 版，纽约，1958 年版），尤其是第二章。

26. 皮切尔著，《舍内雷尔》，第 1 卷，第 300—301 页。

27. 同上书，第 316—318 页。

28. 奥斯卡·卡尔巴赫（Oscar Karbach）著，《政治反犹主义的创始人》（"The Founder of Political Anti-Semitism"），载《犹太社会研究》（*Jewish Social Studies*），第 7 期（1945 年），第 20—22 页。

29. 理查德·查玛茨（Richard Charmatz）著，《奥地利历史中的生活图像》（*Lebensbilder aus der Geschichte Oesterreichs*，维也纳，1947 年版），第 78 页。

30. 胡戈·冯·霍夫曼斯塔尔著，《朋友的书》（"Buch der Freunde"），收入《札记》（*Aufzeichnungen*，法兰克福，1959 年版），第 60 页。

31. 弗朗茨·斯陶拉茨（Franz Stauracz）著，《卡尔·卢埃格尔博士，十年市长生涯》（*Dr. Karl Lueger. 10 Jahre Bürgermeister*，维也纳，1907 年版），第 3 页。

32. 海因里希·施奈（Heinrich Schnee）著，《卡尔·卢埃格尔市长，一个伟大德意志人的生活与工作》（*Bürgermeister Karl Lueger. Leben und Wirken eines grossen Deutschen*，帕德博恩，1936 年版），第 12 页。

33. 请参见玛丽安·贝斯奇巴（Marianne Beskiba）著，《我记忆中的卡尔·卢埃格尔博士》（*Aus meinen Erinnerungen an Dr. Karl Lueger*，维也纳，1910 年版），第 16 页。

34. 斯陶拉茨著，《卢埃格尔》，第 4—5 页。

35. 欧根·古戈里亚（Eugen Guglia）著，《维也纳特里萨中学：过去与现在》（*Das Theresianum in Wien. Vergangenheit und Gegenwart*，维也纳，1912 年版），第 177 页。

36. 他的风度特点就在于他受到了"沉思"（musenhaft）的启发。请见弗里德里希·方达（Friedrich Funder）著，《从昨天到今天》（*Vom Gestern ins Heute*，第 2 版，维也纳，1953 年版），第 102 页。

37. 这些论文被摘要收入库尔特·斯卡尼克（Kurt Skalnik）著，《卡尔·卢埃格尔博士：时代之间的人》（*Dr. Karl Lueger. Der Mann zwischen den Zeiten*，维也纳与慕尼黑，1954 年版），第 14—15 页。

38. 保罗·莫里奇（Paul Molisch）著，《1848 至 1918 年奥地利德语高校政治史》（*Politische Geschichte der deutschen Hochschulen in Oesterreich von 1848 bis 1918*，维也纳与慕尼黑，1939 年版），第 78—80 页；斯卡尼克，《卢埃格尔》，第 146 页。

39. 引自斯卡尼克著，《卢埃格尔》，第 20 页。

40. 西格蒙德·梅耶（Sigmund Mayer）著，《维也纳的犹太人》（*Die Wiener Juden*，维也纳与柏林，1918 年版），第 379 页及以下。

41. 鲁道夫·提尔（Rudolf Till）著，《近两百年来维也纳市政史》（*Geschichte der Wiener Stadtverwaltung in den letzten zweihundert Jahren*，维也纳，1957 年版），第 77 页。

42. 斯卡尼克著，《卢埃格尔》，第 16—28 页。

43. 提尔的《市政史》第 67—71 页对 1867—1884 年选举权扩大问题，以及其与城市先驱们上面的权力机构（总督、下奥地利议会、皇帝）之间的相互关系，做了精彩的综述。

44. 斯卡尼克著，《卢埃格尔》，第 31—32 页。

45. 同上书，第 43 页。

46. 普尔策著，《反犹主义》，第 172 页。

47. 同上书，第 167 页。

48. 弗里德里希·方达（Friedrich Funder）著，《走向基督教社会改革》（*Aufbruch zur christlichen Sozialreform*，维也纳与慕尼黑，1953 年版），第 41 页。

49. 海因里希·贝内迪克特（Heinrich Benedikt）编，《奥地利共和国史》（*Geschichte der Republik Oesterreich*，慕尼黑，1954 年版），第 308 页。

50. 夏尔·波德莱尔（Charles Baudelaire）著，《笑的本质及其他文章》（*The Essence of Laughter and Other Essays...*，纽约，1956 年版），彼得·昆奈尔（Peter Quennell）编，第 48—49 页。

51. 普勒纳著，《回忆录》，第 3 卷，第 257 页；第 2 卷，第 301—302 页。

52. 欧内斯特·琼斯著，《西格蒙德·弗洛伊德的生平与作品》（*The Life and Work of Sigmund Freud*，纽约，1953—1957 年版），第 1 卷，第 311 页。

53. 亚历克斯·拜恩（Alex Bein）著，《特奥多尔·赫茨尔传记》（*Theodor Herzl. Biographie*，维也纳，1934 年版），第 11—16 页。

54. 同上书，第 29 页。

55. 特奥多尔·赫茨尔（Theodor Herzl）著，《犹太国》（*Judenstaat*，第 9 版，维也纳，1933 年版），第 79 页。

56. 拜恩对赫茨尔早期作品的精彩总结，展现了他在思想与精神上的发展过程。请见拜恩著，《赫茨尔》，第 35—71 页及以下。

57. 同上书，第 34 页。

58. 施尼茨勒给赫茨尔的信，1892 年 8 月 5 日，《施尼茨勒与赫茨尔书信摘录》（"Excerpts from the Correspondence between Schnitzler and Her-

zl"），载《中流》(*Midstream*)，第 6 期，第 1 号（1960 年），第 48 页。

59. 同上书，第 49 页。年份是 1883 年。

60. 特奥多尔·赫茨尔（Theodor Herzl）著，《日记》(*Tagebücher*，柏林，1922 年版），第 1 卷，第 223 页。

61. 拜恩著，《赫茨尔》，第 241 页。

62. 同上书，第 118 页。

63. 同上书，第 44—47 页，第 54—56 页，第 66—67 页。

64. 亚历克斯·拜恩（Alex Bein）著，《赫茨尔的早期日记》("Herzl's Early Diary")，收入拉斐尔·帕特伊（Raphael Patai）编，《赫茨尔年鉴》(*Herzl Year Book*)，第 1 卷（1958 年），第 331 页。

65. 拜恩著，《赫茨尔》，第 68 页。

66. 赫茨尔著，《日记》，第 1 卷，第 6 页。

67. 拜恩著，《赫茨尔》，第 117—118 页。

68. 同上书，第 121 页。

69. 同上书，第 123 页。

70. 同上书，第 127 页。

71. 同上书，第 128 页。

72. 赫茨尔著，《日记》，第 1 卷，第 6 页。

73. 拜恩著，《赫茨尔》，第 124—125 页。

74. 同上。

75. 引自《来自法国的选举情景》("Wahlbilder aus Frankreich")，载《新自由报》，1893 年 8 月（未注明具体日期），收入拜恩著，《赫茨尔》，第 161 页。

76. 拜恩著，《赫茨尔》，第 164 页。

77. 赫茨尔著，《犹太国》，第 14 页。

78. 引自拜恩著，《赫茨尔》，第 154 页。拜恩所记载的赫茨尔对巴拿马丑闻的反应，是以上分析的基础，有关该记载，请见同书，第 151—155 页。

79. 赫茨尔著，《日记》，第 1 卷，第 110 页。

80. 给雷登伯格（Leitenberger）男爵的信，1893 年 1 月 26 日，引自柴姆·布洛赫（Chaim Bloch），《赫茨尔的早年斗争》（"Herzl's First Years of Struggle"），收入帕特伊编，《赫茨尔年鉴》，第 3 卷，第 78 页，第 79 页。

81. 拜恩著，《赫茨尔》，第 157—159 页。

82. 同上书，第 40 页；利昂·克尔纳（Leon Kellner）著，《特奥多尔·赫茨尔的学徒岁月》（Theodor Herzls Lehrjahre，维也纳与柏林，1920 年版），第 22—24 页。赫茨尔在他的遗嘱中约定，等到哪一天犹太人民真把自己的棺材迁到巴勒斯坦时，也要将他妹妹的遗体挖出，连同家人遗体一并迁到那里。与之形成反差的是，他的妻子却在遗嘱中受到了慢待甚至是责骂。请见《赫茨尔的遗嘱》（"The Testament of Herzl"），收入帕特伊编，《赫茨尔年鉴》，第 3 卷，第 266 页。有关赫茨尔婚姻中的沧桑，请见拜恩著，《赫茨尔》，第 113 页，第 121—122 页。

83. 赫茨尔给朱莉亚的信为他们的女儿玛格丽特（Margarethe）所拥有，据相信，这些信件连同玛格丽特本人，都在特莱西恩施塔特（Theresienstadt）被纳粹毁灭。参见亚历山大·拜恩著，《赫茨尔早期信件集》（"Some Early Herzl Letters"），收入帕特伊编，《赫茨尔年鉴》，第 1 卷，第 310 页，以及脚注，第 321—324 页。

84. 拜恩著，《赫茨尔》，第 112 页，第 138 页。

85. 赫茨尔著，《日记》，第 1 卷，第 4 页。

86. 给弗里德里希·雷登伯格（Friedrich Leitenberger）男爵的信，1893 年 1 月 26 日，收入帕特伊编，《赫茨尔年鉴》，第 78—79 页。

87. 拜恩著，《赫茨尔》，第 144—145 页；第四章注释，第 709 页。

88. 赫茨尔著，《日记》，第 1 卷，第 8 页。

89. 拜恩著，《赫茨尔》，第 188—189 页，引自赫茨尔著，《犹太复国主义文集》（Zionistische Schriften，第 2 版，柏林，1920 年版），第 257 页及以下。

90. 拜恩著，《赫茨尔》，第 189 页。

91. 赫茨尔著，《日记》，第 1 卷，第 44 页。

92. 出自赫茨尔小说《老新地》（*Altneuland*）的结尾，引自拜恩著，《赫茨尔》，第 562 页。

93. 赫茨尔著，《日记》，第 1 卷，第 116 页。

94. 拜恩著，《赫茨尔》，第 562 页。

95. 赫茨尔著，《日记》，第 1 卷，第 398—399 页。

96. 拜恩著，《赫茨尔》，第 330 页。

97. 赫茨尔著，《日记》，第 1 卷，第 33 页。

98. 同上书，第 1 卷，第 32 页，第 33 页。赫茨尔，《犹太国》，第 95 页。

99. 赫茨尔著，《日记》，第 1 卷，第 269—270 页。

100. 拜恩，《赫茨尔》，第 303 页。

101. 赫茨尔著，《犹太国》，第 75—79 页。

102. 赫茨尔著，《日记》，第 1 卷，第 149 页。

103. 赫茨尔著，《犹太国》，第 95 页。

104. 赫茨尔著，《犹太国》，第 14 页。

105. 赫茨尔著，《日记》，第 1 卷，第 42 页。

106. 赫茨尔著，《日记》，第 1 卷，第 43 页。文中法语为赫茨尔原话。

107. 同上书，第 43 页，第 42 页。

108. 《威胁性举动》（"Tatdrohung"），请参见拜恩著，《赫茨尔》，第 150—151 页。

109. 赫茨尔著，《日记》，第 1 卷，第 7 页。

110. 同上书，第 1 卷，第 275 页。

111. 拜恩著，《赫茨尔》，第 294 页及以下。

112. 请参见阿道夫·伯姆（Adolf Boehm）著，《犹太复国主义运动》（*Die zionistische Bewegung*，柏林，1920 年版），第 120—121 页；拜恩，《赫茨尔》，第 2 部分，散见各处。

113. 赫茨尔著，《日记》，第 1 卷，第 369 页。亲王指的是巴登大公。

114. 同上书，第 374 页。

115. 同上书，第 373 页。

116. 拜恩著，《赫茨尔》，第 339 页。

117. 引自上书，第 341 页。

118. 同上书，第 307 页，第 304—305 页。

119. 请参见菲利克斯·萨尔顿（Felix Salten）著，《形态与现象》（*Gestalten und Erscheinungen*，柏林，1913 年版），第 144 页及以下；利奥·戈德汉默（Leo Goldhammer）著，《赫茨尔与弗洛伊德》（"Herzl and Freud"），收入帕特伊编，《赫茨尔年鉴》，第 1 卷，第 195 页；马克斯·布劳德（Max Brod）著，《争议的人生》（*Streitbares Leben*，慕尼黑，1960 年版），第 69 页；斯特凡·茨威格（Stefan Zweig）著，《昨日世界》（*The World of Yesterday*，伦敦，1943 年版），第 88—89 页；卡尔·克劳斯（Karl Kraus）著，《犹太复国的王冠》（*Eine Krone für Zion*，维也纳，1898 年版）。赫茨尔被等同于犹太领袖，这在伊弗列姆·摩西·利里安（Ephraim Moses Lilien）的《圣经》绘画中明显地表现出来，画中的摩西和大卫都被画成了赫茨尔的相貌。请见帕特伊编，《赫茨尔年鉴》，第 2 卷（1959 年），第 95—103 页。

120. 请参见伯姆，《犹太复国主义运动》，第 110 页。

121. 霍夫曼斯塔尔著，《朋友的书》，《札记》，第 60 页。

122. 赫茨尔著，《犹太国》，第 92—93 页。

123. 同上书，第 123 页。

124. 同上书，第 93—94 页。

125. 同上书，第 43—49 页。

126. 赫茨尔著，《日记》，第 1 卷，第 45 页。有关奥地利亲英派的其他表现，请见第 48 页，第 306 页。

127. 赫茨尔著，《犹太国》，第 82—92 页；伯姆，《犹太复国主义运动》，第 105—106 页。

128. 赫茨尔著，《犹太国》，第 56 页。有关犹太公司的性质与功能，同书

　　第 39—66 页中有充分的描述。

129. 赫茨尔著，《日记》，第 1 卷，第 242 页。

130. 赫茨尔著，《犹太国》，第 92 页。

131. 赫茨尔著，《日记》，第 1 卷，第 482—485 页。

132. 同上书，第 486 页。

133. 同上。

第 4 章

弗洛伊德《梦的解析》中的政治与弑父

有位解谜大师，在俄狄浦斯的故事里发现了探索人类状况的钥匙，他同时还是个爱开玩笑之人。在 45 岁时终于获得副教授职位的弗洛伊德博士当时尚不为世人所知，他在向朋友报告此事时故意戏仿了新闻笔调。他把这次晋升描述成一次政治上的胜利：

> 公众的热情高涨。祝词不断、鲜花潮涌。好像突然间，性的作用就受到了皇帝陛下的认可，对梦的解析受到内阁会议的承认，对癔症有必要进行精神分析疗法，也以三分之二的多数在议会通过。[1]

这种兴高采烈的幻想是非常维也纳式的：政治权威向厄洛斯 *和梦俯首屈膝。

"人们开玩笑的地方，正是问题的潜藏所在。"在他的这番笑谈之前两年，《梦的解析》即已出版，弗洛伊德在里面为理解梦的问题提出了第一条原则："梦就是愿望的实现。"在 1902 年写作该书期间，他一直收集材料想要证明，以上规则也同样适用于笑

---

* 厄洛斯，希腊神话中的爱神，代表情欲，一般认为他对应罗马神话中的丘比特。——译者注

话。他补充道："有时候，所开的玩笑也能够揭示出问题的解决方法。"[2]

在为自己晋升而欣喜不已时，弗洛伊德并没有仅仅满足于所获得的成就及其回报。相反，他释放了自己的幻想，创造了一个更为广阔的天堂。所谓议会井然有序地一致支持他那异端的厄洛斯科学，当然纯粹是戏谑之言。他想象中的议会中有三分之二的多数肯定癔症进行心理治疗的必要性，这无疑跟当时的政治现实恰恰相反。1902 年的奥地利帝国议会本身也陷入了极度的政治癔症中，根本无力以多数（更不用说是三分之二）立法通过任何法案。

我们不能因此认为，1902 年的弗洛伊德最关心的问题是这样的政治瘫痪。困扰他的是一些既更具体又更笼统的问题：他跟整个政治制度——包括其学术成分以及重大意义——之间的关系。在这里，正是他的玩笑实现了他的愿望——迫使政治权威就范。"所开的玩笑也能够揭示出问题的答案。"在弗洛伊德机智的玩笑中，政治权力并未被颠覆，也未被瓦解，而是奇迹般地协调一致，并对弗氏理论的正确性予以认可。弗洛伊德于是在幻想中欢呼对政治的大胜，对于政治这个人类事务的一个方面，他曾在青年时代最为期待，在成年之后为之吃尽苦头。

在同一封信里，这位新任副教授一面欣喜地宣告自己的胜利，同时又流露出疑虑和内疚的情绪。弗洛伊德觉得，只要自己加紧工作，原本是可以早些获得副教授职位的。"整整四年来，关于我自己的事业我一个字都没写。"他在信中对朋友威廉·弗利斯（Wilhelm Fliess）说道。直到完成《梦的解析》之后，他才决定对他的上级"采取适当措施"。可是这样做却使他陷入道德上的两难境地，因为他"抛开了我严格的顾忌"，即不去结交权贵。大胆表达意见，希望获得自己应得的学术认可，这本来是人之常情，可弗洛伊德却发现自己的成功为内疚所沾染。他对教授职位看法十分矛盾：一方面，这是证明他自己判断能力的一大胜利；而另一方面，似乎也是对他所痛恨的权威的屈从。"我已经认识到，旧世界是受权威统治的，就像新世界受金钱统治，而我已经向权威低头。"[3]

在弗洛伊德戏谑的幻想中，他将晋升拔高为一次政治上的胜利，而他的良知却又让这胜利沦为一种道德上的过失。对于这个期待已久的职业成功时刻，弗洛伊德在幻想上和良知上的反应矛盾不一，在这背后隐藏的，其实是他终其一生对奥地利社会政治现实的抗争：作为科学家和犹太人的抗争，作为公民和儿子的抗争。在《梦的解析》中，弗洛伊德对这种抗争——不管是外在的还是内在的——进行了最为充分和最个人化的陈述，同时对人类体验做出了划时代的分析，以此来克服这种抗争，在这种解释中，政治可以被简化为心灵力量的一种外显表现。我将试图从此书中撷取出一些材料，来阐明精神分析的起源中的反政治成分。

✦ I ✦

《梦的解析》在其作者的心灵和头脑中占据着特殊的位置。他把它看作自己最为重要的科学著作，自己全部成就的基石，同时又是让他个人变得清晰的工作，是重新面对困惑人生的力量之源。该书的结构本身就反映出这种双重特性。其表层结构是由它作为科学论著的功能来决定的，每一章和每一节都系统、详细地说明梦的某一方面以及其解析。弗洛伊德明确地让书中的个人内容从属于这层科学结构，而对于构成这些个人内容的梦与回忆，他仅仅将其看作"本人说明释梦的规律时所使用的材料"[4]而已。可是仔细一看，这本书尚有另一个更深层的结构，这个结构在弗洛伊德一个又一个单独的梦境中显现，构成其个人历史的次要情节，虽不够完整，却自成一体。想象一下，圣奥古斯丁（St. Augustine）将其《忏悔录》编织进《上帝之城》，或卢梭（Rousseau）将其《忏悔录》作为一个潜意识的情节整合进《论人类不平等的起源和基础》，而弗洛伊德在撰写《梦的解析》时就是这么做的。在这部科研论著的可见结构中，他引导着读者一章一章地向上攀行，直至精神分析的更高深领域；而在隐匿的个人叙事中，他却领着我们一个梦一个梦地向下陷落，到达他自己内心深处的隐秘角落。

正是这第二种探索，即"追寻逝去的时光"（recherche du temps perdu），引起了历史学家的格外兴趣。按照出现的次序追踪梦，我们能看出精神考古挖掘中的三个层面：职业的、政治的和个人的。这几个层次大致对应着弗洛伊德一生的几个阶段，弗洛伊德在《梦的解析》中以相反的时间顺序进行了呈现。职业层面大体就是他的当前阶段，政治层面对应着他的青少年时期。而无论从时间还是心灵空间来看都是最深层次的个人层面，则指向婴儿时期，以及仍有生动婴儿体验的无意识领域。[*]因此，弗洛伊德

---

[*] 梦的排序当然并未按照真实的时间顺序，也没有按照弗洛伊德的自我分析顺序。有关它们的年代问题，已有迪迪埃·安奇厄（Didier Anzieu）的《自我分析》（L'Auto-analyse，巴黎，1959年版）这类基础性研究。弗洛伊德也没有在《梦的解析》中对自己的任何一个梦做出综合性的分析，而是将它们作为构成要素，重构自己的体验，使之成为有意义的个人历史，以证明自己的人生和新科学。

的梦好似一条阿里阿德涅（Ariadne）*的绳子，沿着这条绳子，我们就可以一级级地往下走，到达本能的王国。

在梦的排列中作为 3 个清晰的层面而出现的元素，同时也构成了弗洛伊德在 19 世纪 80 年代所经历的一场毁灭性危机。从职业角度讲，从其生涯初期就一直困扰着他的挫折，终于让他在 1895 年产生了一种近乎绝望的痛苦。弗洛伊德原本打算当一名研究型的科学家，却很早就由于生活穷困而被迫从事医生职业。诚然，他于 1885 年轻松获得奖学金赴巴黎学习，并随后不久即在大学医院任职，从而能够获取到教学与科研用的临床材料。自 1886 年后的 10 年里，他一直在维也纳儿童医院工作，可那里并未给他提供多少机会，更毋庸说声望了。他努力想要提高医院的地位，把它变成大学的教学临床医院，无奈以失败告终。然而，弗洛伊德不得不忍受的最令人难堪的侮辱，还是他不能获得教授职位。在思想上的孤立、职业上的挫败、社会上的不安之外，他总共 17 年的漫长等待时间——医学院的通常标准是 8 年——对他来说似乎是雪上加霜，标记着学术上的失败。[5]

弗洛伊德职业上的不顺有更大的背景，那就是几乎不断的政治危机所产生的沸腾气氛。在 19 世纪的最后 5 年中，奥匈帝国的局势就像一位诗人所说的，"充当了一个小世界，是外面大世界的预演"——预演的是整个欧洲的社会与政治的解体。[6]哈布斯堡帝国的内部在裂缝之处分崩离析，而在国际上，欧洲亦遭此厄运：垂直方向上是民族的纷争，水平方向上则是阶级与意识形态上的分裂。到 19 世纪 90 年代，政治斗争的对阵双方还一直是传

---

*　阿里阿德涅，希腊神话中克里特岛国王米诺斯（Minos）的女儿，她用一根绳子帮助忒修斯杀死了迷宫中的怪物弥诺陶洛斯。——译者注

统的：自由主义对阵保守主义。但是现在社会底层也产生了巨大力量，来抗衡旧有的精英势力。从工人阶级中涌现出了社会主义，从下层中产阶级和农民阶级中出现了恶毒的民族主义与基督教社会主义。维也纳在 1895 年的选举中落入卡尔·卢埃格尔领导的反犹势力手中，对于秉持自由主义文化的人们——不管是不是犹太人——来说，都不啻为一大打击。他们原以为理性与法治的光芒早已驱散种族偏见和民族仇恨的力量，结果在"进步的世纪"行将结束之时，这股力量又以可怕的迅猛之势卷土重来。[7]

从家庭环境、个人信仰和族群归属来看，西格蒙德·弗洛伊德都属于最受新势力威胁的群体，他是维也纳的自由主义犹太人。尽管他不是——或者更确切地说，不再是——一个政治人物，弗洛伊德依然急切地关注着新右派势力在奥地利以及国外的迅速崛起，特别是在发生了"德雷福斯事件"的法国。卡尔·卢埃格尔是他无比痛恨之人（bete noire）；而支持德雷福斯的小说家埃米尔·左拉（Émile Zola）则是他眼里的政治英雄。[8]

弗洛伊德无须专门投身政治才能感受到死灰复燃的反犹主义的冲击，在他已经深受痛苦的专业领域，他也遭到了反犹主义的打击。1897 年之后的危机时期，医学系的犹太人的学术晋升要格外困难。弗洛伊德曾故意以官腔十足的讽刺言语，记录了另一位犹太同事在等待晋升时从一位上级官员那里得到的答复："鉴于当前的公众情绪，有一点无疑确实如此，即就目前而言，（文化部大臣）阁下并不能够……（忽略）教派上的考虑。"[9]

面对自己职业和政治上的挫折，弗洛伊德只得退守到社会与智识领域。他其实是在沿着社会阶梯朝下走，即从他在 19 世纪80 年代即已成功进入的上层医学与学院派知识分子圈，进入一个普通的犹太医生和商人的阶层，这些人就算不能帮助或促进他的科学追求，但也绝对不会影响或阻碍到他。1897 年，弗洛伊德加入犹太人互助组织——反诋毁联合会（B'nai B'rith），这个组织算是一个安全的避难所，在那里他作为一个普通人被人毫无疑问地接受，作为一位科学家毫无异议地受到尊重。[10]

弗洛伊德的外部生活越是陷入困境，他的思想就越是生出翅膀。当时的科学界都把精神现象置于解剖学的范畴里进行研究，可他却着手把两者分离开来。他的想法推测极为大胆，例如他从性欲上来寻找神经疾病病因的理论，这让那些原本可以支持其职业发展的人与之更为疏远。弗洛伊德在思想上的独创性与他在职业上的孤立，这两者可谓互为因果。

弗洛伊德在 19 世纪 90 年代所遇危机的第三个维度是属于个人性质的，以他父亲的去世为中心。他对此的评价是"人的一生中最重要的事情，最痛苦的损失"。不管这个说法的普遍有效性如何，对于弗洛伊德来说，这倒肯定是贴切的。父亲在 1896 年的去世，正值他困顿之时，所以无异于雪上加霜。他所做的梦，以及对这些梦的分析，清楚地表明，他因父亲之死而产生的心理危机，展现为另一种危机，即职业上的失败与政治上的内疚。为了埋葬他父亲的鬼魂，弗洛伊德要么就要像哈姆雷特那样，肯定政治的首要地位，铲除丹麦国内腐烂的东西（一项公民任务），要么通过将政治简化为心理的范畴来消除之（一项智识任务）。

❧ II ❧

我们现在回到《梦的解析》，来看看弗洛伊德的三重危机与他的科学工作是如何相关的。在第二章，该书的第一个实质性章节中，弗洛伊德提出了他的基本分析原则，即梦是愿望的实现。他是通过个人的方式来这么做的，用他自己的一个梦（伊尔玛打针的梦），来构建一种广泛的模型分析。虽然弗洛伊德深知这个梦有多重维度，但他在此处依然从狭义角度来阐释伊尔玛之梦，其根据就是他的困境里的第一个循环：职业挫折与自我疑虑。[11] 在第四章里，弗洛伊德继续完善并重新定义了他的第一个原则："梦是一种受压抑的愿望经过伪装后的实现。"在这里，他又一次选用了自己的梦来示范证明，即蓄着黄胡子的叔父之梦。从其表面看来，这个梦简简单单、荒诞不经，可说是没有传达任何信息。但是对它的分析却让弗洛伊德看到：自己在职业上的雄心受到政治的阻挠，会带来怎样不得体的道德后果。他梦想的愿望是拥有力量，能够把自己职业上所遇的挫折一扫而空。正如他所描述的，梦里含有"当上大臣"的政治愿望，这样就可以铲除竞争对手，稳获教授职位。[12] 这个梦还显示出一个掩饰起来的愿望，那就是要么不做犹太人，要么有能力除掉犹太对手。政治抱负在这里充当起了一种职业上自我实现的手段；或者根据弗洛伊德精神考古学的挖掘来分析，在职业愿望的下面，潜藏着一个更加深层的政治愿望。

为了对支配"叔父之梦"的扭曲原则及隐含于其中的政治愿望进行解释，弗洛伊德适当地引入了政治类比。他认为，在做梦者的心理中，其梦中所思，同"那些要把不愉快的真相告诉当权者的政治作家"所面对的，是一样的问题。假若审查者很强硬，作家就必须"把令人不快的陈述隐藏在一些看似清白的伪装之下"。弗洛伊德坚持认为，就好像统治者和人民这两大社会力量一样，精神力量也分两种。"一种力量构成了梦所表现的愿望，而另一种力量则对这种梦的愿望进行审查，并由此迫使表现出来的愿望面目全非。"上述社会模式为弗洛伊德提供了一个类比，让他把"对于意识'核心本质'的一种明确观点"展现给我们。[13]

从他选取的类比中，以及他对"叔父之梦"的阐释，我们可以看出，19 世纪 90 年代的政治现实如何通过副教授职位一事渗透进弗洛伊德的精神生活。在对伊尔玛之梦的分析中，弗洛伊德只是把个人在职业上的无力感传达给读者，这从显而易见的梦的内容中能够轻易推导出来。而在"叔父之梦"里，他却冲破显性内容的不透明的表面，去发现隐含内容中的政治。在叙述"叔父之梦"的背景时，弗洛伊德说，阻碍其晋升的"教派上的考虑"，其相关消息虽说"对我已不算是什么新闻，但仍令我心生去意"。[14] 对"叔父之梦"的分析有何结论示人，弗洛伊德并未明说，尽管他在清醒时会远离政治，从反犹主义中解放自己的愿望在他的梦里得到了体现。即使在那里，所谓"第二种力量"——代表社会现实的监督审查力量——仍会把做梦者从犹太人命运解放出来的愿望，扭曲成对其犹太人朋友和同事的诋毁和反对。

在他的第三个被详细分析的梦（植物学专著的梦）里，弗洛伊德的父亲也在两段回忆过去的情节里亮相了。这两段情节并未给其性格增添多少光彩。一个情节里，父亲给了儿子一本书让他撕，"从教育的角度看，这可说不大过去！"。另一个情节里，父亲则责怪十几岁的儿子花钱买书太大手大脚。[15] 因此，父亲雅各布·弗洛伊德（Jakob Freud）首先是以一副反知识的强硬姿态在这梦之书中登台亮相的，这大大挫伤了未来的科学家小弗洛伊德——就像后来的政治世界挫伤成年弗洛伊德一样。

凭借来自童年时代的这一发现，弗洛伊德预示了他科学研究的下一个问题，即婴儿期的经历在梦境生活里的重要性。在第五章（题为"童年时期经验作为梦的来源"）中，我们发现，非常具有讽刺意味的是，弗洛伊德把《梦的解析》中大多数重要的政治材料——回忆与梦——都集中在这一章里。在探寻其自己"病态野心"[16]的根源时，弗洛伊德打开了童年与少年时代的记忆大门。与此同时，一股政治洪流也随之涌入。

童年经历，不管受到什么样的普遍性支配，必须在一种特定的文化环境中得以体验。弗洛伊德在自我分析中所复原的便是19世纪60年代在奥地利新胜利的自由主义的体验。他回想起父亲对1867年新上任的自由主义大臣们充满热忱："我们照亮了屋子，以示对他们的敬意。"当他的思绪"从阴郁沉闷的现在回到欢欣鼓舞的民政部时代"时，弗洛伊德回想起"每个用功的犹太学童都在背包里装着一个大臣们的公文夹"。普拉特公园的一位流浪诗人预言，小弗洛伊德日后将成为一名内阁大臣，我们可以料想，这一定令他的父母十分欢喜。[17]事实上，直到高中时代末期，弗洛伊德还计划学习法律，考虑到他父亲的价值观，这无疑是受到了父母的鼓动，这是通向政治生涯的康庄大道。这一雄心又因他最为崇拜的同校好友海因里希·布劳恩（Heinrich Braun）而得到进一步加强。布劳恩当时是一名激进的德国民主党人，日后成了中欧最为杰出的社会主义知识分子之一。[18]

在这样一种清晰而自信的世纪中叶的自由主义的大环境下，弗洛伊德确立了他的政治价值观，并坚守一生：对拿破仑征服落后的中欧这一行为的赞同；对皇室与贵族的蔑视（1897年高中三年级时，弗洛伊德曾骄傲地拒绝向皇帝脱帽致敬）；对英国，特别是伟大的清教徒奥利弗·克伦威尔（Oliver Cromwell）的无限仰慕（性解放者弗洛伊德给自己的次子取名为克伦威尔）；还有最重要的，就是对宗教，尤其是罗马的敌意。

弗洛伊德在梦的分析中恢复了自己少年时代的自由主义热情，又追忆了其光明的政治希望，然后突然将《梦的解析》的读者引向了他的"罗马神经症"。

跟同时代众多有教养的奥地利人一样，弗洛伊德沉醉于古典文化之中。他偶然发现自己作为深层心理学家的工作同考古学家的工作之间的相似之处，原本温和的兴致变为炽热的怀古激情。他贪婪地阅读了雅各布·布克哈特（Jakob Burckhardt）新近出版的《希腊文化史》（History of Greek Culture），书中包含了丰富的原始神话与宗教的资料。他还满怀羡慕地阅读了海因里希·谢里曼（Heinrich Schliemann）的传记，谢里曼发现了特洛伊古城，实现了自己童年时代的夙愿。弗洛伊德开始其广为人知的古董收藏活动，这些藏品很快装饰了他在博格街的办公室。他与维也纳的职业精英、考古学教授伊曼纽尔·洛维（Emanuel Löwy）建立了新的友谊，这在他引退的那段日子尤为少见。"他让我到凌晨三点都毫无倦意，"弗洛伊德在给弗利斯的信中满是欣赏地提到，"他给我讲罗马的东西。"[19]

起初，这个爱好只是为了缓解内心压力，可弗洛伊德很快就发现，自己对罗马的兴趣已经有了神经症的特征。他感到内心有一种无法抗拒的渴望，想要去罗马。当他在 1898 年写作《梦的解析》停滞不前时，唯一能做的就是研究罗马地形，"结果这种渴望越发强烈，让他饱受折磨"。[20]

1895 年至 1898 年，弗洛伊德曾 5 次前往意大利，可从来没到过罗马。某种抑制因素让他退缩了。与此同时，罗马成了他真正意义上的梦中之城。在《梦的解析》里，弗洛伊德共记录了四个罗马之梦，每个梦都似乎以某种形式，暗示了从未达成的救赎或满足。[21] 甚至这些梦的显性内容也意涵丰富。弗洛伊德将天主教罗马的梦中意象，同犹太人的观念和境遇混为一体。在一个梦里，罗马像是"远远望到的应许之地"，暗示弗洛伊德同罗马之间的关系，就如同摩西同以色列的关系一样。尽管弗洛伊德并未明说，可这个景象似乎表达了一个被禁止的愿望：渴望同化到外邦人的世界中，而在他强烈的清醒意识里（哪怕是在梦的审查力量里），这是绝不容许的。他还把罗马等同于卡尔斯巴德，卡尔斯巴德是波希米亚的温泉胜地，也是一座欢愉、休闲、疗养之城；简而言之，是一座世俗的娱乐（再造）*之城和复活之城。在对这个梦的分析当中，弗洛伊德把自己比作一个贫穷、温和的犹太人，一个他很喜爱的意第绪语故事中的人物。由于这个小犹太人没有去往卡尔斯巴德的火车票，乘务员每站都揍他一顿；但是他没有气馁，继续他的苦难之路（via dolorosa，这个表达是弗洛伊德自己的）。于是，摩西–弗洛伊德"远远望到的"以色列–罗马的崇高愿景的卑微的类比，就是小犹太人–基督–弗洛伊德抵达卡尔斯巴德–罗马的苦难之路。第三个梦强化了基督教的主题，不过将之嵌套在了异教的古罗马中。透过车窗，弗洛伊德的视线越过台伯河，看到圣天使堡（Castel Sant' Angelo），它既是一座教宗城堡，也是罗马皇帝的陵寝。让人着急的是，他还没有跨过圣天使桥（Bridge of the Holy Angel）抵达城堡———一个异教被埋葬和基督救赎之地，火车就开走了。

---

* 在英语当中，"娱乐"（recreation）与"再造"（re-creation）是拼法相同的单词，作者在这里系一语双关。——译者注

弗洛伊德并未在《梦的解析》中完全分析这些梦。尽管他意识到，想要去罗马的愿望"在我的梦里已经变成了诸多强烈愿望的一种伪装与象征"，但他只完全透露了其中的一个。在汉尼拔（Hannibal）*身上，他找到了线索："跟他一样，我已命中注定无缘得见罗马。"[22] 这一想法导致弗洛伊德复原了童年时的一幕场景，从中找到了其罗马神经症的部分根源。在这一场景中，政治义务与俄狄浦斯冲动汇聚到了一起。

当弗洛伊德 10 岁或 12 岁时（1866 年或 1868 年），他的父亲就试图向他证明，自由主义的胜利如何改善了犹太人的命运。他告诉儿子，自己早年怎样受到一个反犹恶棍（弗洛伊德直接称之为"一名基督徒"）的公然侮辱。经过询问，弗洛伊德得知父亲对侮辱行为既没有抗议也没有抵抗。小弗洛伊德对父亲的"怯懦表现"深感愤慨。他把自己的处境同另一个"更切合我的感受"的处境进行了对比，即"汉尼拔的父亲……让儿子在家族祭坛前发誓向罗马人复仇"的场景。[23]

"向罗马人复仇"，这既是誓言，也是计划。而作为计划，它既是政治的，也有孝顺的一面。与弗洛伊德同时代的其他伟大而富有创造力的维也纳人中，绝大多数反抗父辈的具体的历史表现形态，就是摒弃自己父辈的自由主义信条。因此，古斯塔夫·马勒和胡戈·冯·霍夫曼斯塔尔都转而拥抱巴洛克式天主教的传统中。弗洛伊德却并未如此，至少未曾有意如此。他对自己的俄狄浦斯立场所做的界定，就是实现父亲接受却无力捍卫的自由主义

---

* 汉尼拔·巴卡（Hannibal Barca，前 247—前 183），迦太基统帅，著名军事家，曾在第二次布匿战争期间多次击败罗马军队，但始终未能攻占罗马城。——译者注

信条，来战胜他的父亲。作为"闪米特人将军"的弗洛伊德–汉尼拔，将会进攻罗马，为羸弱的父亲报仇，而罗马则象征着"天主教会组织"以及支持它的哈布斯堡政权。* 24

当然，我们立刻注意到，19 世纪 60 年代的男孩弗洛伊德眼中的罗马城——令人却步、充满敌意、充满官僚作风——跟 19 世纪 90 年代的成年弗洛伊德所魂牵梦萦的罗马城可谓大相径庭。前者是仇恨的对象，需要被征服的敌人，而后者则是渴望的目标，让人希冀、想要与之爱恋。关于两者的区别或关联，弗洛伊德并未直言。但他在回顾一位德国古典作家的问题时，提供了一个线索，问题是："这两个（人），哪一个在制订了去罗马的计划之后，从事起研究来更有干劲？是温克尔曼**，还是汉尼拔？"弗洛伊德毫不犹豫地认为是汉尼拔，并想要步其失败的后尘。"跟他一样，我命中注定无缘得见罗马。" 25 弗洛伊德在这里向我们隐瞒了一个重要的事实（假如他没有对自己隐瞒的话），这个事实关乎他作为科学家以及作为人子的政治罪恶感问题。罗马在他成熟的梦境与渴

---

* 就广义而言，哈布斯堡帝国对弗洛伊德在少年时代敌视基督教产生了一定作用，这从他将汉尼拔和拿破仑相提并论即可以看出——"两人都越过了阿尔卑斯山"——另有他对拿破仑麾下的马塞纳（Masséna）元帅的个人崇拜亦可为证。小弗洛伊德是从《执政府与帝国的历史》（*History of the Consulate and the Empire*）中了解到后者的，该书是"当我学会读书时最早拿到手的书之一"。弗洛伊德曾误以为，早自己出生 100 年的马塞纳是个犹太人，在遇到汉尼拔之前，马塞纳是其"声称的最爱"。马塞纳不仅在意大利对抗天主教势力，还占领了维也纳，并将指挥部设在了利奥波德市（Leopoldstadt），此地后来成了弗洛伊德长大的犹太隔都。

** 约翰·约阿希姆·温克尔曼（Johann Joachim Winckelmann，1717—1768），德国（普鲁士时期）考古学家与艺术史学家，对日后的美学理论有深远影响。有关温克尔曼，本书随后亦有介绍。——译者注

望中明显是一个喜爱对象。[26] 它不是汉尼拔的罗马，而是 18 世纪伟大的考古学家和艺术史学家约翰·约阿希姆·温克尔曼的罗马。温克尔曼热爱作为欧洲文化母亲的罗马。为了进入罗马城，追求自己（作为教宗的管书员）对古典遗风的挚爱，新教徒温克尔曼克服了内心顾虑，皈依天主教。为了科学，为了对罗马的"知性之爱"（amor intellectualis），他征服了自己的良知。*

温克尔曼还是汉尼拔？科学家还是政治家？弗洛伊德曾在 1873 年面临过这一选择，当时还在念高中的他改变了自己的职业

---

* 温克尔曼写道："正是出于对科学的挚爱，而且也只因为这份爱，才能够让我倾听给我的建议。"引自卡尔·朱斯蒂（Carl Justi），《温克尔曼与他的同时代者》（*Winckelmann und seine Zeitgenossen*，第 5 版，科隆，1956 年版），第 1 页，第 371 页。这部经典传记的第 1 版是在弗洛伊德的高中时代出现的。第 2 版则出版于 1898 年，当时正值弗洛伊德最迷恋考古学，他重新开始了对梦（包括罗马之梦）的解析工作。从朱斯蒂所写的传记中，我们能够看出温克尔曼与弗洛伊德的生活和思想立场有着惊人的类似：生活贫穷，对自己身处社会低层非常敏感，无法找到适宜的思想定位或充分的职业认可，与同性恋关系密切，痛恨政治上的专制，对有组织的宗教心存敌意，再就是 40 岁时的创作力危机，并由此导致崭新的革命性的"第一部作品"诞生。以上大多数特征，都在歌德 1805 年那篇颇有见地的文章《温克尔曼》（"Winckelmann"）中出现，收入爱德华·冯·德·海伦（Eduard von der Hellen）编，《歌德全集》（*Goethes Werke*，斯图加特，1922 年版），第 15 卷，第 65—93 页。赫德在其更富浪漫主义思想的文章《纪念约翰·温克尔曼》（"Denkmal Johann Winckelmann"）中，称赞温克尔曼在偏见盛行、统治者愚昧的年代，不失为一位平舒坚忍的科学英雄，收入伯恩哈德·苏潘（Bernhard Suphan）编，《赫德全集》（*Herders Sämtliche Werke*，柏林，1892 年版），第 8 卷，第 437—483 页。弗洛伊德在这篇文章当中，甚至比歌德那篇文章更加清楚地看到自己的影子。虽然弗洛伊德对德国古典文化造诣颇深，可我并不能确定他是否读过上述作品，但是汉尼拔-温克尔曼的对比在其分析中至关重要，这说明他确实熟知温克尔曼的性格与目标。

规划。歌德对大自然母亲的情色般的描写令年轻的弗洛伊德如痴如醉，于是他决定进大学研究科学，而不是法律，因此步的是科学家温克尔曼的后尘——像弗洛伊德一样，他是一位"软"科学家*。如此一来，弗洛伊德也就放弃了汉尼拔的政治使命。

如弗洛伊德所言，在 19 世纪 90 年代，"反犹主义运动对我们的情感生活造成的影响越来越大，这有助于我修正早年的想法和感受"。[27] 汉尼拔和他父亲的鬼魂再次显现，召唤他"向罗马人复仇"。他们阻止了弗洛伊德选择通往温克尔曼的罗马的道路——欢愉、母性、社会同化、愿望实现的罗马。科学必须打败政治，埋葬父亲的鬼魂。

❯❯ Ⅲ ❮❮

在所谓"革命之梦"的帮助之下，弗洛伊德实现了这些目标。他论证了这样的原则，即童年时的愿望是梦的意义的根本决定因素，而对革命之梦的描述与分析，则在他的论证中占据着十分关键的地位。[28]

革命之梦是弗洛伊德在 1898 年 8 月做的——这是一个政治问题悬而未决的时期。在那年冬天捷克人与德意志人之间的暴力冲突之后（尤其是在大学里），棘手的语言权问题依然没有解决。议会仍旧瘫痪，这是因为德意志各派系拒绝放弃阻挠议程的

---

* 这里所用的"软"（soft）字，来自"软科学"（soft science）一词，大致对应着社会科学，与对应自然科学的"硬科学"（hard science）相对。——译者注

策略，除非政府真的能够废除照顾捷克人的语言法案。加利西亚地区在 6 月爆发了针对犹太人的暴力事件。除了以上困难，还有另外一个恼人的尖锐问题，就是如何对 1867 年协议进行更新，调整这个二元君主国中奥地利和匈牙利两部分之间的经济与财政关系。

弗朗茨·图恩（Franz Thun）伯爵自 1898 年 3 月 7 日起担任奥地利首相，整个夏天，他都在组织奥地利和匈牙利双方内阁就初步协议进行谈判——谈判必须考虑德意志和匈牙利民族主义者在各自议会中进行抵制的可能性。图恩本人就是一个大贵族、大地主、波希米亚上层贵族党派的首领；简言之，就是一个旧派的封建政治官僚。*虽然他开始准备与德意志人达成妥协，但是很快在对方的侵略性的驱使下，对他们采取强硬措施，于是很快成为他们强烈仇恨的目标。[29] 这就是弗洛伊德革命之梦中的主要反面人物。

具有讽刺意味的是，瘫痪与混乱的 1898 年，同时也是弗朗茨·约瑟夫皇帝登基 50 周年纪念。由于皇帝就是在 1848 年革命时掌权的，所以当年的那场动乱，自然又浮现在民众的心头和弗洛伊德的意识里。[30]

在做革命之梦的当天，弗洛伊德正要与家人一起去奥斯湖区度假。[31] 当他在维也纳西站等车时，认出了正在走上月台的图恩伯爵。弗洛伊德猜得没错，伯爵正要赶往皇帝位于伊舒尔的夏日寝宫，当时那里正在制定初步的奥匈经济协定，即所谓的"伊舒尔条款"。从派头来看，跟其政治观点一样，图恩伯爵是一个"彻头彻尾的封建领主"。"他又高又瘦，穿着精致高雅，

---

* 弗朗茨·图恩（生于 1847 年），是利奥·图恩（生于 1811 年）的侄子，后者曾担任文化部大臣，并推行了教育改革和大学改革。

（看起来）更像个英国人，而不像波希米亚人，"他的一个下属回忆说，"他的单片眼镜从不离眼。"[32] 现在，伯爵走过车门，展现出贵族才有的沉着自若。虽然没有车票，但他挥手示意检票员闪到一边去，径直进了一个豪华车厢。弗洛伊德本就对贵族满心憎恨，首相此举的专横无礼更是让他愤怒不已，于是吹起了莫扎特《费加罗的婚礼》（*Marriage of Figaro*）中的一段捣乱的曲子："如果伯爵想要跳舞，我就来给他伴奏。"

　　火车上做的梦带有此次偶遇以及由此引发的情绪的印记。它浓缩了弗洛伊德当时的政治情感，以及他过去的政治经历、历史场景和意象。在梦的开场，弗洛伊德发现自己身处一个大学生聚会上，图恩伯爵［或者是他的保守派前任塔弗伯爵（Count Taaffe）］正在贬低德意志民族主义。这位贵族老爷用一种轻蔑的方式，将德意志民族主义的象征之花斥为残花败柳、小马蹄子（德语为 Huflattich），这番措辞让弗洛伊德觉得太过狂傲；简言之，讲话人等于是在暗示，德意志学生的好斗性根本不值一提。令弗洛伊德自己都感到惊讶的是，他居然愤然起身，抗议首相的轻蔑言论。在分析这一幕时，他认为自己当时就是医学院学生领袖阿道夫·菲施霍夫（Adolf Fischhof），此人在大学里协助发动了 1848 年革命，将革命推向更大的政治舞台。*弗洛伊德在梦里还发现另外一位犹太人的医学政治家——他以前的同学维克

---

*　跟弗洛伊德一样，菲施霍夫也是一个贫穷的摩拉维亚犹太人。他成为医生，是因为在 1848 年之前，根本就没有别的专业课程向犹太族裔开放。当革命爆发时，菲施霍夫正担任维也纳皇家总医院的实习医师（Sekundararzt），后来弗洛伊德亦担任此职。参见理查德·查玛茨（Richard Charmatz）著，《阿道夫·菲施霍夫》（*Adolf Fischhof*，斯图加特，1910 年版），第 14 页，第 17—31 页。

多·阿德勒。1898 年，阿德勒已是奥地利社会民主党的领导人。在分析革命之梦时，弗洛伊德回忆起，在 19 世纪 70 年代，两人同属一家德意志民族主义学生团体，自己当时曾违抗过阿德勒，而且对他怀有很强的嫉妒和敌意。[33] 菲施霍夫和阿德勒两人都显示出犹太人医生照样也可以成为政治领袖——而弗洛伊德在解释自己的职业选择时，几乎完全否定了这种可能性。* [34] 尽管弗洛伊德在梦中想象出自己长期受压抑的政治愿望，并通过分析，挖掘出证明自己年轻时的政治梦想的确属实的人物，但他依然避免将这些片段整合起来让读者看到，极有可能也不愿让自己看到。

在梦中的情节里，在冲着首相大发怒火之后，弗洛伊德突然离开了这个政治场景。他经由大学的礼堂（也就是学术界）退了出来。逃到街上之后，他企图离开城市，去一个"没有宫廷驻扎"的目的地。于是最后的场景就是火车站，即他醒着时一切刚开始的那个场景。其中的弗洛伊德发现自己跟一位盲人在月台上，他在后来的分析中认出，此人其实是他垂死的父亲。弗洛伊德为这个无助的老人提着尿壶，心中知道检票员会转过脸去。梦到此即结束。

凭借这一场景，梦已发挥了消除政治冲动与政治负罪感的作用。在做梦之前，弗洛伊德在月台上就已经直面过大权在握的图恩伯爵，就像革命前的费加罗，心怀破坏之意，想要为伯爵伴奏。当时他在政治上的无能为力和满怀怨恨的处境牢牢支配着他醒时的幻想。而在梦里，通过蔑视伯爵，他把自己年轻时代反对独裁的政治能动性全都发泄了出来，这也是他欠父亲的未偿债务。

---

* "如果从医的话，当大臣就彻底没有可能了。"弗洛伊德在 1873 年决定放弃法律专业时如是说。

现代读者很容易忽视弗洛伊德向当时的人们展现革命之梦（及其白日前奏）时的大胆——半是紧张，半是勇敢。毕竟，弗洛伊德在 1899 年 9 月初将其终稿的最后几页交给印刷厂时，图恩仍然是政府首脑。在这场梦里，也是他对政治的最后一次爆发性的挥别中，弗洛伊德作为代表自由主义科学的大卫出阵交战，对手则是一个真实的政治歌利亚——现任首相。他把自己的政治和社会情感十分明确地展示了出来。可不管是在车站月台上，还是在梦里面，小犹太医生与瘦高挑儿贵族之间的碰面，都似乎是一种堂吉诃德式的对决，既英勇豪壮又愚蠢可笑。通过分析，弗洛伊德在其中找到的，与其说是他的公民勇气，不如说是一种"荒唐的自大狂，这种情绪在我的清醒生活中长期受到了压抑"。[35]弗洛伊德对阵图恩，这场奇怪的相遇只是将其浮出水面而已。

无论是梦本身，还是弗洛伊德对它的解读，都不是对某个特定政治立场的肯定或否定，甚至也不是对图恩伯爵的肯定或否定。当弗洛伊德看到自己在梦里既蔑视贵族权威（图恩-塔弗），又反对社会主义权威（比他年长也比他勇敢的兄长阿德勒）时，他暗示了自己的意识形态。在月台上，濒死的父亲替代了活着的伯爵，于是"政治"问题便在这最后一幕中得到了消解。在这里，逃离政治，穿过大学，最后皈依科学，开始行医，都找到了充分的理由。就像普拉特公园里的那位先知所预言的，弗洛伊德终于成为"大臣"——但不是政治意义上的大臣，而是医学意义上的，照料他垂死的父亲 *。所以，他已不是将军汉尼拔，而是科学家温克尔曼。

---

* 在英语当中，"大臣"（minister）与"照料"（minister to）是同一单词，作者在这里系一语双关。——译者注

弗洛伊德对革命之梦的解释是什么？令人侧目的是，他忽略了"逃离政治"这个在梦的情节与外在内容里都非常显眼的部分。相反，他把分析的重点放在车站月台的最后一幕上，在他看来，整个革命之梦的基本意义都来自这一场景。弗洛伊德回忆起童年时代父亲训斥他撒尿的两段情节。在其中一段里，他终于找到了自己"病态野心"的童年根源，这一野心在他的青年时代转移到了政治领域，在他的成年时代又转移到了职业领域。在那个场景中，小弗洛伊德"无视谦逊定下的规矩"，当着父母的面撒尿。感情麻木的父亲对他大加责怪，还诅咒般地预言说："这孩子以后肯定一事无成。"在革命之梦的末尾，长大后的弗洛伊德博士扭转了这种局面。不是强大的父亲责骂弱小的儿子撒尿，而是强壮的儿子帮助羸弱的父亲撒尿。弗洛伊德评论道："仿佛我想要说：'你看，我还是能做成点事情的。'"思想上的报复在这里针对的不是罗马，不是图恩伯爵，而是父亲。随着父亲在车站月台上代替了首相，弑父也就取代了政治。

难道这不也同时说明了别的问题，即向政治自身进行报复吗？弗洛伊德在脚注中明确表明了这一点，他把对父亲的胜利同自己对政治的胜利挂起钩来：

> 梦里所有叛逆性的内容，包括冒犯君王、藐视上层威权，到头来都是对我父亲的叛逆。君主通常被视为其国家的父亲；父亲是最老的、最早的权威，对孩子来说，也是唯一的权威，在人类文明的历史中，其他的社会权威，都是从他的专制权力中发展出来的。[36]

在本段文字里，弗洛伊德已隐约勾勒出他成熟的政治理论，其核心原则是所有的政治都可以简化为父子之间的原始冲突。[37]而革命之梦在其场景中奇迹般地包含有这一结论：从政治遭遇，经过逃入学术界，到最后战胜代替图恩伯爵的父亲。弑父取代了弑君；精神分析战胜了历史。政治被反政治的心理学消解了。

"知识使人自由"曾经是奥地利自由主义的伟大口号。弗洛伊德没有像 1848 年的阿道夫·菲施霍夫或 1898 年的维克多·阿德勒那样，作为一名革命医生向父亲还债。相反，弗洛伊德会作为一名科学解放者向父亲还债。通过其反政治的发现，弗洛伊德解除了汉尼拔的誓言，他发现婴儿经历在决定人类行为上占据首位。凭着这一发现，一条通往罗马的新大道在眼前展开。

❧ IV ❧

在动身前往罗马之前，弗洛伊德还有两件任务必须完成，这都是他在革命之梦里战胜政治与父亲之后留待处理的工作。他必须把父亲的亡灵送到一个合适的瓦尔哈拉神殿（Valhalla）*去，他必须把自己的个人经历作为一项科学发现而普遍化。他凭借一个匈牙利之梦，解决了第一个任务，又凭借底比斯的神话完成了第二个。

匈牙利之梦肯定是在 1898 年 10 月之后的某个时间做的，当时图恩公爵仍在为把帝国的两部分——奥地利和匈牙利——联合

---

* 瓦尔哈拉神殿：原指北欧神话中，主神兼死亡之神奥丁（Odin）接待英灵的殿堂，本书作者在这里使用该词泛指此类的名人堂。——译者注

到一起而绞尽脑汁地思考。在双方政府同意伊舒尔条款（这是图恩伯爵从中斡旋的成果）后，匈牙利民族主义者发动叛乱。2 月，他们仿效帝国议会里的德意志人，在议会里蓄意阻挠，将草签协议的政府彻底推翻。[38] 正是在这种形势下，弗洛伊德在梦中赋予了父亲和平缔造者的重要角色。他将自己的梦记录如下：

> 我的父亲死后在马扎尔人当中发挥了重要的政治作用，在政治上把他们联合到一起。我在这里看到了一个微小而模糊的画面：一群人似乎是在帝国议会里；有个人站在一两个凳子上，其他人将他围住。我还记得他在临终前多么像加里波第*，我为此高兴，因为诺言已经成真。[39]

诺言的确成真！在弗洛伊德的父亲身上，综合了奥地利-德意志自由派反对哈布斯堡的两大传统联盟：意大利和匈牙利的民族主义者。作为加里波第，弗洛伊德之父是现代汉尼拔，一位民粹主义的政治-军事英雄，但也没能（在 1867 年从教宗手中）夺取罗马。而作为匈牙利领袖的雅各布·弗洛伊德接替了大臣的位置，解决不久后导致图恩伯爵下台的匈牙利问题。

作为议长，父亲雅各布·弗洛伊德还要调解毫不让步的匈牙利人，他还成功弥补了西格蒙德年轻时的失败。在梦里，除了贬低他父亲的各种因素，弗洛伊德还发现了这样一种愿望，即父亲死后在孩子面前变得"形象高大、清白无瑕"。对父亲的神化应当具有政治性的这一事实，弗洛伊德未加评论。不过梦的主旨已经

---

* 朱塞佩·加里波第（Giuseppe Garibaldi，1807—1882），意大利军事家，意大利统一运动的领袖。——译者注

再清楚不过了：作为一个成功的父亲，加里波第-弗洛伊德在匈牙利的所为使儿子的政治追求已无必要，同时也将 1868 年的债务一笔勾销。

弗洛伊德开启通往罗马之路的第二个任务是职业上的，他需要从他在革命之梦中发现的弑父冲动的体验中，得出理论上的结论。他通过辨认一个神话原型，俄狄浦斯的神话，来阐释他的发现，即"希望父母死亡的愿望可以追溯到童年最早期的经历"。[40]他借用了俄狄浦斯神话的方式，让蕴含其中的性维度显露了出来。如此一来，他把梦的解析工作在整体上又向前推进了一步，从个人的婴儿体验（他追溯婴儿期是为了揭示自己的政治遭遇）扩展到整个人类的童年时代。在《梦的解析》中，神话层面是最深的一层，在那里，无意识的个人体验被埋置在原始人类普遍的原型体验中。在这里，个人的历史汇入非历史的集体当中。

我们无法在这里讨论俄狄浦斯传说对于弗洛伊德的思想或《梦的解析》的结构到底有什么意义。我们只提一下，弗洛伊德处理俄狄浦斯中的特别的一点，这涉及消解政治。与尼采和其他现代哲学家一样，在弗洛伊德眼中，俄狄浦斯的追求是一种道德与思想上的追求：摆脱命运并认识自我。但在希腊人看来这并非如此。在索福克勒斯（Sophocles）的剧作《俄狄浦斯王》（Oedipus Rex）中，帝王主人公受政治义务的驱使，去驱除底比斯的瘟疫，若不是从"公共事务"（res publica）的角度来看，这部剧根本就是无法想象的。尽管俄狄浦斯的罪过是个人的，可他发现罪过的探索过程以及他的自我惩罚都属于公共事务，也是恢复公共秩序所必需的。而弗洛伊德的俄狄浦斯不是什么"王"，而是一个追寻其自我身份与意义的思想家。通过把政治分解成个人的心理范畴，他恢复的是个人秩序，而非社会秩序。弗洛伊德博士任由底比斯继续在政治瘟疫中备受煎熬，而在匈牙利之梦里，他将自己被杀的父亲的灵魂提升到了君主的地位。

那么对于汉尼拔-弗洛伊德、费加罗-弗洛伊德，以及在革命之梦中挑战伯爵的弗洛伊德，难道就没什么可做的事了吗？扉页上的拉丁题字讲出了答案："如果我不能改变天神的意志，我将去发动地狱 *（Flectere si nequeo superos, Acheronta movebo）。"这番引自维吉尔的《埃涅阿斯纪》（Aeneid）的话语，出自朱诺（Juno）之口，她是闪米特人狄多（Dido）的神圣守护者，帮助后者对付罗马的建立者埃涅阿斯（Aeneas）。由于未能说服朱庇特（Jupiter）让埃涅阿斯娶狄多为妻（"不能改变天神的意志"），朱诺从冥界招来司复仇的三女神之一阿勒克图（Allecto），让她在埃涅阿斯的联军营地里撒播火热的性欲和好斗的情绪。维吉尔把阿勒克图的形象刻画得十分可怖——是一个蛇发女妖一般，具有男性气质的女人，"黑衣黑脸，头上冒出无数小蛇"，完全是一个双性的恶魔。[41] 弗洛伊德在书中另一处重要的地方再次引用了朱诺的话，希望指出自己对梦的研究的整体意义。在重复了这段引文之后，他说："梦的解析是通向理解心灵中潜意识活动的康庄大道。"在脚注处，他又补充道："这句诗（传说）意在描绘被压抑的本能的冲动的努力。"[42]

弗洛伊德并不是第一个把朱诺要发动地狱威胁用作颠覆性作品的题词的人。我们循着线索再次回到政治上来，这一次要讨论的是社会主义者费迪南德·拉萨尔（Ferdinand Lassalle）。[43] 拉

---

* 引用杨周涵译文。——译者注

萨尔最出色的小册子之一《意大利战争与普鲁士的使命》(*The Italian War and the Task of Prussia*, 1859)，扉页上也带有这句话：如果我不能改变天神的意志，我将去发动地狱。1899 年 7 月 17 日，弗洛伊德写信给弗利斯说，他已经选择了这句话来作为《梦的解析》的题词。同一封信里，他又单独提到，他将会带上"拉萨尔的书"以供夏日度假时阅读。[44] 弗洛伊德非常熟悉《埃涅阿斯纪》，他无须通过拉萨尔来发现这几句题在扉页上的话语。[45] 不过拉萨尔的小册子同弗洛伊德的贯注（他年轻时对政治的偏好，以及他在 19 世纪 90 年代的政治焦虑）之间具有很强的对应关系，因此很可能弗洛伊德确实读过拉萨尔。《意大利战争与普鲁士的使命》中的很多主题和看法，我们在《梦的解析》里也能看到：痛恨作为反动派重镇的天主教罗马和哈布斯堡；将加里波第同匈牙利人视为自由主义的倡导者联系到一起；最后，拥护德意志民族感情、反对奥地利贵族，正如弗洛伊德同图恩伯爵在梦中的对抗。[46] 在思想策略上还有进一步的相似之处。拉萨尔摆弄的也是被压抑的力量，是人民的革命力量。这就是他为自己的小册子选择维吉尔的那句话作为题词的原因。在册子里，拉萨尔按照朱诺的方式，试图说服普鲁士的"达官显贵"领导德意志人民，与意大利人结盟，投入反抗哈布斯堡政权的民族统一战争中。然而在他的主张背后，却隐藏着一个威胁：万一普鲁士不采取行动，其统治者就会痛苦地看到"权力［真正］是在舆论的哪个层次上"。拉萨尔使用了民族革命的潜在力量，通过搅动政治的地狱，来威胁"那些上面人"。[47] 弗洛伊德会发现，借用拉萨尔的引文并非难事，通过让被压抑者从政治领域回到心灵领域，来转移颠覆性的暗示。

　　弗洛伊德的梦之内容，经常能将其他迹象只能隐约表明存在的各种关系予以证实。在一个有关拉萨尔的梦里，[48] 对于精神分析优先于政治（他对拉萨尔题词的使用暗含此意），弗洛伊德实际上是在颂扬。拉萨尔和另一位德意志犹太政治领袖爱德华·拉斯克尔（Eduard Lasker），为做梦的弗洛伊德提供了一种象征性的致命力量。在对这个梦的解析中，弗洛伊德颇为典型地忽视了一个事实，即这两个信息的物质载体都是政治家。他把两人仅仅归为"有才华之人"。两人都"为了一个女人而悲伤"，因此表现出"由性所导致的"伤害（拉斯克尔是器官上的，而拉萨尔是神经上的）。弗洛伊德在梦中也证实了自己的恐惧，如同是一种警示，他害怕自己作为一个"有才华之人"，会为了一个女人而哀伤。在梦中，弗洛伊德还凭借对神经症的临床了解，克服了他自己面临的性诱惑的力量，而那两位犹太政治家却被毁了。在我们看来，这个梦似乎是在说，性比政治还要强大，但是科学却可以控制性。*

弗洛伊德的地狱是"被压抑的本能冲动"，而拉萨尔的地狱是"愤怒的民众要发动"，这对于那些政治当权者来说，无疑具有颠覆的含义。在《梦的解析》的最后几页，弗洛伊德费尽苦心要减轻这一发现所引起的恐惧。他再一次选择了罗马的传说为例子：

> 我觉得，罗马皇帝仅仅因为一个臣民梦见刺杀皇帝就把他处死，这是不对的……我们应该铭记柏拉图的那句名言：恶人在现实中的所为，善良的人若只在梦中才会有，就该感到满足了。所以我认为，梦最好得到宽恕。[49]

---

* 这个梦叫作"Autodidasker"，取自里面的这个单词（也是梦的外在内容）。

弗洛伊德是有资格讲这番话的，对于"那些上面人"，朱诺的威胁或许会让他们警觉，而弗洛伊德的这番话却传递出一种安慰之意。通过梦的分析，对自己过去的政治经历进行发掘，他把他的政治义务与冲动，同自己的父亲挂起钩来，把这些义务与冲动归结成是父亲鬼魂的属性，由此克服了过去的经历。

汉尼拔誓言的魔咒被打破了。在《梦的解析》里完成了自己的理论工作与自我分析后，弗洛伊德在1901年，父亲死后将近5年，终于踏入了这座"永恒之城"，不是为了"向罗马人复仇"，而是作为一名智识朝圣者和心理考古学家，沿着温克尔曼的足迹而来的。他写道："于我而言，这是一段难以抗拒的经历，正如你所知，这也是长期夙愿的实现。同时（也）有些许的失望。"弗洛伊德描述了自己对三个罗马的不同反应：第三个，现代的罗马，"充满希望，惹人喜爱"。第二个，天主教的罗马，以其"拯救的谎言"而"让人不安"，让他"无法将我自己的痛苦和所有其他的痛苦从脑海中抹去"。只有古代的罗马深深地打动了他："我甚至想要对密涅瓦神庙里的残垣断壁顶礼膜拜。"[50]

对于自己想要朝拜密涅瓦神庙的废墟的冲动，弗洛伊德想过其中的意义吗？就像朱诺那恶魔般的复仇女神阿勒克图——弗洛伊德在自己书的扉页中已经引用过——密涅瓦也是一个双性的女神。不过朱诺召唤来的有着男性气质的女神，散播着恐怖，对抗罗马城的建立者，而那位处女女神则是公民秩序的守护者，用她的利矛、蛇形的护胸铁甲，以及上面有着戈耳工的盾牌，来击退城邦的敌人。1902年，弗洛伊德到罗马拜访其神庙之后不久，期待已久的密涅瓦雕像也终于竖立在维也纳的议会大厦前方，它象征了理性政策中的自由主义信仰。密涅瓦的智慧是一种特殊的智慧，它让人甘心接受朱庇特，甘心接受必要性的结构和权力的现实。

在本章开头的那封信里，弗洛伊德仿佛挖苦般地庆贺自己晋升为副教授，将之自嘲为一场政治上的胜利。我们现在可以看出，他的幽默比表面显露出来的还要苦涩一些。职位晋升可谓个人及职业上的胜利，然而为此付出的道德代价也很高。这是因为弗洛伊德不得不违背自己的良心，依靠在奥地利被称为"庇佑"的东西，即需要社会上有影响力的人出面相助，来保证他的个人晋升。*

> 事实上这是我自己所为。从罗马回来之后，我对生活的渴望与日俱增，而对殉道受苦的热情却日渐冷却。……因此我下定决心，放弃自己良心上的顾忌，采取适当措施……人必须找寻自己的救赎之路，而我选择的救赎之路，就是教授职位。[51]

精神分析的发现是卓越、孤独、痛苦的，它让弗洛伊德得以克服自己的罗马神经症，跪拜密涅瓦神庙的废墟，并使自己的学术地位合法化，因此可说是一次反政治的巨大胜利。弗洛伊德把自己政治上的过去与现在简化为一种关于父子原始冲突的附带现象，以此为自由主义同行们提供了一种有关人类与社会的非历史理论，该理论让一个脱离轨道、无法驾驭的政治世界变得可以忍受。

---

* 有关这一努力是如何把弗洛伊德的命运牵连进现代奥地利艺术政治中的，请见后文。

注释

1.　请见弗洛伊德给弗利斯的信，1902 年 3 月 11 日，收入西格蒙德·弗洛伊德（Sigmund Freud）著，《精神分析的起源：给威廉·弗利斯的信件，草稿与注释：1887—1902》（*The Origins of Psycho-analysis: Letters to Wilhelm Fliess, Drafts and Notes, 1887–1902*），玛丽·波拿巴（Marie Bonaparte）、安娜·弗洛伊德（Anna Freud）、恩斯特·克里斯（Ernst Kris）编，埃里克·莫斯巴切（Eric Mosbacher）、詹姆斯·斯特雷奇（James Strachey）译（纽约，1954 年版），第 344 页。

2.　开头的话原是出自弗洛伊德最喜爱的讽刺作家利希滕贝格尔（J. G. Lichtenberger）笔下的歌德之口。弗洛伊德在《精神分析学入门讲稿》（*Introductory Lectures on Psycho-analysis*，1915—1916）中颇为赞许地加以引用，该讲稿收入詹姆斯·斯特雷奇（James Strachey）等编译，《西格蒙德·弗洛伊德心理学全集之标准版》（*The Standard Edition of the Complete Psychological Works of Sigmund Freud*，以下简称《标准版》，伦敦，1953—1964 年版），第 15 卷，第 38 页；《梦的解析》（*The Interpretation of Dreams*，1900），收入《标准版》，第 6 卷，第 121 页。关于整个问题，请参见《玩笑及其与无意识的关系》（*Jokes and Their Relation to the Unconscious*，1905），收入《标准版》，第 8 卷，散见书中各处。

3.　弗洛伊德著，《起源》，第 342 页，第 344 页。

4.　弗洛伊德著，《梦的解析》，《标准版》，第 4 卷，xxvi 页。

5.　对于弗洛伊德行医和学术生涯的进展步伐之缓慢，相关的事实与解释向来是一个激烈争论的话题。有的试图为奥地利的学术与官僚当局辩护，认为所谓对弗洛伊德存在敌意、不公或偏见的指控并不属实，这当中最为全面（同时也常常是引证十分丰富）的当数约瑟夫（Joseph）与雷内·吉克尔霍恩（René Gicklhorn）著，《西格蒙德·弗洛伊德的学术历程》（*Sigmund Freuds akademische Laufbahn*，维也纳，1960 年版）。库尔特·艾斯勒（Kurt R. Eissler）则在其著作《西格蒙德·弗洛伊德与维也纳大学》（*Sigmund Freud und die Wiener Universität*，伯尔尼，1966 年版）中，对其反面论述做了进一步的翔实研究，提出有利于弗洛伊德的观点，从而扭转了天平。有关弗洛伊德等待教授职位的时间长度，请重点参见后者，第 24—25 页，第 181—183 页。

6. 原文为："Dies Oesterreich ist eine kleine Welt,/ In der die grosse ihre Probe hält"。弗里德里希·黑贝尔（Friedrich Hebbel）作，引自海因里希·贝尼迪克特编，《奥地利共和国史》（*Geschichte der Republik Oesterreich*，慕尼黑，1954 年版），第 14 页。

7. 有关垂直方向的（民族性）解体，罗伯特·卡恩（Robert A. Kann）著《多民族的帝国》（*The Multinational Empire*，纽约，1950 年版）是最为坚实的综合性调查。伯尔托德·萨特（Berthold Sutter）在《1897 年巴登邦的语言法令》（*Die Badenischen Sprachverordnungen von 1897*，格拉茨-科隆，1965 年版）中集中探讨了 19 世纪 90 年代末期的民族危机。有关新右派反犹势力的崛起，请参见普尔策（P. G. J. Pulzer）著，《德奥反犹主义的兴起》（*The Rise of Anti-Semitism in Germany and Austria*，纽约，1964 年版）。

8. 弗洛伊德给弗利斯的信，1895 年 9 月 23 日，1895 年 11 月 8 日，1898 年 2 月 9 日，收入弗洛伊德著，《起源》，第 124 页，第 133 页，第 245 页；欧内斯特·琼斯著，《西格蒙德·弗洛伊德的生平与作品》（*The Life and Work of Sigmund Freud*，纽约，1953—1957 年版），第 1 卷，第 392—393 页。

9. 弗洛伊德著，《梦的解析》，《标准版》，第 4 卷，第 137 页。

10. 弗洛伊德给弗利斯的信，1902 年 12 月 12 日，《起源》，第 237 页。弗洛伊德著，《对反诋毁联合会的演讲》（"Address to the Society of B'nai B'rith"，1926 年），《标准版》，第 20 卷，第 273—274 页。根据弗洛伊德本人暗示，以及《标准版》编辑的说法，他加入反诋毁联合会的时间是 1895 年，但是罗切斯特大学的丹尼斯·克莱因（Dennis Klein）

教授根据反诋毁联合会的档案推算出 1897 年才是正确时间。有关弗洛伊德的朋友及交往圈的社会学含义还有待详细的研究。

11. 埃里克·埃里克森（Erik Erikson）运用中年生成性危机的概念，扩大并深化了弗洛伊德对梦在这个方面上的分析，请见《精神分析的梦境样本》（"The Dream Specimen of Psychoanalysis"），载《美国精神分析学会学报》（*Journal of the American Psychoanalytical Association*）第 2 期（1954 年），第 5—56 页。最全面、最有条理的分析是迪迪埃·安奇厄（Didier Anzieu）著，《弗洛伊德的自我分析与精神分析的探索》（*L'Auto—analyse de Freud et la découverte de la psychanalyse*，巴黎，1959 年版），第 24—45 页。有关更加广泛丰富但略欠准确的研究，以及涉及此梦和其他梦的进一步的参考书目，请参见亚历山大·格林斯坦（Alexander Grinstein）的相关作品《论西格蒙德·弗洛伊德的梦》（*On Sigmund Freud's Dream*），第 21—46 页，散见各处。

12. 弗洛伊德著，《梦的解析》，《标准版》，第 4 卷，第 134—141 页，第 191—193 页。

13. 同上书，第 142—144 页。

14. 同上书，第 137 页。

15. 同上书，第 169—173 页，尤其是第 172—173 页。弗洛伊德在这里并未对这些情节的意思做出分析，尽管其语言清楚地反映出对父亲所创作所为的怨恨。

16. 同上书，第 192 页。

17. 同上书，第 192—193 页。

18. 弗洛伊德写给朱利·布劳恩-沃格尔斯坦（Julie Braun-Vogelstein）的信，1927 年 12 月 30 日，收入西格蒙德·弗洛伊德著，《西格蒙德·弗洛伊德书信集》（*Letters of Sigmund Freud*，纽约，1964 年版），厄恩斯特·弗洛伊德（Ernst L. Freud）编，第 378—380 页；朱利·布劳恩-沃格尔斯坦（Julie Braun-Vogelstein）著，《海因里希·布劳恩》（*Heinrich Braun*，斯图加特，1967 年版），第 20—24 页。

19. 弗洛伊德给弗利斯的信，1899 年 1 月 30 日；1899 年 2 月 6 日；1899 年 5 月 28 日；1897 年 11 月 5 日，收入弗洛伊德著，《起源》，第 275—276 页，第 282 页，第 229 页。苏珊娜·伯恩菲尔德（Suzanne Bernfeld）曾以其对文化因素的高度敏感，考察了考古学对于弗洛伊德的科学思想以及（就精神分析而言）他试图克服求死愿望的罪恶感所起到的作用。请见她的《弗洛伊德与考古学》（"Freud and Archeology"），载《美国意象》（American Imago），第 8 期（1951 年），第 107—128 页。

20. 弗洛伊德给弗利斯的信，1897 年 12 月 3 日；1899 年 10 月 23 日，收入弗洛伊德著，《起源》，第 236 页，第 269 页。后面那个日期，他曾记述自己当天"因渴望强烈而饱受煎熬"（die Sehnsucht immer quälender），而那一天正是他父亲去世的周年忌日。

21. 弗洛伊德，《梦的解析》，《标准版》，第 4 卷，第 193—198 页。其中有一个稍后所做的罗马之梦（这座城市在其中是一个伤心之地），但在这里并未算在内。这个梦跟弗洛伊德作为犹太人的矛盾心理有何关系，在彼得·罗温伯格（Peter Loewenberg）的《弗洛伊德"我儿，狗母鱼……"一梦中潜藏的犹太复国主题》（"A Hidden Zionist Theme in Freud's 'My Son, the Myops...' Dream"）中有非常有趣的证明，文章载《思想史学报》（Journal of the History of Ideas），第 31 期（1970 年），第 129—132 页。

22. 弗洛伊德著，《梦的解析》，《标准版》，第 4 卷，第 196—197 页。

23. 同上书，第 197 页。

24. 同上书，第 196—198 页。

25. 同上书，第 196 页。

26. 弗洛伊德（虽然不是在《梦的解析》里）把这个罗马，同自己对捷克天主教乳母的恋母情结联系了起来，乳母向他介绍了天主教，给予他"自身的力量感"，这同其犹太父亲的气馁失意形成了对比。参见弗洛伊德给弗利斯的信，1897 年 10 月 3 日—4 日；1897 年 10 月 15 日，收入弗洛伊德著，《起源》，第 219—222 页。弗洛伊德之后的精神分析文献都倾向于认为，他把自己对罗马的向往，主要等同于乳母（后者作为母亲的替代者和恋母情结的对象），而把他梦境中的天主教与捷克特性，仅仅看成是这一原始联系的象征，而阻碍弗洛伊德去罗马的因素，则被解释为一种对乱伦禁忌的表现。请见如格林斯坦著，《弗洛伊德的梦》，第 75—76 页，第 90—91 页；琼斯著，《生平》，第 1 卷，第 5—6 页；伯恩菲尔德，《弗洛伊德与考古学》，载《美国意象》，第 8 期，第 114—120 页；以及肯尼斯·格里格（Kenneth A. Grigg）著，《条条大路通罗马：乳母在弗洛伊德梦中的作用》（"All Roads Lead to Rome: The Role of the Nursemaid in Freud's Dreams"），载《美国精神分析学会学报》，第 21 期（1973 年），第 108—126 页。通过在这里强调，犹太教与天主教的对抗在梦的显性内容里有何历史意义，我想要把弗洛伊德的政治-文化体验予以复原，恢复其精神分析体系的发展过程中所具有的动态的、生成性的作用（实际上，在这一体系中，他把普遍历史转变为个人历史，以此消解了前者的痛苦）。

27. 弗洛伊德著，《梦的解析》，《标准版》，第 4 卷，第 196 页。

28. 同上书，第 4 卷，第 208—219 页；第 5 卷，第 431—435 页。本人对于革命之梦的分析远谈不上彻底。有关其他的方面，请见格林斯坦著，《弗洛伊德的梦》，第 92—160 页；以及麦克格拉斯著，《作为汉尼拔的弗洛伊德：兄弟团的政治》（"Freud as Hannibal: The Politics of the Brother Band"），收入《中欧史》（Central European History），第 7 卷（1974 年），第 47—57 页。

29. 理查德·查玛茨（Richard Charmatz）著，《1848 年至 1912 年的奥地利内政史》（Oesterreichs innere Geschichte von 1848 bis 1907，第 2 版，莱比锡，1912 年版），第 2 卷，第 128—132 页。

30. 弗洛伊德著，《梦的解析》，《标准版》，第 4 卷，第 211 页。

31. 麦克格拉斯确定那天的日期是 1898 年 8 月 11 日。请见《中欧史》，第 7 卷，第 47 页，注释 29。

32. 鲁道夫·希格哈特（Rudolf Sieghart）著，《一个强权的最后十年》（*Die Letzten Jahrzehnte einer Grossmacht*，柏林，1932 年版），第 35 页。

33. 马丁·格罗特扬（Martin Grotjahn）著，《弗洛伊德回忆其青少年时代的一封信》（"A Letter by Sigmund Freud with Recollections of his Adolescence"），载《美国精神分析学会学报》，第 4 期（1956 年），第 649—652 页。

34. 弗洛伊德著，《梦的解析》，《标准版》，第 4 卷，第 193 页。

35. 同上书，第 215 页。

36. 同上书，第 217 页，注释 1。

37. 这一理论是弗洛伊德在《图腾与禁忌》（*Totem and Taboo*，1913）中提出的，收入《标准版》，第 13 卷。

38. 埃尔温·帕姆伦伊（Ervin Pamlenyi）编，《匈牙利史》（*Die Geschichte Ungarns*，布达佩斯，1971 年版），第 450—454 页。"伊舒尔条款"于 1898 年 8 月 30 日达成共识。匈牙利反对派于 1898 年 10 月引发了阻挠危机，而这正是弗洛伊德之梦的背景。照我看来，格林斯坦的《弗洛伊德的梦》第 376 页所提供的日期比危机本身还要晚。

39. 弗洛伊德著，《梦的解析》，《标准版》，第 5 卷，第 427—428 页。

40. 同上书，第 257 页。

41. 维吉尔（Virgil）著，《埃涅阿斯纪》（*Aeneid*），第 7 卷，第 286—571 行，尤其是第 312 行，第 323—329 行，第 445—455 行。

42. 弗洛伊德著，《梦的解析》，《标准版》，第 5 卷，第 608 页。

43. 这是恩斯特·西蒙（Ernst Simon）发现的，《犹太人西格蒙德·弗洛伊德》（"Sigmund Freud the Jew"），利奥·贝克研究所（Leo Baeck Institute），《年鉴》（*Year Book*），第 2 卷（1957 年），第 301 页。

44. 弗洛伊德给弗利斯的信，1899 年 7 月 17 日，收入弗洛伊德，《起源》，第 286 页。弗洛伊德在信中仅仅提到"拉萨尔一家人"（原文如此），除此之外没有提到任何人名。虽然当时拉萨尔的单独著作并不容易得到，可有几个合集版本（里面包括《意大利战争与普鲁士的使命》）在 19 世纪 90 年代得以发行。其中之一是埃里克·勃鲁姆（Erich Blum）编的《费迪南德·拉萨尔的政治谈话与文稿》（*Ferdinand Lassalles politische Reden und Schriften*），出现于 1899 年，当时弗洛伊德正在润色《梦的解析》的文稿。

45. 他是在 1896 年 12 月 4 日给弗利斯的信里第一次引用这番话的。弗洛伊德著，《起源》，第 172 页。

46. 费迪南德·拉萨尔（Ferdinand Lassalle），《谈话与文稿全集》（*Gesammelte Reden und Schriften*，柏林，1919 年版），爱德华·伯恩斯坦（Eduard Bernstein）编，第 1 卷，尤其是第 16—17 页。

47. 同上书，第 1 卷，第 112 页。请见他在写给马克思的信中对自己的政治策略的坦率探讨，未注明日期（1859 年 5 月中旬），收入弗朗茨·梅林（Franz Mehring）编，《卡尔·马克思，弗里德里希·恩格斯，以及费迪南德·拉萨尔的遗作》（*Aus dem literarischen Nachlass von Karl Marx, Friedrich Engels und Ferdinand Lassalle*，斯图加特，1902 年版），第 4 卷，第 150 页。

48. 弗洛伊德著，《梦的解析》，《标准版》，第 4 卷，第 298—302 页。

49. 同上书，第 620 页。

50. 弗洛伊德给弗利斯的信，1901 年 9 月 19 日，收入弗洛伊德著，《起源》，第 335—336 页。

51. 弗洛伊德给弗利斯的信，1902 年 3 月 11 日，收入弗洛伊德著，《起源》，第 342 页。

第 5 章

古斯塔夫·克里姆特

绘画与自由主义自我的危机

1895—1900 年，也就是远离社交、事业受挫的西格蒙德·弗洛伊德正在写作划时代的《梦的解析》时，身为艺术探险家的古斯塔夫·克里姆特也投身到一项类似的事业中。弗洛伊德在关键的几年里默默无闻地独自工作，克里姆特则领导着一帮志同道合的艺术上的异端者，这些人很快便在政治和经济上获得了强有力的支持。然而，尽管在名声和时运上有所不同，弗洛伊德和克里姆特有着诸多共同之处。两人都将中年个人危机作为契机，对自己的职业工作进行了彻底的重新定位；两人都果断摒弃了早年深受其熏陶的"物理主义现实主义"（physicalist realism）；两人还都从各自的出身（生物学 / 解剖学）中，释放了自己所选的领域——心理学和艺术。当两人在试图找寻出路、远离实体主义现实观的废墟时，都陷入了自我世界，开始了一段"内心之旅"（voyage intérieur）。当他们将自己对本能世界的探索结果公之于众时，他们都不同程度地遭遇到来自两方面的阻力：一面是自由派理性主义的学术正统，另一面是反犹主义者。面对这种敌意，弗洛伊德和克里姆特都选择了抽身而退，远离公众视线，回到忠实的小圈子里寻求庇护，以此来保存自己刚刚征服的新地带。

　　我之所以研究克里姆特，不仅出于他的一生的这些对称之处和对弗洛伊德的关注，还因为克里姆特能够很好地阐明精神分析所产生的社会-文化形势。他也曾面临过一个历史转折期，这个时期迫切需要海因茨·科胡特所称的"自我重组"。克里姆特与同阶级和同时代的其他知识分子一样，都身处一种文化危机中，危机的特征是集体俄狄浦斯反抗与极度自恋的寻觅新的自我的模糊结合。克里姆特是现代艺术中的分离派运动——相当于奥地利的新艺术运动——公认的领军人物，而分离派运动所展现的，便是通过视觉形式，迷惑地追寻一种新的人生定位。

❧ I ❧

　　凭借为环城大道资产阶级文化所做的贡献，古斯塔夫·克里姆特声名鹊起。不过比起那些受过良好教育的自由主义中产阶级（他很快就同其打成一片），他自己的社会出身较低。他的父亲是一个雕工，一心想把古斯塔夫和他的两个兄弟培养成像自己一样的手工艺术家。克里姆特最初受的教育跟卡米洛·西特一样，都是十分传统的，先是接受家庭学徒训练，后来接受正式的职业教育，学习更为现代的课程。14 岁时，他进入了艺术与工艺学院（Kunstgewerbeschule），这所学校本着新的统治集团的历史精神，于 1868 年新近成立，是艺术与工业博物馆的一个教育机构。在这里，年轻的克里姆特获得了精湛的技术和广博的艺术与设计史知识，这些都是一个提倡折中的时代所需要的。

克里姆特毕业时成了一名建筑装潢师，此时宏大的环城大道项目进入收尾阶段。他抓住机会，将自己在历史绘画上的才能运用到了最后一批大型建筑中的两座上，即城堡剧院和艺术史博物馆。在前者中，在1886—1888年，克里姆特、他的兄弟和搭档弗朗茨·马奇（Franz Matsch）用一系列戏剧故事的天顶画装饰了大楼梯间（图33），内容从酒神节一直到现代时期。这些绘画显示了自由派的先驱将戏剧观与历史观结合得是多么紧密。每一幅壁画都颂扬了戏剧与社会的统一，而整个系列绘画则代表了将过去的戏剧成功吸收到维也纳文化丰富的兼收并蓄当中。因此，一幅莎士比亚剧演的绘画（图34）中再现的，不仅是场上的演员，还有那个时代的观众，他们在剧院中可以找到自己的镜子。对于自己作为画家所服务的文化，克里姆特在画中记录下了自己的强烈的认同感。他把自己（和他的合伙人和兄弟在一起）画成了伊丽莎白时代的一名观众（在图34中，克里姆特站在右侧的柱子前方，套着大大的圆形拉夫领）。早前的画家都是把自己画成基督教戏剧中的见证者，而克里姆特则将自己历史化，成了维也纳戏剧宗教中的一名信徒。

他把其他戏剧爱好者也画了进去——这对他自己颇有好处。1887年，市议会委托克里姆特与马奇赶在旧城堡剧院让位于新的剧院之前，把它给画下来（图35）。不光要画舞台，剧场的赞助人也要在画布上永垂不朽。克里姆特从台上的角度画观众席，在这幅巨大的群像中，他画下了一百多位维也纳各界精英，包括皇帝的情人凯瑟琳娜·施拉特（Katherina Schratt，她本人就是城堡剧院的演员）、杰出的外科医生特奥多尔·比尔罗特（Theodor Billroth）、未来的维也纳市长卡尔·卢埃格

图 33　带有天顶画的城堡剧院的大楼梯间（克里姆特与马奇绘），1886—1888 年

图 34　莎士比亚的戏剧，城堡剧院大楼梯间的天顶画，1886—1888 年

尔。* 这幅绘画让克里姆特在 1890 年赢得了梦寐以求的"皇帝奖"，让他一举成名。[1]

　　1891 年，他获得了另一项重要的环城大道工程委托。在装修新的艺术史博物馆时，克里姆特在其主厅画上了一系列的女性形象，象征了各个艺术时期。图 36 中的雅典娜被选择来代表希腊文化。雅典娜被塑造成一个流畅逼真的三维形象。她一手捧着展翅的胜利女神尼刻（Niké），一手持着长矛，姿态仿佛一位维也纳年轻女士，正在为舞会而试穿服装。雅典娜和其他人物的背景，体现了所刻画时代的建筑特色或设计风格。在这里，博物馆的实证主义历史精神庆祝了一种近乎摄影的胜利。尚不到 30 岁的克里姆特，已经走上了成为维也纳的顶尖艺术家和建筑装饰师

---

* 克里姆特的搭档曾回忆起，被选入画的人是如何为了特殊座次而争吵不休的；这是因为作为城堡剧院的赞助人而得到永久性的纪念，对他们的社会地位至关重要。

的道路。

就在克里姆特凭借环城大道绘画为自己赢得声誉的那些年里，他极力表现其价值观的社会阶层，却正处于每况愈下的窘境。我们已经看到，从 1873 年的经济崩溃开始，自由主义霸权所面临的挑战越来越强大。与此同时，在自由主义社会内部，也有要求改革的呼声，其中还夹杂着对自由主义奥地利的无能深感绝望或憎恶的牢骚声。一种普遍的集体性的俄狄浦斯反叛，在 19 世纪 70 年代传遍整个奥地利中产阶级。"青年一代"一词，成了一个又一个领域的叛逆者所选择的共同称谓。19 世纪 70 年代后期，"青年一代"作为立宪党内的新左派出现在政治舞台上。"青年维也纳"是大约发生在 1890 年的一场文学运动，旨在挑战 19 世纪文学的道德立场，支持社会学真相，以及心理开放（尤其是性开放）。施尼茨勒的花花公子与霍夫曼斯塔尔的唯美主义者，都是子辈对父辈视角的信仰的瓦解的产物。

至 19 世纪 90 年代中期，对传统的反抗终于蔓延到了艺术和建筑上。在主要艺术家的交往圈子"艺术家协会"（Künstlergenossenschaft）中，"青年一代"（再一次用到了这个称谓）组织起来，打破了流行的学术限制，追求对绘画的一种开放和实验性的态度。无须赘言，年轻的维也纳人从艺术上更为先进的国家寻求灵感：法国印象主义和比利时自然主义，英国拉斐尔前派和德国青年风格画派（Jugend-stilisten）。他们唯一的共同点就是抛弃父辈的古典现实主义传统，探寻现代人的真面目。

尽管自己本人是年轻的旧派大师，古斯塔夫·克里姆特很早便在视觉艺术领域的"青年一代"反抗运动中担当起了领军人物。1897 年，他带领他们脱离了现有的艺术家协会，成立了分离派。

非常符合维也纳文化环境的是，文学人士和出身于左派自由主义政治的人，对于这个艺术家协会的意识形态所产生的推动作用，不逊于艺术家自己。然而，这种意识形态有助于转变画家看待世界、展现世界的方式。

分离派的第一个显著特征是主张与父辈决裂。马克思曾经观察到，当人们将要进行革命时，他们表现出似乎要恢复一种消逝的过去的倾向，以此来巩固自身。分离派对自己的界定并不是区区的"落选者沙龙"（salon des réfusés），而是一群新的"从罗马出走的平民"（secessio plebis），即反抗贵族暴政的平民宣布自己退出共和国。* 与此同时，分离派宣称自己有着再生功能，将刊物命名为《神圣之春》。这个名称来自一个罗马习俗，即国家处于危难之际，会将年轻人献祭。在罗马，长者将自己的子女奉献给神圣使命以拯救社会，而在维也纳，青年则誓言将文化从长者手中拯救出来。[2]

克里姆特为第一次分离派展览所创作的海报，宣告了新一代的反叛。他选择了忒修斯**的神话作为表现载体，为了解放雅

---

* 分离派的浪漫意识形态的筹划制定者为马克斯·伯尔克哈德（Max Burckhard, 1854—1912），此人是一名尼采式的政治激进分子、身居高位的行政法改革家，他在 1890 年放弃了自己的法律政治生涯，当起了城堡剧院的指挥，这一职务直到他担任分离派刊物《神圣之春》的合作编辑之后才放手。他在各个方面都同"青年一代"关系紧密：政治、文学，以及视觉艺术。有关"青年一代"的总体问题，请见卡尔·休斯克（Carl E. Schorske），《世代紧张与文化变迁：对维也纳的反思》（"Generational Tension and Cultural Change: Reflections on the Case of Vienna"），转自《代达罗斯》（Daedalus, 1978 年秋季号），第 111—122 页。

** 忒修斯（Theseus），希腊神话中的英雄，他打开米诺斯的迷宫，并战胜弥诺陶洛斯。——译者注

图 35　旧城堡剧院的观众席，维也纳，1888 年

图 36 雅典娜（位于艺术史博物馆楼梯间的拱上空间），1890—1891 年

典的青年，忒修斯杀死了残忍的弥诺陶洛斯 *（图 37）。** 我们应当注意到，克里姆特展现主题的方式并不是直接的，而是将其作为舞台上的戏剧场景——仿佛它是分离派戏剧的第一幕。雅典娜，智慧的女神与城邦的守护神，被奥地利议会选作其象征，而克里姆特借用她的形象来倡导艺术的解放。活动场景从政治领域转移到文化领域，这就是整个历程。克里姆特在博物馆的拱脊上所画的雅典娜（图 36）中，女

---

* 弥诺陶洛斯，希腊神话中牛头人身的吃人怪物，居于克里特岛的迷宫中，被忒修斯所杀。——译者注

** 弗洛伊德表示，公牛可能具有原型父亲的意思："宙斯似乎原本就是一头公牛。我们自己的祖先的神，在波斯人将之升华之前，就是以公牛的形象受到膜拜的。"收入西格蒙德·弗洛伊德著，《精神分析的起源：给威廉·弗利斯的信件，草稿与注释：1887—1902》，玛丽·波拿巴、安娜·弗洛伊德、恩斯特·克里斯编，埃里克·莫斯巴切（Eric Mosbacher）、詹姆斯·斯特雷奇译（纽约，1954 年版），第 333 页。

神既有身体，也是实体性的。而现在雅典娜成了二维的——这是克里姆特刚刚发现的表现抽象观念的方式。她提出了一个戏剧性的想法，不过由于这一理念尚未实现，只能将其看成舞台上的脱离实体的寓言。

分离派意识形态的第二个主要目的，就是要讲述现代人的真相，用建筑师奥托·瓦格纳的话来说，"向现代人展现他的真实面孔"。一方面，这就需要对历史主义和文化遗产进行猛烈抨击，资产阶级利用这两个屏障掩藏了自己的现代和实际的身份。克里姆特本人曾经工作过的维也纳环城大道，也相应地被《神圣之春》冠以"波特金之城"＊的称号。但是如果我们看穿了历史性这个遮掩现代人的面具，我们会发现什么呢？这也是克里姆特为《神圣之春》第一期所创作的观念绘画（图38）中所提出的问题。画中有一个年轻性感的流浪女性，"赤裸的真理"，如同第二个雅典娜，是二维的——这是一种概念，而非具体的展现。她的脚下是春天的象征，表现了万物重生的希望，手里则拿着一面空镜子对着现代人。艺术家会在镜子中看到什么？这是一面反映世界的镜子（speculum mundi）吗？是一面折射真理之光的镜子，或者仅仅是一面自恋的镜子？这个问题，我们下面将跟着克里姆特一同来探索。

要完成分离派运动原先的一系列目标，我们还必须在俄狄浦斯反叛与寻求身份的基础上，再加上一个概念：艺术应当为现代人提供一处躲避现代生活压力的避难所。"分离派之家"的概念应运而生。[3] 其建筑师约瑟夫·奥尔布里奇的核心理念，就是"建起一座

＊ 波特金之城（Potemkin City），原指俄国元帅波特金（Grigory Potemkin）为迎接叶卡捷琳娜二世 1787 年巡视克里米亚而专门修建的外表美观的波特金村，后来喻指华而不实的形象工程。——译者注

图 37　忒修斯，第一次分离派展览的海报，1897 年

图 38　赤裸的真理，
1898 年

艺术的神庙，为艺术爱好者提供一个安静而优雅的藏身之处"。一般而言，19世纪的博物馆会参照宫殿样式，而在资产阶级对文艺复兴与贵族的梅塞纳斯（Maecenas）*们的模仿中，分离派建筑师从异教寺庙中汲取灵感："必须有白色闪光的墙壁，神圣而纯洁。（这会体现出）单纯的高贵，我独自一人站在这座尚未竣工的塞杰斯塔圣殿前时，感到……浑身都在震颤。"⁴分离派之家的楼梯和入口大门，几乎像陵墓一般庄严肃穆（图 39）。入口将信徒引入这座艺术的圣殿。可内部空间本身却被艺术家给完全敞开——就像克里姆特的画作《赤裸的真理》中的那面空镜子。谁能预先知道，什么样的空间布局才能够满足展示现代艺术与设计的需要呢？分离派博物馆最早使用了可移动隔板。正如一位评论家所言，展览空间必须是可变的，因为这正是现代生活的本质，即一种"急急匆匆、闪呼不定的生活，我们在艺术当中寻觅这种生活的多重镜像，

---

* 梅塞纳斯（Gaius Maecenas），罗马皇帝屋大维的好友，以慷慨资助文学艺术而闻名。——译者注

图 39　分离派之家（约瑟夫·奥尔布里奇设计），1898 年

为的是能够不时地停下脚步，沉思片刻，同自己的灵魂进行交谈"。[5]

分离派在其建筑大门的上方，宣布了其目标：*

> 每个时代都有它的艺术，
>
> 每种艺术都有它的自由。

---

* 这两句箴言是艺术家们自己从一个列表中选择的，该表是应他们要求，由一位与之交好的艺术评论家路德维希·赫维西草拟的。请见路德维希·赫维西（Ludwig Hevesi）著，《在分离派中的八年》（*Acht Jahre Secession*，维也纳，1906 年版），第 70 页，脚注。

可是没有人知道它们有什么具体的含义。文化更新与个人内省，现代身份与逃避现代性，真理与快感——分离派宣言里的这些成分，表现出许多相互矛盾的可能性，它们只有一点是相容的：全都拒绝接受 19 世纪的确信之物。

⇥ II ⇤

随着成立于 1897 年的分离派为他的作品提供了可靠的社会支持，克里姆特展现了一种非凡的创造力。以我们的审美意识观察只能算是一些图像和风格的大杂烩，实际上却是一种对新信息和新语言的充满活力的试验性探索，而且所有这些都是同时进行的。虽然语言混杂不清，可很快我们就清楚了，克里姆特正在踏上一条探索本能生活的路，如同他在《赤裸的真理》中，在镜子里寻觅现代面孔。

"让我们以现代思想为基础来创作古代诗行。"霍夫曼斯塔尔的一位朋友这样说起他那一代人的作品。*而事实上，取自原始希腊的神话与象征，都被证明是一种揭示本能生命的有力手段（这种生命在古典传统中受到了升华或压制）。我们在前边已经看到，霍夫曼斯塔尔在颠倒济慈的《希腊古瓮颂》时，是如何运用古典方法来展现酒神的生命力的。济慈抑制了情欲生活，并将其固定

---

* 原文为："Sur des pensers nouveaux faisons des vers antiques"。赫尔马特·费什特纳（Helmut A. Fiechtner）著，《胡戈·冯·霍夫曼斯塔尔，友人眼中的诗人形象》（*Hugo von Hofmannsthal. Die Gestalt des Dichters im Spiegel der Freunde*，维也纳，1949 年版），第 52 页。

在美中，而霍夫曼斯塔尔则在《上古瓶绘的牧歌》中，展现出女主人公已经十分成熟，足以受到她所看到的瓶绘图像的诱惑，进而臣服于性。霍夫曼斯塔尔继而从美的真理出发，去重新唤醒那冻结在艺术中原本活跃的本能生命。用复仇三女神长着蛇发的头颅来装点分离派大楼的入口也证实了同样的趋势。

克里姆特也通过采用前古典时代的希腊符号，开始了给艺术去崇高化的过程。在为环城大道的艺术资助人之一尼古拉斯·顿巴（Nikolaus Dumba）设计音乐沙龙时，他画了两幅以截然不同的方式来表现音乐功能的画。一幅是历史性和社会性的，另一幅则有神话和心理色彩。第一幅展现的是舒伯特正在弹钢琴，第二幅则是拿着弦琴的希腊女祭司（图 40 和图 41）。在这两幅画中，比德迈式（Biedermeier）*的欢愉和酒神的不安隔着房间对峙。《弹钢琴的舒伯特》这幅画代表的是家庭音乐（Hausmusik），对于一种有序而稳定的社会生活而言，这种音乐可说是审美的王冠。整幅画沐浴在温暖的烛光里，人物轮廓显得柔和，融入了社会和谐的氛围里。在时间上和形式构成上，这都是一幅历史题材画作，同克里姆特在城堡剧院的天顶画非常一致。但是现在，那些早期作品中清晰的实体性，以及它们实证主义般地致力于以写实手法重塑"其真实原貌"（wie es eigentlich gewesen），都已经被刻意剔除了。克里姆特将印象主义手法拿来为己所用，用怀旧的召唤来替代历史的重建。他为我们画了一个可爱的梦，熠熠生辉但又不真实，这是一种纯真无邪、令人欣慰的艺术，适合一个安逸舒适的社会。我们想起了舒伯特自己的歌曲《致音乐》（An

---

*　比德迈式（Biedermeier），德国（乃至中欧地区）在 19 世纪的一种装饰风格，趋向于稳健保守。——译者注

图 40　弹钢琴的舒伯特，1899 年

die Musik），诗人在歌曲里向"崇高的艺术"致谢，因为它"把
［自己］带入了一个更加美好的世界"。对于克里姆特和同时代的
资产阶级来说，曾经令人厌恶的梅特涅（Metternich）*时代，如
今回忆起来却成了优雅单纯的舒伯特时代——一个比德迈式失
乐园。

　　另一幅音乐绘画（图 41）在构思和执行上多么大相径庭。与
《弹钢琴的舒伯特》里的印象主义分解空间形成对比的是，克里姆

---

*　克莱门斯·梅特涅（Klemens von Metternich，1773—1859），19 世纪奥
地利外交家，曾任奥地利帝国首相，本书前面第 3 章第 III 节提到的梅勒
妮·梅特涅-兹奇公主，即是他的女儿。——译者注

特在这幅作品中画满了现实表现的符号，也就是残存于考古废墟里的象征。无论是艺术理念，还是用来传达这种理念的象征符号，都显示出克里姆特从两个人那里受到的影响，这两个人都在世纪末的理性主义危机中扮演了重要角色：叔本华和尼采。[6]音乐以一种悲剧的缪斯女神的形态出现，其力量足以将埋藏的本能和神秘的宇宙力量变成和谐一体。画中的象征都是尼采在《悲剧的诞生》（*The Birth of Tragedy*）中使用过的。女歌手的乐器就是阿波罗的乐器——弦琴；可她歌唱的内容却是狄俄尼索斯式的。在她身后的坚硬的石制墓碑上有两个画像：一个是狄俄尼索斯的伙伴西勒努斯（Silenus），尼采将其称为"自然界的性无所不能的一种象征"和"神所受苦难的伴侣"。[7]另一个是吃孩子的母亲斯芬克斯（Sphinx），她体现的是从动物到人类、从恐怖到女性美的持续而缓慢的变异。狄俄尼索斯与西勒努斯所代表的似乎是被埋葬的本能力量，而阿波罗式的亡灵法师，会用歌唱将其从时间的坟墓中召唤出来。因此，在舒伯特那微光闪烁的历史失乐园的对面，恰恰就是本能能量的原型象征，而艺术则能够打开文明的宝箱上那沉重的石盖，神秘地潜入这个本能的世界。

　　同年，1898 年，克里姆特完成了另一幅画，这幅画清楚地表明，他对现代人的探索必将让他打开这个宝箱。画中人物还是雅典娜，是克里姆特描绘这位处女女神的第三幅绘画，也是最充分的一幅。第一次是在艺术史博物馆，他把她画成一位艺术史守护神的全身像（图 36）。此后她又变得更加抽象（所以是二维的），成为分离派眼中的英雄人物忒修斯的象征捍卫者，后者发起了传播文明的俄狄浦斯反叛（图 37）。而在新的版本里（彩图 1），雅典娜在我们眼前若隐若现，轮廓模糊，外表冷漠，具有谜一般的力量。不过，改变的不光是雅典娜的性质。在画的左下角，她手中所持的，已不再是展翅的胜利女神尼刻，而是那个"赤裸的真理"，手持镜子对着现代人。然而赤裸的真理自身也有所变化。这个以前被画成二维的流浪儿，现在却身材匀称而性感，她的头发，甚至阴毛，都是火红撩人的。[8] 这已不是赤裸的真理（Nuda veritas），而是真的赤裸（Vera nuditas）！我们在这里看到的，是新文化从旧文化中脱胎而出的一个关键转折点。克里姆特以一种真正颠覆性的手法，扭曲了古老的肖像画法：当处女女神雅典娜所拿的宝珠上站着手持现代人镜子的性感女孩时，就已不再是

图 41　音乐，1898 年

民族城邦和秩序才华的象征了。事实上，新的思想（les pensers nouveaux）正在从旧的思想（vers antiques）中破茧而出！

就像热爱古代文化与考古发掘的弗洛伊德一样，克里姆特用古典象征作为比喻意义上的桥梁，借此来对本能生活（特别是情色生活）进行发掘探索。曾经乐于社交的剧场画家变成了展现女性心理的画家。1898 年后，《弹钢琴的舒伯特》画中天使般甜美的女性形象消失了近 10 年。克里姆特把女人变成了一个感性的生物，开发出她对快乐和痛苦、生与死的全部潜能。在连续不断的绘画中，克里姆特试图捕捉到女性特征的感觉。他千方百计地捕捉和记录狂喜状态下的面貌，图 42 就展现了这众多尝试中的一次。在为《神圣之春》的第一期所画的《鱼血》（Fish Blood）中，克里姆特以更为积极的方式来赞美女性的情欲（图 43）。他画笔下的快乐尤物们自由地沉迷于水的元素中，水载着她们，沿着未曾疏导的路径快速下潜。在这里，我们看到了克里姆特随后不久的关注重点——也是他和其他新艺术派艺术家共同的兴趣——女人的头发。在画中，平滑的发束使弯曲的身体与强大的直线水流之间不再突兀。克里姆特的女性在液化的世界中如鱼得水，而男性则像是受到美人鱼诱惑的水手，迅速溺水下沉。

在《水蛇》（Watersnakes，彩图 2）中，女性的情欲获得了一种崭新的具体意义，同时也更具威胁性。克里姆特画笔下肌肤滑腻的花花女子们，处于大海深处，在性满足的半梦半醒之间，已完全同身边那黏滞的介质融为一体。她们的确是水蛇，僵直的头发与肉体之柔软、手臂之纤细，形成了可怕的对比。克里姆特笔下的女人就像蛇一样征服了男性，凭借的与其说是伊甸园的诱惑，不如说是面对她们似乎无穷无尽的肉欲，男性所

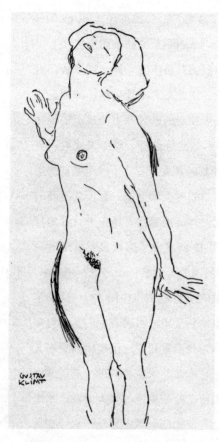

图 42 无题（"享受愉悦的女孩"），
无年代

产生的无力感。在对情色的求索过程中，克里姆特抛开了曾在道德上折磨一本正经的父辈的罪恶感。然而取而代之的，却又是一种困扰敏感子辈的对性的恐惧感。女人，就像斯芬克斯一样，威胁着男性。克里姆特最好的几幅作品，都是以砍头这种传统的反向伪装，来涉及阉割主题。他画的犹滴（Judith）*（彩图 3），刚刚佯装示爱并杀死荷罗孚尼（Holofernes），散发着类似母性的淫荡。而在处理莎乐美这位世纪末最受宠的具有男性气质的女性时，克里姆特令人惊恐地把有爪子的手和骨感的脸庞，同温柔的身体轮廓进行对比（图 44）。

"每个时代都有它的艺术，每种艺术都有它的自由。"这就是分离派自豪的宣言。在克里姆特向现代人举起镜子，意欲寻找赋

* 犹滴，《圣经》中记载的犹太妇人，用美色引诱荷罗孚尼，将其杀死并砍下头颅。——译者注

图 43　鱼血，1898 年

予快感的厄洛斯的形象时，他反而透露出了心理问题，这些问题都是伴随着把性从道德文化的束缚中解放出来的尝试而出现的。这位寻找厄洛斯的快乐探险家，发现自己陷入了"女性触手"（la femme tentaculaire）的缠绕中。新的自由正在变成一场焦虑的噩梦。

图44　莎乐美（犹滴 II），1909 年

❖ III ❖

"古斯塔夫·克里姆特，"诗人彼得·阿尔滕贝格（Peter Altenberg）写道，"你既是一位拥有灵视的画家，一位现代哲学家，还是一位全然的现代诗人。当你作画时，你会突然像童话一般地把自己变成最现代的人，而在平时生活中，你可能并不现代。"[9] 克里姆特一定会对阿尔滕贝格的赞誉感到高兴。作为一名画家，他所做的广泛实验关乎一项更为重要的使命。对于个人经历和文化当中的问题和疑点，克里姆特是一名提问者和探索者。像弗洛伊德一样，他通过探索自己的内心深处来寻找谜底，而且在展现自身的同时，也常常将谜底昭之于众。他一开始要满心欢喜地寻求感官的解放，最终却几乎以职业上——甚至还有个人心理上——的灾难告终。不过在这一过程中，克里姆特变成了一名灵视世界中的超心理学家。

在 19 世纪 90 年代，对克里姆特来说，现实的本质开始成了问题。他不知道是该在物理层次还是在形而上学层次，在肉体上还是在精神上，来寻找这一本质。这些传统范畴正在失去其清晰性和独立性。自由主义自我的危机开始集中到了以上范畴之间的界限不明上。在克里姆特不断对空间和实体的再现进行变换的过程当中——从自然主义的固态，经由印象主义的液态，再到抽象及几何上的静态——我们都能看到他在一个缺乏稳定坐标的世界中对方向的探索。

维也纳大学适时地为克里姆特提供了一个机会，让他得以在画布上展现自己对最广义的人类状况的见解。1894 年，文化部*在咨询过学院委员会之后，邀请克里姆特为新大学的大礼堂设计三幅天顶画。在当时，克里姆特刚刚作为环城大道年轻的装饰大师成名，而新大学恰恰就是大道上最后一批宏大工程之一。然而克里姆特在执行这个任务时（1898—1904），他已全身心地投入分离派运动，同时为自己追求新的真理。在为大学项目描绘新的灵视时，克里姆特招到了旧理性主义者与新反犹主义者的愤怒。[10]在接下来的斗争中，画家、公众和政治家关于维也纳现代艺术的功能进行了激烈的争论。在斗争中，分离派激进主义的界限被明确无疑地设定了。克里姆特个人在斗争中的失败结束了他作为古老方式颠覆者的角色。这不仅让他从此更加限定自己作为现代性艺术家的使命，也让他的绘画进入了一个新的抽象阶段。

这些大学绘画的主题，是由委托克里姆特的学术界人士构思出来的，反映了最杰出的启蒙传统："光明战胜黑暗。"在有关这一主题的中央镶板（将由克里姆特的搭档弗朗茨·马奇设计）四

---

* 我省略了该部门的全称"文化与教育部"（Ministerium für Kultus und Unterricht）。该部门负责制定宗教、教育和文化政策。

周，四幅画作代表四个院系。克里姆特负责其中的三幅——《哲学》《医学》《法学》。在 1898 年，有关他的初步设计曾出现过一些不同意见，不过在此之后，学院委员会和文化部让克里姆特自由处理。1900 年，他完成了第一幅画《哲学》，1901 年又完成了《医学》。

这两幅绘画都没有表达光明轻松战胜黑暗的过程。在《哲学》（图 45）中，克里姆特显示自己仍受到一种戏剧性文化很深的影响。他所呈现给我们的世界，感觉似乎是我们正在从深渊中仰视它，这是巴洛克传统里的"世界剧场"（theatrum mundi）。但巴洛克的世界剧场可以清楚地分为天堂、人间、地狱三个层次，而这里的人间似乎消失不见了，融进了另外两个领域的融合中。受难的人类蜷曲的肢体慢慢飘过，漫无目的地悬在一个黏滞的虚空中。在宇宙的昏暗之外——星星远在后方——有一个沉重而困倦的斯芬克斯若隐若现、茫然无神，她自身也不过是雾化的空间缩合而成的。只有图画底部的那张发光的脸庞，才表明存在着一个有意识的头脑。"知识"（Das Wissen）——目录上是这么称呼这个人物的 [11]——被置于脚灯的照射下，像一个转过身来的提词人，提醒我们这些观众进入宇宙的戏剧中。

克里姆特的宇宙观是叔本华式的：世界作为意志，就是一个在无意义的生育、爱与死亡的无尽循环中的盲目能量。彼得·韦尔戈（Peter Vergo）曾提出，克里姆特对于叔本华的认识来自瓦格纳，特别是来自后者在其广为阅读的文章《贝多芬》（Beethoven）中对这位哲学家思想的简要总结，而《哲学》这幅画里的画法和所传达的信息，则受到了《莱茵的黄金》（Das Rheingold）的影响。[12] 因为在克里姆特出入的社交与知识圈里，

图45　哲学，大学天顶画，1900 年

瓦格纳、叔本华和尼采这些相互联系的人物都受到崇拜，所以他可以从这几个人里的任何一位那里获得宇宙灵视的启发。韦尔戈曾指出，《哲学》里的中心人物可能来自瓦格纳的埃尔达（Erda）；无论是对她的安置，还是她先知般的姿态，都支持这样的解释。*然而瓦格纳的埃尔达是一位温暖的承载悲伤的大地母亲，而克里姆特的"知识"既冷静又坚硬。而且她跟克里姆特及其赞助人一样，对于黄金的诅咒也不再在意，而对于满脑政治的瓦格纳和他的宇宙性英雄来说，这却是至关重要的。克里姆特所画的这位富有哲思的女祭司，在不安而怪异的眼神里透露出一种不同的态度：一种既狂野又冰冷的智慧，肯定了意志的世界。在我看来，这种呈现指向尼采，而非瓦格纳对叔本华存在主义形而上学的解读。我们前面已经看到，克里姆特在 1898 年创作《音乐》时，是如何借鉴尼采的《悲剧的诞生》的。现在他的《哲学》这幅画里的人物所表现的，正是查拉图斯特拉的《午夜酒醉之歌》（*Drunken Song of Midnight*）中的黑暗狂想之语：

> 人啊！你要注意听！
> 深深的半夜在说什么？
> "我睡过，我睡过——
> 我从深深的梦中觉醒——
> 世界很深，

---

*　韦尔戈指出，不管是埃尔达在《莱茵的黄金》里首度露面时的舞台指示，还是她的台词内容，都跟克里姆特绘画的颜色与构成十分相像。请见本章注释 12。

比白昼想象的更深。

世界的痛苦很深——

快乐——比心中的忧伤更深：

痛苦说：消逝吧！

可是一切快乐都要求永恒——

要求深深、深深的永恒！"（钱春绮译文，下同）*

　　克里姆特后来的英雄古斯塔夫·马勒也曾借用过这一首歌，放在了其哲思性的第三交响曲（完成于 1896 年）的中心位置。事实上，马勒对这首歌的宏大的配曲，可以为观赏克里姆特《哲学》绘画的人们提供另一种途径，让人们得以窥视那一代知识分子痛苦的、心理化的世界观——这样一种世界观既肯定人的欲望，又

---

* 原文为：O Mensch! Gib acht:

　　　　　Was spricht die tiefe Mitternacht?

　　　　　"Ich schlief, ich schlief-

　　　　　Aus tiefen Traum bin ich erwacht; —

　　　　　Die Welt ist Tief,

　　　　　Und tiefer als der Tag gedacht.

　　　　　Tief ist ihr Weh—

　　　　　Lust—tiefer noch als Herzeleid;

　　　　　Weh spricht: Vergeh!

　　　　　Doch alle Lust will Ewigkeit—

　　　　　—will tiefe, tiefe Ewigkeit!"

引自《查拉图斯特拉如是说》，第三部分末尾，《第二首跳舞之歌》（"Das andere Tanzlied"）一章。

遭受自我与世界之间界限的死一般的瓦解。* [13]

　　甚至尼采在《查拉图斯特拉如是说》(*Thus Spoke Zarathustra*) 生动的终曲里对午夜之歌的解说，读起来都像是为了阐释克里姆特的画而写的。[14] 相应地，克里姆特那藤叶缠发、坚定不移的女祭司，也可以成为对尼采笔下那位午夜歌手的说明——"这个喝醉的女诗人"，如其发光的上翻眼神所示，已经"完全清醒"(überwach)。** 克里姆特的"知识"，就像尼采的女诗人，把痛苦——更重要的，还有欲望自身——摄入了梦境，以此从神秘的整体上来肯定生命："你们可曾对一种快乐肯定地说'行'吗？哦，我的朋友们，那么，你们就对所有的痛苦也肯定地说'行'

---

* 没有任何证据表明，克里姆特在哲学上受到过马勒的影响。这位画家很可能直到 1904 年才认识马勒，因为在这一年，马勒娶了阿尔玛·辛德勒 (Alma Schindler)，她从小和克里姆特就认识。然而当马勒于 1897 年担任国家歌剧院指挥时，二人的社交和知识圈开始有所交叠，这些圈子当时都弥漫着瓦格纳和尼采的思想。两人都经常造访祖卡坎德尔 (Zuckerkandl) 教授家，也跟其好友马科斯·伯尔克哈德甚为熟络，此人是信奉尼采的律师，城堡剧院指挥，也是《神圣之春》的编辑。当马勒最终被迫从宫廷歌剧院退休、离开奥地利赴美时，克里姆特同其他的马勒崇拜者到火车站为这位指挥家送行。请参见阿尔玛·马勒-韦尔菲尔 (Alma Mahler-Werfel) 著，《我的一生》(*Mein Leben*，法兰克福，1965 年版)，第 8 页，第 22—26 页；伯尔塔·赛普斯·祖卡坎德尔 (Berta Szeps Zuckerkandl) 著，《我的生平与历史》(*My Life and History*)，约翰·索莫菲尔德 (John Sommerfield) 译 (伦敦，1938 年版)，第 143—144 页，第 151 页；《古斯塔夫·马勒》(*Gustav Mahler*)，英奇·古德温 (Inge Goodwin) 译 (纽约与华盛顿，1973 年版)，第 218 页。

** 克里姆特原本想要用传统方式处理《知识》中的寓意人物，把她画成侧面的坐像，低头沉思，宛如罗丹 (Rodin) 的《思想者》。只是在 1899 年，他才代之以尼采的午夜歌手，画成了挺身而起的正面像。参见克里斯蒂安·内比哈伊著，《克里姆特：文献》(维也纳，1968 年版)，第 214—216 页，图 311—315。

吧。"正如克里姆特眼中那飘浮的生命链，"一切事物……都彼此连接、相互缠绕，如同被迷住一般……这样，你们才喜爱世界"。*

大学的教授们并不是这样看待或者热爱这个世界的。他们对于"光明战胜黑暗"这个主题，以及在他们的礼堂里应该如何表现它，有着完全不同的理解。克里姆特的画触动了学术界的神经。他那形而上学的《赤裸的真理》使他（以及同代的其他一些知识分子）跳出了理性与权利的确定界限，进入一个新的国度。大学的 87 位学院教工联名请愿，抗议这幅画，并要求文化部弃用之。此举无异于火上浇油。克里姆特的画作正在成为一个意识形态问题，并很快成了政治问题。

❧ Ⅳ ❧

大学绘画所引发的危机，由于在克里姆特作品的发展中所产生的影响，而在艺术史上有着重要意义。可是对于一般的史学家而言，这个艺术上的"著名事件"（cause célèbre）为一个更为广泛的问题打开了窗户，即新世纪的曙光即将来临之时，文化与政治之间错综复杂的关系。对《哲学》的反应之强烈，以及反对和支持克里姆特的两方所采取的立场，都反映出奥地利精英内部的理性主义危机是多么深。构成奥地利自由主义文化的两大成分（我在第 1 章指出它们是彼此互补的）——法律文化与审美文化——的捍卫者如今却相互敌对。出于尚不明确的政治原因，帝

---

* 弗里德里希·尼采，《查拉图斯特拉如是说》，第四部分，《沉醉之歌》，第 10 小节。

国政府原本支持新的分离派艺术，现在却发现自己身陷旧的伦理文化与新的审美文化这两大斗争势力的激烈交火之中。当政治问题变得具有文化性时，文化问题也就变得具有政治性了。为了领会克里姆特艺术的意义和它所带来的转变，我将首先审视在大学绘画危机中的文化-社会汇聚现象，通过剧中三位主要角色的立场，来对其进行仔细的观察，这三位均为博学之人，过去也曾在维也纳大学共事过：弗里德里希·约德尔（Friedrich Jodl），一位正统的自由主义哲学家，他领导全学院反对克里姆特；弗朗茨·威克霍夫（Franz Wickhoff），新艺术史发展上的先驱，持文化相对主义，是克里姆特以及现代艺术的天然盟友；威廉·冯·哈特尔（Wilhelm von Hartel），曾任古典学教授，现任文化部大臣。哈特尔参加了欧内斯特·冯·克贝尔（Ernest von Koerber）内阁，这是第一个试图在议会瘫痪时用官僚法令来推行开明政策的内阁。正如克里姆特对哈特尔来说获得了政治意义一样，政治对克里姆特来说也获得了存在主义的意义，并最终获得了美学意义。

抗议的教授最初在请愿书中声称，他们理解克里姆特《哲学》绘画的含义，尽管他们没有明确指出它叔本华式的世界观。他们指责克里姆特"通过模糊不清的形式来表达模糊不清的观念"（Verschwommene Gedanken durch verschwommene Formen）。批评者使用的醒目的形容词"模糊不清"（verschwommen），很好地表现了我们在画中所看到的界限的液化感。虽然他们对克里姆特运用色彩来营造出一种适合"阴郁幻觉"的氛围的精湛技艺表示尊敬，但这一优点并不能弥补象征的混乱和形式的无序，他们认为这反映出了隐藏在绘画背后的思想的不连贯。他们坚持认为，由于缺乏思想上的把握，克里姆特的作品在美学上是失败的。[15]

　　学院院长是一位叫作威廉·冯·纽曼（Wilhelm von Neumann）的神学家，他支持教授们的反对意见，并成了争论的焦点。他说，在一个哲学从精确的科学中寻求真理的时代，哲学不应该被描绘成一个模糊而空幻的结构。[16] 而克里姆特表现的大自然中神秘未知的争斗意象，违背了通过科学工作掌握自然的理想。传统主义者希望的显然是类似于拉斐尔的《雅典学派》这样的画，其中那些古代的博学之人——柏拉图、亚里士多德、欧几里得等——都在平静地论说万物的本质。有位教授提出了一个场景，其中各个时代的哲学家们聚在树丛中高谈阔论、惬意休养、辅导门徒。[17] 应当注意的是，这些建议集中在一个社会意象上：博学之人在社会中发挥作用，传播对自然与人类生活的掌握。而克里姆特的《哲学》确实绕过了这些社会元素。在他的宇宙中，面对神秘的、无所不能的自然，以及卷入其中的无能为力的人的内心感受，受到社会支持的掌握构造消失了。

　　尽管克里姆特的支持者指控校长亲自组织了教授们的抗议，但抗议行动的真正代表人实际上是哲学家弗里德里希·约德尔。[18] 不管是这个人本身，还是他的论点，都能够说明克里姆特对转型期的古典自由主义文化所具有的意义。作为一位学院派哲学家，约德尔拥护盎格鲁-撒克逊式的经验主义与实用主义思想，并把这种很容易被奥地利自由主义吸收的观点带入伦理学领域。[19] 他那部著名的《伦理学史》（*History of Ethics*），就歌颂了人文主义伦理规范从宗教迷梦中破茧而出。约德尔很像美国的约翰·杜威（John Dewey），由于为各种各样进步的社会与政治事业充当哲学上的代言人，赢得了公众的关注。1894 年，受到追求科学道德和摆脱宗教教条的美国伦理文化运动的启发，他与其他人共同创建了"维也纳伦理社"（Vienna Ethical Society）。他支持妇女解放与公民自由，并领导了"成人教育协会"（Volksbildungsverein），试图以此来弥合上层阶级与下层阶级之间令人遗憾的文化差距。[20] 简而言之，无论从哪个方面看，约德尔都代表了世纪之交自由派理性主义的革新进步阶段。不过也正是他的理性主义立场，让他无法接受这样一幅"只有少数人才懂的黑暗、晦涩的象征主义"绘画出现在大学的校园里。而这幅画所应描绘的哲学，终归属于一件理性之事。批评家卡尔·克劳斯在公开支持约德尔时采取了类似立场。他说克里姆特根本不懂哲学，本不该选用寓言的方式来向他那些当教授的赞助人展现哲学世界。[21]

在克里姆特事件中，像约德尔这样一位自由主义斗士居然赞同更为传统、宗教意识强烈的反裸体主义者，支持对艺术自由的阻挠，这实在不易。这是由于克里姆特对现实的情色化的、有机的再现，把约德尔和其他理性主义信念的坚定捍卫者推到了昔日敌人，挑剔苛责的教权主义者的阵营中。因此，为了避免这种尴尬的联系，约德尔试图将问题从哲学内容转移到美学特性上。"我们并不反对裸体艺术，也不反对自由艺术，"他告诉《新自由报》说，"但反对丑陋的艺术。"[22]

正是这个本应当是纯美学上的断言，为克里姆特在学院中的捍卫者们提供了反击的线索。由艺术史学家弗朗茨·威克霍夫领导的一群教授（共十人）向文化部提交了一份反诉书，他们否认大学教员具有对审美问题评头论足的鉴别能力。[23] "什么是丑陋？"就在这个问题上，威克霍夫选择接受约德尔的挑战。

弗朗茨・威克霍夫（1853—1909）给克里姆特的事业所带来的，不仅仅是自己的专业威信，当然，这也十分重要。威克霍夫还连同阿洛伊斯・里格尔（Alois Riegl，1858—1905）一起，提出一种新的艺术史观，尤其适合于让人理解艺术上的创新。分离派于1898 年铭刻在其大楼上的箴言——"每个时代都有它的艺术，每种艺术都有它的自由"——也可以同样适用于威克霍夫的新兴的维也纳艺术史学派。如同克里姆特以及分离派摒弃了精美艺术传统和环城大道艺术中的古典现代主义，19 世纪 90 年代的威克霍夫和里格尔也反对古典美学的优先地位。他们世纪中叶的先辈认为晚期罗马与早期基督教的艺术相比希腊模式是颓废的，而新的学者却发现了一种原创的艺术，其合理性得到了产生它的新文化价值的证实。在他们看来，"颓废"并不存在于客体中，而是在观察者的眼里。出于先前对文艺复兴的喜好，里格尔复兴了巴洛克风格；又出于对新古典主义的喜好而复兴了比德迈式风格。追求形式完美的旧有标准已被一扫而空，与之相关的审美进步与衰败的观点亦未幸免。正如兰克（Leopold von Ranke）*曾说的，在艺术史中，就像一般历史一样，对新的维也纳学派至关重要的，是在上帝眼里一切时代的平等地位。为了欣赏每个时代所产生的独特形式，我们必须了解里格尔所谓社会的"艺术意志"（Kunstwollen），也就是每一种文化里的艺术意图与目的。这并不会导致进步和退步，而是永不停歇的转型，即超越任何单独的先验的审美标准，去欣赏艺术中的多元性。

---

* 利奥波德・冯・兰克（Leopold von Ranke，1795—1886），德国著名历史学家，倡导历史研究的客观公正性。他有名言："上帝眼中一切世代皆为平等。"——译者注

于是，威克霍夫与里格尔给艺术史带来了晚期自由主义的非目的论的变迁感，这种感觉在世纪末的文化中非常普遍，也在克里姆特的《哲学》本身当中十分清楚。恰似其最著名的一位追随者所说，他们的作品代表了"心理学-历史学的艺术观战胜了绝对的美学"。[24] 它在过去与现在的艺术中展现出"大量新的感觉"，并且开启了曾被启蒙美学所阻隔的多元想象模式。当威克霍夫捍卫克里姆特时，人们不禁要问，当时会有多少人知道，他会站在现代艺术家一边，采用他早先曾用于拉斐尔作品的分析法（克里姆特的对手便是高举拉斐尔的作品来反对他的），即《雅典学派》这幅画。[25]

"什么是丑陋？"在哲学学会上以此为题所做的关于克里姆特的辩论性演说中，威克霍夫提出，丑的概念具有很深的生物社会学根源，在克里姆特的对手中依然有效。[26] 原始人会认为，只要是看似会破坏物种连续性的形式，就是丑陋的。而历史中的人当然已经削弱了这种联系。只要统治阶级和人民群众继续拥有同一套伦理与宗教理念，艺术家与赞助人就会共同前进，他们的自然概念与新的审美标准也将一起进化。然而在最近，人文主义研究与古物研究给大众带来的感觉却是古典艺术占据了首要地位，如果不是优越地位的话。于是便出现了怀念过去的民众与不断发展的艺术家之间的对立。威克霍夫称，整个现代时期，由博学之人——有声望但"头脑二流"的人——所领导的受教育阶级就把美等同于过去的作品。他们认为艺术家创造的新颖而直接的自然景象丑陋不堪。威克霍夫指出，这种过度膨胀的对历史的虔诚现在正走向穷途末路。当今时代有着自己的情感生命，艺术的天才以诗歌或实体的形式对此都有表现。他还暗示自己的哲学听众，那些以为现代艺术很丑陋的人，其实都是一些不能面对现代真相的人。威克霍夫对克里姆特的《哲学》进行了一番颇为雄辩的阐释，以此结束了自己的演讲。他单单挑出"知识"的形象，认为这个人物放射出抚慰心灵的光芒，就像克里姆特那沉重压抑、拉开距离的世界里的"夜空中的一颗星星"。

在 1900 年春夏之际，约德尔和威克霍夫各自代表的两大文化——旧伦理与新美学——之间的争执虽然震动了讲坛和新闻界，但这一问题最终还是在政治领域得以解决。事实上，克里姆特的绘画只有在更大的政治环境下才实现其全部意义。艺术始终就是奥地利公共生活中的一个重要成分，而在 1900 年，艺术更是在国家政策中占据了极为关键的位置。颇具讽刺意味的是，现代艺术在现代议会政府崩溃之时获得了官方的支持。为什么？

从 1897 年至 1900 年，民族性的问题，以及行政与教育当中围绕语言权的相关纠纷，几乎导致哈布斯堡政府瘫痪。由捷克人和德意志人轮流组织的阻挠议案行为，最终使由政党代表组建内阁的想法无法实现。皇帝曾于 1867 年设立"民政部"（Bürgerministerium），开启了宪政时代，却在 1900 年撤销了该部，代之以"官员部"（Beamtenministerium）。奥地利自由主义由此又回到了 18 世纪的开明专制与官僚统治的传统。1900 年，组建官员部的工作委托给一位精明能干而富有想象力的官员负责，欧内斯特·冯·克贝尔（1850—1919）博士，他决心超越奥地利国内极不和谐且无可救药的政治实质，尽可能地用法令来治理国家。克贝尔的长期策略就是通过双管齐下的现代化运动，来解决政治紧张局势，一场在经济领域，另一场在文化领域。他相信，在这些领域里，所有的民族都能找到一种共同的压倒一切的利益。

"物质与文化的问题正在叩响帝国的大门，"克贝尔在对议会的呼请咨文一开头说，"行政部门不能［仅仅］因为政治与民族问题都尚未解决，就将它们搁置。"克贝尔承诺"国家投入全部力量来发展文化和经济"。他努力要让官僚机构重新焕发活力，为其注入新的社会服务精神，"以使其转变为一种现代工具"。[27] 为了控制他的攻势的两个方面，克贝尔选择了两位曾在维也纳大学任教的著名教授。杰出的经济学家欧根·伯姆-巴沃克（Eugen Boehm-Bawerk）被任命为财政部大臣，被委以推广累进税和经济政策改革的重任。而执掌文化部的是威廉·冯·哈特尔骑士，此人是一名顶尖的古典学者，也是一位在充斥民族主义的教育领域颇有见识的行政官员。从 1900 年至 1904 年的 4 年中，克贝尔的内阁努力通过经济与文化的发展来拯救奥地利。[28]

在这个超民族政策的框架里，国家对分离派运动的鼓励完全合理。分离派艺术家在精神上同官僚和维也纳中上阶层人士一样，是真正的世界主义者。当时的民族主义团体都在各自发展其单独的民族艺术，而分离派走的却是完全相反的路。他们有意把奥地利的大门向欧洲的洪流敞开，由此以一种现代精神重申了帝国传统的普世主义。一位分离派的发言人曾把她献身这个运动解释为"一个捍卫纯正奥地利文化的问题，一种能把我们众多民族的特性融合起来，成为一个新的、无比自豪的整体的艺术形式"，也就是她在另一个场合里所说的"艺术民族"（Kunstvolk）。[29] 甚至在克贝尔内阁组成之前，文化部大臣便以惊人类似的措辞，表示了国家有意在 1899 年设立一个"艺术委员会"的设想，作为代表艺术利益的机构。他特别指出了艺术超越民族冲突的潜力："虽然一切发展都根植于民族的土壤，但艺术作品讲的仍是一种共通的语言，而且在崇高的竞争阶段，还会促成彼此理解和相互尊重。"[30] 尽管声称国家不会关照任何一种特殊的潮流，以及艺术必须脱离管辖、自由发展，可是根据自身法律，大臣又对现代艺术表现出格外的关心。他敦促新成立的委员会"要支持……吹拂国内艺术的清新微风，并为其带去新的养料"。就这样，当欧洲其他各国政府在回避现代艺术时，古老的哈布斯堡王朝却在积极地培植它。

无论从学术信仰、个人关系，还是气质性情来看，威廉·冯·哈特尔（1839—1907）都非常适合规划新的艺术政策。* 当他还是一个身无分文的学生时，曾为波兰豪门贵族之后卡尔·兰科龙斯基（Karl Lanckoronski）做过家庭教师。兰科龙斯基后来成了大艺术收藏家，并利用自己的影响力进一步帮助以前的老师开拓学术与行政事业。作为名古典学教授，哈特尔与威克霍夫教授合作，追求一种超越了进步与堕落思想的新历史观。1895 年，哈特尔与威克霍夫又在一部至今仍算是跨学科研究先驱经典作品上合作：编辑了早期的基督教抄本，即所谓的"维也纳

---

* 哈特尔的生涯可谓有教养的自由主义官僚的典型。作为一个亚麻织工的儿子，他通过学术能力、个人才智、贵族提携等途径得以跻身教育官僚和服役贵族。从 1896 年至 1899 年，他担任负责大中学事务的处长。此人在向妇女开放大学教育、耐心对待民族主义学潮中都发挥了关键作用。哈特尔和很多进步的自由主义者一样，是一名狂热的瓦格纳崇拜者，但他并不容忍反犹主义。面对议会当中反犹主义者的攻击，他支持把一个文学奖颁给阿图尔·施尼茨勒。尽管外表学究味十足，可他在"第二社会"的沙龙里却以睿智而著称，当时的公务人员与知识分子依然是在沙龙里随意接触和交往。请参见恩格尔布莱希特（A. Engelbrecht），《威廉·里特·冯·哈特尔》（"Wilhelm Ritter von Hartel"），收入《古代研究传记年鉴》（*Biographisches Jahrbuch für die Altertumswissenschaft*），第 31 卷（1908 年），第 75—107 页。

本《创世记》"。在哈特尔编纂希腊文《圣经》文本时，威克霍夫则提供其罗马时代的插图做出分析，表明人们一度认为是希腊绘画的颓废回响，实际上是古典风格与再现模式的一次辉煌转型和调整，以顺应兴起的罗马-基督教价值体系。[31]

由于哈特尔在学术上献身于"艺术与风格概念的神圣理想"，[32] 因此作为文化决策者，他欣然动用政府的力量来支持现代运动。通过成立顾问性质的艺术委员会，他可以利用主要的分离派成员来制定国家政策。把克里姆特奉为"世上出现过的最伟大艺术家"[33] 的建筑师奥托·瓦格纳，具有经商头脑的画家卡尔·摩尔（Karl Moll），都积极参与了委员会的审议工作。[34] 现代艺术家获得了绘画与建筑委托权以及教育岗位。不光是奥地利一些主要的公共建筑，甚至就连邮票和货币，也都是由分离派成员设计的。*[35] 然而哈特尔最为珍视的艺术工程，也是分离派从其开始就大力推动的，也就是现代美术馆。该工程于1902年6月获得皇帝批准，1903年4月竣工开门。哈特尔同时还通过购买或受赠的方式，为国家的现代收藏积极收集艺术品。克里姆特的大学绘画就是在这

---

* 奥托·瓦格纳的邮政储蓄大楼和位于斯坦因霍夫医院的教堂，或许算是自1889年埃菲尔铁塔落成以后，欧洲国家建造的最为激进的现代化宏大建筑。科罗曼·莫泽（Koloman Moser）设计了1908—1913年系列邮票。阿尔弗雷德·洛勒（Alfred Roller）成为古斯塔夫·马勒领导下的宫廷歌剧院的舞台设计者。分离派成员（尤其是精力十足的奥托·瓦格纳）屡次抱怨自己不能赢得竞标或政府职位，然而考虑到各个领域的民众普遍对其艺术并不抱好感，应该说他们的表现算是相当不错了。从1899年起就充当分离派成员主要大本营的教育机构，就是艺术与工艺学院。建筑师约瑟夫·霍夫曼，画家科罗曼·莫泽、阿尔弗雷德·洛勒和菲利西恩·冯·米尔巴哈（Felician von Myrbach，校董），以及雕塑家阿图尔·施特拉塞尔（Arthur Strasser），这些分离派成员全都获得了教学任命。

彩图 10　阿诺德·勋伯格，红色的凝视，1910 年

彩图 11　奥斯卡·柯克西卡，艺术展海报，1908 年

rot fischlein/ fischlein rot,
stech dich mit dem drei-
schneidigen messer tot
reiß dich mit meinen fingern
entzwei/
daß dem stummen kreisen
ein ende sei/

rot fischlein/ fischlein rot/
mein messerlein ist rot/
meine fingerlein sind rot/
in der schale sinkt ein
fischlein tot/

und ich fiel nieder und
träumte/ viele taschen hat
das schicksal/ ich warte bei
einem peruanischen steiner-
nen baum/ seine vielfingri-
gen blätterarme greifen wie
geängstigte arme und finger
dünner/ gelber figuren/ die
sich in dem sternblumigen
gebüsch unmerklich wie
blinde rühren/ ohne daß ein
heller/ verziehender streifen
in der dunklen luft von
fallenden sternblumen die
stummen tiere lockt/ blut-
raserinnen/ die zu vieren
und fünfen aus den grünen/
atmenden seewäldern/wo es
still regnet/ wegschleichen/
wellen schlagen über die
wälder hinweg und gehen
durch die wurzellosen/ rot-
blumigen/ unzähligen luft-
zweige/ die wie haare im
meerwasser saugend tau-
chen/ dort heraus winden
sich die grünen wogen/ und
das schreckliche meer der
untiefen und menschen-
fressenden fische/ faßt die
überfüllte galeere /oben an
den masten schwingen
käfige mit kleinen blauen
vögeln/. zieht an den eiser-
nen ketten und tanzt mit
ihr hinein in die teifune, wo
wassersäulen wie geister-
schlangen auf dem brüllen-
den meer gehen/ ich höre

彩图 12　奥斯卡·柯克西卡，出自《做梦的男孩们》，1908 年

彩图 13　奥斯卡·柯克西卡，《谋杀者，女人们的希望》海报，1909 年

彩图 14　奥斯卡·柯克西卡，赫尔瓦特·瓦尔登肖像，1910 年

彩图 15 奥斯卡·柯克西卡，汉斯·蒂策和爱利卡·蒂策-康拉特的肖像，1909 年

彩图 16　奥斯卡·柯克西卡，暴风雨，1914 年

彩图 17　奥斯卡·柯克西卡，建筑师阿道夫·鲁斯的肖像，1909 年

种政策背景下接受评判的。

虽然克里姆特和政府当局用心良苦，但分离派成员享有的官方庇护并非没有受到质疑。新的艺术语言非但没有缓和民族分裂的矛盾，反而火上浇油。火势从大学礼堂蔓延到新闻界，很快又到了政治舞台。一些教授从克里姆特的首幅天顶画中嗅出了颠覆性的反文化气息，因此政府必须应付他们——大臣冯·哈特尔及其艺术委员会对他们的请愿索性不理。[36] 然而要应付天主教保守分子与新右派分子的反对呼声又是另一回事了。在来自庸俗新闻界的反对《哲学》的喧嚣中，最为刺耳的声音是由市长卢埃格尔麾下的基督教社会党的机关报《德意志人民报》(*Deutsches Volksblatt*) 发出的，这也是反犹主义的叫嚣。《德意志人民报》借哲学学会一事，故意把克里姆特和威克霍夫都说成是犹太人，尽管两人并不是。而哲学学会不但邀请威克霍夫发表讲演支持克里姆特，还为其辩词献上"经久不息的热烈掌声"。《德意志人民报》记者指出，这种对"不道德"艺术的阿谀奉承并不令人吃惊，因为在这个自由派激进主义的大本营里，"会员卡都是用黄纸板做的……居然没有……三角形斑纹，在过去的美好年代，凭的就是这个把犹太人从基督徒那里区分出来的"。[37]

克里姆特面对他作品所遭受的攻击毫不畏惧，而且冯·哈特尔男爵平静但坚决地无视教授的抗议，这加强了他的勇气，他继续着手完成《哲学》的姊妹篇。1901 年 3 月 15 日，《医学》在分离派之家首次展出（图 46）。克里姆特再次用一种陌生而又有震撼力的景象，来直面科学进步的文化。他把医学的行动领域表现为一种人类半梦半醒的幻景，人本能地近乎任由摆布，顺从于命运的洪流。在生命之河里，死神居于其中，他的黑色面纱在活人

图 46 医学，大学天顶画，1901 年

那蜷曲的肢体中间缠绕盘旋。跟《哲学》一样，这里也有一个女祭司站在前方，居于观众和克里姆特那存在主义的"世界剧场"之间：许癸厄亚（Hygeia）。作为一个骄傲、高大、有力的女性，许癸厄亚是克里姆特中期（1897—1901）所画的最后一个双性守护神。就像她之前的多数其他人物（三位雅典娜中的两位、"赤裸的真理"还有"知识"）一样，许癸厄亚也直对着观众，傲慢专横，似乎要逼迫我们认可其身后的存在主义场景。许癸厄亚掌管的那些悬浮的生命的景象的特点，就是单个人物那谨慎、模塑的实质性同他们在空间中相互关系的杂乱性之间的对比。人物任意飘荡，时而纠葛到一起，时而各自飘浮，但几乎完全感觉不到彼此。虽然躯体有时会合一，可之间却不存在任何交流。因此，个人对声色与苦楚的心理-生理体验，从一切形而上学或社会的根基里被抽离了出来。人类迷失在了空间中。[38]

　　克里姆特无意按医学从业者所理解的那样描绘医学。《医学周刊》（*Medizinische Wochenschrift*）的评论家抱怨说，这位画家忽略了医师的两大功能——预防与治疗——也不无道理。[39] 他的许癸厄亚只是以其神职立场，通过希腊传统所给予她的象征符号，宣告了我们的生物性生命的含混不清。在希腊传说中，许癸厄亚就是暧昧不清的代名词，因而也就同动物界最含混暧昧的蛇关系密切。许癸厄亚和她的哥哥阿斯克勒庇俄斯（Asclepius），都是出生于人间沼泽（死亡之地）的蛇。蛇是两栖动物，同时也是和两性都有联系的阳具象征物，它极大程度地模糊了陆地与海洋、男性与女性、生命与死亡之间的界线。这一特征十分符合世纪末对双性同体和同性恋意识觉醒的关注：一方面表现了性解放，另一方面又表现了男性对性无能的恐惧。无论在什么地方，凡是涉及自我的消解，不管是两性交合之时还是自疚与死亡之时，蛇都高昂着头。克里姆特在多部作品中探索了它的象征意义，蛇在雅典娜中处于守势，在《赤裸的真理》中处于攻势，而在《水蛇》中则诱惑人。如今克里姆特又以富含哲理的方式，用在许癸厄亚这位代表多种价值的女神上。自身即是从蛇变为人形的许癸厄亚，为大蛇奉上了一杯忘川之水，要它饮掉原始的琼浆。[40] 因此，克里姆特宣告了生与死的统一，即对本能活力与个人消解的解释。

如克里姆特的同时代人所示，这样的象征性表述，无须理性把握就可以领会。尽管许癸厄亚引发了强烈反应，但最为敌视克里姆特的批评家却并不理解蛇（以及许癸厄亚严肃地耍蛇）的含义。他们的愤慨集中表现在背景人物的“下流无礼”上。其实在大的传统之下，裸体借由其理想化的再现，已经获得合法地位。而克里姆特作品中惹人不快的是他画中人体的自然主义的具体性，以及他们的姿态和位置。画中的两个人物尤其容易激怒传统人士的感情：位于画面左方飘浮在空中、骨盆前挺的裸女，和位于画面右上方的孕妇。[41]

在《哲学》中就已隆隆作响的雷声，在《医学》中成了一场猛烈的暴风雨，这给克里姆特的自我意识（无论是作为个人，还是作为艺术家）造成了至为关键的影响。[42] 攻击他作品的不仅有教授，还有势力强大的政客。公诉人以“违反公众道德”为由，下令没收刊有《医学》绘画的那期《神圣之春》，分离派的负责人亦采取法律措施，成功地解除了检方禁令，但气氛依然剑拔弩张。[43]

与此同时，包括卢埃格尔市长在内的新旧右派代表向冯·哈特尔大臣施加压力，要求他在帝国议会上做出解释。在一次正式质询中，他们质问大臣，他是否要通过购买《医学》这幅画，代表官方承认这样一个冒犯大多数民众的审美观的艺术派别。可以看出，克贝尔政府利用现代艺术来弥合政治裂缝的政策，反而开始使裂缝加深。冯·哈特尔出于对新生艺术的钟爱，起先草拟了一份回应批评者的强硬发言，赞扬分离派运动复兴了奥地利艺术，恢复了奥地利的国际地位。他在演讲草稿中结语道："反对这样一场运动，证明其完全不能领会现代政策在艺术中的责任；我认为支持这项运动，正是我们最精彩的任务之一。"[44]

然而，当大臣最终步入议会发言席时，出于政治上的谨慎，他还是软化了自己直率的措辞，把立场转移到更加中立的位置上，即文化部无权对任何艺术倾向做出官方的批准。大臣还对议会说，艺术运动源自"物质与思想生活在整体上不断而渐进的发展"，政府既无法创造它，亦不能毁灭它。艺术只能在自由中茁壮成长，也只能在对艺术敏感的大众的支持下生存。[45] 所以，哈特尔否认政府对分离派运动会有任何特殊的照顾。

虽然大臣未屈服于压力而拒绝克里姆特的《医学》，但对他的质询标志了政府对克里姆特态度的一个转折点。通过天顶画事件，原本官方期待的现代艺术的政治资产已经变成了一种政治负债，而冯·哈特尔谨慎修改的讲话措辞亦表明了此点。

官方态度冷却的其他迹象也迅速出现。当克里姆特被选为美术学院的教授时，文化部竟然拒绝批准，让所有人都感到了意外。[46] 与此同时，克里姆特在大学事件中的主要对手弗里德里希·约德尔被任命为维也纳科技大学的新任美学教授。约德尔的就职演说，读起来简直就像是在向克里姆特以及分离派叫嚣自己的胜利。他攻击现代艺术中的主观主义倾向，以及他们对迈锡尼和其他原始

形态的使用。他还表达了科学批评的必要性，以恢复艺术的客观
精神。最后，约德尔重申，过去才是批评家与艺术家唯一适宜的
学校。[47]

　　另有一人的学术事业，虽然领域大为不同，却也受到了分离
派政治的积极影响，那就是西格蒙德·弗洛伊德。尽管就我们所
知，弗洛伊德一直不为克里姆特和他的斗争所触动，就像他也不
为其他现代绘画所动一样，但弗洛伊德最终获准评上教授，却要
归功于冯·哈特尔对新艺术的干预。弗洛伊德迟迟未能得到晋升
的故事十分复杂，在这里不能再详述。* [48] 因为这会令我们远离克
里姆特这个主题，掉进知识分子-官僚的精英圈子这个密集的人际
关系网，弗洛伊德就曾在 1901 年秋极不情愿地决定利用这种关系
网来获得提升。不过假使匆匆一瞥这个复杂事件，似乎也可以看
出在政治与文化汇于一体的维也纳"第二社会"，生活和事业之间
是如何缠绕纠葛在一起的。

　　1897 年，维也纳大学医学院第一次推荐弗洛伊德升任教授，
在之后的整整 4 年，此事在文化部被一直搁置着。当时并未解释
推迟的原因，此后也无人发现究竟何故。1901 年秋，弗洛伊德
说服学院里的负责人重新审议这件事。弗洛伊德本人还去了文
化部。他在那里请教了自己以前的一位老师西格蒙德·埃克斯
纳（Sigmund Exner），此人在冯·哈特尔手下任职。（埃克斯纳
还是一名教授，曾与约德尔共同发起了反对克里姆特《哲学》的
教工请愿。）埃克斯纳指点弗洛伊德说，对大臣采取一些个人干

---

* 有关这件事在弗洛伊德的思想发展中的影响，请见第 4 章。

预对他的晋升获批很有必要。于是，弗洛伊德先找到了一个自己医治长达 15 年的病人，伊莉斯·贡珀茨（Elise Gomperz）。她是著名的自由主义古典学家特奥多尔·贡珀茨的妻子，而特奥多尔又曾是哈特尔在大学工作时的同事。[49] 1879 年，当时还是学生的弗洛伊德曾为贡珀茨工作过，为他编辑的德文版穆勒选集翻译了约翰·斯图尔特·穆勒的《妇女的屈从地位》（*The Subjection of Women*）一文以及其他文章。[50] 贡珀茨本人并未插手参与弗洛伊德的晋升一事，而是他的夫人同大臣进行私人交涉，但还是没有结果。[51]

弗洛伊德而后继续寻觅，并找到了另一位"守护神"，他这样称呼这位人脉通达的雅典娜。此人就是玛丽·费斯特尔（Marie Ferstel）男爵夫人，她是一位外交官的夫人，新大学的设计者海因里希·费斯特尔的儿媳。男爵夫人为了自己的精神分析师，通过一位共同的朋友接近哈特尔，她承诺为哈特尔最喜爱的工程之一（即将开门的现代艺术馆）安排捐赠一幅画，从而使自己的请求更具吸引力。显然，她当时心里想的是阿诺德·波克林（Anold Böcklin）画的一幅画。这位世纪中叶的艺术家，既被传统主义者视为古典的现实主义画家，也凭借其关于本能生死这类主题的画作，而被分离派敬为现代性的先驱。因为他的作品弥合了由于克里姆特的大学绘画而引发的严重分歧，所以对于哈特尔而言，波克林这个画家正好符合他的需要。然而只可惜男爵夫人未能从画的主人，她那富有的姨妈手里获得这幅画。不过哈特尔其实已经着手让弗洛伊德晋升了。而男爵夫人则用另一幅画来代替波克林，那就是埃米尔·奥里克（Emil Orlik）的画，此人是 名更保守的分离派画家。[52] 大臣遵守了对男爵夫人的诺言，即只要皇帝一批准弗洛伊德的职位提升，她就会第一个知道消息。弗洛伊德记述说，1902年3月的一天，费斯特尔男爵夫人来到他的办公室，"手挥着一封大臣发来的快信"，带来了好消息。

学术政治的循环完成了。哈特尔对大学绘画事件的政治问题过于敏感，不允许克里姆特到美术学院任职。但他对现代艺术的支持态度依旧很坚定，因此哪怕只是为现代艺术馆赠送一幅画，就足以促使他把弗洛伊德提到他所渴望的教授职位上去。虽说弗洛伊德对现代绘画及其政治明显毫不关心，但从他写给自己最好朋友的信中，似乎也能看出他非常清楚哈特尔的新顾虑："我相信，倘若是她（指费斯特尔男爵夫人），而不是她的姨妈，拥有一件波克林的作品……我提前三个月早就获得任命了。"[53] 维也纳的精英世界很小，大臣心境如何，很快就会尽人皆知。这股曾重创克里姆特的政治命运之风，对弗洛伊德来说则是温和幸运的。

❧ V ❦

公众的诽谤以及职业上的遭排斥，对克里姆特造成了很大打击。他的反应有多深，并没有什么文献记载——克里姆特不是一个喜欢说话的人——而是体现在他的艺术上。1901年之后，他的画作展现出两种截然相反的情感反应，每一种都预示了一个受伤而脆弱的自我：愤怒与退却。克里姆特在痛苦地摇摆于战斗与逃避之间的4年中，为每种反应都构思出一种单独的视觉语言。我们对他的个人生活所知甚少，无法凭借清晰的传记根据来追踪其心理发展。危机真正爆发时，他已经40多岁了，这一事实或许也给他公共生活上的不幸增加了个人的因素。我们所能言及的，也只有他的画作所指了：克里姆特经历了一种"自我重组"。这是因为他创造了一种愤怒艺术和寓言化的斗争，消解了自己先前的有机风格。这反过来又为一种退却与抽象空想的艺术腾出地方来。1905 年，他要从文化部买回自己那些饱受争议的大学绘画作品，引起了诉讼，这一外部事件正式标志着他跟当局的决裂。[54] 但早在 1901 年，在《医学》危机之后，他针对批评者的反击就已经开始了。在其第三幅，也是最后一幅大学天顶画《法学》中，克里姆特最为强烈地发泄了自己的怒气。

在前两幅画引发争议期间，《法学》还只停留在 1898 年提交的油画草图的阶段。等到克里姆特 1901 年真正作画时，他准备把自己所有的愤怒和伤痛感都赋予到画中。画的主题——法律本身，奥地利自由主义文化中最受尊敬的特征——非常有助于他进行颠覆性表达的热切意愿。我们由此想起了弗洛伊德在《梦的解析》中揭示本能世界时，所投入的类似的反政治精神。克里姆特完全可以把两年前弗洛伊德放在《梦的解析》上的《埃涅阿斯纪》中的威胁性话语，同样用在自己的《法学》上："如果我不能改变天神的意志，我将去发动地狱。"克里姆特的处境跟 19 世纪 90 年代后期的弗洛伊德十分相像，他通过个人的自我揭示，将自己面对社会权威——学术的、政治的，以及官僚的权威——所遭受的沮丧经历，化为对社会心理洞悉的贡献。

当克里姆特于 1901 年开始创作《法学》时，[55] 他眼前摆着自己于 1898 年 5 月送交文化委员会的那幅构思图（图 47）。那幅素描无论在精神上，还是风格上，都与其姊妹篇《哲学》和《医学》迥然不同。《哲学》中的女祭司与《医学》中的许癸厄亚都是神秘的先知类型，体态庄严静穆，而正义女神起初却被画成积极鲜活的样子，她掠过半空，挥舞手中的利剑，以抵挡来自下方、象征着邪恶与罪孽的朦胧章鱼的威胁。克里姆特在这一版本中显然把正义女神给理想化了，也就是用惠斯勒（Whistler）* 画白衣女人的那种清澈而饱满的笔触来刻画她。这幅画的空间环境也和《哲学》与《医学》不同，《法学》中没有另外两幅画中沉重而黏滞的气氛，而是一种明亮、轻快的气氛。因此，克里姆特一开始是要正义女神摆脱哲学和医学中的含混性。为了达到此目的，他采用了风格与技法上的同一对比，这种手法他在给尼古拉斯·顿巴的音乐厅所画的那两幅画——《音乐》与《舒伯特》——中已应用过。他在过去曾用实体论的自然主义手法来传达一种心理-形而上学的现实，而在这里则是利用转瞬即逝的印象主义手段来刻画一种理想。我们由此可以断定，克里姆特在1898年将正义女神划分在了与舒伯特的家庭音乐同样的理想国度中——对于这样一个依旧忠诚于法律文化的子民来说，这也是一个恰当的选择。

1901 年，当克里姆特在大学绘画争议之后，重新开始绘制《法学》时，他彻底改变了自己的构想。新版本（图 48）必须跟早前的《法学》草图以及《哲学》和《医学》结合起来看，才能够体会到作者观点的变化之大。场景从第一版中清风微拂的天堂，变成了死气沉沉的地狱。中心人物不再是高飞的正义女神，而是无助的法律受害者。在创作新形象时，克里姆特采纳了绘画项目

---

* 惠斯勒（James Abbott McNeill Whistler，1834—1903），美国画家，代表作有《白衣少女》（副标题为《白色交响乐》）、《母亲的肖像》等。——译者注

图 47 法学，为大学天顶画所创作的构思图，约 1897—1898 年

图 48 法学（最终版），大学天顶画，1903—1907 年

负责人为改进 1898 年版本所提出的三个建议。不过他的采纳却颇具讽刺意味，在对法律的表现当中，每一处变化都增加了恐怖元素。项目负责人要求：（1）"对中心人物更为清晰的塑造"；（2）"画面基调更加平静"；（3）"对绘画下半部太过显眼的空白处进行相应的改进"。针对第一个要求，克里姆特将法律的触角掌控中的男性的过于具体的现实主义，代替了第一版中正义女神那近乎透明的印象主义。克里姆特把第一版里清新而不安的天空，换成了社会的处决室那沉寂而湿冷的"平静状态"。而"太过显眼的空白处"如今则填满了可怕的法律触角，作为无情的惩罚，正在吞噬着它的受害者。所以，画家在字面上严格遵从了客户的所有三条命令，同时也更肆无忌惮地蔑视了他们的价值观。

　　克里姆特在《法学》中还打破了与另外两幅已经完成的画的联系。他改变了空间，颠倒了结构，还把绘画方法变得更加激进。《哲学》与《医学》中的虚构空间，仍旧被视为像是三个后撤的垂直层面中的幕前部分。观看者的视角是从舞台脚灯的观众席一侧开始的。"知识"和许癸厄亚这些寓意人物站在第二层上，舞台前侧、下方，介于观众和宇宙戏剧之间；戏剧本身占据的是第三层，也是最深的空间层面，并主宰了整个空间。在《法学》当中，整个空间被平整为一个统一的后撤的视角，但还是从侧面将其切割为一个上方世界和一个地下世界。第一版的焦点是天国，而第二版的焦点则是地狱、地下甚至是水下。在上方世界，距离我们远远的位置，站着法学世界的寓意人物：真理、正义和法律。从象征角度来看，她们相当于许癸厄亚及哲学女祭司，等于是这些人的姐妹。但不同于后者的是，她们并不发挥任何中介作用，无法让我们更接近她们所在世界的奥秘。

相反，她们退居在高高的落脚之处，让我们被遗弃在恐怖的国度里，与受害者一同体验那不可名状的宿命。因此，只有自命不凡的法律，才在画面中井然有序的上部得到了展现。这是官方的社交世界：一个失去自然特性的环境，砖石的柱子与墙壁都用马赛克般的直线图案加以装饰。法官有着干瘪瘦小的脸庞，只有脑袋而没有身体。三位寓意人物亦是冷漠无情，披着程式化的对称长衣，显得美丽而苍白。

然而，法律的现实却并不在规则匀称、安宁端庄的上方世界，而是在真空一般的下部空间，也就是行使法律之处。这里并未记载罪行，有的只是惩罚。* 而这种惩罚被情欲化、心理化为湿冷地狱中的一场情色噩梦。富含隐喻的画像集中了古典与现代的意象和思想。布莱克说："腰部是最后审判的地方。"阉割焦虑的心理主宰了克里姆特的焦点场景：被动、压抑、无能的男性受害者，困在肉欲的陷阱里，被一个酷似子宫的息肉包围。负责处决的复仇三女神既是世纪末的蛇蝎美人，又是希腊的酒神狂女。她们那柔软弯曲的身形和诱惑人心的长发，很可能是受到荷兰新艺术派画家扬·托洛普（Jan Toorop）所画的女性人物的启发。[56] 不过克里姆特赋予了她们残酷的、蛇发女妖一样的古典酒神狂女的特征。这些蛇蝎般的复仇女神，而非画面上方理想化的人物，才是真正的"法律官员"。而在她们四周，在地狱那空洞的世界里，厚厚的发束在恐怖的性幻想中缠绕与遮蔽。

---

* 卡尔·克劳斯曾对克里姆特做过众多的尖锐批评，他在其中一篇里嘲笑这位艺术家"用绚丽的色彩描画自己苍白的思想，本想画《法学》，象征的却是刑法"。看来克劳斯捕捉到了克里姆特绘画的真谛，却完全漏掉了其关键意图。《火炬》，第 147 期，1903 年 11 月 21 日，第 10 页。

克里姆特将法律世界一分为二，上方是正义三女神，下方是本能的复仇三女神，这让人想起埃斯库罗斯（Aeschylus）的《奥瑞斯忒亚》（Oresteia），剧中雅典娜确立了宙斯的理性法律的裁决，让父权凌驾于仇杀与母权复仇之上。当雅典娜建立起社会化正义的法庭——雅典的亚略帕古法庭——时，她说服复仇三女神出任法庭的守护神，通过将其召入自己的神殿，征服了她们的力量。于是，理性与文明庆祝自己战胜了本能和野蛮。[57] 克里姆特颠倒了这一古典的象征主义，恢复了复仇三女神的原始力量，并表明法律并未控制住暴力与凶残，而只是对其加以遮掩并使其合法化而已。在埃斯库罗斯的版本里，雅典娜已将"黑夜的女儿们"托付给"最初的黑暗地窖里的极深、极深之处"，而克里姆特则在愤怒和痛苦中将她们又重新召唤上来。在断定本能力量要强于政治之后，克里姆特已无法再像弗洛伊德那样敬拜"密涅瓦神庙那卑贱残败的废墟"。克里姆特曾多次以各种形态画过雅典娜，现在她却从她专属的正义剧场中消失了。女神的消失标志着被压抑者的回归。因此，在庆祝"光明战胜黑暗"系列画作中的最后一幅里，克里姆特明确宣告黑暗的首要地位，即"发动地狱"，通过复仇三女神的象征，他发掘和暴露出本能的力量（这种力量是构成法律与秩序的政治世界的基础）。在埃斯库罗斯的作品里，雅典娜让正义凌驾于本能之上；而克里姆特则反其道而行之。

虽然克里姆特的《法学》是一种颇具挑衅的展示，可它也带有"内心的呼喊"（cri de coeur）的特征。这种强调单个受害者的控诉模式，涉及一种从公众风气到私人情怀的转移。在克里姆特笔下那正在衰老的法律受害者身上，没有尼采式的"命运之爱"

（amor fati）——仅有软弱的印记和悲哀的印记。在大学绘画中，只有《法学》以一位男性为中心人物。但他却完全不同于克里姆特先前所画的男性寓意人物——第一次分离派海报中的忒修斯，也是艺术家俄狄浦斯反抗中的象征性英雄（图37）。在那幅画中，健壮的年轻人将利剑插入了传统的弥诺陶洛斯身中。如今，老迈的受害者承受着专门针对俄狄浦斯罪行的惩罚：阉割和性无能。有人会猜想，克里姆特正在表达的，不光是痛苦和愤恨，还有另外一种弱化的自我所特有的感受——内疚。克里姆特对父辈的攻势，正如其学术与政治上的敌手所看到的，难道就不算是一种性放荡吗？对于为支持性欲解放而实施的反叛，克里姆特的复仇三女神所降临的性惩罚幻象总的来说还是颇为贴切的。*所以，这样的画像表明，克里姆特面对批评责骂，虽然也有所反击，但他还是把自己放弃艺术使命、充当将本能生命从法律文化中释放出来的解放者，部分地内化为个人罪过。他的反抗本身就有无能的精神色彩。

　　克里姆特1901—1903年创作的其他绘画，也表现出了支配《法学》的反抗情绪。从《医学》开始，克里姆特就选择了两位最违背道德观念的人物来作为独立绘画的主题。他处心积虑地想要制造震撼效果，于是进一步地展现他们坦率的肉欲。一幅叫作《金鱼》（图49），表现了一个裸女正在向观者放肆地展示自己肉感的臀部。克里姆特原计划将其称为《致我的批评者》，在朋友劝阻下才放弃。[58]另一幅画《期望》（*Hoffnung*），则以更为成熟的形式，表现了在《医学》中就曾震惊公众的那个怀孕妇女的形

---

* 在希腊神话中，复仇三女神的来历跟性暴力密切相关。她们来自受阉割的父亲泰坦乌拉诺斯（Ouranos）所播撒的种子。

象。克里姆特以最大限度的敏
感来呈现自己的主题，以体现
一个妇女在分娩前最后几周的
双重感受。这两幅画都增加了
画家与文化部之间的紧张关系。
1903 年，冯·哈特尔男爵说服
了极不情愿的克里姆特放弃展
出《期望》，免得拖累大学绘画
不被接受。[59] 文化部还试图阻
止《金鱼》在德国的奥地利艺
术展上展出。[60] 而后，他们又
拒绝让克里姆特的《法学》在
1904 年的圣路易斯展览会上作
为奥地利的主要展品展出。[61]
这位艺术家及其朋友的自负，
同官员的谨慎之间的距离于是
变得越来越大。

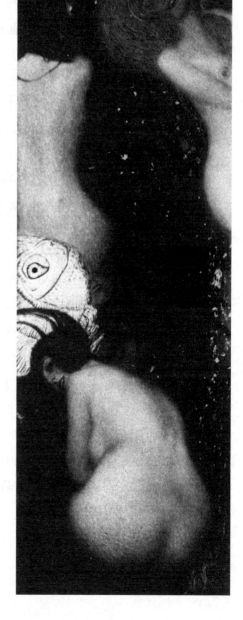

≫ VI ≪

1902 年，当克里姆特仍在
创作挑战性的《法学》时，他

图 49　金鱼，1901—1902 年

又参与了另一项大规模的壁画项目，这个项目对他的艺术进展同样重要。那是一幅巨大的饰带画，颂扬贝多芬以及他在第九交响曲中为席勒的《欢乐颂》谱的曲。如果说《法学》是克里姆特自恋狂怒最为大胆的表达，那贝多芬饰带画则表达了完全相反的东西：自恋的消退和乌托邦式狂喜。斗争在逃逸中找到了自己的对等之物。政治带来了溃败与苦楚，而艺术则提供了逃避与安逸。在风格和思想上，贝多芬饰带画都标志了克里姆特在艺术上的一个转折点。

莱比锡艺术家马克斯·克林格（Max Klinger）创作的贝多芬当代雕像备受好评（图 50），雕塑在维也纳展出，引出了这幅贝多芬饰带画。分离派艺术家决心要把他们的整个大楼都变成一座供奉克林格雕塑的神庙。毫无疑问，这是前面所提到的分离派倾向之一的顶点：通过艺术来提供宗教的替代者，让人们在现代生活中得到庇护。在贝多芬展览中，所有的分离派主要艺术家们都贡献了时间和劳动来赞美克林格，因为他赞美了贝多芬——一位美学上的普罗米修斯——将生命的秃鹫拒之门外。如果说有什么集体自恋的例子的话，这就算是一个，艺术家们（分离派成员）赞美另一位艺术家（克林格），而他又赞美艺术的英雄（贝多芬）。展览的目录谈到了分离派"对伟大任务的向往"，于是便有了这样的想法——"要承担起我们这个时代要求艺术家应该提供的东西：即内部空间（innenraum）的目的性发展"。贝多芬展览确实是一件内在审美化的整体艺术品。

建筑师约瑟夫·霍夫曼（Joseph Hoffmann）利用分离派大楼的灵活空间，把它改造成了一座仿原始、粗糙的迷宫般的神殿。他的内部布置可谓一件真正的开拓性作品，预示着新生的野兽派

图 50　马克斯·克林格，贝多芬，展于分离派展览，1902 年

艺术（图 51）。通过处处装点有陶瓷饰板和新原始雕塑的庄严走廊，艺术的门徒前行到一处门厅，从那里，他能看到供奉着贝多芬的"至圣所"（sanctum sanctorum）。《新自由报》写道："人们准备了一切可能的办法来崇敬（Andacht），来到（雕像）前，仿佛被催了眠一般。"在展览开幕式上，古斯塔夫·马勒指挥演奏了贝多芬第九交响曲一个专门编排版本，为展览增添了光彩。[62]

克里姆特贡献的饰带画由三幅画板构成，是一个表现艺术之力量战胜逆境的寓意画。尽管这一主题与克林格的《贝多芬》相

图 51　约瑟夫·霍夫曼，分离派内部，贝多芬展览，其中有克里姆特的饰带画，1902 年

近，但克里姆特去除了其中全部的普罗米修斯精神。第一幅画，
名为《渴望幸福》（*Longing for Happiness*），表现了弱者向"全
副武装的强者"求助的场景（图 52）。不过图中的强者，不再是
克里姆特第一幅分离派海报中的杀死弥诺陶洛斯的好斗的忒修斯。
骑士从形似子宫的塔中走出，在两位女性精灵的鼓舞下，去夺取
胜利的王冠。第二幅画《敌对力量》（*Hostile Forces*）（图 53）中
的形象全是女性，可能只有中间那个猿猴一样的长着双翼的怪物

图 52　贝多芬饰带画，画一：渴望幸福，1902 年

是例外。她们站在受苦者和幸福之间。没有英雄的交锋，没有类似贝多芬第九交响曲中昂扬的土耳其战乐。而是像展览目录中明确指出的那样，"人类的渴望与祝愿从它们（敌对力量）的上方飞走"。这种心理上的姿态对于虚弱的自我非常典型，这种自我在幻想中找到一种取代凌驾于现实的力量：愿望为王，冲突被避免。人们可以在"音乐"这个人物（图 54）上方看到，愿望正在水平地飞行——身着长袍的梦幻般的精灵，克里姆特感官的水蛇们的升华姐妹。

　　最后一幅，也是最有趣的一幅，代表着圆满（图 55）。解说文字是"对幸福的渴望终止于诗歌"。展览目录上说，艺术在这里"引领我们步入理想的国度，只有在此处，我们才能找到纯粹的欢愉，纯粹的幸福，纯粹的爱"。克里姆特对这最后一幅画的构思，来自席勒《欢乐颂》中的一句话："这一吻送给全世界。"对于席勒和贝多芬而言，这个吻是政治性的，是人们相互之间兄弟情谊的吻——"拥抱起来，亿万人民"*，这是席勒普世主义的指令。贝多芬仅仅通过男声，用庄严的行板（Andante maestoso）唱出这一句，带有兄弟般激情的力量与尊严。而对于克里姆特而言，这种情感却不是英雄式的，而是情色的。更令人侧目的是，亲吻和拥抱均是发生在子宫里。作为自恋式的全能幻想的典型特征，高高"飞翔"在一个子宫里具有情色意味地圆满完成。而哪怕在天堂中，女人的头发也以一种我们在克里姆特绘画中非常熟悉的危险方式缠住她的恋人的脚踝。即使在阿卡迪亚**，性也诱惑人心。

---

* 　原文为："Seid umschlungen ihr Millionen"。

** 　阿卡迪亚（Arcadia）：希腊的一个区，喻指世外桃源。——译者注

　　要评估克里姆特 1901 年危机的完整意义，以及其中隐含的政治同艺术分离的意义，就应当把《法学》中的受害场景同贝多芬饰带画中的圆满场景结合到一起来审视。两幅作品彼此相关，又彼此对立，每一幅的格调都适合其意旨。这两幅寓意画的中心象

图 53 贝多芬饰带画，画二：敌对力量，1902 年

征均为子宫，以及男性与子宫的关系。《法律》中那子宫般的息肉及充满威胁的触角，同第三幅的贝多芬绘画中"诗歌"那子宫般的藤架及其柔顺的卷须，形成了鲜明对比。第一幅画里的吸盘变成了第二幅画里的花朵。两幅画中的中心人物皆为男性。在第一

幅中，司法的受害者是一个躬身的老头，受困于肉欲的陷阱；在第二幅中，艺术的胜者是一位狂喜的青年，同自己的伴侣被框进一个圆柱里，柱子的形状毫无疑问就是艺术的极乐子宫里一根勃起的阴茎。这些画中所使用的两种风格，将我们原先观察到的差异（一种是对尚未实现的想法所做的二维的线性处理，一种是用

图 54　贝多芬饰带画，画三细部：音乐，1902 年

来代表现实的三维的、模塑的自然主义），带到了一个新的对立层面上。作为负责监督男性政治命运的代理人，复仇三女神得到了有机的展现，成了真真切切、有血有肉的悍妇。她们是真实的。相比之下，吟唱着席勒"这一吻送给全世界"的天国合唱团则是克里姆特画过的最为抽象的二维群体。她们那装点着鲜花的长袍起伏摇摆，回应着克里姆特笔下更富美感的女性狂喜的形象；不过她们程式化的平坦暗示着无形的实体，有如拜占庭的天使乐团。[63] 这

图 55　贝多芬饰带画，画三细部：对幸福的渴望终止于诗歌，1902 年

种对比还延伸到了空间布置上：复仇三女神在空间里的姿态不甚规则，却动感十足，而艺术天使们则静态地排成排，甚至连颤抖都营造出一种韵感而线性的节奏。无论在哪个层面上，两幅作品都渲染了现实同理想、法律与权力的王国同艺术与优雅的王国之间的负面关系。性既是惩罚，又是满足的这种含混性，本应为两大王国提供象征性的纽带，这一事实倒是很契合克里姆特的追求解放及其公众命运的本能内容。

如果说《法学》标志着克里姆特在追求现代真理的过程中，对法律文化的批判性反抗达到巅峰，那贝多芬饰带画就是他对逃避现代生活的艺术理念的最充分的阐发。在贝多芬饰带画里，梦者的乌托邦被完全抽离出生活的历史具体性，它本身就是子宫里的囚禁，一种通过复归而获得的满足。俄耳甫斯对普罗米修斯传统的反转已经完成。克里姆特在《音乐》中曾以真理的名义所开启的坟墓，又再次以美的名义宣称其自身的真理。

❖ VII ❖

大学绘画危机之后，克里姆特几乎完全放弃了哲学绘画和寓意画。他在贝多芬展览中退守艺术神殿的举动，颇似社会上某种退至狭窄的精英圈的做法。在之前几个阶段——作为环城大道历史主义的价值传播者，以及分离派中对现代性进行哲学求索的人——克里姆特都可谓一名公共艺术家。他宣扬真理的对象是他心目中的整个社会，至少潜在如此。他从政府当局那里要求（并已得到了）制定普遍信息的契约。现在，他又退回私人世界，成了为维也纳上流社会服务的画家与装潢师。克里姆特在最后的 15年里最大的成就或许就是女性肖像画了，她们大多来自富有的犹太人家庭。而令人惬意的风景，特别是井然有序的花园，同样为他的后期绘画提供了素材。他在新艺术时期风格上的有机活力不见了，代之以一种静态的、水晶般的装饰主义。在立场上，就如同在风格上一样，超越取代了涉入。

克里姆特从 1902 年之后的演变——社会的、个人的和艺术的——具有叶芝在《驶向拜占庭》(Sailing to Byzantium) 中使之不朽的一切特征。正如叶芝将爱尔兰政治抛于脑后一样，克里姆特也退出了所有与哈特尔及其政府合作的尝试。"我要逃脱出来（Ich will loskommen）"，克里姆特高喊道，他在 1905 年 4 月少有的一次采访中，解释了自己要收回大学绘画的决定。*一种日渐衰老的感觉，亦是克里姆特新近发展中的一部分，这从他在大型作品中抛弃性探索，转而追求间接的象征性表述中可以看出，虽说有几个罕见的例外。**叶芝把爱尔兰抛于脑后（"那不是老年人的国度"），因为在爱尔兰，所有的人都"沉溺于那感官的音乐""疏忽万古长青的理性的纪念物"，同样，克里姆特也试图在"永恒的艺术安排"中超越短暂的活力。克里姆特当然不会放弃对情色生活的关注，但他也像叶芝那样，将目光转向了拜占庭，去寻觅新的形式以减少厄洛斯的压力，为痛苦也为欢愉，并在形式

---

* 在采访中，伯尔塔·赛普斯·祖卡坎德尔引导克里姆特和盘讲出了他面对文化部的重重非难与作梗时心里的压迫感觉。他甚至抱怨说要退出不干了："我受够审查了。我要寻求自助。我要逃脱出来。"斯特罗伯尔，《阿尔伯提那研究》，第 2 卷，第 161—163 页。

** 尤其是《达娜厄》（"Danae"，1907）和《莎乐美》（"Salome"，1909）。

上冻结他曾如此大胆斗争将之释放出的本能。从自然到程式化的文化，从对心理-物质体验的直接展现到拘谨的象征化，这就是克里姆特的行程。[64]

1903 年，通常很少旅行的克里姆特两度前往拉韦纳，在那里看到了圣维塔教堂（San Vitale）的镶嵌画。[65] 同时，他的分离派同伴中最具才干的几位，那些转向室内设计与手工艺的人，从 1899 年开始就一直实验镶嵌画和金叶装饰。在建筑与装饰格调上，约瑟夫·霍夫曼率先用直线形的几何形态，取代了新艺术运动中有着有机线条和形状的曲线推力，这种做法很快就成了维也纳建筑与工艺的标志性特色。在维也纳生产同盟（Wiener Werkstätte）——分离派非常成功的手工艺作坊——中，最优秀的艺术家在 1903 年之后在装饰风艺术中引领潮流，采用了金属与水晶的形式。[66]

1904 年，克里姆特投身于这一工艺潮流，与霍夫曼和维也纳生产同盟的其他艺术家们合作设计一栋位于布鲁塞尔的豪华别墅，斯托克雷特住宅（Stoclet House）。[67] 在贝多芬饰带画中，克里姆特就开始突破他在之前建筑画中的空间错觉，而在斯托克雷特住宅的餐厅饰带画中，克里姆特将这种突破推向了终点。他现在把墙当作真正的墙来处理，通过丰富的二维装饰来展现墙的平坦。在斯托克雷特住宅的饰带画中，他以拜占庭方式来构思巨大的生命之树，同时采用拜占庭宗教人物的风格化服装，来装点自己作品中的情色人物。[68] 斯托克雷特的饰带画，是克里姆特对其第三幅贝多芬饰带画中的情色乌托邦冷却和升华的版本，其体面端庄的外表是为了适合富裕家庭的装修风格。

克里姆特进入了所谓的黄金时期，这也是分离派的应用艺术家们转向几何与艺术装饰更广泛运动的一部分，当他转向黄金与金属的色彩和形态时，他也是在重回了他个人的过去。他的父亲（此时已去世）和一个兄弟都是黄金雕刻师。克里姆特会在自己的困难时期重回过去，也是中年男性自我危机的一种典型表现。[69] 因此，当运用一种崭新方式理解其社会现实处于最为紧迫状况中时，个人历史便增加了克里姆特的分离派同事的艺术影响力，帮助他们把他推向了满足其需要的抽象概念与形式主义。

同弗洛伊德和尼采一样，这位画家曾通过召唤被埋葬的古代希腊的本能力量——狄俄尼索斯、许癸厄亚、复仇三女神——来寻求自己对现代性的探索，并对抗古典的资产阶级传统，现在他又转向希腊历史与文化的另一端：拜占庭。他在那里找到了视觉语言的形式，由此又关闭了潘多拉的盒子。在拜占庭僵硬非有机的秩序中，本能与社会变革的威胁都可以被抑制住。叶芝的话又一次表现出作为艺术家的克里姆特所选择的新方向：

> 一旦脱离自然界，我就不再从
>
> 任何自然物体取得我的形状，
>
> 而只要希腊的金匠用金釉
>
> 和锤打的金子所制作的式样，
>
> 供给瞌睡的皇帝保持清醒；
>
> 或者就镶在金树枝上歌唱
>
> 一切过去、现在和未来的事情
>
> 给拜占庭的贵族和夫人听。（查良铮译文）

1903 年之后的 5 年里，克里姆特没有在维也纳办展览。但是他的工作热情却丝毫未曾减弱，到 1908 年，他把自己重构景象的成果呈现给公众。他在所谓"1908 年艺术展"上展示了自己的新作品，那是一个综合展览，展示了克里姆特和他的同事作为美术家和美好生活设计师所取得的成就。在 10 年前的第一期《神圣之春》上，赫尔曼·巴尔曾代表分离派向"毫无生气的例行公事与僵化的拜占庭风格"正式宣战。[70] 而"1908 年艺术展"则表明，精英视觉文化的缔造者在阐明自己的目的、范围和风格时，在多大程度上远离了通往抽象、静态秩序的运动。

约瑟夫·霍夫曼为艺术展所设计的展厅反映了 10 年来的政治侵蚀和经济繁荣所带来的艺术性质与功能的改变（图 56）。艺术展展厅不是分离派艺术神殿那种庄严的非历史的三维激进主义，而被设计成玛利亚·特里萨时代雅致的避暑行宫（Lustschloss）。整个展览——包括陶瓷制品、花园设计、书籍装帧、衣饰和家具——都带有新古典主义的痕迹，无论在处理方式上如何剥离和如何当代化，这都标志着从新艺术设计有机的自然主义到静态理性主义与传统的复归。虽然艺术展展厅的入口处铭刻的文字呼应了分离派在 1898 年的呐喊，"每个时代都有它的艺术"，但目录上却使用了奥斯卡·王尔德（Oscar Wilde）的一句大不相同的观点来作为绘画展区的主题词："艺术除了自身之外，从不表达任何东西。"[71] 不是"现代人的面孔"，而是艺术自身的面孔。那又是什么呢？

在一次少见的为展览开幕所做的讲话中，克里姆特自己界定了如今束缚其世界的审美亚文化的界限。他说，艺术展渴望成为一个"艺术家社区"（Künstlerschaft），即创造者与欣赏者的理想社区。克里姆特难过地抱怨说，"公众生活过度地关注经济与政治

图 56 约瑟夫·霍夫曼，艺术展展厅，1908 年

事务"。因此，艺术家不能通过自己更想要的"履行大众艺术使命"这种方式来影响人民，而是必须退而采用展览这种媒介，这是"唯一仍对我们敞开的路径"。[72] 我们在这里再次感到他同分离派的差异，后者旨在创造一个完整的"艺术民族"来复兴奥地利。客观上本就不大的社交圈子，在克里姆特一群人心中，已经缩小到这位艺术家兼装潢师本人以及他的顾客，一位受过审美教育的精英分子成了他们的整个世界。

这次艺术展被一位评论家称为"克里姆特身上的一个节日斗篷"。[73] 这是由于艺术家对其领袖的颂扬，几乎不亚于因贝多芬展览对克林格的赞誉。在靠近其展厅的正中位置，霍夫曼把一间雅致的房间布置得有如纯朴的、镶着缎边的珠宝盒，用来容纳克里姆特过去 5 年的作品回顾展。该展厅让我们得以浏览他的艺术在危机之后的快速发展。

克里姆特作为画家重新进入精英社交界，会把他的才能用在画肖像画上，这对他来说也是很合适的。如我们所见，他画中的人物都是女性。（即使是他在 1903 年之前所画的无名人物画，里面总算有男性出现，也几乎背转着脸。）在 1904—1908 年所画的三幅系列肖像中，克里姆特越来越多地把背景范围延伸到画中人物以外。但是背景自身——总是一个幻想的内部环境——却越发失去自然性，变得抽象起来，其中的设计元素如今只是发挥纯装饰性目的，具有象征性的暗示意义。在玛格丽特·斯通伯勒-维特根斯坦（Margaret Stonborough-Wittgenstein）——一位富有的分离派资助人之女，哲学家维特根斯坦的姐姐——的肖像画中（彩图 4），人物的脸和手都显示出一种全然安详与高雅修养。可是其中却没什么个性。由于刻意遵从旧的肖像传统，人物的身体全然隐没于衣服之内；衣服本身仍然具有梦幻般的印象主义特征，这在 1898 年舒伯特那幅画中我们已经看到。而背景则用一种全新方式处理成一个封闭的、程式化的空间，一个美丽但不真实的人物生活框架。画中的人物本身成形而坚实，似乎陷入了二维设计的技巧。对墙体的形式主义构思，使居所环境的独立性比其中的居住者的个性还要强烈。

在福里查·里德勒（Fritza Riedler）的肖像画中，对背景环境的程式化处理进一步影响到画中的主人公（彩图 5）。彻底的几何规则（一切文学意义都被排除于其外）显露出坚实性和稳定性，但是属于一种奇怪的概括性的类别。里德勒夫人身后马赛克般的窗户，将外部的自然世界折射进画面，而画面衬托着人物的脸庞，仿佛那是一件头饰。* 她被精心安置在自己理想中的飘浮城堡，以一种风格化却又超然的方式，暗指其贵族的历史。

克里姆特的非社会性的肖像画，在阿黛尔·布洛赫-鲍尔（Adele Bloch-Bauer）的肖像中（彩图 6）达到了完全的极致。布洛赫-鲍尔夫人在画中的样子不仅完全脱离自然，而且像是被囚禁在她那富裕的环境中，有如僵死的拜占庭。房间衬托女士，女士也装点房间。服装与住所融为一个图案连续体，两者都使女士的躯体显得二维平面化。只有人物那敏感的脸庞与微露青筋的手，显示出其裹在金色衣衫下拘谨、脆弱的灵魂。背景中神圣风格的金属质感，以及千变万化的象征细节——如圆圈、旋涡、矩形、三角形——都让人想起《法学》中的 3 位女祭司。不过 1910 年时的克里姆特，是从具有本能真理的地狱视角来揭穿她们那美的面具，而此处的克里姆特却接受了文明之美，认为其改变本性的外表完全正当合理。因此可以说，当克里姆特的自恋热望逐渐消退，他那激进的文化使命亦随之消亡。这位刻画心理挫败感与形而上学病态的画家，成了专画上层阶级美好生活的画家，躲进了一座美丽的几何房舍中，远离并隔绝于公共命运之外。

克里姆特的这些肖像画相当于贝多芬饰带画中的审美-情色乌托邦的社会对应物。难道奢侈的高雅风格不就是一种满足人类愿

---

*　科米尼曾指出这里的头饰效果很像委拉斯凯兹（Velasquez）所画的奥地利玛丽安娜皇后像（1646）中的头饰，亚历山德拉·科米尼（Alessandra Comini）著，《古斯塔夫·克里姆特》（*Gustav Klimt*，纽约，1975 年版），第 15 页。

望、社会习俗化的美学主张吗？然而如果把克里姆特的社会逃避与心理退缩等同于艺术上的衰败，这就大错特错了。相反，他那经过重组的自身设想出新的艺术形态，充当抵抗生活痛苦的铠甲。克里姆特的新绘画的两个中心特征是抽象主义和象征主义，这两个特征在我们之前考察过的肖像画中越来越突出。抽象手法把情感从具体的外部现实中解放出来，使之进入一个自我构想出的形态领域，也就是一个立足启发的理想环境。[74] 可是在这些更大的刻板的构造形态中，小的闪光物质却能发挥象征和装饰的功能。因此，在布洛赫-鲍尔的肖像画中，克里姆特可以通过颗粒抽象地暗示彼此冲突的精神状态，而无须像以前那样直接再现这种状态是何等感觉。积极旋绕的螺旋形与平静的镶嵌单元之间的矛盾张力，充满暗示的眼形、阴户状张开的椭圆形与中和性的三角形之间的矛盾张力——所有这些形态化的个体元素，共同产生出一种爆炸力的联想，这种爆炸力被搁置与固定在其抽象的框架之中。如同在拜占庭艺术中一样，结晶的片段与整体的二维对称结合起来，中和了有机力量。

当克里姆特在后期偶尔转向寓意画或人物绘画时，他极力减弱甚至粉饰其主题当中的冲突元素。或者，我们用更加肯定其成就的方式说，他通过一种审美上的距离拉开，抵消这些元素的对抗潜能。他在 3 幅肖像绘画（维特根斯坦、里德勒、布洛赫-鲍尔）中所走过的轨迹，既从装饰性自然主义到审美超越的路线，又出现在 3 幅观念绘画中，即《达娜厄》（*Danae*）、《吻》（*Kiss*）和《死亡与生命》（*Death and Life*）。因为这 3 幅画的每一幅，都跟克里姆特以前详尽探索过的主题有关，所以它们可以大大有助于我们把握其后期绘画中风格与存在立场之间的变化关系。

在《达娜厄》中（彩图 7），克里姆特再次借助希腊众神来表现现代人类的境遇。达娜厄是克里姆特画的最后一位希腊女性，同之前的雅典娜、尼刻、许葵厄亚，或复仇三女神（都是雌雄同体、具有男性气质的女性）毫无相同之处。克里姆特似乎已经克服了对女性的恐惧。在描绘欲望得以满足的作品中，很少有比他的达娜厄还要光彩照人的，她的肉体充溢着宙斯那金色的爱流，呈现出甜蜜的色彩。克里姆特已经同这个女性相安无事——她已不再贪得无厌、充满威胁，而是在欲望满足后快乐地蜷曲着。克里姆特再一次将两种表现媒介彼此对照。虽然他采用自然主义来展现达娜厄的被动热情，但主导的还是象征主义。克里姆特为神话中的金雨赋予了染色体一般的生物形态，最终添加了一个完全属于他自己的象征符号：作为男性原则的垂直长方体，棱角分明，像死亡一样黑。这便是在爱欲与财富的和谐交合中，一处强有力的不和谐细节。

《吻》（彩图 8）让克里姆特的金色风格达到了顶峰。作为克里姆特在艺术展上（乃至之后）都最受欢迎的作品，这幅画牺牲了现实主义场域，通过扩展象征事物的方式加强了感观效果。在贝多芬饰带画中的那幅《圆满》（图 55）中，甚至在《达娜厄》中，情色效果是通过塑造裸体而传达的；而在《吻》中，肉体却被遮盖，但感观效果由于暗示性的爱抚线条反倒更加强烈。在服饰上，如同恋人所跪的花团锦簇的底部，装饰性元素也充当了象征符号。男女主人公身上的衣物，都凭借其装饰性的设计而格外显眼。在《达娜厄》中象征宙斯阴茎的单个矩形，在《吻》中男人的斗篷上大量扩散；而女人的衣服上则同时充满了卵子与花卉的象征。这些都不是传统的象征符号，而是来自克里姆特无意识中积累里的发明创造。两个象征性的明确领域，由于共同拥有明快的黄金衣料，而成为对立统一的整体。从运动艺术与文学典故艺术，转到静态抽象艺术，克里姆特在《吻》中调整了象征性拼贴的间接陈述，以再次刻画出一种强烈（如果同时也和谐）的情色感觉。

在《死亡与生命》（彩图 9）中，克里姆特再一次试图解决自从"赤裸的真理"向现代人高举镜子时就困扰他的哲学问题。[75] 在结构上，如同在主题上一样，《死亡与生命》都类似《医学》，都是一群人聚集在右边，对抗左边那个单独的强势的人物（参见图 46）。在《医学》中，昏昏欲睡、怀有身孕的漂泊者位于左方。人类在其曲折混乱的川流中看到了死神正在放射着灾祸。在艺术展绘画中，被从人群中隔离开来的是死神。他望着对面喜悦而感性的人类。人类如今是静态的，被置于一个多彩的花花毯子里。爱存在于人类中，而死神却在人类之外，是一种外在的力量。克里姆特所画的马赛克具有明亮的糖果色，将结构性的张力化解为令人愉快的对比。在大学壁画中，克里姆特创造了一种神秘的氛围性的深度，而在这里，他仅仅提供了一种装饰性的二维空间，这本身就是一种乌托邦自满的标记，而他对现实的"适应"将他引向了这种自满。恐怖向礼仪让步，存在主义的真理屈服于盲目乐观者的美。

到 1908 年，作为心理哲学颠覆者的克里姆特在同社会的交锋中饱受创伤，从而畏缩不前，于是他又重操环城大道时代就开始的旧业，即画家兼装饰师。但是他同作为意义之源的历史的决裂，同作为适当的再现模式的物理现实主义的决裂，却依旧是永久性的，对于他如此，对于受到自身的历史与自然期待所欺骗的阶级，亦是如此。克里姆特已经从历史、时间和斗争的国度，无可挽回地转到了审美抽象与社会隐退的国度。然而，在分离主义的内心之旅中，经常借用希腊神话充当图像志领航员，克里姆特已经开启了心理体验的全新世界。当他在审美上隐退到维也纳上层世界（haut monde）的脆弱庇护时，他所放弃的探索，就留待表现主义运动更为年轻的灵魂们来接手并将之推向新的深度。

注释

1. 克里斯蒂安·内比哈伊（Christian M. Nebehay）著，《古斯塔夫·克里姆特：文献汇编》（*Gustav Klimt: Dokumentation*，维也纳，1969年版），第84页，第88页，第97—98页（以下简称为内比哈伊，《克里姆特：文献》）。

2. 《神圣之春》，第 1 期，第 1 号，1898 年 1 月，第 1—3 页。

3. 对于分离派建筑及其建筑师最好的分析，是罗伯特·贾德森·克拉克（Robert Judson Clark）的《奥尔布里奇与维也纳》（"Olbrich and Vienna"），收入《黑森与莱茵河中游的艺术》（*Kunst in Hessen und am Mittelrhein*）第 7 卷（1967 年），第 27—51 页。

4. 奥尔布里奇（J. M. Olbrich）著，《分离派之家》（"Das Haus der Sezession"），收入《建筑师》（*Der Architekt*），第 5 期，1899 年 1 月，第 5 页。

5. 威廉·舒勒曼（Wilhelm Schölermann），《新维也纳建筑》（"Neue Wiener Architektur"），收入《日耳曼艺术与装饰》（*Deutsche Kunst und Dekoration*），第 3 期（1898—1899 年），第 205—210 页。

6. 有关尼采在维也纳先锋知识分子圈里的广为流行，请见威廉·麦克格拉斯（William J. McGrath）著，《奥地利的酒神艺术与民粹政治》（*Dionysian Art and Populist Politics in Austria*，纽黑文，1974 年版），散见全书各处。

7. 弗里德里希·尼采（Freidrich Nietzsche）著，《悲剧的诞生与道德谱系学》（*The Birth of Tragedy and the Genealogy of Morals*，加登城，1956 年版），第 52 页。

8. 新版本画的是全身像，于 1899 年完成，以供赫尔曼·巴尔（Hermann Bahr）研究。请见内比哈伊著，《克里姆特：文献》，第 198—199 页。

9. 弗里茨·诺沃特尼（Fritz Novotny）与约翰尼斯·都拜（Johannes Dobai）著，《古斯塔夫·克里姆特》（*Gustav Klimpt*，萨尔茨堡，1967 年版），第 70 页。

10. 有关该争论最为详尽的分析是艾丽斯·斯特罗伯尔（Alice Strobl）所著的《论古斯塔夫·克里姆特的学院绘画》（"Zu den Fakultätsbildern von Gustav Klimt"），收入《阿尔伯提那研究》（*Albertina Studeien*），第 2 卷（1964 年），第 138—169 页。赫尔曼·巴尔的《反克里姆特论》（*Gegen Klimt*，维也纳，1903 年版）也提供了非常珍贵的文献资料。

11. 内比哈伊著，《克里姆特：文献》，第 208 页。

12. 彼得·韦尔戈（Peter Vergo）著，《古斯塔夫·克里姆特的"哲学"与大学绘画项目》（"Gustav Klimt's 'Philosophie' und das Programm der Universitätsgemalde"），收入《奥地利美术馆新闻》（*Mitteilungen der Osterreichischen Galerie*），第 22/23 期（1978—1979 年），第 94—97 页。

13. 马勒原本以尼采的文章《快乐的科学》（"Die fröhliche Wissenschaft"）来命名自己的第三交响曲。有关这部作品的精彩评析，以及马勒在奥地利尼采热的大背景下作为"超音乐宇宙论者"（metamusical cosmologist）的讨论，请见麦克格拉斯著，《酒神艺术》，第 120—162 页。另可见亨利-路易斯·格兰奇（Henry-Louis de la Grange）著，《马勒》（*Mahler*，纽约，1973 年版），第 1 卷，第 806—807 页。

14. 弗里德里希·尼采著，《查拉图斯特拉如是说》（*Also Sprach Zarathustra*），第 4 部分，《沉醉之歌》（"Das trunkene Lied"），特别是第 8 小节和第 10 小节。《午夜酒醉之歌》（The Midnight Song）在第 12 小节

再次出现。

15. 请愿书的部分内容可见斯特罗伯尔著，《阿尔伯提那研究》，第 2 卷，第 152—154 页。

16. 同上书，第 153 页。

17. 埃米尔·皮尔珊（Emil Pirchan）著，《古斯塔夫·克里姆特》（*Gustav Klimt*，维也纳，1956 年版），第 23 页。

18. 《新自由报》，1900 年 3 月 30 日；1900 年 3 月 28 日，副本见赫尔曼·巴尔的《反克里姆特论》，第 27 页，第 22—23 页。

19. 奥托·纽拉特（Otto Neurath）著，《维也纳学术圈发展史》（*Le Développement du Cercle de Vienne*，巴黎，1935 年版），第 40 页。

20. 阿尔伯特·福克斯（Albert Fuchs）著，《奥地利的思潮：1867—1918》（*Geistige Strömungen in Oesterreich, 1867–1918*，维也纳，1949 年版），第 147—155 页。

21. 《火炬》，第 36 期（1900 年 3 月号），第 16—19 页。

22. 原文为："[N] icht gegen die nackte und nicht gegen die freie Kunst, sondern gegen die hässliche Kunst"。这段访谈，以及对弗朗茨·埃克斯纳（Franz Exner）的另一访谈，可见巴尔著，《反克里姆特论》，第 22—23 页。弗朗茨·埃克斯纳是一位物理学家，他的兄弟西格蒙德（Sigmund Exner）是更加有名的生理学家，两人的父亲是著名的 1848 年奥地利教育改革家，可能是出于自由派理性主义的信念，两人也都是克里姆特的反对者。

23. 巴尔著，《反克里姆特论》，第 27—28 页。

24. 马科斯·德沃拉克（Max Dvořak）著，《艺术史论文集》（*Gesammelte Aufsätze zur Kunstgeschichte*，慕尼黑，1929 年版），第 291 页。德沃拉克为里格尔（第 277—298 页）与威克霍夫（第 299—312 页）所写的祭文，对他们的重要性做出了精辟的评述。

25. 弗朗茨·威克霍夫著，《尤利乌斯二世图书馆》（"Die Bibliothek Julius II"），收入《普鲁士艺术陈列馆年鉴》（*Jahrbuch der preussichen Kunstsam-*

mlungen），第 14 卷（1893 年），第 49—64 页。

26. "Was ist hässlich?"该讲稿在威克霍夫的论文集中并未重印。我对其讨论的根据，主要是《异闻报》（*Fremdenblatt*）1900 年 5 月 15 日的广泛报道，重印于巴尔著，《反克里姆特论》，第 31—34 页。

27. 理查德·查玛茨（Richard Charmatz）著，《1848 年至 1912 年的奥地利内政史》（*Oesterreichs innere Geschichte von 1848 bis 1907*，第 2 版，莱比锡，1911—1912 年版），第 2 卷，第 153 页，第 195 页。

28. 有关克贝尔行政管理的概述，见上书，第 2 卷，第 139—159 页。有关该内阁的政治背景与立宪性质的充分探讨，可见阿尔弗雷德·埃布雷丁格（Alfred Ableitinger）著，《欧内斯特·冯·克贝尔与 1900 年的宪政问题》（*Ernest von Koerber und das Verfassungsproblem im Jahre 1900*，维也纳，1973 年版）。有关该计划的缘起及相关经济问题的有趣探讨，请见鲁道夫·希格哈特（Rudolf Sieghart）所著的回忆录，《一个强权的最后十年》（*Die Letzten Jahrzehnte einer Grossmacht*，柏林，1932 年版），第 34—51 页，第 56—60 页。亚历山大·格申克龙（Alexander Gerschenkron）所著的《一次失败的经济冲刺》（*An Economic Spurt That Failed*，普林斯顿，1977 年版）认为，克贝尔卓有前途的经济计划是被伯姆-巴沃克所破坏的。这本书忽略了文化方面的因素。

29. 伯尔塔·赛普斯·祖卡坎德尔（Berta Szeps Zuckerkandl）著，《我的生平与历史》（*My Life and History*），第 142—143 页；同一作者，《维也纳的庸俗无趣》（"Wiener Geschmacklosigkeiten"），载《神圣之春》，第 1 期，第 2 号，1898 年，第 4—6 页。

30. 行政档案，《艺术委员会议定书》（*Protokoll des Kunstrates*），1899 年 2 月 16 日。

31. 《皇家艺术史收藏年鉴》（*Jahrbuch der kunsthistorischen Sammlungen des Allerhöchsten Kaiserhauses*），增刊第 15 卷与第 16 卷，1895 年。威克霍夫的稿件已被翻译：《罗马艺术；其原则及其在早期基督教绘画

中的应用》(*Roman Art; Some of Its Principles and Their Application to Early Christian Painting*)，亚瑟·斯特朗（S. Arthur Strong）编译（纽约，1900 年版）。

32. 威克霍夫写给里格尔的信（未经确认），引自德沃拉克著，《艺术史论文集》，第 309 页。

33. 汉斯·奥斯特瓦尔德（Hans Ostwald）著，《奥托·瓦格纳：对其建筑作品之理解》(*Otto Wagner. Ein Beitrag zum Verständnis seines baukünstlerischen Schaffens*，博士论文，苏黎世联邦高等工业学院，巴登，1948 年版），第 24 页。原书在此处尾注写的是 *Otto Wagner. Ein Beitrag zum Verständnis seines Aufsätze, lerischen Schaffens*，似为作者笔误，参见第 2 章的尾注 70。——译者注

34. 请见行政档案，《艺术委员会议定书》，1899 年，第 4 页；同上书，1900 年，第 9—10 页。

35. 艺术委员会议定书里含有明显的例子，表明瓦格纳、摩尔和洛勒积极坦诚地推动现代艺术家的利益。请参见行政档案，《艺术委员会议定书》，1899 年 2 月 16 日；1900 年 5 月 12 日；阿尔弗雷德·洛勒于1901 年 10 月递交给文化部大臣冯·哈特尔的关于现代美术馆及其藏品的备忘录。有关分离派由于在委员会中维护现代艺术家而承受的公众压力，请见《神圣之春》，第 3 期（1900 年），第 178 页。有一位部里的下层官员在其回忆录中对委员会的工作进展和利益分配做了失之偏颇的记载，不过他详细证实了这一现代运动作为施加压力的政治集团，在国家体系中获得的巨大成功。请参见马克斯·冯·米林科维奇-莫罗尔德（Max von Millenkovich-Morold）著，《从傍晚到拂晓》(*Vom Abend zum Morgen*，莱比锡，1940 年版），第 203—205 页。有关教学任命，请见彼得·韦尔戈著，《维也纳的艺术，1898—1918》(*Art in Vienna, 1898-1918*，纽约，1975 年版），第 129—130 页。

36. 斯特罗伯尔著，《阿尔伯提那研究》，第 2 卷，第 153 页。

37. 引自巴尔著，《反克里姆特论》，第 35 页。有关《德意志人民报》在

德意志民族主义者和基督教社会党的反犹主义者之间的立场问题，请见威廉·詹克斯（William A. Jenks）著，《维也纳与青年希特勒》（*Vienna and the Young Hitler*，纽约，1960 年版），第 126 页及以下。

38. 有关《医学》的精彩解读，请见弗朗茨·奥特曼（Franz Ottmann），《克里姆特的〈医学〉》（"Klimt's 'Medizin'"），收入《造型艺术》（*Die Bildenden Künste*）第 2 卷（1919 年），第 267—272 页。

39. 引自巴尔著，《反克里姆特论》，第 59 页。

40. 请见约翰·雅各布·巴霍芬（J. J. Bachofen）著，《古人墓碑符号探索文集，全集》（*Versuch über die Gräbersymbolik der Alten, Gesammelte Werke*，巴塞尔，1943 年版以及后来各版），第 4 卷，第 166—168 页。克里姆特所精心绘制的许癸厄亚和蛇的画像，是否受到了巴霍芬的影响，本人并不知晓。

41. 巴尔著，《反克里姆特论》，第 41—59 页。

42. 新闻界评论的例子可见上书，第 41—59 页。

43. 同上书，第 47—49 页。

44. 引自斯特罗伯尔著，《阿尔伯提那研究》，第 2 卷，第 168 页，注释 87。冯·哈特尔骄傲地引述了克里姆特凭借《哲学》在 1900 年巴黎博览会上获得金质奖章。

45. 同上书，第 154 页。

46. 《艺术编年史》（*Kunstchronik*），第 13 卷（1901—1902 年），第 191—192 页记载，批准任命本在意料之中，但实际上却显然未果。另请见诺沃特尼与都拜著，《古斯塔夫·克里姆特》，第 386 页。

47. 弗里德里希·约德尔著，《当下美学的意义与任务》（"Über Bedeutung und Aufgabe der Aesthetik in der Gegenwart"），《新自由报·文学版》（*Literaturblatt, Neue Freie Presse*），1902 年 4 月 20 日，第 36—40 页。

48. 对于职位提升之最后阶段最为详尽的记述（我也十分关注其中的要点），是库尔特·埃斯勒（Kurt R. Eissler）的《弗洛伊德职位历史的补充文件》（"Ein zusätzliches Dokument zur Geschichte von Freuds Pro-

fessur"），载《精神分析年鉴》（*Jahrbuch der Psychoanalyse*），第 7 卷
（1974 年），第 101—103 页。

49. 特奥多尔·贡珀茨（Theodor Gomperz）著，《一位弗朗茨·约瑟
夫时代资产阶级的学术生活》（*Ein Gelehrtenleben im Bürgertum der
Franz-Josefs-Zeit*），收入海因里希·贡珀茨（Heinrich Gomperz）与罗
伯特·卡恩（Robert A. Kann）编，奥地利科学院哲学历史学部会议记
录，第 295 卷（1974 年），第 15 页，第 70—72 页。

50. 欧内斯特·琼斯（Ernest Jones）著，《西格蒙德·弗洛伊德的生平与
作品》（*The Life and Work of Sigmund Freud*，纽约，1953 年版），第 1
卷，第 55—56 页。

51. 弗洛伊德给伊莉斯·贡珀茨的信，1901 年 11 月 25 日，1901 年 12 月
8 日；以及给威廉·弗利斯的信，1902 年 3 月 11 日，《西格蒙德·弗
洛伊德书信集》（*Letters of Sigmund Freud*），恩斯特·弗洛伊德（Ernst
L. Freud）编，塔尼亚与詹姆斯·斯特恩（Tania and James Stern）译
（纽约-多伦多-伦敦，1964 年版），第 241—245 页。埃斯勒，《年鉴
1974》，第 104 页。弗洛伊德很可能并不知晓，特奥多尔·贡珀茨本
人与哈特尔的关系亦有裂隙，因为他们两人早年曾是学术上的对头，
而且不管贡珀茨有多赏识弗洛伊德的译作，他对弗洛伊德医治自己太
太的治疗方法很是不屑。首先请见贡珀茨，《学术生活》，第 70—71
页，第 309—310 页，以及贡珀茨为《新自由报》1907 年 1 月 16 日
号所写的针对哈特尔之死的冷淡颂文，引自贡珀茨，《学术生活》，第
412—413 页；有关贡珀茨在 1893 年和 1894 年间对弗洛伊德催眠疗法
与谈话疗法日渐增多的关注，请见同书，第 170 页，第 234—237 页，
第 251 页。贡珀茨夫人却并无这些疑虑，她积极为弗洛伊德求情，但
这些疑虑却能够通过她的丈夫影响到大臣。

52. 我在这里遵从的是埃斯勒（Eissler）的令人信服的记述，《年鉴 1974》
（*Jahrbuch 1974*），第 7 卷，第 106—108 页。

53. 给弗利斯的信，1902 年 3 月 11 日，《弗洛伊德书信集》，第 245 页。

54. 请见斯特罗伯尔著，《阿尔伯提那研究》，第 2 卷，第 161—163 页；内比哈伊著，《克里姆特：文献》，第 321—326 页。

55. 这个日期是由都拜根据画风确定下来的，见诺沃特尼与都拜著，《克里姆特》，第 330 页。

56. 有关 1900 年分离派展览时的托洛普，请见赫维西著，《八年》，第 241 页；有关作为总体的《法学》，第 444—448 页；有关托洛普和克里姆特，第 449—450 页。另请见《工作室》（*Studio*）第 1 卷（1893 年）第 247 页关于托洛普的文章，其中有托洛普的《三个新娘》（"The Three Brides"）的插图。

57. 请见埃斯库罗斯（Aeschylus）著，《奥瑞斯忒亚》（*The Oresteis*）中浅显易懂的导言，由罗伯特·费格尔斯（Robert Fagles）翻译并作导言（纽约，1975 年版），散见书中各处，尤其是第 3—13 页，第 60—85 页。

58. 《医学》中的人物，即《金鱼》的原型，在最后经过重画成了图 46 的样子。请见诺沃特尼与都拜著，《克里姆特》，彩图 124，第 325 页；内比哈伊著，《克里姆特：文献》，第 260 页。

59. 赫维西，《八年》，第 446 页。

60. 诺沃特尼与都拜著，《克里姆特》，第 325 页。

61. 内比哈伊著，《克里姆特：文献》，第 346 页。

62. 库尔特·布劳科普特（Kurt Blaukopt）著，《古斯塔夫·马勒》（*Gustav Mahler*），英奇·古德温（Inge Goodwin）译（纽约，1973 年版），第 163—164 页。

63. 费迪南德·赫德勒（Ferdinand Hodler）的影响通常被援引用来解释克里姆特的合唱观。请见韦尔戈著，《维也纳的艺术》，第 74—75 页；内比哈伊著，《克里姆特：文献》，第 334 页与图 406 和图 408。

64. 本人非常感谢安·道格拉斯（Ann Douglas）教授指出了克里姆特与叶芝的相似之处。有关叶芝晚期的发展及其在《驶向拜占庭》中的表现，请见理查德·艾尔曼（Richard Ellman）的精彩分析，《叶芝：其人与面具》（*Yeats: The Man and the Masks*，纽约，1948 年版），第 16 章。

65. 内比哈伊著，《克里姆特：文献》，第 495 页。

66. 鲁珀特·费希特穆勒（Rupert Feuchtmüller）与威廉·穆拉杰克（Wilhelm Mrazek）著，《奥地利艺术，1860—1918 年》（*Kunst in Oesterreich, 1860-1918*，维也纳，1964 年版），第 109—122 页；英国实用艺术博物馆，《维也纳生产同盟》（*Der Wiener Werkstätte*）目录（维也纳，1967 年版），第 11—16 页。

67. 斯托克雷特庄园是当时少有的几座受到过全面分析的维也纳建筑。请见爱德华·塞克勒（Eduard I. Sekler）著，《约瑟夫·霍夫曼的斯托克雷特庄园》（"The Stoclet House by Joseph Hoffmann"），收入《献给鲁道夫·威特考维尔的建筑史文集》（*Essays in the History of Architecture Presented to Rudolf Wittkower*，伦敦，1967 年版），第 228—244 页。

68. 贾洛斯拉夫·莱什科（Jaroslav Leshko）强调了迈锡尼风格对斯托克雷特饰带画中的涡形与金饰所产生的启发。莱什科著，《克里姆特，柯克西卡与迈锡尼遗迹》（"Klimt, Kokoschka und die mykenischen Funde"），收入《奥地利美术馆新闻》（*Mitteilungen der oesterreichischen Galerie*），第 12 卷（1969 年），第 21—23 页，不过他也承认拉文纳风格在整体影响上所占的首要地位。

69. 我的这番评论承蒙查尔斯·克里格曼（Charles Kligerman）博士在科胡特历史与精神分析研讨会上的讨论发言，芝加哥，1973 年 6 月 2 日。

70. 《神圣之春》，第 1 期，第 1 号（1898 年 1 月），第 5 页。

71. 《1908 年艺术展目录表》（*Katalog der Kunstschau, 1908*，维也纳，1908 年版），第 23 页。

72. 同上书，第 4 页，第 3 页。

73. 约瑟夫-奥古斯特·勒克斯（Joseph-August Lux）著，《德国艺术与装潢》（*Deutsche Kunst und Dekoration*），第 23 期（1908—1909 年），第 44 页："……这在我看来是对克里姆特十分公正的赞颂。克里姆特就是艺术的顶峰。"

74. 有关象征主义绘画相关发展的说明性讨论，请见罗伯特·戈德华特（Robert Goldwater）著，《象征形态：象征内容》（"Symbolic Form: Symbolic Content"），收入《19 与 20 世纪之问题：西方艺术研究》（*Problems of the 19th and 20th Centuries. Studies in Western Art*）。艺术史国际大会公报，第 4 卷（1963 年），第 111—121 页。

75. 这幅画构思于何日，已不得而知。都拜在目录中将其定为"1911 年之前，1915 年修改。"请见诺沃特尼与都拜著，《克里姆特》，第 357—358 页。在他最后十年的其他几幅哲学绘画，如《少女》（"The Maiden"，1913 年）、《新娘》（"Bride"，1917—1918 年）、《婴儿》（"Baby"，1917—1918 年）、《亚当与夏娃》（"Adam and Eve"，1917—1918）中，克里姆特同样将生命中令人不快的一面压制下去。他最后的风格，其特点就是愉悦的修饰色彩和顽强的花卉、植物以及人体，但这些都在我们的讨论范围之外。

第 6 章

花园的转变

"与现行的社会秩序较量很难，而设想一个不存在的社会秩序要更难。"[1]胡戈·冯·霍夫曼斯塔尔的这句话带有某种20世纪的感觉，当时的欧洲人已无力构想出令人满意的乌托邦世界。更早的时候，在法国大革命之后，大多数作家肯定会把霍夫曼斯塔尔的断言颠倒过来。他们会觉得，与现行的社会秩序较量，要远比勾勒出一个理想秩序的轮廓更难。

　　只要艺术家清楚自己的价值何在，并且知道这些价值都是社会认可和支持的，哪怕这些价值观不是社会中普遍的，社会现实就可以充当他创造文学作品的锤炼体验。然而，当历史期待被事件击败时，或者当艺术家的价值观失去社会支持而变得抽象时，霍夫曼斯塔尔所说的构想一种并不存在的社会秩序，其难度便超过了与现存社会进行较量这一更为传统的问题。艺术家的作用不可避免地被重新定义：他不但要表明传统上被接受的价值观与社会现实之间的关系，而且那些对于社会秩序本身感到绝望的人，他还要为他们表达真理。这种关乎社会秩序的文学功能，在其出现过程中的各个阶段，为我提供了研究主题：自由主义奥地利的文化及其背景。

　　无论在何处，凡是欧洲艺术家艰难地试图同现存秩序进行较量的地方，就像他们在19世纪常常做的那样，社会现实主义就会成为一种占主导地位的文学模式。对社会的性质与活动、力量和弱点形成确切的形象，是同这个社会进行较量、追求幸福与尊严的必要前提。从作者的批判立场来观察，其主人公或者陷入与社会的殊死搏斗中，如司汤达（Stendhal）的于连·索雷尔（Julien Sorel）；或受到社会的影响和禁锢，如埃米尔·左拉（Émile Zola）笔下的娜娜（Nana）。这两个例子中，社会现实主义都暗含了人物与环境的结合。对人类状况的关注说明了当时的社会现状，而对社会环境的细致描绘又阐明了人类状况。正如埃里克·奥尔巴赫（Erich Auerbach）所具体证明的那样，人物与场景之间，以及个人与同时代环境之间的相互渗透是现实主义的标志。[2] 作者对社会结构的突出越是明确和深远，"社会现实主义"这个词就变得越发贴切。到了 19 世纪，小说中的这种趋势，最终呈现出近乎纯社会学调查的特征，左拉的作品即为一例。

　　同其他文学高产的国家比起来，19 世纪的奥地利仍然没有受到社会现实主义运动的任何影响。大多数可归入这个派别的作家，在奥地利本国之外几乎没什么名气。不管是巴洛克传统的想象力，还是奥地利中产阶级摆脱贵族势力的失败，都削弱了社会现实主义的发展。不过，奥地利文学找到了其他媒介来反映文化价值与社会结构在转折时期的关系问题。花园形象就是这样的一个媒介。自古以来，花园就在西方人的眼里充当了反映天堂的一面镜子，来衡量他们的尘世生活。当它在奥地利文学的关键时刻出现时，能够帮助我们分清文化与社会结构、乌托邦与现实之间关系的发展阶段。在狭义的范围里，花园捕捉和反映了有良好教养的奥地利中产阶级，随着古老的帝国渐趋瓦解而在观念上发生的不断变化。

❧ I ❧

1857 年，阿达尔伯特·施蒂夫特（Adalbert Stifter）发表了小说《晚来的夏日》（*Der Nachsommer*）。这部公认的奥地利现实主义杰作，被认为是对当时的社会政治问题的回答。然而，这些问题从未在书中公开点明，也没有讲述社会上的历史运动（除了有几处用了极为间接、暗指的方式）。对于社会弊病，施蒂夫特并没有给出任何症状分析，径直就开出了药方。这药方就是"教化"（Bildung），即全盘意义上的人格训练。而《晚来的夏日》是一部由现实主义元素构成的乌托邦式"成长小说"（Bildungsroman）。

施蒂夫特生于 1806 年，在 1848 年风暴之前的平静岁月中养成了自己的价值观和世界观。对于他这种相对不太关心政治的比德迈式自由派，一个"有尺寸且独立的人"（ein Mann des Masses und der Freiheit）而言，[3] 革命被证明是一种决定性的经历，也是对人类本性的信任危机。跟很多同时代人一样，施蒂夫特起初十分欢迎革命，然后对由此而来的秩序崩溃又感到恐惧，从而退缩不前。由于把政治看作伦理学的一个分支，所以他觉得秩序的破坏并不是什么历史或社会"力量"的结果，而是人类激情释放的结果。施蒂夫特以经典康德式的风格，认为秩序井然和控制激情对于个人与国家的自由都是不可或缺的："真正的自由需要最大限度的自控，抑制我们的欲望……因此，自由最大的，也是唯一的敌人，正是沉湎于强大欲望与冲动（Begierden und Neigungen）的人们，他们为了满足自己便不惜一切手段……"[4] 施蒂夫特的政治分析在形式和内容上都同道德说教难以区分。正如他蔑视那些释放强烈的人类情感的浪漫诗人，他也害怕政治上的激进分子：

　　莫要相信性急鲁莽之人，他们承诺给你无限的自由与永恒的财富；这些人大多是被自己的情感力量所腐蚀之辈，受其情感驱使，企图赢得诸多的行为领域、极大满足［自身的］要求；而当他们如愿之后，则会愈加堕落，而且拽着相信他们的人一起堕落。⁵

　　政治混乱是个人激情的产物，因此补救的良方，也必须得是个人的自制。施蒂夫特坚持认为，只有合乎道德的个人，才能保全自由的体制。由于人类尚未获得道德上的成熟来得到自由，因此革命所摧毁的，正是它所意欲实现的自由。施蒂夫特于是运用德国人文主义的传统语言，如弗里德里希·席勒（Friedrich Schiller）和威廉·冯·洪堡（Wilhelm von Humboldt）的语言，从革命经历中吸取教训。尽管"自由的理念在下面的很长一段时间里被革命摧毁了"，施蒂夫特并未悲观绝望，"无论何人，只要他在道德上自由，他就会在政治上自由，而且会永远如此；并不是世界上所有的力量都能使别人自由。只有一种力量堪当此任：教化"。⁶

　　教化对施蒂夫特而言绝不是一句空话。作为公民和艺术家，他在 1848 年之后致力于在同胞中传播教化，为的是让他们为迎接自由做好知识与道德上的准备。革命之前，施蒂夫特只是为豪门（包括梅特涅家族）担任私人教师，而革命之后，则转向了公共教育。他积极参与图恩伯爵*领导的学校体制的重大改革，1848 年至 1849 年参加公共讨论与政策规划，此后又担任督学一职。他对教育的投入虽然是自由主义式的，却也带有他所受教育的本笃

---

* 有关图恩及其在大学重建中的作用，见前文。

会传统的印记：施蒂夫特追求心智与情感、知识与实践、理性与优雅的统一。矛盾的是，他那套陈旧过时、政治保守的人文主义思想，反而在其教育理论中产生了民主的结果。在他眼里，国家主要的教育任务——其实也是其所有方面最重要的功能——就是对群众的教育。施蒂夫特意识到并批评了现代社会中知识分子自己助长的一种趋势，即把人分为有知之人（die Wissenden）与无知之人（die Nichtwissenden）。教育应当把人类聚到一起，而不是将他们分开。正是出于对群众的恐惧心理，施蒂夫特得出这样一个颇为民主的结论：初等教育要比中等教育和大学教育更加迫切重要。在初等教育中，人民可以也应当受到道德与知识上的训练。无论是个人成功的人生，还是有利于社会的人生，都出自同一根茎。"我们所需要的是品性，"施蒂夫特于 1848 年 6 月给一个朋友写信道，"我相信坚如磐石的真实……还有坚如磐石的细致认真……这在今天都要比学问与知识更强大，也更持久。"[7] 相应地，教育不单要培养思维的生命力，还必须促进品性的综合发展。

的确，学习的美德没有去学习美德重要。"教化"一词越来越多地表示后天习得的高雅文化，拥有教化者即使得不到社会荣耀，也能获得社会财富，但在施蒂夫特眼中，这个词还具有更为丰富的诸多属性，这些属性构筑起健全与完整的人格。

为了阐明和宣传关于教化的概念——包括本笃会式的世界虔诚、德意志人文主义，以及比德迈式的墨守成规——施蒂夫特奉献给世界一部小说，即《晚来的夏日》。正如他投身公共大众教育事业是出于政治考虑，施蒂夫特作为一名艺术家的职责也是其教育关怀的延伸。施蒂夫特毫不掩饰在《晚来的夏日》中的说教意图："我之所以写这本书，大概是因为腐朽（Schlechtigkeit）在世界政治环境、道德生活与文学艺术中普遍存在，只有少数例外。我想要用一种伟大、简单、伦理的力量（sittliche Kraft）来对抗时代的不幸堕落。"[8]

就他的消极意愿——反抗他所处的时代的"不幸堕落"——来说，施蒂夫特与同时代的法国伟大作家古斯塔夫·福楼拜（Gustave Flaubert）立场一致。福楼拜在 1869 年出版了苦涩的成长小说《情感教育》（*L'éducation sentimentale*），比《晚来的夏日》晚了 12 年。不过在现代读者看来，两部作品之间似乎横亘着一个世纪的社会历史。福楼拜在挑战社会现状时所采取的策略，不只是揭露社会的混乱和不稳定，还要展现它如何侵蚀一切理想主义的抵抗。弗雷德里克·莫洛（Frédéric Moreau）所受的"教育"，是一种摆脱幻想的教育：智慧的洞察力摧毁了内心的所有，有经验的认识证实了一切理想皆属徒劳。福楼拜的"现实主义"是通过直接描绘社会，向读者隐藏他自己的规范理想，来控诉这个社会的。而施蒂夫特采取的策略则恰恰相反：他在控诉当时现实的混乱时，靠的不是直接描绘它，而是忽略它。他用清晰真实的社会材料，构建起一个秩序井然的环境，在这个环境中，一个内在的理想逐渐向其主人公显现出来。通过对习惯、头脑、情感的大量训练，施蒂夫特的主人公过上了有成就的生活。在施蒂夫特的虚构世界中，如同他笔下"受过教育的人士"（gebildeter Mensch）一样，智慧与情感、真理与善良，都合为一体，而不像在福楼拜的作品里互相排斥。

现实主义小说围绕着人物与环境之间的融合而展开。福楼拜的《情感教育》一开篇就预示了那个耽于幻想的不幸孩子弗里德里克·莫洛将会面临这种融合。一艘将要起航的塞纳河汽船喷出

"滚滚黑烟"，人们蜂拥上船，互相推搡，"匆忙得让人喘不过气来"。航道被四面八方的货船和绳索所阻断。"水手谁也不理睬。"当汽船启程时，它所象征的这个混乱、多变的商业社会，也将要载着莫洛一同前行。由于缺乏停泊之地，莫洛只能把自己寄托在虚幻的爱情、矫饰的艺术和腐败的政治中，所有这些都会拽着他一起下沉。在叮当作响、不断发出咝咝声的汽船上，他第一次遭遇到了这一切。在轻快的开篇几页之后，福楼拜告诉我们，顺从而浪漫的弗里德里克，已经被现代法国环境那强大而黏滑的触手所拥抱和塑造了。⁹

为了建立"一种伟大、单纯、伦理的力量"来对抗时代，施蒂夫特像福楼拜一样，将主人公与环境融合在一起。在《晚来的夏日》的第一章，主人公海因里希·德伦道夫（Heinrich Drendorf）就描述了他对自己早期教育的肯定态度，而施蒂夫特则用本章题目《家庭》来反映环境的首要地位。就像福楼拜小说的开篇一样，这里对经济环境的描写，为我们了解造就主人公的社会与精神状况，提供了基本的线索。福楼拜笔下那叮当作响、直冒蒸汽的汽船（象征多变、投机的资本主义社会），同施蒂夫特小说中老德伦道夫沉着有序的家庭，形成了鲜明的对照。在这个家庭里，在父亲兼东家的审慎裁定下，老式的商业企业与诚实的家庭生活完美地合为一体。其氛围与福楼拜的内河渡船正相反：可靠、平稳、宁静、有序。对施蒂夫特的主人公来说，社会与物质环境充当了走向美好生活的通道，而他的读者则是一种具体的"福音觉悟者"（preparatio evangelii）。

海因里希·德伦道夫以一句简洁的话"我父亲是一个商人"开始了他的故事。住房和商铺在同一屋檐下。雇工与东家同桌就餐，仿佛是大家庭中的一员。为父之道决定着作为企业家的老德伦道夫的一言一行。反过来说也同样正确，德伦道夫早年的资本家道德准则也促使他行使父亲的权威。或许有人会说，在一个正直、节俭、朴素、严格的个人责任是主要的经济美德的时代，他管理起自己的家人与家庭来，就像经营生意一样。在家里，每个人都有指定的责任。时间与空间都被高度准确地加以分割和组织，如此一来，每个部分都有其确定的功能。海因里希的母亲是个和蔼善良的人，她原本会让孩子们拥有更为自然的生活，可如今"出于对父亲的惧怕"，却要执行一家之主下达的任务。有序的环境是造就有序的灵魂的关键，而两者又一同创造了有序的世界。

海因里希的父亲大致这样总结了自己的人生观："任何事物，任何人，都只能有一种价值；但就这一种价值，他［它］必须将之发挥到极致。"在这一专业化原则的基础上，孩子们被灌输进了"严密准确"的精神，这成了形成性格的基础，正是这种性格使个人获得成功的人生。照此看来，伟大并不在于非凡或突出，而在于规则与完善。

自律与自立是父亲对儿子反复教诲的主要美德。比德迈式环境下流传的古典资产阶级美德，在施蒂夫特眼里构成了教育的人格核心。正如他所说，这些美德，也是不顾父亲良言忠告的鲁滨孙·克鲁索（Robinson Crusoe）通过"悲惨人生"而获得的。[10]

虽然德伦道夫恪守孝道，愿意继承父亲的价值观，可他并不仅步父亲的后尘，而是准备争取更广泛的个人成就和更广博的文化。事实上，施蒂夫特希望表明，还有比旧派的正直资产阶级生活更为美好的生活：一种科学、艺术、高雅文化的生活。海因里希受到了教育和鼓励，要超越自己的父亲，但这要以父亲的传承为基础，而不是将之统统丢弃。

《晚来的夏日》处在 19 世纪中叶奥地利资产阶级内部的两代人相互关系的交叉口上。子辈是要继承父辈传统，还是要创造一个属于自己的新世界？这个问题的存在本身就暗示了一种社会危机。而直到 19 世纪 80 年代，问题才变得紧迫起来，而此时高雅文化的性质与功能也受到了质疑。施蒂夫特最早提出这个问题，虽然他当时颇为小心。他能够描绘出令人信服的解答，在他的设想中，乌托邦与现实的元素依旧可以圆满地统一起来。

在德伦道夫一家的生活中，社会流动性仍然与智识增长联系在一起，而教化则是资产阶级美德的一种延伸。老德伦道夫显然未受过任何正式教育，却表现出强烈的求知兴趣。他用与聚敛财富同样的精神与方式获得了文化，作者对此亦深表敬意。因此，德伦道夫把书放在了一个柜子里，柜子的玻璃门上挂了绿布，以免烫金的封面露出来，显得虚荣外露。当财富足够在市郊购买一处更好的住宅时，海因里希的父亲不再掩饰自己对高雅文化的渴望。他不光装配起一座大书房（当全家离开"那个破旧、阴郁的城市住宅"时，似乎已经忘了那个绿帘布了），还专门空出一个房间来盛放绘画作品。他沉浸于 19 世纪那种对私人博物馆的迷恋，在光线好的位置竖起了一个画架，每幅画都可以按次序摆放于其上，以供研究和品读。我们想起了圣奥古斯丁的名言："使用，而不是享受。"海因里希的父亲并未把艺术看成享乐之源，而是一种工具性的媒介，它与科学紧密关联，教授光与影、静和动。同时，他还把自己收藏的绘画视为一项明智的投资。"他说他只购买具有一定价值的老画，假如你迫不得已要卖掉这些画，肯定总会收回这些价值……"[11]

海因里希的父亲充满自信地将道德、文化与经济价值观融合在一起，也许有的作者会把他写成文化俗人的典型。施蒂夫特却没有这样做。跟后来人所不同，施蒂夫特对前工业时代的资产阶级价值观持有一种不可动摇的信念，他想要让人们清楚，谦逊得体依然是美好生活的社会基础。在下一代知识分子看到禁欲般压抑的地方，施蒂夫特则像一个 18 世纪的道德家那样，看到的是"道德与庄重"（Sittlichkeit und Ernst）。在后人看到"小资产阶级"（petit bourgeois）狭隘性的地方，他看到的是公民的正直；他们觉得傲慢自负之事，他则认为是稳健可靠；他们觉得苍白羸弱之事，他则认为是明晰纯净。

施蒂夫特只有一次允许德伦道夫家与其所依靠的资产阶级社会之间出现裂缝。意味深长的是，该问题关乎文化与社会、教化与财富之间的关系。海因里希在父亲请来的优秀导师的教导下茁壮成长，他要求获准当一名科学家。海因里希的父亲同意了，招到了"许多人"的尖锐批评。他们的理由是，他应该让自己的儿子投身到"对公民社会有用的……一项家业中"，如此一来，他就可以在"某一天临终前感觉自己已经完成了人生使命"。海因里希的父亲顶住了这些压力，倒不是因为他觉得科学有用，而是因为他相信这样的原则：人类是为自身而存在的，而不是为了社会。他坚持这一激进的个人主义思想，是因为他坚信只有当每个人都遵从上帝所赋予他的内在冲动，并以此作为其真正的从业指导时，他才能最好地服务社会。这件事情清楚地表明了，在追求纯科学的道路上，海因里希不得不离开自己出生的社会，超越了他父亲代表的文化。通过支持儿子的选择，老德伦道夫展示出父亲的宽宏大量，以至他的资产阶级独立性超越了当时盛行的资产阶级法则。[12]

施蒂夫特在讲述故事时在情节上没有多少悬念（他的行文明白易懂，始终像他所观察的生活那样平滑流畅），但其意义却十分重大。成熟并不必然使海因里希与父亲决裂，然而他开始步入成年也并不意味着要接手父亲的职业。父亲要把海因里希培养成经济独立之人，而意外继承来的资财反倒巩固了他寻求职业独立的经济基础。维系父子关系的就只有孝道了。作为一个食利者和一个科学知识分子，海因里希准备走出旧的商业环境，步入世纪中叶奥地利中产阶级的乌托邦。

海因里希告诉我们："当我还是小孩子时，我就与现实事物为友。"他成为科学家的历程，包括从对"事物"细节进行精准观察，到对大自然做出综合描述。施蒂夫特描述的科学研究在本质上是分类的。尽管作者没有明说，但影响德伦道夫一家的严格规则的精神，在海因里希对待大自然的方式上，又有重新显现。他收集植物或矿物标本，根据各自性质对每一个都进行"严格精确的"描绘，并"进而追求更加综合（zusammengesetzteren）和有序的描述"。[13] 获取利益、追求准确规整的小资产阶级热情于是升格到了知识领域，被应用到认识自然上。"通过在最为多样的地方采集众多的小东西"，海因里希得以开阔眼界，步入"伟大而崇高的整体中"。*[14] 上帝的自然之屋简直就是朴素、秩序井然的德伦

---

* 传统的奥地利世界观特殊的哲学性，突出的是精神在尘世间的无处不在，并且坚持德国唯心主义的二元思想，这种世界观在罗杰·鲍尔（Roger Bauer）的《现实、神灵的国度，对 19 世纪上半叶维也纳戏剧原创性之研究》（*La réalité, royaume de Dieu, études sur l'originalité du théâtre viennois dans la première moitié du XIXe siècle*，慕尼黑，1965 年版）中有精彩探讨。施蒂夫特从他的本笃会老师兼主要倡导者那里汲取了这种世界观。

道夫住宅的理想放大版。

　　科学让海因里希走出狭窄的城市环境，把他带入一个更广阔的世界。在其"教育之路"（Bildungsweg）的第二阶段，他起初是一个漫游的文学研究者，这一阶段把他带进了乡村，他在那里头一次感受到上帝造物的壮美。当他以科学家的身份研究自然的内部构造时，又通过观察自然的外形而惊觉艺术的伟力。

　　海因里希作为一名自然主义者的独立生活，让他足以应对其第三个，也是最为重要的教育阶段：乡村士绅的完美生活中"自然"与"文化"的统一。《晚来的夏日》大多数篇幅都是用来描写典型乡村庄园中的这种生活及其环境。事实上，这处叫"玫瑰屋"（Rosenhaus）的庄园，是施蒂夫特社会理想中的核心象征，是一处"复乐园"。

　　海因里希是在找地方躲避暴风雨的时候发现这座玫瑰屋的。（与施蒂夫特将混沌驱出生活的方法一致的是，暴风雨一直没有停止。）他看见屋子在阴云笼罩的山上闪闪发光，于是一路走过去，仿似一个正在走近魔堡的浪漫漂游之人。屋子覆满了玫瑰花。它们"似乎事先约好了似的，在同一时间尽情绽放，为的是用最迷人的色彩和最甜美的芳香裹住这间屋子"。[15] 无论是施蒂夫特，还是他那在知性上极为严格的主人公，都不允许我们在这美的魔咒里驻留太久。浪漫的幻觉并不是被戳破，而是被解释了。施蒂夫特快速而冷静地冲破魔力，告诉我们，这是一场人类勤奋与精巧园艺的胜利。花网用蔷薇树精心编制而成，树木高低不同，再加以修建，花间紧密得看不到空隙。通过科学的管理，大自然那天真的力量被调动起来，为人类精神的绽放创造出一个美的环境。

　　玫瑰屋及其理想生活，展现出众多关乎世纪中叶奥地利教

育的社会学特性与思想内容。从社会学观点看，玫瑰屋代表了比
海因里希出身更高的社会阶层的生活。屋主人冯·里萨赫男爵
（Freiherr von Risach）——后来成为海因里希的老师和义父——是
一位很有修养的贵族，但他不是血缘贵族。里萨赫出身于一个贫
穷的农民家庭，通过文官系统获得了显赫的地位，一直到君主制
结束，这都是奥地利平民地位提升最常见的途径。*这份职业不仅
让他获得了分封特许状，还让他和君主成为朋友，但里萨赫对政
治与权力却不感兴趣。在乡间购地置业后，他开始在自己的狭小
天地里归隐静思和实际操作，以丰富他的理解力，并把自己创造
完美和谐生活的法则传授给愿意学习的人。里萨赫及其玫瑰屋的
理想，是一种精神贵族的、超出任何个人私欲的领主的理想，他
可以用自然的、伦理的和审美的资产阶级文化，来改进传统乡村
贵族的生活。

　　里萨赫管理其乌托邦庄园的准则，结合了丹尼尔·笛福的实
用审慎和约翰·温克尔曼的古典崇高。他把自然与艺术整合成了
一个连续统一体。作为这一整合的中心意象，玫瑰屋花园的设计
不只是为了审美效果。城里人乡间住宅的花园中"只种些不结果
的灌木，或者顶多就是些只结装饰性果子的树木"，与之不同的
是，里萨赫的花园却种满花果蔬菜，产生出一种"家居生活与实

---

* 胡戈·冯·霍夫曼斯塔尔指出，玛利亚·特里萨时代的约瑟夫·索南
菲尔斯（Joseph Sonnenfels）和弗朗茨一世时代的库贝克男爵，都是开明
的官僚政治家，他们所属的社会类型，施蒂夫特都记在心里，即大家都认
为"已取得巨大成就，（但）绝非攀附权贵"的那类人。请见《施蒂夫特的
〈晚来的夏日〉》（"Stifters 'Nachsommer'"），收入霍夫曼斯塔尔，《随笔选
集》（Selected Essays，牛津，1955 年版），玛丽·吉尔伯特（Mary Gilbert）
编，第 58—59 页。

用有效的感觉"。[16] 自然经由科学的完善而变成了艺术：去除了杂草和昆虫，玫瑰屋花园的花朵绽放得"明净而清澈"。因此，对于追求愉悦的"游戏之人"（homo ludens）来说，里萨赫的庄园并不是什么临产的天堂。天赋之自然受到限制并被完善，依照的是上帝的意旨，即亚当应完成自己在伊甸园的使命："修理、看守。"实用与美观来自人类为激活大自然的恩赐而做出的自觉而严谨的努力。

玫瑰屋的主人培植自己的花园，是为了将大自然那更加陶冶性情的美给激发出来，与之相似，他还把自己的房子设计成了一个人类精神绽放的背景。玫瑰屋使纯洁而有序的生活与和谐融洽的性情成为可能。其花园体现了被文化所改观的自然，而其内部则展现出被自然所激活的文化。里萨赫在建筑的设计与装潢中，融入了大自然的持久存在感。事实上，里萨赫实现了一种近乎日本人那种的室内和室外相互贯通。巨大的拉窗可以让室外鸟语花香的愉快美景映入室内。丝纱屏障让纯净的空气得以在客厅中流通，"就像是身处一片恬静的森林"。楼梯间上方那巨大的顶棚天窗，将各种自然的光芒引入室内，使一尊希腊雕塑更显壮丽。里萨赫运用当地的木材和大理石（当然是只用最贵的）来达到一种温克尔曼所说的"高贵的简朴与宁静的华丽"的氛围。

玫瑰屋文化的第二个引人注目的特征，是其主人对过去的执着。为了装点玫瑰屋，里萨赫开了一间工作坊，来回收那些饱受时间磨损的旧家具和艺术品。到目前为止，里萨赫对整修与恢复的专注，超过了对创造与发现的热爱。理想的生活不能冒自发性的风险，它需要从已逝者的作品中获取滋养情感的养分。在里萨赫眼中，时间与其说是如进步人士以为的那样，是一股推动人们前进的力量，不如说是将人们扫清的敌人。所以里萨赫在实际与理想两方面都极力保持着旧时代的活力。艺术与工艺、艺术修养与工艺技术之间的联系已不复存在。里萨赫在老家具上发现了"旧有时代和凋谢花朵的魅力"。他试图重新捕捉这种魅力，"'搜寻旧器皿旧家具'使其免遭腐烂，把它们重新一起摆放回去，擦净、上光，好让它们恢复家用"。[17]里萨赫对美术作品也是如此对待（施蒂夫特本人即是如此），他修复希腊雕塑或者哥特式教会艺术，把后来加上的镀层去除——尤其是轻浮的"发辫时代"（Zopfzeit），即 18 世纪的镀层——以此来纯洁这些陶冶精神的作品。在花园里，里萨赫剪除掉那些病态的植株，给健康的腾出地方。在房屋与文化上，他表现出相同的保养热情，但值得注意的是，他对增长却毫无兴趣。

由于主人对往昔已逝的道德审美成就心怀虔诚，玫瑰屋带有了几分博物馆的特色。19 世纪中叶那些有教养的中产阶级，其所受教育的性质与功能在这种特色中十分突出。施蒂夫特在这里透露出其乌托邦理想中的社会内容和有问题的特征，部分是有意识的，部分是无意识的。作为私人博物馆的玫瑰屋体现出三大特点：从小资产阶级的勤俭持家转变为审美上的挑剔苛求；艺术取代宗教成为生命最高意义的来源；以及社会流动与文化获取意欲摧毁单一、普遍、伦理文化中的民主理想的趋势。

这些特点中的第一个，从里萨赫极力维持玫瑰屋及其内有的内容的热情上就能看出。虽然他是个富有的食利者，但他对监管的热情同老德伦道夫所坚持的整洁有序如出一辙。里萨赫亲自指导作坊对家具的修复工作。人们必须穿上毛毡拖鞋，以免刮坏镶木地板。书也决不容许放在柜子外面。于是，玫瑰屋的古典纯粹性似乎不过只是一种小资产阶级清洁性的升级表现。撇开教化上的差异不谈，唯美主义者的玫瑰屋暴露出它与家庭主妇的强迫性洁癖（Reinlichkeit）之间颇有关联。荒废无用之于作为商人的德伦道夫，就好似滥用美好事物以及丢失传统财产之于新贵族里萨赫。财富和艺术品（objets d'art）都得来不易，值得悉心保护，避免由于人类冒失和时间消磨所造成的毁损。获得审美文化的富有之人，于是成了监护者，而不是创造者。

　　玫瑰屋本身就是一件艺术品，是一个表现生活艺术的理想环境。海因里希能够领会其本质，这是因为他的教育历程使他具有了一种道德基础和一种科学知识观，他得以进入完整的精神生活，而这种精神最终就表现在艺术上。他只是逐渐地才认识到，玫瑰屋里的每一种元素，尽管互不关联、自我开脱，但都为构成这单一而和谐的整体做出了各自的贡献。海因里希是在感触和明白了里萨赫的珍藏———一座真人大小的希腊雕像———具有何等冲击力之后，才完成了自身的学习过程的。这尊雕像所象征的就是玫瑰屋所代表的那种统一、升华、磨炼的艺术功能。即使是它那危险的主体，一个裸女的形象，也表现了宁静（Ruhe）："所有的部分合为一个整体，有着方方面面的镇定……井然有序的场景……[占据上风]无论情感或是付诸行动[的冲动]在体内有多么强烈。"[18] 人类的审美能力使他得以同上帝的创造能力相结合；让他甚至在运动与激情中，就能察觉到如此令我们心醉的措施与秩序。艺术表达了教化的最高阶段，因为它不光把世界展现给大脑，更展现给灵魂，如同宗教一样。科学之人能够懂得物质世界的理性结构，这不假；但是唯有艺术之人才能将世界理解为有形的情感。当海因里希终于到达从审美上领会上帝的宇宙的阶段时，他也就即将踏入成人之爱的世界了。他的父亲用正确的道德行为规范来约束他的情感，而里萨赫则通过艺术来培养和升华这些情感。在这里，艺术也承担起了曾经属于宗教的重担：疏导激情，纯洁情感。通过艺术之路步入爱情和婚姻的海因里希，不需忍受激情所带来的痛苦和混乱。

为了建立一种有序的生活，里萨赫转向了玫瑰屋的园艺与审美追求。只是到了小说末尾，我们才知道在里萨赫玫瑰屋的理想生活背后，还有一种早先的混乱而悲伤的生活。情欲的激情风暴，使他距离灾祸更近，而他企图通过公务员系统来规整政治世界的努力，换来的只是失败。里萨赫的玫瑰屋的有序理想，就是一部深思熟虑的艺术作品，其理想的文化使人想起比施蒂夫特更为老练的同时代人夏尔·波德莱尔（Charles Baudelaire）所说过的那句格言，"艺术是遮掩深渊之恐怖的最佳事物"。[19]

里萨赫的文化之内容，以及其追求同他早期直接的生活经历之间的关系，实在可以被称为"晚来的夏日"。这是因为它尽由来自过去的元素所构成，但所有这些元素都丧失了活力，甚至在施蒂夫特用它们打造自己的乌托邦文化时也是如此：简单的资产阶级比德迈式伦理，自给自足的乡村贵族经济体，经过净化的希腊与中世纪艺术理想，还有以家庭为主要社会单位的观念。施蒂夫特所展现的里萨赫晚来的夏日，仿佛就是海因里希·德伦道夫的春天。可历史并不肯定这一主张。施蒂夫特的教化理想（Bildungsideal）的基础是淡出社会以及一种面向过去的文化定位，这种教育理想很快就会暴露，即使是作为一种乌托邦幻想，它也根本无力担当起 19 世纪后期的乌托邦社会。

然而，施蒂夫特的乌托邦理想的根本生机，并非判断其成功的公平标准。我们还是问问施蒂夫特是否实现了他自己的目标吧，即"用一股伟大、单纯的伦理力量来对抗时代的不幸堕落"。假若我们专注于主人公在教育上的进步——先后在道德、科学和艺术上——那么，在道德完善的优雅生活中如何取得个人成就，施蒂夫特无疑为此做出了榜样。可是如果我们转而来看这条"教育之路"同社会结构之间的关系的话，"单纯的伦理力量"就变得衰弱不堪，甚至可以说非常成问题。海因里希的通向理想之路，一方面表明了社会的流动性，另一方面则意味着淡出社会。与其说海因里希成了现代都市社会中的一个典范，不如说他在社会和文化上已经超越了这个社会。他的出身是维也纳资产阶级人士，后来一直进入了贵族的生活方式，不管他实际上是多么不谙世事。如果说他成功地维持了与父亲之间的纽带，那也是因为他把自己的资产阶级道德带到了他所跻身的更高的社会阶层中。里萨赫作为代父，体现了退出社会的原则，而这种原则，正是一种真正纯洁高雅的文化向施蒂夫特所传达的，不管他自己的意图究竟如何。这是因为里萨赫将一个政治与激情支配一切的社会抛至脑后。如果他在自己理想中的乡间住宅这个有序的国度里，实现了伦理、科学与艺术的统一，那么他也将这三者投入了对自己的花园的栽培上。而且，在现实主义者施蒂夫特看来，对他的乌托邦必不可少的社会前提，也严重限制了它作为典范所具有的可及性。施蒂夫特在无数的文章中已经点明，玫瑰屋这个世外桃源，只对具有独立财富之人开放。教化是以财富为基础的。凭借幸运地继承遗产以及生性谨慎，海因里希得以在社会阶梯上向上爬，从他父亲的平凡世界一直登上了里萨赫那准贵族的天堂，在那里，悠闲是美好生活的必要前提，而工作不过是一种自我完善的工具。由学术文化所构成的美好生活本身，只适于精英，而且是有知识的精英。对于他们与无知识者的分离，施蒂夫特曾深表恐惧和哀叹。

施蒂夫特并不只是设想了乌托邦，而且乌托邦在无意中暗示了受教育者与未受教育者之间日益增大的差距。他的社会现实主义打破了他原本的乌托邦企图，暴露了金碗上的缝隙。根据他自己的说法，高雅文化进步的代价，就是社会结构的裂痕会变得更深。当我们从淳朴正直的德伦道夫家族，转到玫瑰屋那优雅的氛围时，会发现东家与雇工之间的关系在发生恶化。在老德伦道夫的旧资产阶级家族里，劳动与义务的伦理同时支配着雇主和工人，在一个完整的家庭与经济单位里，两者互相帮衬。而在玫瑰屋更高贵的环境里，东家开始对自己的大多数雇工失去信任，在思想上非常鄙视他们，并认为一切社会融合的努力都属徒劳，虽然这并不是主人自己的过错。在德伦道夫家，雇工都是跟雇主家人一同吃饭；而在玫瑰屋，东家却是单独进餐，或者是和同他地位相等的人一起。里萨赫曾经让手下人同自己一起吃饭，因为他相信，这样做会在道德上对他们有益，让他们更加热爱自己的职责。但他还是放弃了这个习惯，因为"所谓有教养和无教养的人之间的差距［变得］更大了"。里萨赫断定，主仆之间的"自然"关系一旦不在了，那么试图恢复这种关系，只会导致雇工失去其自由。[20] 对于为自己工作的大多数人，里萨赫都十分轻视，不管他为此有多么遗憾。他觉得自己的园丁无法学会根据天气来给植物浇水，于是通过直接命令来支使他们的工作，如果他们不服从，就威胁要解雇他们。里萨赫对家具修复工人严厉的家长式管制，以及他过高的工艺标准要求，都在工人当中造成极大的不满。[21] 过去的手艺方法似乎也让现在的工人很不适应，施蒂夫特描述说，工人对于里萨赫在其修复工作中所要求的道德与技术文化普遍不感兴趣。因此施蒂夫特表明，当有知识的人在实现其文化理想的路上不断进步时，社会结构的分层会更加严重，也更难以整合。

海因里希的教育之路使他获得了品性、遗产和文化，过上了成功的个人生活。然而，这条路并没有给出施蒂夫特已着手提供给社会的东西：一个可以对照时代的、合用的乌托邦典范。《晚来的夏日》重申了艺术、科学与伦理的统一，把这三者都转向内的自我修养。该书离开了当代的社会活动场景，去关注一种理想化的乡村贵族的过去生活。施蒂夫特所预想的生活理想意味着淡出社会与放弃文化精英主义，这两者在根本上同他的救赎意图是不相容的。其追随者无力参与社会活动，以至于他那文雅、沉着、崇高的人格理想，直到下一代的实际社会类型中才得到体现。具有良好修养之人失去了心理稳定性和道德责任感，以及所有事物的相互依存感，而这些事物，正是施蒂夫特力图从消失的过去中拯救出来的，并在一个不相宜的当前世界恢复其秩序。社会现实无比强大，施蒂夫特发现很难与之较量，这种现实总有一天会穿透玫瑰屋的壁垒，毁掉他用绝妙线条所描绘的文化理想。

❧ Ⅱ ❦

19 世纪中叶的奥地利中上阶层的历史命运颇为奇特地同时包

含了不劳而获的成功与本不该受的失败。1848 年革命失败之后，奥地利的德意志市民在经济与思想领域慢慢地发展力量，但是他们在 1860 年和 1867 年之所以能获得政治权力，与其说凭借他们的内在力量，不如说是由于奥地利专制政权败在了意大利人和普鲁士人手里。上层中产阶级人士，既没有完全取代作为统治阶级的贵族，也未能成功地与之融合，因此只得同他们达成妥协，在文化上尤为如此。我们（在第 2 章）已经看到，在 1860 年后建造环城大道时，自由主义者是如何将其世俗的反主流文化价值观投射到宏大建筑上，并以此来同代表宗教–贵族秩序的教堂与宫殿竞争，如果不是取而代之的话。议会大厦和市政厅展现的是法律对专制权力的胜利，而一系列庞大建筑则表现出自由主义奥地利的"教化理想"：大学、博物馆、剧场，以及最宏伟的歌剧院。过去局限于宫廷的文化，如今已经涌入集市，让人人都可以接触到，这样的方式，施蒂夫特肯定会由衷赞许的。艺术不再仅仅表现贵族的威严或教会的壮丽；它成了开明公民的装饰，属于公共所有。因此，环城大道见证了以下事实，即奥地利已经用宪法政治和世俗文化取代了专制与宗教。

在自由主义奥地利公共精神中，对教化的高度重视也深深地渗透进私人领域。科学与历史的培养因其社会实用性而备受尊重，是进步的关键。但是艺术在重要性上几乎不亚于理性知识。艺术为什么能在资产阶级价值排序中占据如此重要的地位，其原因对其忠实信徒也是模糊的。艺术跟社会地位在奥地利尤为紧密相连，在这个国家，诸如音乐、戏剧、建筑这样的具象艺术，都对天主教贵族的传统极为重要。如果说成为世袭贵族这条路，对大多数人而言是行不通的话，那么通往精神贵族之路却是向一切渴望者、能干者和有意者敞开的。博物馆和剧场能够用文化把"新人"从其卑微的出身中拯救出来,并将这种文化带给所有的人。学识的文化不但能够充当个人发展的途径(像施蒂夫特笔下的海因里希那样),还可以担当从低级生活格调到高级生活格调的桥梁。从社会学角度看,文化的民主化就意味着中产阶级的贵族化。艺术能够发挥如此重要的社会功能,这对其自身的发展具有深远的影响。

奥地利的经济发展为越来越多的家庭追求贵族的生活方式创造了条件。许多富裕市民和成功官僚都像施蒂夫特笔下的冯·里萨赫男爵一样,获得了分封特许状,他们在城市或郊区建造起玫瑰屋的不同变种,这种博物馆一般的别墅成了活跃的社会生活的中心。新兴精英的沙龙与晚会上所培养的,不仅是优雅的仪态,还有思想的内涵。从格里尔帕策(Grillparzer)时代到霍夫曼斯塔尔时代,诗人、教授、表演艺术家越来越成为男女主人的座上嘉宾,事实上简直成了被夸耀的对象。资产阶级与艺术家在价值观上的差距在拿破仑三世帝国曾非常显著,而在弗朗茨·约瑟夫帝国却只是隐约可见。掌管政治与经济事务的人同知识分子和艺术家自由结交,不仅如此,还有的家庭能同时产生这两种类型的人。所以埃克斯纳家(Exners)中有官员,也有教授,而托德斯柯家(Todescos)和贡珀茨家则培养出银行家、艺术家和学者。相互通婚为新财富提供了更高的文化地位,也为知识圈提供了坚实的经济支持。[当留着络腮胡、身材高大的哲学家弗朗茨·布伦塔诺(Franz Brentano)向富有的犹太女士伊达·列本(Ida Lieben)求婚时,某些有点文化的饶舌之人便评价说:"一位拜占庭的基督……正在为自己寻找黄金靠山。"] [22] 因此,在自由主义掌权的短暂时期,教化与财富的结合成了令人惊奇的具体社会现实。行动与沉思，政治与经济，科学与艺术，这些全都统一到社会阶层的价值体系中，这个阶层在当前非常稳固，亦对人类之未来充满信心。在城市新规划中，在沙龙的社交生活中，在家庭的精神气质中，无论在何处，理性自由主义那前途光明的整合信念都找到了具体的表现。

最值得我们关注的是，艺术在这种文化当中所占据的位置越发关键。艺术在中产阶级精神中的模糊功能已经提及了。在施蒂夫特眼里，艺术充当了传达形而上学真理和提炼个人热情的手段。而在更普通寻常的自由主义文化中，艺术的作用则被看成是为社会表达理想、为个人增添品位。很快，面对根本的政治与社会变革，艺术的这两种功能——社会功能与个人功能——将会分离，但在此之前，艺术价值的深刻意识已经被灌输给整整一代上层资产阶级的子女。

在 19 世纪中叶，父辈们缔造了严肃公正、经济繁荣的美丽新世界，他们向往着艺术之美能够装点自己的人生。

> 当亚当耕地、夏娃织布时，
> 又有谁是贵族呢？ *

这个问题对于一般意义上的成功人士有些讽刺意味，对于维也纳的资产阶级来说尤为如此，在这座都市里，可见的优雅、有

---

* 英文原文为："When Adam delved and Eve span, Who was then the gentle-man?"。这句话是约翰·鲍尔（John Ball，1338—1381）在 1381 年英国农民起义时所做布道中的一句名言，意即人们生来本无尊卑贵贱之分，大致相当于"王侯将相宁有种乎？"。——译者注

感官魅力的个人风格、戏剧与音乐文化，都是社会差别的固定标志。城堡剧院和歌剧院的演出提供了上流社会的交流话题——在英国，这些话题是由政治评论提供的——在这样一个地方，我们不难设想父辈很早就向自己的孩子们介绍美学文化。大约从19世纪60年代开始，有两代富裕家庭的孩子是在新建的环城大道上的博物馆、剧院和音乐厅里长大的。他们看待美学文化时，不像父辈那样是作为生活的装点或者地位的象征，而是作为他们呼吸的空气。

就像施蒂夫特笔下的海因里希·德伦道夫，父辈所受的教育是为了一份职业，而子辈在成长中吸收高雅文化，则是为了文化自身。维也纳最富有的知识社会家庭之一，维特海姆斯坦家族（Wertheimsteins）的两个孩子接受私人教育，以成为艺术家，而这些忧郁伤感的神经敏感者"艺术天性"都是大众欣赏的对象。[23] 伟大的精神病学家特奥多尔·梅内特鼓励自己的儿子从事绘画，他的女儿告诉我们："仿佛一代代传下来的所有才华与爱好，都在父亲身上萌发……而如今要在儿子身上积极绽放一般。"[24] 伟大的病理学家卡尔·冯·洛吉坦斯基（Carl von Rokitansky）实现了父亲的荣耀之梦，他夸耀自己的四个儿子，说他们分别从事歌唱与医药事业："两个高呼，两个疗病。"[25]

奥地利青年在家中接受的献身艺术之情，又在高中和大学中的同龄群体中得到了强化。上学期间建立起来的文学圈子和审美友谊，常常决定了其成员的人生定位。[26] 这些影响，到1890年时更是加快了奥地利上层资产阶级的发展，这一阶级在审美教养、个人品位和心理敏感性上，在欧洲都是独一无二的。在施蒂夫特时代作为"学识"文化所获取的东西，在下一代中变成了有生命的精神内容。唯美主义在欧洲其他地方以抗议资产阶级文明的形式出现，而在奥地利却成了这种文明的表现，一种对人生态度的肯定，在这种人生中，无论是伦理的还是社会的理想，都不起什么重大作用。

费迪南德·冯·萨尔（Ferdinand von Saar，1833—1906）算得上是最接近英、法、俄等国的社会现实主义作家的奥地利人了。作为批评家和艺术家，他见证了半个多世纪以来艺术与社会之间不断变化的关系。他出身于一个官僚家庭，早先曾出入于维特海姆斯坦家族圈子，成了他们沙龙中最受尊重的宫廷诗人之一。萨尔赞同 19 世纪 60 年代的自由主义精英观点，他把艺术作为一种改善社会和实现人类尊严的工具：

> 对，艺术！伸展你那有力的玫瑰色翅膀；
> 明亮地横跨整个广阔世界！
> 助我们驱除荒蛮与粗俗，
>
> 为我们赢得艺术与人类尊严
> 它们仍旧被囚禁在黑夜与恐怖中！
> 然后所有人都会唱一首赞美的歌！　*　27

---

* 原文为：Ja! breite, Kunst, die mächt'gen Rosenschwingen
　　Hellrauschend über diese Erde aus!—
　　Und hilf Gemeinheit—Roheit zu bezwingen!—
　　Die Freiheit und den Menschenwert erringen,
　　Der jetzt noch schmachtet tief in Nacht und Graus!
　　Dass alle Stimmen dir—ein Loblied singen!

为了支持自由主义者反对奥地利政教专约的斗争，萨尔创作了一首戏剧三部曲，赞颂亨利四世反抗教宗的历史斗争。他在诗文中欢呼安东·冯·施梅林为实现立宪政府而战，还称颂了数位自由主义政治与思想生活中的领袖。[28]

萨尔预期中的世界转变——艺术亦在其中发挥作用——未能实现。相反，萨尔震惊地目睹到，一方面人们到处都在无情地设法挤进上流社会，另一方面则是社会苦难的蔓延。萨尔从未变成社会主义者，但他越来越意识到社会改革的需要，也参与了这一进程，而在 19 世纪 80 年代的奥地利，对改革的需要是最显著的特征。在歌曲和故事中，萨尔记录下了工人的悲惨命运，他起初还抱有"个人慷慨能够减少悲惨"的道德含义 [《碎石工》（*The Stone Breakers*），1873 年的短篇故事]，后来则走向悲观，认为问题太大而无法解决。在一首题为《新市郊》（*The New Suburb*）的诗中，他又记录下偷工减料的工人宿舍的样子，里面满是身患佝偻病的孩子。这番景象，使萨尔日益增加的社会悲观情绪变成了完全的无奈：

> 自我安慰本人已老，
>
> 我感到不寒而栗的慰藉，
>
> 在想：
>
> 在我身后，将是洪水滔天！ [29]

当艺术正在失去理想功能时，萨尔从审美教育的推广中得到了少许慰藉。在他年轻时，"世界尽是俗鄙之人，今天却全是唯美主义者"。在 1886 年的《孙辈》（*Enkelkinder*）当中，萨尔对那种要把所有孩子都培养成艺术家的做法表达了嘲笑：

> 父母们热切寻觅着，
>
> 要在孩子身上找到哪怕丁点才华
>
> 的火花，不管多么前途无望，
>
> 这可是靠自豪来滋养与培育的。
>
> 一所所高中与学院
>
> 几乎盛不下这众多的学生；
>
> 荣誉，奖品，还有旅行奖学金
>
> 指引着他们步入艺术的圣殿
>
> 在那里，新冒出来的拉斐尔们，
>
> 米开朗琪罗们，还有温克尔曼们，
>
> 无论男女，成群地徘徊着：
>
> 绘画，雕刻，著述书卷。[30]

　　这种艺术培训的目的到底何在？萨尔回答说，不过是为了挤入上流社会，为了"荣誉和利润"。[31]

　　萨尔在三篇现实主义中篇小说里，展现了向上流社会攀爬的行为如何给这些向上爬的人或其受害者带来毁灭，这三篇小说共同集结为《命运》（*Schicksale*）。他以非凡的技巧探讨了变化中的阶级间关系所带来的心理问题。《布尔达中尉》（*Lieutenant Burda*）讲的是一个资产阶级出身的军官爱上了一个贵族女孩的故事，军官引发了不健全的幻觉，以为自己的求婚必将成功。而《塞里格曼·希尔施》（*Seligmann Hirsch*）描述了一个富有但粗鲁的犹太人，被自己有教养的食利者儿子所抛弃的故事。《洞中的女人》(*Die Troglodytin*)则展现了一个贫穷的农村女孩的故事,她的真挚爱情为社会所不容,被迫重又回到其流氓无产者出身的道德沼泽中。萨尔在探寻社会流动所带来的道德与心理后果时,自由地与所有的社会阶层都打交道。[32]他的现实主义,向自由主义信条的一个基本条件提出了疑问,那就是个人发展与社会进步之间的完整关系,而这一关系,对于施蒂夫特的模式至关重要。

在 19 世纪 80 年代,社会环境发生了改变,艺术作为一种谋求地位的工具已经受到了损害,而财富的增长只是加深了阶级之间和群众之间的裂隙,萨尔失去了 19 世纪 50 年代的希望,即艺术那"有力的玫瑰色翅膀"会帮助人类"驱除荒蛮"和赢得"自由与人类尊严"。社会不再是一派道德胜利的场景,艺术也不会发挥什么有价值的作用,相反,社会成了一个心理受挫与道德绝望的地方。艺术要么记录下忧伤的真相,要么提供美的神庙,作为逃离现实的避难所。萨尔站在这两条路前,他知道这两条路,但对哪条也没信心。他的心还是停留在施蒂夫特的世界里,在那里,艺术能够跟科学与伦理结合到一起,发挥进步与救赎的功能。他的头脑引导他去记录现代社会场景中的创伤。

1891 年,萨尔在诗歌《对比》(*Kontraste*)中描述了自己的困境,以及自由理想主义传统日渐衰落的窘境。[33]诗中场景传达了重要信息:仲夏时节里一条优雅的城市街道,"所有的房子都荒废无人,而在这里的冬天,财富会受到膜拜"。在正午骄阳的炙烤下,一群街道工人正在忙着修理路面,而幸运的居民则在乡间休养。只有那些"为生计所迫"的人才在这种天气里干活。就像古斯塔夫·库尔贝(Gustav Courbet)画中的碎石工一样,这里的工人没有露脸,沉重而粗野。他们汗流浃背,感觉已经迟钝,终于

得以坐下吃当作午饭的粗面包。突然间，就在最疲劳的人们躺在
硬石头上睡着时，一阵女声合唱的恢宏歌曲出现了。原来，是街
道上方的歌剧学校在排演贝多芬为席勒《欢乐颂》所创作的曲子。
"拥抱起来，亿万人民"：充满希望的革命歌曲以"火一般的齐声"
唱出来，但声音还是不能到达下面那些精疲力竭的沉睡者。"四海
之内皆兄弟（Alle Menschen werden Brüder）。"歌唱者奋力追求
完美。今天是排练，明天继续，直到这些艺术家获得回报：掌声。
他们的拯救信息并不是传达给街头的人们的——尽管原本贝多芬
是写给他们的——而是给音乐会上的观众。*

　　萨尔将自己的经验教训粗劣但有力地呈现在《对比》中：尽
管艺术的世界依然在高唱人类的手足情谊，但已与社会现实失去
了联系。大众意志消沉，已无暇顾及艺术，而上层阶级则将艺术
局限在自身享乐的小圈子里。阶级之间的一切沟通都被阻断。文
学越来越跟社会结构的问题无关，对此深感压抑的萨尔在为施蒂
夫特所写的一首挽歌中悲叹审美理想的死去："我十分尊崇这位为
我开启伊甸园大门的诗人的记忆——可这伊甸园，唉，我已经失
去了。"[34] 如同之前的施蒂夫特，萨尔也是死在了自己手中。

⇒ Ⅲ ⇐

　　19 世纪 90 年代，萨尔笔下那些受过高度良好教养的"孙辈"

---

* 我们还没有到将《欢乐颂》解释为审美情色乌托邦的阶段，就像克里姆
特在 1902 年贝多芬壁画中那样。不过萨尔已经显示出这一发展方向。请见
第 5 章。

已经长大成人，他们又把花园作为美好生活的核心意象给搬了回来。他们的花园是"玫瑰屋"的一个最终的变体，艺术再一次充当了完美人性的王冠，而贵族传统也再一次为资产阶级充当了一种更高的生活模式的灵感。然而对于新一代来说，施蒂夫特将艺术与科学、文化与自然统一起来作为有序宇宙一部分的观点已经失去生命力。施蒂夫特把他的乌托邦构思成一个有待完善的社会的模型，而新的艺术家则创造了一个上帝选民可以逃避可憎现实的花园。对于施蒂夫特而言，艺术是凭道德纯洁和资产阶级正直才能赢取的王冠，是对努力的回报。可对于他精神意义上的孙辈来说，艺术就是用来享用的遗产：高尚的简朴让位给优雅的镇定，即所谓"教养"（Vornehmheit）。伦理的首要地位让给了审美，法律让位于优雅，关于世界的知识让位于个人感情的知识。享乐主义的自我完善变成了追求的中心，施蒂夫特的"美德花园"也变成了一座"自恋花园"。

　　不管是凭家庭出身，还是凭更为少见的后天努力，建造这座新花园的艺术家都属于富裕的中上层阶级或者下层贵族——众多有天分的资产阶级后来都跻身这一阶层。从 19 世纪 60 年代起，该阶级的情况发生了极大转变。到 19 世纪 90 年代，他们的经济地位比以前更加令人羡慕，这是个兴旺的阶级，部分人成了食利者，部分人则成了专业人士或官僚。但是其政治地位却不再同经济上的显赫相称。自由主义者召唤出了新势力和要求参与政治的新群体：斯拉夫民族主义者、社会主义者、泛德意志反犹主义者、基督教社会党反犹主义者。他们既未把这些新兴运动者融入法律秩序中，也无力满足对方的要求。彼此冲突的各个团体或许有着各自不同的天堂，但他们却共有同一个地狱，那就是奥地利德意志自由主义中产阶级的统治。19 世纪 90 年代，反自由主义运动利用投票选举、议会阻挠、群众示威和街头喧闹等形式，导致国家瘫痪，将自由主义者从 30 年前刚刚获得的权力位置上挤了下来。

自由派上层资产阶级的地位因此变得非常矛盾。尽管财富增加了，政治权力却在消失。他们在帝国的专业与文化生活中的统治地位基本上未被撼动，而在政治上却变得无能。所以，维也纳中上层阶级成了一个占有优势却没有统治能力的阶级，这种情况甚至比他们一心效忠的皇帝还要严重。优越感与无能感奇怪地混合在一起。新唯美主义运动的产物反映出这些元素形成的暧昧复合物。

唯美主义运动当然不是奥地利的创造。唯美主义运动在奥地利的主要领导者们，在诗歌与绘画上都是从西欧各国先辈——法国人、英国人、比利时人那里获取灵感的。奥地利人欣然捕捉到波德莱尔或是保罗·布尔热（Paul Bourget）式的倦怠感受，[35] 可是他们既未获得法国颓废派那种灼热的、自我撕裂的肉欲感受，也未获得对都市景色残酷之美的想象。英国的拉斐尔前派在世纪末的奥地利激发了新艺术运动（分离派运动），但无论是他们仿中世纪的宗教感，还是他们强烈的社会改革冲动，都没有渗透进其奥地利追随者的心中。* 简言之，奥地利的唯美主义者既没有像法国同道那样疏远社会，也没有像英国同道那样投入社会。他们缺

---

* 建筑师兼设计师约瑟夫·霍夫曼在青年时代是威廉·莫里斯的坚定支持者，他告诉我说，他曾饶有兴味地读过莫里斯有关社会问题的文章，不过他和他的同伴都认为，这些问题应该"由政治家来解决"，而不是艺术家该管的事。

乏前者强烈的反资产阶级精神，也缺乏后者温和的改良主义情怀。奥地利唯美主义者既不超然（dégagé）也不卷入（engagé），他们并没有脱离自己的阶级，而是同自己的阶级一起疏远了一个破坏其期待、摒弃其价值观的社会。相应地，年轻奥地利的美丽花园成了一处"快乐有产者"（beati possidentes）的退隐之所，亦是一个奇怪地悬在现实与乌托邦之间的花园。它表达了有审美素养者的自我愉悦，以及对社会无用者的自我怀疑。

两位终生的朋友——利奥波德·冯·安德里安-沃伯格（Leopold von Andrian-Werburg）与胡戈·冯·霍夫曼斯塔尔——或许能为我们充当新唯美主义的代表。他们不光在作品中体现出19世纪90年代年轻一代的价值观与精神问题，从社会角度看也很有代表性。通过世袭或升迁，他们属于失去统治权力后却继续占有主宰优势的维也纳精英阶层。两人都够有资格成为施蒂夫特小说中的主人公的孙辈；两人也都仿佛是在玫瑰屋出生和长大的。

从政治到科学再到艺术：这就是19世纪的安德里安-沃伯格家族三代人的演变。诗人的叔祖父维克多（Viktor）曾像里萨赫一样是一名政府高官。作为19世纪40年代自由派贵族的一位政治领袖，他曾通过效仿英格兰来支持奥地利政治的复兴。他所写的小册子名为《奥地利与它的未来》（Österreich und dessen Zukunft）[36]，书中敦促奥地利的贵族同城市中产阶级联合起来，为官僚君主制度在代议制的政府中提供基础。维克多的侄子费迪南德（也就是诗人的父亲）脱离家族的实用政治，转而对社会中的人进行科学研究。他成了奥地利最杰出的人类学家之一，也是自由派贵族学者的理想典范。作为维也纳人类学学会主席，费迪南德在一个日益专业化的年代里，为维护通才型的科学与人文教育做出了实质性的贡献。如同 19 世纪中叶的众多知识分子那样，费迪南德求助于艺术的优雅来补充科学的真理。这位坚定的外邦人贵族却娶了犹太人作曲家贾科莫·梅耶贝尔（Giacomo Meyerbeer）的女儿为妻。尽管两人很不般配，但夫妻二人在培养儿子利奥波德（生于 1874 年）的美学才华上却观点一致。在他 13 岁时，他们把他托付给奥斯卡·沃泽尔（Oskar Walzel）博士，此人后来成了知名的文学专家。就是在沃泽尔位于维也纳的家里，利奥波德见到了年轻的诗人霍夫曼斯塔尔，后者注定成为他在美学上的知己和终生挚友。[37]

霍夫曼斯塔尔的社会血统仅仅比安德里安略逊一点。他的曾祖父伊萨克·洛夫（Isaak Löw）就像海因里希·德伦道夫的父亲一样，是个成功的商人。虽然是犹太人，伊萨克因对国家的贡献而在 1835 年封爵，成了艾德勒·冯·霍夫曼斯塔尔（Edler von Hofmannsthal）。此后，他的后人很快就完成了仕途（cursus honorum）的爬升，跻身世纪末的奥地利社会里最有修养的阶层。伊萨克的儿子背弃了先辈的信仰，娶了一位意大利天主教徒为妻。而他的儿子反过来又进了大学念书，获得法律学位，后又升至奥地利一家主要银行的主管之职。[38] 赫尔曼·布洛赫记载了，这位银行家对审美文化的重视，是如何影响到当诗人的儿子的观念及性质的。[39] 胡戈的父亲不像莫扎特的父亲那样专注儿子的职业和工作。重要的是他能成为一个有教养的人。自施蒂夫特的时代以后，教化本身已经改变了重点。重要的与其说是性格上的教育，不如说是审美的教育。于是胡戈的父亲竭尽所能地让他接触剧院和博物馆，以此来培养儿子的审美意识和诗歌才能。不是为了专业精通，而是为了享受愉悦；不是主动地投身其中，而是被动地丰富生活：这就是安德里安家族与霍夫曼斯塔尔家族所在的维也纳上层圈子的教育目标。人们怀疑，这两个家族的子孙，哪怕未曾有过强烈的创作冲动，也会将生活的艺术等同于艺术的生活。这种审美文化，由于施蒂夫特与萨尔赋予的形而上学功能与社会功能已经耗尽，于是变成了某种狭小但崇高的环境的精神标志，而霍夫曼斯塔尔与安德里安就属于这种环境。

两位年轻的诗人在排外的小圈子中游走，而高层文人与低层贵族亦在此会合。他们在格林斯泰德咖啡馆会见了 19 世纪 90 年代文学界的精英：阿图尔·施尼茨勒、彼得·阿尔滕贝格、赫尔曼·巴尔等作家，他们来自一个统称为"青年维也纳"的创新文学团体。安德里安把霍夫曼斯塔尔引荐给另一个圈子，这个圈子的核心在苏格兰文科中学（Schottengymnasium）时就在富裕的贵族知识分子青年中形成。圈内成员注定在精英社会中拥有可靠的位置，其中有一位海军军官、两位崭露头角的外交官，另有一个未来的乐队指挥，还有一位未来的艺术赞助人。[40] 这些人都被一种强烈的社会与文化等级观念维系在一起。结合了优雅与活力的英国绅士理想，对他们有着强烈的吸引力。他们以骑马、网球为荣，还成立了被他们在英文中称为"第一维也纳运动"（First Vienna Athletic）的俱乐部。不过他们还一起读英国诗人的作品，即使是在阿尔陶斯湖度假时亦不例外，每个人在那里都会从事最适合个人本性的审美活动。[41]

"艺术是艺术，生活是生活，但要艺术地生活：这就是生活的艺术。"这句由彼得·阿尔滕贝格为期刊《艺术》（Kunst）所写的格言，[42] 或许十分适合霍夫曼斯塔尔和安德里安的圈子。他们年

轻的使命成了追求美和逃离"平凡"的命运。他们并未完全拒绝
一个社会角色，而是把生活变成风格化的演出，即一种对微妙情
感与高雅意识的追求。

在为施尼茨勒的《阿纳托尔》（Anatol）所创作的引子中，年
轻的霍夫曼斯塔尔通过一处洛可可花园的意象，表达了他那一代
人的生命感的一个侧面。从施尼茨勒所痛恨的"发辫时代"中，
霍夫曼斯塔尔召唤出一个乌托邦，其中美与美德无关，而与自我
放纵的享乐主义有关。诗人和朋友们被"高高的栅栏和紫杉篱"
隔绝于世界之外，重新营造了卡纳莱托（Canaletto）*画中的维也
纳那种高雅而嬉闹的气氛。宁静的水池边"围着光滑而大理石般
白净的镶边"，而在池边，绅士和俏媚的女士互献殷勤，"还有一
些紫衣主教"。在这个欢乐的古典花园里，年轻的唯美主义者"飞
快地立起"一个舞台，来上演自己创作的剧目，"我们的精神喜
剧"，"早熟、温柔而又伤心"。剧场替代了生活，在这种生活中，
严肃问题与其说是被逃避，不如说是通过美化而变得无关紧要。
"好形式"讲着"恶毒事物"。隐秘而飘忽的感觉，在宽容的享乐
社会那优雅的传统中找到了出口。

> 有人在倾听，不是所有的人……
> 有人在做梦，有人在大笑。
> 有人在吃冰激凌……还有人

---

* 卡纳莱托（Canaletto，1697—1768），原名乔凡尼·安东尼奥·康纳尔
（Giovanni Antonio Canal），意大利著名画家，擅长描绘意大利名胜，尤其
是威尼斯风光。——译者注

在说着风流韵事……* 43

　　这就是亲切的花园场景，年轻的诗人召唤这一场景，为的是引出施尼茨勒笔下那位强迫性的感官主义者——阿纳托尔。对于用美来遮掩真相、用艺术来取代伦理的一代人而言，霍夫曼斯塔尔所写的引子之于他朋友的这部剧作，就像唯美主义者之于花花公子，情感丰富的人之于耽于声色的人，精神之于肉体一般。花园的意象——这一次是霍夫曼斯塔尔自己家附近的美景宫花园——充当了人造的保护区，那些没有职责的人以及有教养的人可以在里面生活，避开那个既非他们创造，他们也无暇顾及的世界。

　　这个花园真的是一个乌托邦吗？是，也不是。它像乌托邦一样，意在反抗令人不满的现实。对于施蒂夫特而言，乌托邦的房子与花园是生活的典范，而对于霍夫曼斯塔尔而言，却成了躲避生活的藏身之处。在短剧《提香之死》（1892）中，霍夫曼斯塔尔对以下事实表现出了关注：艺术的追随者在大师的花园隐居之地同现实脱节，对花园以外阴沉律动的活力不屑一顾。他认为自己这代人"总体上看没有能量（Kraft）。这是因为生活的力量就是一个谜。在白日梦里越是坚强与自信（hochmütiger）的人，在现实生活中越是软弱……不能统治他人，也不能侍候他人，不能付出爱，也不能收获爱……他只能像个鬼魂一样在生者中

---

* 　原文为：Manche hören zu, nicht alle...

　　Manche träumen, manche lachen,

　　Manche essen Eis ... und manche

　　Sprechen sehr gallante Dinge...

行走"。[44]

虽然霍夫曼斯塔尔发现这种高雅文化保留地里的生活非常有问题，但在 19 世纪 90 年代早期，他还是看到了将审美乌托邦投射为现实的些许可能性。1895 年，他在给理查德·比尔-霍夫曼（Richard Beer-Hofmann）的一封信里，权衡了前景："我仍旧相信，我将会把自己的世界建造成（外部）世界自身。我们太过苛求，以至无法像浪漫主义者那样生活在一个梦幻世界里……无可否认，问题始终还是如何在我们自己的视野边缘建起一座座波特金之城，而这些城须是人们真正相信的那种。"[45] 不过纵使人们有信心和主权意识（Herrschaftlichkeit）将幻想变为现实，由此而产生的想象帝国也不会持久："这样一个帝国，如同亚历山大帝国，伟大显赫，而且重大事件不断，以至充斥人们的思想……而后随着我们的死去而分崩离析——因为这个帝国仅仅为这一位国王而存在。"[46] 青年霍夫曼斯塔尔那短暂的乌托邦投影，虽然令人向往，但依旧属于纯粹个人的事情："为这一位国王。"没有暗示任何的社区理想，也没有社会现实受到影响。霍夫曼斯塔尔于是将"让生命顺其自然"[47] 的意愿确定为自己的个人乌托邦的条件。乌托邦梦想存在主义的一面是漂流。事实上，人们很可能会将漂流与梦想视为内向性的客观方面与主观方面，也是对自我（及其本质与范围）予以全神贯注的客观方面与主观方面。强调自我修养的审美乌托邦主义助长了自恋，在这种自恋中，乌托邦主义并不比社会现实主义活得更好。

不是霍夫曼斯塔尔，而是其朋友安德里安创作出了有关世纪末身份危机的经典小说，即《知识花园》（*Der Garten der Erkenntnis*，1895）。书的开头先是一句笺言："那喀索斯自我"

（Ego Narcissus）。我们都记得古典的那喀索斯是自我迷恋的人，这个自我爱欲之人投身水中，意欲同自己的倒影合二为一。我们不要忘记，那喀索斯拒绝了厄洛斯的宠爱，拒绝了同"他者"（也就是爱）相结合，于是愤怒的厄洛斯诅咒了他。由于那喀索斯对厄洛斯乃至整个世界所犯下的罪过，先知提瑞西阿斯（Tiresias）预测了他的命运：假如那喀索斯真的能够认识自身，他就会死亡。这些神话主题遍布整个《知识花园》：自我专注、无力爱他人、无法区分内心自我与外部世界，以及无法将幻觉与现实隔离。假如说认识自己对那喀索斯来说意味着死亡的话，那么认识世界、将其仅仅看作自我的投射，则就是他的现代传人——埃尔温（Erwin）的命运了。小说的最后一行话告诉我们，埃尔温死时"没有知识"。事实上，"知识花园"是与主人公的心理共同延伸的：情节太少太乏味，甚至无法结出善与恶的果实。埃尔温从未接触世界；如同他的创造者所属的有教养的阶级一样，半是出于必要，半是出于选择，埃尔温远离了现实。

40 年前，当施蒂夫特追溯海因里希·德伦道夫的教化之路时，他曾以清晰的轮廓描画了其主人公所遭遇的现实元素。家庭、风景、玫瑰屋、工人、艺术，以及历史：在客观现实主义精神的感召下，所有这一切都被当作构建一个有序世界的重要元素，而个人则必须适应这个有序的世界。坚实的外部世界为个人的适当倾向提供了框架。施蒂夫特作品中的乌托邦维度本质上是处于纯净与清晰之中，而世界的内在秩序，就是凭着这种纯净和清晰才变成了环境。这个秩序一旦明确，人类即可在其中实现自我，如同海因里希一般。施蒂夫特的设想跟卢梭及其《爱弥儿》（Émile）没有什么不同：有着良好秩序的世界为良好秩序的灵魂提供了解答与榜样。

安德里安的《知识花园》尽管有着这样的标题，却很少触及主人公所在的具体环境。安德里安的现实主义同施蒂夫特的现实主义正相反：它涉及的不是社会与物质现实的外部世界，而是精神生活的内部情景。社会与物质世界的存在，仅仅是主人公感受的促因与象征。无论是埃尔温还是海因里希，都试图进入一个比他们自身还要大的世界，并与之发生联系。两人都认定世界是多面的、合成的。不过海因里希是逐步掌握这个世界的，他理解的世界在本质上是诸种元素的静态协调，而人类正是通过劳动来消除其中的不和谐。它的统一，是各连接部分的清楚明晰。对于埃尔温而言，世界是一条河流——时而黏滞、时而奔涌——其流动元素彼此融合，亦融入自身。它的统一，是一个无法捉摸的变数。对于海因里希而言，真理存在于明晰之中；而对于埃尔温来说，真理则存在于神秘之中："深邃、阴暗，且形式多样。"[48]埃尔温找寻不到通向世界的路，因为他把理性自我、外部现实以及个人感受，都看成是一种无差别的连续统一体。主观与客观体验，被痛苦而令人昏乱地混杂在一起。霍夫曼斯塔尔比安德里安更为简洁地表达了"我"与世界之间关系的流动感："三个是同一的：一个人，一件事，一场梦。"[49]这种泛心理主义完全颠倒了施蒂夫特个性化而明确的宇宙。"任何事物、任何人，都只能有一种意义，"海因里希的父亲说，"但这种意义，他必须达到极致才行。"

自我与他者之间的界限具有流动性，这种流动性就意味着对"他者"的寻求注定是徒劳的。即使是科学知识，也被埃尔温引入了自我迷恋的旋涡。经过一年的科学研究……"在他看来变得很清楚，就是他不应该寻找自己在世界上的位置，因为他本身就是世界，同样伟大，同样独特……然而他却继续研究，因为他希望，如果他了解这个世界，就会从这世界的形象中看到自己的形象。"[50] 埃尔温的希望未能实现。由于脱离了世界，他无法将之看作一面镜子。无论是与之合并，或者将之吸收，他都感觉自我的个性受到了威胁。只有在礼仪或者审美的体验中，自我与世界才会以一种有节奏的统一的感觉联系在一起。但是这种团结既缺乏力量，也不能持久。天堂与地狱，在诗意的世界中模糊而狂喜地汇聚到一起，"充满了颤抖的荣耀"，而这世界中的战栗，既未让理解变得明晰，也没给本能带来任何满足。对于敏感的埃尔温而言，生命起先是"一项陌生的任务"，最终却没有什么直接而有意义的参与体验。这位审美的贵族依旧是丧失活力的那喀索斯，作为一个垂死之人，他希望一个梦能给予他生命所不能给予的东西：与"他者"接触。

施蒂夫特与安德里安在界定自我与世界之间的关系上有所差别，而在挖掘花园意象上，更是有着截然不同的目的。就施蒂夫特而言，花园象征了自然与文化的紧密结合。在那里，人类凭借科学与艺术完成了上帝的工作。在那里，人类还清除了大自然中的病症与混乱，发掘出其中的潜能，从而建立起一种能融合实用与美观的秩序。就安德里安而言，花园中的实际耕耘当然是完全无关紧要的。生活中没有劳动这回事。花园的作用仅仅是为了激发情感。它象征着生命中奇异混杂和转瞬即逝的芬芳，也就是对美的短暂体验。根本就没有什么一座花园，有的只是诸多花园。它们加强了感官的思想和思想化的感受，而这两者正是自我迷恋者的标志。对于感觉自己身处生命的主流之外，只有通过折射性的艺术媒介才能模糊地感知生命的一代人来说——"因为对我们来说，戏剧比我们的命运更重要"[51]——花园象征着转瞬即逝的美，当人类漫无目的地在生命中飘荡时，或许能捕捉到这种美。埃尔温的母亲，他唯一真正的灵魂伴侣，为这一代超然之人表达了花园的心理功能："我们经历自己的人生，就像在一些陌生仆人的指引下，穿过陌生城堡中的欢乐花园；他们给我们展示的美，我们极力留在心中，并无比热爱，可至于他们领我们走进哪些花园，带我们走得有多快，却完全取决于他们。"[52]

审美态度强化了与普通命运的隔绝，而这也正是其社会基础，由此也滋生出对这个世界替代性的而非直接的体验。如同苏珊·兰格（Susanne Langer）提醒我们的那样，审美体验是虚拟的而非真实的。它将形式赋予了来自体验的感受，而非体验本身。艺术代表了生活，通过这一事实，艺术反而使我们远离生活。这就是为什么当艺术与其他价值脱钩，艺术本身变成一种价值时，它能够在其追随者当中产生出一种永恒的旁观感觉，而这种感觉反过来又导致转向内部。安德里安笔下的埃尔温，由于无法通过直接的投入来找到人生秘密，便转而向内，"更加深入、更加急切地躬身于自己的过去"。他对过去经历的追忆不仅感人，而且"令人振奋、珍贵无价"。如同马塞尔·普鲁斯特（Marcel Proust）的作品一样，埃尔温的回忆成了他的生活。去社会化再一次伴随着内在化的过程。人类所具有的价值，在埃尔温眼中，仅限于他们能有助于唤起他的回忆；也就是说，"他们能打动他，只是因为他曾同他们生活过"。[53] 回忆的过去变得比正在体验的当前更有意义。因此，自恋的主人公不仅悄悄地从一种投身其中的生活，转到了自我的囚禁，而且还从尚未经历的生活，转到了已经经历过的生活。当死亡降临到埃尔温王子身上时，他早已做好准备，尽管他还很年轻。死亡的来临，不是像那喀索斯那样属于道德上的报应，而是心理上的必然。

❈ IV ❈

霍夫曼斯塔尔非常欣赏《知识花园》。*可是他不能像安德里安那样，对新的那喀索斯的问题放任不管。他试图让艺术回归伦理，让审美文化回归社会，让他所属的有教养阶级重新富有成效地参与到社会肌体当中。安德里安只为他那一代人写作；霍夫曼斯塔尔则把问题更紧密地联系到传统上，更深入地联系到心灵上，也更广泛地联系到社会上。

从一开始，霍夫曼斯塔尔就认为，安德里安的"花园"建在一个充满危险的地带，而作者对此却毫无察觉。霍夫曼斯塔尔写信对这位朋友说："你的书就好像年轻女神珀尔塞福涅（Persephone），她……在草地上拾起了很多水仙花，突然间焦虑起来。你知道，就是在这块草地上，冥王现身，并将她劫持到冥界的。"[54] 在这则古老的寓言中，冥王象征了什么样的现代力量呢？霍夫曼斯塔尔为自己的问题找寻答案，时而在个人的本能里，时而在危险的群众里寻觅。

---

* 一直到 1900 年，霍夫曼斯塔尔才把《花园》交给了莫里斯·梅特林克（Maurice Maeterlinck），并且强烈敦促安德里安继续从事文学活动，这样做既是为了自己，也是为了"让产生《花园》的［艺术］力量不要全都化为……尘土"。（胡戈·冯·霍夫曼斯塔尔，《书信集，1890—1901》，维也纳，1937 年版，第 1 卷，第 306—307 页。）

　　然而霍夫曼斯塔尔最早关注的问题，是审美态度带来的道德后果。从这个问题，他又转到了心理与社会问题上。诗剧《傻子与死神》涉及的是安德里安的《花园》面对过的同样的问题，霍夫曼斯塔尔在该剧中表现了一个年轻的贵族，他在追求高雅感受时，毁掉了自己的母亲、朋友和爱人。安德里安追求的是审美态度的心理发展，而霍夫曼斯塔尔则是审视其中的道德内涵。死神以傻子的审判官的身份出场，就像在中世纪的道德剧里一样，是来惩罚犯罪的。在这方面，霍夫曼斯塔尔是个传统主义者，他试图重建艺术与伦理之间的联系。不过正如理查德·阿鲁恩（Richard Alewyn）所示，死神并不是什么中世纪的骷髅。他在剧中是一个音乐家，是个酒神式的生活之友。他所代表的是无意识本能，这种本能已被压制在过度膨胀的个人自我培养中。[55] 因此，不同于施蒂夫特的是，这里的道德所呈现的是生命力的形态，以辩证统一的方式出现，而死神则变成了音乐。

　　《傻子与死神》的背景让人想起了 19 世纪 20 年代里萨赫的玫瑰屋，一座雅致的古典别墅。这座房屋唤起了一种比德迈式的秩序，然而一切生命都从这种秩序中被排干了。这是由于玫瑰屋纯属是一座主人公的记忆与文化纪念品的个人博物馆，而主人公也不像施蒂夫特笔下的里萨赫，他从未有过虔诚的生活。古斯塔夫·克里姆特在为顿巴音乐沙龙所创作的画里，也将比德迈式的怀旧与酒神式的本能性予以对照，但他并未像霍夫曼斯塔尔那样，对审美态度的道德内涵提出疑问。

　　霍夫曼斯塔尔试图摆脱唯我论以及艺术生活的孤立状态，其中具有两个倾向：一方面，他重又复兴了一种个人责任的传统道德；另一方面，他站出来，开始走向深层心理学以及对本能的肯定。

霍夫曼斯塔尔对本阶级的"感觉文化"进行了道德上与心理上的批判，在此基础上，我们还必须再加上一个维度，即社会学维度。还在青年时代的霍夫曼斯塔尔，就开始担心上层阶级中的社会责任被逐渐挖空。他在 1892 年所写的诗歌《当然，有一些……》（Manche freilich...）中，再次强调了文化阶层与普通阶层的统一，而萨尔也曾在《对比》中对两个阶层的分裂表示过痛惜。霍夫曼斯塔尔对于问题的陈述，所采取的无疑是一种提示的形式，提醒我们上层人与下层人、幸运者与不幸者之间，还有这样一个类似纽带的东西——而这一纽带已变得多么脆弱。诗人把它表现成了一种互相依赖的隐藏联系，选用的意象就是甲板下的桨帆船奴隶，从他们的生活中，阴影笼罩在上面的人的生活上。

> 许多命运与我交织；
> 生命在众人间戏耍，
> 而我的那角色超过了这微弱的
> 生命之火或窄小的七弦琴。*

所以，霍夫曼斯塔尔表现出一种更强的社会参与的意愿。

在诗剧《世界小剧场》（Das kleine Welttheater，1897）中，

---

* 原文为：Viele Geschicke weben neben dem meinen,

　　　　　Durcheinander spielt sie alle das Dasein,

　　　　　Und Mein Teil ist mehr als dieses Lebcns

　　　　　Schlanke Flamme oder schmale Leier.

　　——胡戈·冯·霍夫曼斯塔尔著，《诗歌与韵剧》，迈克尔·汉伯格编（纽约，1961 年版），第 34—35 页。

霍夫曼斯塔尔用模糊隐含但明确无误的措辞，为他那一代人指明了艺术与社会之间相互关系的整个方向。[56] 他选择了巴洛克式的面具来作为表现形式。在一系列关系松散的演员当中，最重要的角色是园丁。他曾是一位国王，却放弃了世俗的王权来种花。园丁的诗意景象让作为国王的他看出，对臣民的关爱与对植物的关爱，在本质上并没什么两样，只不过后者"较冷静一些"。霍夫曼斯塔尔在这里扼要重述了《晚来的夏日》中的情节，即里萨赫从政治失意中退出，满足于自己的玫瑰屋。他是不是也想对奥地利中上层阶级整体退出政治、进入文化进行寓言化的诠释？证据太少，我们无从判断。但是很显然，霍夫曼斯塔尔主张这样一种原则，即在王权与园艺之间存在对应原则，这种原则能够在"幼稚的天真与威严"、政治领域与园林艺术、公民秩序与审美秩序之间，建立起一种诱人的对等关系。

跟园丁–君主相对照，假面剧中最后也是主要的角色，就是那个疯子。他并非皇室子孙，而是富家子弟："最后一个富人，最后一个有力之人——却十分无助。"疯子的父亲是一个势力很大的企业家，他无力驯服儿子，儿子只有他傲慢的精神，却丝毫没有责任感。如同霍夫曼斯塔尔所处的社会中众多真实的暴发户儿子一样，这个人寻求并赢得了贵族的友谊，令整个世界为之着迷，他还挥霍自己的钱财，毁掉自己的身体。然而，如同大多无用之人一样，疯子开始关注内心，寻求孤独。我们于是又一次遇到一位那喀索斯式的人物，这一次他的角色是食利者和挥霍者。疯子把自己关在一座塔里，灵魂中展现出贪婪无畏的精神，他想要变成一个充满诗意的探险家，探查自己的内心深处。在那里，他找到了"大片的庞大的萌芽"力量。这位无用的富人的自我中心的态度从行为世界转移到了思索世界，并导致他在自己的内心发现了巨大的本能力量。疯子由此逐渐认识到，自我之外也存在着类似的萌芽能量。[57]正如园丁在政治领域与美丽花园之间发现了彼此对应的秩序，疯子也在内心本能与外在生命力量之间发现了彼此对应的能量。个性化开始超越自身，而疯子对自己在镜子中的影子（另一个那喀索斯）呼唤时，宣称："[自给自足的个人的]幻觉不会持久；召唤我去外部世界的声音越来越大。"[58]他宣布了霍夫曼斯塔尔后来的使命：在个人与世界之间，建立起一种动态的统一。在他之前，国王和诗人的抽象而静止的方式，无法再满足现代心灵抑或现代社会：

> 然而何谓官殿，何谓诗歌？
> 就是梦境般的现实景象！
> 没有凡人能够抓住这现实：
> 引领整支舞蹈，整整一轮，
> 现实，你能开始掌握这任务吗？＊

　　一个胆大而理智的人能够"掌握这任务"；只有疯癫之人才会下定决心像酒神那样"引领整支舞蹈，整整一轮"。疯子必须克制自己不去跳入下面的河流，这条原始生命力的洪流，也就是死亡。

＊　原文为：Was aber sind Paläste und die Gedichte:
　　　　Traumhaftes Abbild des Wirklichen!
　　　　Das Wirkliche fängt kein Gewebe ein:
　　　　Den ganzen Reigen anzuführen,
　　　　Den wirklichen, begreift ihr dieses Amt?
　　见上书，第262—263页。

　　到 1897 年，霍夫曼斯塔尔相信，园丁已经作古，而他要全身心地投入驯服疯子的工作中，尽管只是试探性地去做。问题就在于要找到一种不乏生机的秩序，找到一种不致毁灭的能量，以重建艺术与本能之间、艺术与社会之间的联系。霍夫曼斯塔尔转向下层社会，不仅是因为问题出在那里，更因为那里的生命似乎更加强大。和西格蒙德·弗洛伊德一样，霍夫曼斯塔尔认为下层阶级不受道德约束，全凭本能生活。半出于嫉妒，半出于恐惧，他要在界限模糊的"人民"当中找寻生命力的社会根源，又小心翼翼地在性中走近其心理根源。这两大趋势在《提香之死》中都很明显，潘神启发了艺术，而艺术家又受到城市的魅力的吸引，要跳出艺术的界限。于是，在世纪之交，霍夫曼斯塔尔从诗歌走向了戏剧，从自恋保守走向了街头。

　　霍夫曼斯塔尔第一次对悲惨的社会苦难留下深刻印象，不是在故乡维也纳（尽管那里苦难也很多），而是 1896 年在加利西亚服兵役时，这在他所属的阶级中非常普遍，因为他们此前的认识遭到了遮掩。他当时驻扎在一个叫作特鲁马奇的破败的犹太人村庄，他从营房给一个朋友写信说："我在纠正我的观念……有关大多数人的生活是什么样子：比我们想象的还要更加沉闷、压抑，远甚于此……"[59] 身处这一可怕的"场景中，如此众多的悲惨之人……还有他们的臭气和声音"，霍夫曼斯塔尔开始迷上了戏剧形式。托马斯·奥特韦（Thomas Otway）的关于天主教阴谋的复辟剧《得救的威尼斯》（*Venice Preserv'd*）引发了他的新转向，霍夫曼斯塔尔在潮湿发臭的营房里读了这本书。他在信中向安德里安谈起该剧时说："这是一种很独特的艺术形式，我猜想假如有人写了这样一部戏，他就既同生活发生联系，同时又摆脱了生活的束缚。"[60] 这是霍夫曼斯塔尔作为诗人和公民最为迫切的需要。

8 年后，霍夫曼斯塔尔对奥特韦的剧作进行了颇具震撼力的重写，以《得救的威尼斯》（*Das Gerettete Venedig*）为题发表。这部阴郁的社会心理剧讲的是暴政造成的政治堕落与释放出的个人激情。造反的群众将其阴暗而危险的力量付诸行动。具有代表性的是，主要人物是一个犹豫不决的人，摇摆于旧势力与挑战旧势力的愤怒者之间。[61] 他是剧中最具人性的角色，但过于软弱，无力应对自己面前的局势。他对人性的理解无济于事，因为他并不知道如何将这种理解应用于激情宣泄的社会政治危机中。

诗人就像他的主人公一样，处于摇摆与调整之中。虽然他的剧作充满了现代性的问题，但霍夫曼斯塔尔像在大多数作品中一样，极力避免任何直接的社会现实主义手法或者当代的舞台背景（mise en scène）。如同众多奥地利 20 世纪思想与艺术的先驱——古斯塔夫·克里姆特、古斯塔夫·马勒、奥托·瓦格纳、西格蒙德·弗洛伊德——他运用传统语言来传达现代信息。安德里安为他引用了一句格言，说得不无道理：让我们以现代思想为基础来创作古代诗行。[62]

但是霍夫曼斯塔尔不会像施蒂夫特或萨尔那样投身到历史当中。对他而言，历史似乎已经失去了仿效价值。虽然他把背景设在了威尼斯，可他极力反对制作者意欲将道具和服装进行历史"写实"处理的想法。霍夫曼斯塔尔要求的必须是"有气氛"和"引发联想"的服装，适合于"一个彻底腐烂的保守反动时代……就像 1848 年 3 月前的奥地利"（自由主义第一次突破之前的时期！）。最重要的就是，群众"看在上帝的分上"不应该是威尼斯人，而要像当代的暴民（Gesindel）那样"可怕而凶险"。[63] 于是，不管是在剧中，还是在制作形式上，霍夫曼斯塔尔都十分慎重而含混地对待当代的社会现实。他既无意逃进历史与神话中，也不想直接再现现代社会及其问题。通过利用一种暗示性，而非真正意义上的历史背景，在这部有关社会解体的惊人剧作中，他实现了戏剧的美好前景，在从肮脏的加利西亚写信给安德里安时，他就在（作为一种文学形式的）戏剧中看到了这种前景。他说，戏剧既能让人投入生活，又能把人从生活中解放出来。

霍夫曼斯塔尔在戏剧中发现了全情投入与保持距离的结合，这使他能够重新界定诗人在现代社会中的功能。他的"通向澄明之路"十分漫长。起先，他逃离了那喀索斯式的享乐主义花园，但于事无补，安德里安在成长小说中对此已有提及。霍夫曼斯塔尔阐明了自己已在《世界小剧场》中曾用寓言阐释过的重大危险：园丁那满足灵魂的幻觉，即艺术是政治的替代品；有钱的疯子所得出的激进论断——对生活唯一真正的参与，就是自杀式融入世界上那些无形而荒谬的力量。于是慢慢地，霍夫曼斯塔尔将毫无生命的幻觉与无形态的活力、园丁-国王与疯子结合在了一起。诗人在其中不是立法者、法官、同情者，而是调解者。

1906 年，霍夫曼斯塔尔又更加清晰地界定了诗人的职责："正是他在自己身上，将时代的各个元素绑缚在一起。"[64] 在这样一个他认为基本上是多元而碎裂的社会与文化中，霍夫曼斯塔尔为文学定下了建立各种关系的使命。诗人必须接受现实的多样性，还要通过语言这个神奇的媒介给现代人类带来统一和凝聚力。诗人"对永恒事物与当前事物都怀着无限的仰慕。雾中的伦敦那可怕的一排排失业者，卢克索的神庙废墟，孤林泉水的四处激溅，可憎的机器隆隆作响：这些转折对他而言绝不是什么难以接受之事……一切在他身上都能同时有所体现"。[65] 别人看到冲突或矛盾的地方，诗人要展示隐藏的纽带，并通过节奏与声响来实现和谐，以此来发展这些纽带。

霍夫曼斯塔尔的新文学观中，还有乌托邦理想的位置吗？就我们迄今为止遇到的那种乌托邦，没有。这里没有施蒂夫特那种净化现实的模式，没有萨尔式的抽象社会理想，没有复活的洛可可快乐花园，甚至没有霍夫曼斯塔尔早期的波特金村。对于诗人来说，如今公认的现实便是如此：一再的不连贯。社会与文化中坚定不移的离心特征抑制了创造性的幻想。来自有教养阶层的霍夫曼斯塔尔已经学会"同现存的社会秩序较量"，但当他这么做时，他却发现"设想一个不存在的秩序"已越来越不可能。

在前后历时 25 年写成的《塔》中，霍夫曼斯塔尔仍然再一次奋力指明通往乌托邦的路途。我说的是"指明路途"，仅此而已，因为霍夫曼斯塔尔不再试图去设计一个乌托邦了。《塔》中的情节在更深的层面上几乎完全颠倒了《世界小剧场》的情节。主人公西吉斯蒙德（Sigismund）王子起先是个极不理智的自我囚徒，跟前面提到的疯子一样。通过自己对一个公正的世界的梦想，他力图从疯子变成园丁，再变成国王——从本能的幻想家变成公民活动家。在整个过程中，他跟生活贫穷、精力旺盛却缺乏理性的群众打成一片。如同霍夫曼斯塔尔曾为其现代目的所改编过的卡尔德隆（Calderon）的基督教戏剧《人生一场梦》（*Life Is a Dream*）一样，诗人兼王子的俄狄浦斯反叛，变成了针对父王的政治革命。然而在霍夫曼斯塔尔眼里，结局并不是什么神圣喜剧，而是一场人间悲剧。通过互相尊重的语言来实现不同元素的和谐的努力宣告失败。如同在奥地利帝国那样，社会与心理解体的力量实在过于强大。然而诗人兼王子在死时依然深信，他从那喀索斯的孤井（梦想与现实在此中汇合）里所获取的爱的信息，总有一天会有人理解："请证明我在这里——纵使没有人认得我。"[66] 这位不为世人所知的王子同安德里安的埃尔温王子恰恰相反，后者在死时都未能认识这个世界。

霍夫曼斯塔尔所在的阶级已经把艺术带到了享乐主义的孤立中，而霍夫曼斯塔尔本人则把艺术的功能从这种孤立中拯救了出来，并试图利用艺术的调和力来拯救社会。可是社会的裂缝实在太大了。社会能够容忍悲剧或喜剧，却不能容忍利用审美和谐来救赎。要构想这一文化事实所造成的思想后果，就只能留待新一代人来完成了。

注释

1.　胡戈·冯·霍夫曼斯塔尔（Hugo von Hofmannsthal）著，《友人之书》（"Buch der Freunde"），收入《单行本作品》（*Werke in Einzelausgaben*），赫伯特·斯坦纳（Herbert Steiner）编（法兰克福，1959 年版），第 59 页。除非额外注明，均为本人翻译。

2.　埃里克·奥尔巴赫（Erich Auerbach）著，《摹仿论》（*Mimesis*，普林斯顿，1953 年版），威拉德·特拉斯克（Willard Trask）译。

3.　《施蒂夫特作品集》（*Stifters Werke*，萨尔茨堡，未注明出版日期），沃尔特（I. E. Walter）编，第 2 卷，第 905 页。

4.　施蒂夫特著，《论自由问题》（"Uber das Freiheitsproblem"），同上书，第 921 页，第 923 页。

5.　古斯塔夫·威廉（Gustav Wilhelm）等编，《阿达尔伯特·施蒂夫特全集》(*Adalbert Stifter Sämtliche Werke*，布拉格与莱钦伯格，1904—1939 年版)，第 16 卷，第 58—59 页；引自埃里克·阿尔伯特·布莱卡尔(Eric Albert Blakall)著，《阿达尔伯特·施蒂夫特》(*Adalbert Stifter*，马萨诸塞州，剑桥，1948 年版)，第 254 页。

6. 给古斯塔夫·海肯纳斯特(Gustav Heckenast)的信，1849 年 3 月 6 日，《施蒂夫特全集》，第 17 卷，第 321 页。

7. 同上书，第 292 页；引自布莱卡尔著，《施蒂夫特》，第 249 页。

8. 《施蒂夫特全集》，第 19 卷，第 93 页。

9. 古斯塔夫·福楼拜(Gustave Flaubert)著，《情感教育》(*L'éducation sentimentale*)，布伦塔诺(Brentano)译(纽约，1957 年版)，第 1—14 页。

10. 丹尼尔·笛福(Daniel Defoe)著，《鲁滨孙漂流记》(*Robinson Crusoe*，伦敦，1906 年版)，第 2 页。

11. 《施蒂夫特全集》，第 6 卷，第 9 页。

12. 同上书，第 10—14 页。关于在科学职业的选择上父子之间相似关系的实例，请见地质学家爱德华·苏斯(Eduard Suess)著，《回忆录》(*Erinnerungen*，莱比锡，1916 年版)，第 115 页，第 139 页。

13. 《施蒂夫特全集》，第 6 卷，第 23—24 页。

14. 同上书，第 40 页。

15. 同上书，第 44 页。

16. 同上书，第 58—59 页。

17. 同上书，第 99 页。

18. 同上书，第 7 卷，第 94 页。

19. 夏尔·波德莱尔(Charles Baudelaire)著，《散文中的短诗》("Short Poems in Prose")，收入彼得·昆奈尔编(Peter Quennel)，《笑的本质》(*The Essence of Laughter*，纽约，1956 年版)，第 147 页。

20. 《施蒂夫特全集》，第 6 卷，第 143—144 页。

21. 同上书，第 129—131 页，第 103—104 页。

22. 多拉·斯多科特-梅内特（Dora Stockert-Meynert）著，《特奥多尔·梅内特与他的时代》（*Theodor Meynert und seine Zeit*，维也纳，1930 年版），第 150 页。

23. 费里西·埃瓦特（Felicie Ewart）著，《两个女性肖像》（*Zwei Frauen-bildnisse*，维也纳，1907 年版），散见书中各处。

24. 斯多科特-梅内特著，《特奥多尔·梅内特》，第 99 页。

25. 同上书，第 50—51 页。

26. 请见格奥尔格·冯·弗兰肯斯坦（Georg von Franckenstein）著，《命中注定的外交官》（*Diplomat of Destiny*，纽约，1940 年版），第 14—17 页；斯特凡·茨威格（Stefan Zweig）著，《茨威格自传》（*The World of Yesterday*，伦敦，1943 年版），第 39—55 页。

27. 《艺术》（"Die Kunst"），为未出版的早期作品，收入《费迪南德·冯·萨尔全集》（*Ferdinand von Saar Sämtliche Werke*），雅各·米诺（Jacob Minor）编（莱比锡，1909 年版），第 3 卷，第 49 页。（本人翻译）

28. 雅各·米诺（Jacob Minor），《作为政治诗人的费迪南德·冯·萨尔》（"Ferdinand von Saar als politischer Dichter"），收入《奥地利评论》（*Österreichische Rundschau*），第 32 卷（1912 年 7—9 月），第 185—203 页。

29. 未注明日期，亦未在萨尔生前出版。《萨尔全集》，米诺编辑，第 3 卷，第 26—27 页；另请见《子孙》（"Proles"），收入同书，第 2 卷，第 145 页。

30. 同上书，第 168—169 页。

31. 同上书，第 167 页。

32. 费迪南德·冯·萨尔（Ferdinand von Saar）著，《命运》（*Schicksale*，卡塞尔，1889 年版，并于《萨尔全集》中再版，米诺编辑）。

33. 同上书，第 2 卷，第 175—176 页。

34. 《施蒂夫特-挽歌》（"Stifter-Elegie"），同上书，第 3 卷，第 77 页。

35. 杰尼维弗·比安奎斯（Geneviève Bianquis）著，《从霍夫曼斯塔尔到里尔克的奥地利诗歌》（*La poésie autrichienne de Hofmannsthal à Rilke*，巴黎，1926 年版），第 8—17 页。

36. 利奥波德·冯·安德里安–沃伯格（Leopold von Andrian-Werburg）著，《奥地利与它的未来》（*Österreich und dessen Zukunft*，汉堡，1843—1847 年版）。另请见卡尔·伊德（Karl Eder）对安德里安的讨论，《旧奥地利的自由主义》（*Der Liberalismus in Altösterreich*，维也纳，1955 年版），第 95—98 页；格奥尔格·弗朗茨（Georg Franz）著，《自由主义》（*Liberalismus*，慕尼黑，1960 年版），第 32—33 页。

37. 《利奥波德·安德里安与艺术书页》（*Leopold Andrian und die Blätter für die Kunst*），沃尔特·珀尔（Walter H. Perl）编（汉堡，1960 年版），第 11—12 页。

38. 《胡戈·冯·霍夫曼斯塔尔》（*Hugo von Hofmannsthal*），赫尔马特·费什特纳（Helmut A. Fiechtner）编（伯尔尼，1963 年版），第 5—6 页。

39. 赫尔曼·布洛赫（Hermann Broch）著，《霍夫曼斯塔尔与他的时代》（"Hofmannsthal und seine Zeit"），收入汉娜·阿伦特（Hannah Arendt）编，《杂文集》（*Essays*，苏黎世，1955 年版），第 1 卷，第 111—113 页。

40. 弗兰肯斯坦著，《命中注定的外交官》，第 14—17 页，第 113—116 页；胡戈·冯·霍夫曼斯塔尔著，《书信集，1890—1901，1900—1909》（*Briefe, 1890–1901, 1900–1909*，柏林，1935 年版；维也纳，1937 年版），第 1 卷，第 59—60 页，第 208 页，第 212—213 页，第 291 页，第 293 页；尤其是同一作者与埃德加·卡尔格·冯·贝本伯格（Edgar Karg von Bebenburg）合著的《信件往来》（*Briefwechsel*），玛丽·吉尔伯特（Mary Gilbert）编（法兰克福，1966 年版），散见书中各处，诗人与海军军官在书中共同探索绅士理想的本质与追求。

41. 霍夫曼斯塔尔著，《书信集，1890—1901》，第 208 页，第 291 页。

42. 《艺术》（第 1 号，1903 年），第 2 期。

43. 胡戈·冯·霍夫曼斯塔尔著，《诗歌与韵剧》（*Poems and Verse Plays*），

迈克尔·汉伯格（Michael Hamburger）编（纽约，1961 年版），第 64 页，第 65 页。

44. 胡戈·冯·霍夫曼斯塔尔著，《散文，全集作品单行本》（*Prosa, Gesammelte Werke in Einzelausgaben*），赫伯特·斯坦纳（Herbert Steiner）编（法兰克福，1950 年版），第 1 卷，第 273 页。

45. 霍夫曼斯塔尔著，《书信集，1890—1901》，第 1 卷，第 130 页。

46. 同上书，第 131 页。

47. 有关霍夫曼斯塔尔把想象的帝国同随波逐流联系到一起，请见上书。

48. 利奥波德·安德里安（Leopold Andrian）著，《青年的节庆：知识花园第一部分》（*Das Fest der Jugend: Das Garten der Erkenntnis erster Teil*，格拉茨，1948 年版），第 33 页。

49. 霍夫曼斯塔尔，《三行诗节》（"Terzinen"），《诗歌与韵剧》，汉伯格编，第 30 页。

50. 安德里安著，《节庆》，第 46 页。

51. 同上书，第 35 页。

52. 同上书，第 42—43 页。

53. 同上书，第 34 页。

54. 霍夫曼斯塔尔给安德里安的信，《书信集，1890—1901》，第 125—126 页。

55. 理查德·阿鲁恩（Richard Alewyn）著，《论胡戈·冯·霍夫曼斯塔尔》（*Über Hugo von Hofmannsthal*，哥廷根，1958 年版），第 75—76 页。

56. 霍夫曼斯塔尔著，《诗歌与韵剧》，汉伯格编，第 224—263 页。

57. 同上书，第 256 页。

58. 同上书，第 260 页。

59. 霍夫曼斯塔尔给弗里茨·艾克斯坦（Fritz Eckstein）的信，1896 年 5 月 2 日，霍夫曼斯塔尔著，《书信集，1890—1901》，第 1 卷，第 182 页。

60. 霍夫曼斯塔尔给安德里安的信，1896 年 5 月 4 日—5 日，同上书，第 184—186 页。

61. "……贾非尔（Jaffier）错误地参加到愤怒者一方，而他实际上属于卑躬屈膝的诌媚者：一个贯穿始终的主题……"［霍夫曼斯塔尔给奥托·布拉姆（Otto Brahm）的信，1904年9月15日，霍夫曼斯塔尔著，《书信集，1900—1909》，第2卷，第163页。］

62. 利奥波德·安德里安著，《回忆我的朋友》（"Erinnerungen an meinen Freund"），收入费希特纳（Fiechtner）编，《霍夫曼斯塔尔》（Hofmannsthal），第52页。

63. 给布拉姆的信，1904年12月某日，霍夫曼斯塔尔著，《书信集，1900—1909》，第2卷，第184页，第192—193页。

64. 胡戈·冯·霍夫曼斯塔尔（Hugo von Hofmannsthal）著，《诗人与他的时代》（"Der Dichter und diese Zeit"），收入玛丽·吉尔伯特（Mary Gilbert）编，《随笔选集》（Selected Essays，牛津，1955年版），第132页。

65. 同上书，第133页。

66. 胡戈·冯·霍夫曼斯塔尔著，赫伯特·斯坦纳（Herbert Steiner）编，《戏剧》（Dramen，法兰克福，1948年版），第4卷，第207页。

第 7 章

花园中的爆炸

柯克西卡与勋伯格

在回顾自己作为一名艺术叛逆者的一生时，表现主义者奥斯卡·柯克西卡想起了自己童年时代的一段插曲。[1]柯克西卡出身于一个工匠家庭，成长于一处刚刚划入维也纳的外围郊区，此地当时正从传统的乡村转变为某种无甚特征的城市边缘地区。他简朴的家旁边有一处公立公园，他小时候时常在那儿玩耍。加利钦贝格公园曾经是一处贵族庄园，如今已变为维也纳的孩子在大理石像间穿梭玩耍的地方，而不再是时髦男女和文雅绅士的私人禁地了。有位奥地利-普鲁士战争的退役老兵负责看门，在奥斯卡眼里，他活像一座矗立在喷泉边的赫拉克勒斯雕像。在维也纳的民间想象中，寓言人物"与宫廷君主的生活地位相同"，里面住的都是些"悲喜剧人物，他们想攀爬上社会高层，却因此撞上了'精神世界'（Geisterreich）"。*

　　不光是柯克西卡这样的顽童，家境较好的孩子也经常光顾这座公园。奥斯卡就曾和两个跟妈妈来玩的小女孩交上了朋友。这位妈妈一副有教养的气派，令他非常讨厌：她读法国小说，坚持举止得体，并且一到5点就去喝下午茶。奥斯卡轻蔑地得悉，这

---

*　柯克西卡在这里指的是19世纪流行剧作家费迪南德·雷蒙德（Ferdinand Raimund）的奇幻现实主义。另请参见霍夫曼斯塔尔在卡纳莱托的维也纳中想象的花园，见前文。

位女士的父亲只是一名合格的维也纳资产阶级咖啡饮者，而她现在却仅仅因为嫁给了一位"艾德勒·冯"，就改喝起茶来。

尽管非常厌恶她们的妈妈，小奥斯卡却很高兴跟这两个小姑娘相处。其中一个女孩，他喜欢她头脑聪明、举止优雅。另一个女孩则因为在荡秋千时衣服凌乱，唤起了他的性意识。在这样一座洛可可式公园里，下层阶级的男孩意识苏醒，看到了上层阶级的女孩所展现出的"唐突而赤裸的事实"。性的本能冲破了优雅修养的掩饰。就柯克西卡而言，长大成人不是像他的前辈那样意味着变得文明有礼，而是对我们的动物本性的一种既痛楚而又快乐的肯定。

在学校里，小奥斯卡学习了带来现代世界的两大发明：印刷术和火药。他告诉我们，由于前者是导致可恶的课本出现的罪魁祸首，他转而开始钻研后者。一天，奥斯卡带着自制的火药，来到了朋友正在玩耍的公园里。大树下挂着秋千的地方有一个很大的蚂蚁窝，奥斯卡把炸药埋在下面。等到一切就绪，也就是5点钟可恨的下午茶时间，奥斯卡"将火炬掷向了那个世界"。

爆炸的威力巨大，远远超出破坏者的预计。随着轰隆一声巨响，燃烧的蚁城被炸到了半空中。"多么壮美啊！"烧焦的蚂蚁缺胳膊少腿，散落在精心保养的草地上，不住地扭动挣扎着。而让他心动的无辜小姑娘，也躺在秋千下昏厥不醒。

文明的力量随即赶到。小姑娘的妈妈召来了公园警卫。奥斯卡于是"被逐出了伊甸园"。

小奥斯卡与亚当不同，他思想现代、出身下层又执拗任性，不肯接受遭受驱逐的最终命运。虽然老警卫"像天使加百利那样"，守住大门去路，小叛逆者依旧另觅他途。公园后面有一个城市垃圾场，其中有一块绝壁，奥斯卡可以从后面爬入公园。他爬上了悬崖，但是下面等着他的是灾祸，他踩空摔下去了。

随后的事情只有表现主义幻想才能想象得到。跌回垃圾场的奥斯卡，摔在了一头浮肿发烂的死猪身上。一群恶心的苍蝇从死猪身上飞了起来，一起叮咬这个倒霉的孩子。受到严重感染的奥斯卡回家倒在床上。

这位第二亚当发烧躺在床上，经历了一番心理上的体验，痛苦地散发着一种表现主义绘画的幻象：在自己的舌根处有一只不停打滚的苍蝇，一边飞走一边留下它的幼虫。在绿色与红色的旋转太阳的交替烤灼下，墙纸烧了起来。受害者感觉自己的脑子溶解成了一摊污秽的灰色液体。在画作《红色的凝视》（*Der rote Blick*，彩图 10）中，阿诺德·勋伯格捕捉到了柯克西卡所描述的那种痛苦的心理和生理状态。

❯❯ I ❮❮

柯克西卡传记中的寓言，以不可思议的准确性，反映了他在表现主义文化诞生之初时的地位。尤为恰当的是，他选择花园来作为自己愤怒和被放逐的场景。直到大约 1900 年，维也纳的"教化与财富"精英依然以居住在环城大道上的租赁式宅邸（见第 2 章）为荣，觉得这样能表达自己的城市特性。然而随着环城大道开发项目完工，新兴上层阶级的住宅开始向外围区域转移。于是最优秀的年轻的现代建筑师不再像奥托·瓦格纳等前辈大师那样设计公寓大楼，而是改建郊区别墅。那些一度风光成功的顶尖知识分子和艺术家，如今都隐居到维也纳的边缘区域去了。例如霍夫曼斯塔尔和赫尔曼·巴尔、奥托·瓦格纳和古斯塔夫·马勒、画家兼设计师卡尔·摩尔和科罗曼·莫泽，这些人都成了新的城郊居民。[2]

随着郊区时代的来临，诗人霍夫曼斯塔尔于 1906 年评论说，"在花园中的欣喜也随之愈加强烈"。"我们正在逐渐回到我们的祖父曾经待过的地方：感受构成花园的那些事物的和谐"。霍夫曼斯塔尔这么写，有一种比德迈式怀旧的意味。这位诗人兼批评家指出，追求简洁的新花园是通过"美的几何元素"[3]来达到这一效果的。建筑杂志和房屋花园期刊充分证实了他的判断。[4]新的花园崇拜抛开了通过教化改造大自然的英国浪漫主义花园传统，转而投向一种激进的古典主义。花园被看作建筑，是房屋的一种延伸。从意识形态上看，伴随这股潮流的，是自豪的白手起家者的理想化的渐趋没落，取而代之的，是前工业时代的社会模式：一方面是 18 世纪的贵族，另一方面是比德迈式市民。从审美上看，从新艺术到装饰风艺术，从有机的流体形态到水晶般的几何形态，这种转变强化了形式主义和新花园崇拜。在 19 世纪 90 年代，艺术家们以"分离派"的名义开始对新的本能真相的动态搜索，如今却远离自己那令人不安的发现，转向更为适度和有益的使命中，那就是美化精英的日常生活与国内环境。*到 1904 年，年轻的柯克西卡在艺术与工艺学院开始接受艺术培训时，[5]他的那群老师已经完成了这种转变，他也仿效着远离高雅艺术，致力于实用的艺术与设计。在维也纳生产同盟——受英国模式（但是不包括其社

---

* 请见第 5 章。

会主义）启发的艺术与手工艺合作社里——艺术家创造出一流的
工坊，而且为自己的作品找到了商业上的出路。甚至连 1908 年的
皇家邮票也是由一位维也纳生产同盟的艺术家科罗曼·莫泽设计
的，当时的新艺术处在与人无害的纯装饰性的阶段，几乎获得了
官方地位。*

　　1908 年，维也纳唯美主义运动的新古典主义和艺术装饰阶
段，在公共展览会（就叫"1908 年艺术展"）上取得了最辉煌的
成就。艺术家们依照高雅艺术与实用艺术相统一的原则，摆放作
品与器皿。实用的物件成了博物馆展品，而最严肃的绘画和雕塑
沦为装饰性的陪衬。艺术展主席古斯塔夫·克里姆特在开幕式的
发言中也宣布了这个团体的信念，即"文化的进步，靠的只能是
艺术目的不断渗透进生活的方方面面"。[6]

　　建筑师约瑟夫·霍夫曼的艺术展大楼带有玛利亚·特里萨时
代的避暑行宫的特征，就是柯克西卡玩耍的加利钦贝格公园（图
56）的那种。霍夫曼设计的展厅外观简朴而又现代，就像是贵族
的玩乐寄宿之地那样，内部亲切而雅致。而用来展示艺术品与手
工品的各个单独的房间，全都围绕在庭院周围，以保持一种居住
空间的感觉。还有一个附属部分——这也是对维也纳城市的特殊
贡献——是一座花园。[7] 艺术展目录的作者引用了威廉·莫里斯的

————————

*　由莫泽所设计的系列邮票，是为了纪念弗朗茨·约瑟夫皇帝登基 50 周
年而发行的。该系列中的艺术装饰风格，同奥地利以前所有邮票中的比德
迈古典主义形成了鲜明的对比。莫泽在艺术展上展示了"受皇家帝国商务
部委托"的邮票设计。请见《1908 年艺术展目录表》（维也纳，1908 年
版），第 75—76 页。这些底部带有莫泽名字的邮票，被绘入了《司格特标
准邮票目录》（*Scott's Standard Postage Stamp Catalogue*，第 124 版，纽约，
1968 年版），第 2 卷，第 54 页。

话，来表达对花园的性质与功能的看法：

> 花园无论大小，看起来都应当井然有序、丰富多彩；它应
> 当与外部世界隔离，绝不该模仿大自然的功能与偶然变化，而
> 是要让人感觉，这是只有在人类的居所里才能看到的东西。[8]

霍夫曼又增设了一处花园剧场。1908 年夏天，维也纳的精英
可以来这里观看弗里德里希·黑贝尔的《杰诺维瓦》(Genoveva)
与奥斯卡·王尔德的《小公主的生日》(Birthday of the Infanta)
等剧的露天演出。《杰诺维瓦》表达在恶魔般的激情遭受苦难时，
我们辨认出了神圣的正义——这种激情，克里姆特等人曾试图将
其从艺术中解放出来，但如今已经放弃。而王尔德的戏剧，用委
拉斯凯兹式的服装上演（图 57），则反映出视觉艺术家们对生活

图 57　奥斯卡·王尔德的《小公主的生日》，演出于艺术展花园剧场，
1908 年

这种优雅姿态的新的投入。

凡是奥地利文化中至关重要的东西，最终总要通过戏剧表现出来。无怪乎对维也纳的现代视觉文化是通过这两部戏剧得到最为全面的展示的，两部戏是在霍夫曼的美丽房屋中刻板而程式化的花园里为上层人物上演的。

❧ Ⅱ ❧

与"审美之人"（homo aestheticus）的文化理想相关联的，是艺术展群体对作为艺术家的儿童的特别关注。这给柯克西卡参加展览提供了根据，让这位淘气的年轻画家有机会在这个唯美主义者的乐园里埋下了日后生是非的种子。通过柯克西卡，晚期自由主义者对童年创造力的热切培养之心，在表现主义爆发中展现出来。

"儿童艺术"在1908年艺术展中自豪地拥有一席之地，展示空间位于第一展室。组织展览的弗朗茨·齐泽克（Franz Cizek）教授是艺术与工艺学院的教育系主任，而柯克西卡当时正在那里学习成为一名艺术教师。这位年轻人的审慎选择值得我们关注。倘若柯克西卡立志从事不那么安全但更有声望的画家行业的话，他就会进美术学院了。而他所选择的较低层道路，更适合他所出身的工匠阶层。

齐泽克教授是分离派最早的成员，他把审美解放的意识追溯到童年时期，从而成为奥地利在造型艺术中顶尖的进步教育家。前几代人都是通过让儿童进行模仿绘画，来诱导他们进入成人的审美世界，而齐泽克却鼓励自由的创造活动。他说，儿童能够向我们展现，"在我们自己故土的一片崭新地带里，那些初始的创造力和原始的艺术"。[9] 5 ~ 9 岁的孩子每周上一次齐泽克的课，来"表达自己"。[10] "一切初级、潜意识和无意识的东西，都受到了培养与保护。……只有不受抑制的、源自本能的东西，才能在这里作为本质人性彰显出来。"一位记者以这样的同情态度报道了齐泽克。[11]

对于脾气暴躁的柯克西卡非常幸运的是，他的教授们对他这个职业学生表现出同样的宽容，他们认为这种宽容对于把孩子培养成艺术家是至关重要的。静物画课上，当他面对班级的规模和正式的气氛而畏缩不前时，老师就给了他一间私人画室，他可以雇马戏之家的成员为自己充当动态画的模特。即使是古斯塔夫·克里姆特领导的艺术展评委会，也对柯克西卡带有对抗主义色彩的奇思怪想十分迁就。柯克西卡提出，除非评委会同意他提前入场，否则将拒绝展示自己的参展作品时，他们也都让步了。[12]

柯克西卡的老师们开发出专为孩子设计的艺术与手工品（图书插图、挂毯等），把它们做成民间艺术的形式主义。他们相信孩子那天真的艺术"返祖性地重现了人类与艺术的童年时代"。[13]于是，柯克西卡没有像传统的艺术学生那样，从那些作品挂在艺术史博物馆的所谓"大师"们（die Grossen，这个德语单词还有"成人"的意思）处去寻找想法与灵感。相反，他去了对面的自然史博物馆，在那里学习丰富的人种学藏品中的原始艺术。[14] 柯克西卡在 1908 年艺术展的海报上（彩图 11）展现了自己早期对儿童与民间艺术风格的掌握，这种风格非常符合在他老师和同学中盛行的装饰形式主义。

在这种艺术与教育背景下，柯克西卡创作出一幅惊人的原创作品——《做梦的男孩们》（*Die Träumenden Knaben*），这是一个富有诗意的童话故事，配以一系列的彩色石版画，就像为挂毯所创作的草图。[15] 这本由维也纳生产同盟赞助和指导，印制十分精美的书，有着克里姆特团体作品的所有表面特征。其中一幅彩图，以适当的整齐嵌花设计，描绘的似乎就是同柯克西卡在公园一起玩耍的女孩的母亲正在呷茶的情景（图 58）。他的石版画跟海报一样，具有某种文学视觉上的幻想，借着这种幻想，我们可以充分发挥青年人的想象力，证实老人对当代童年生活的印象。不过在这个传统的表层下，有很多潜藏的东西。21 岁的柯克西卡拥抱了当时时尚的二维的波斯园林风格的唯美主义风格，并将其改编为原型符号，来表现自己在青春期的痛苦经历。实际上，柯克西卡只是不自觉地颠倒了前辈从美术过渡到手工艺运动的发展历程。他的前辈已经耗尽了 19 世纪 90 年代分离派艺术的初始功能——道出心理的真相——并将其视觉语言转用于纯装饰目的上。而柯克西卡承袭了老师们成熟的装饰性风格，并利用这种风格对一个年轻人心灵状态进行强烈的诗意渲染，再一次发掘了它的象征潜力。由此，他将在前辈中颇为流行的天真的童话梦境，转变成了青春期的噩梦。出于恶作剧，再加上在象征能力上的天分，柯克西卡借用传统的装饰图案，来作为传达一种半幻觉性的情色梦境的意象。

《做梦的男孩们》这首诗，结合了民歌中的儿童风格［我们会想起《红色的小玫瑰》（*Röslein rot*）］与现代的意识流技巧。诗歌的开头是一种自残性的幻想：

图 58　奥斯卡·柯克西卡，出自《做梦的男孩们》，1908 年

rot fischlein / fischlein rot /	小红鱼 / 小鱼红
stech dich mit dem drei-	用一把三刃之刀
schneidigen messer tot	我将你刺死
reiss dich mit meinen fingern	用我的手指将你
entzwei /	撕成两半 /
dass dem stummen kreisen	以终结这场

ein ende sei /	无声的轮回
rot fischlein / fischlein rot /	小红鱼 / 小鱼红
mein messerlein ist rot /	我的小刀是红的 /
meine fingerlein sind rot /	我的手指也是红的 /
in der schale sinkt ein	落在盘子里的是一条
fischlein tot /	已死的小鱼 /

这首血腥的儿歌后面紧接着就是梦系列的第一个梦。诗歌微妙地变为一种波形起伏、自由流畅的节奏，只是偶尔被断断续续的步调变化所打断，以传达睡梦中那不规则的连续意象：

und ich fiel nieder und	于是我躺下，开始
träumte / viele taschen hat	做梦 / 命运有许多的
das schicksal / ich warte bei	口袋 / 我等待着
einem peruanischen steiner-	在一棵石头的秘鲁树旁 /
nen baum / seine vielfingri-	它那多指的枝干
gen blätterarme greifen wie	紧紧抓持
geängstigte arme und finger	就像瘦人那痛苦的
dünner / gelber figuren / die	臂膀与手指 / 黄色身影 / 他
sich in dem sternblumigen	在七瓣莲的树丛中
gebüsch unmerklich wie	默默地彼此触摸
blinde rühren /	就像失明者 /

到目前为止，石版画都和旁边空白处的文字有关（彩图 12）。

被撕裂的鱼儿躺在草地上，虽然不是诗中所描绘的那样在盘子里；秘鲁树展现出它那多指而叶茂的树枝。*

　　但是很快，图画与诗歌之间产生了缝隙。版画中心的两个相互拥抱的男人并未在诗中出现。诗文中的重要意象（如桅杆之上的蓝鸟、在锁链拉动下那摆动白帆的船），也都从画中消失，而且诗文与版画中鲜明的彩色意象很少对应得起来。

　　艺术家没有遵从插图画家的传统来处理文本与绘画的关系，他采取的是艺术歌曲（Lieder）作曲家的方式，即文字和音乐是互相唤起的关系，而不是从属的关系。通过在视觉与语言中间建立起一种疏离性的互补关系，柯克西卡拓宽了自己单部作品的幻觉范围。图画从总体上加强了诗句中赞美诗风格的节奏，与文字中那迸发式的意识流形成对照。不过，图画通过细小的画面细节，也强化了恐怖效果，如小鱼被撕为两半，还有人手构成的树——如果没有文本的话，观察者恐怕绝对不会注意得到这些特征。

　　图画与文本之间的这种半疏离特性，也同样在诗歌自身当中出现。柯克西卡的诗文在表面上具有赞美诗般平和、流动的韵律，但他破坏了这种语言的纯真。通过节奏，正如通过线条与色彩一样，柯克西卡拉长了引信。他通过大幅变化诗行的长度，并在意想不到的节点处用斜线打断句子，将一种急促而古怪的音乐注入已饱受分裂之苦的视觉-语言领域中。因此，他在高度正式的框架中，传达了自己对颠覆性本能的大胆突破。

　　在他的睡梦中，诗人在前辈安逸舒适的社会面前，把自己展

---

* 在博物馆的人种学藏品室入口处，挂着一幅古代秘鲁神庙的画，或许为柯克西卡提供了这一主题。请见欧根·古戈里亚（Eugen Guglia）著，《维也纳：一本指南》（*Wien: Ein Führer*，维也纳，1908 年版），第 65 页。

现成一个狼人：

und ich fiel	于是我躺下
und träumte die kranke	梦见了那可恶的
nacht /	夜晚 /

was schlaft ihr / blauge-	身披蓝披风的人 / 你在睡梦中
kleidete männer / unter den	做些什么 / 在月光中
zweigen der dunklen nuss-	黑色核桃树
bäume im mondlicht?	的枝干下？

ihr milden frauen / was quillt	你们这些温柔的女士 / 什么
in euren roten mänteln / in	在你们的红斗篷中跳动翻搅 / 在
den leibern die erwartung	你们的体内是被吞噬者们
verschlungener glieder seit	的期待，从
gestern und jeher?	昨天起抑或是永远如此？

spürt ihr die aufgeregte	你们可曾感觉到
wärme der zittrigen / lauen	颤抖中那激动的温情 / 温和的
luft—ich bin der kreisen-	空气——我就是狼人
de wärwolf—	四处巡游——

wenn die abendglock ver-	当晚钟消逝
tönt / schleich ich in eure	而去 / 我偷偷潜入你们的
gärten / in eure weiden /	花园 / 进入你们的牧场

breche ich in euren fried-	我闯进你们那
lichen kraal /	平静的畜栏 /
mein abgezäumter körper /	我那不羁的躯体 /
mein mit blut und farbe	我的躯体浸染了
erhöhter körper / kriecht in	色料与鲜血 / 爬向
eure laubhütten / schwärmt	你们的树荫 / 成群
durch eure dörfer / kriecht	穿过你们的冠帽 / 爬入
in eure seelen / schwärt in	你们的灵魂 / 溃烂
euren leibern /	在你们的体内 /
aus der einsamsten stille /	冲破最为孤寂的沉静 /
vor eurem erwachen gellt	在你们梦醒前，我放声
mein geheul /	咆哮尖叫 /
ich verzehre euch / männer /	我吞掉你们 / 男人
frauen / halbwache hörende	女人 / 你们这些昏昏倾听
kinder / der rasende / lieben-	的孩子 / 那觅食的 / 钟情的
de wärwolf in euch /	狼人就在你们之中 /
und ich fiel nieder und	
träumte von unaufhalt-	于是我躺下
baren änderungen /	梦见那无法避免的转变 /

　　诗的开头就讲得很清楚了，这个具有秘密破坏性的狼人实际上是一个自我撕裂的受难者。他知道自己正值青春期。

nicht die ereignisse der	并不是什么童年之事
kindheit gehen durch mich	穿过我的内心
und nicht die der mann-	亦不是什么阳刚
barkeit / aber die knaben-	之气 / 而是孩子
haftigkeit / ein zögerndes	气 / 一种踌躇的
wollen / das unbegründete	欲望 / 毫无根据的
schämen vor dem wachsen-	羞耻感出现在
den / und die jünglings-	成长之前 / 而那
schaft / das überfliessen und	年轻的状态 / 青春
alleinsein / ich erkannte	洋溢也无比孤寂 / 我
mich und meinen körper /	感知着自己及我的躯体 /
und ich fiel nieder und	于是我躺下
träumte die liebe /	梦到了爱 /

他在试图逃离以自我为中心的囚禁时，诗人从一个梦掉进另一个梦，从自我伤害到伤害他人，伤害成人世界中的人，直到最终他的毁灭之梦变化成爱之梦。最后，一个性感的流浪少女，那童贞般的柔情，轮廓模糊而纤弱，扑灭了他的热情，亦消除了他的羞耻。这样一来，文字与插图能够再次聚合到一起，并保持一致（图 59）。

羞耻——我们不要错解这个词——是这位年轻的表现主义者的痛苦核心。上一代的维也纳青少年，例如，霍夫曼斯塔尔与利奥波德·安德里安这样的世纪末的唯美主义者，他们的性意识非常淡薄，因此既无羞耻也无罪恶之感。*他们的问题不在于掌握或

---

* 请见第 6 章。

图 59 奥斯卡·柯克西卡，出自《做梦的男孩们》，1908 年

塑造情感的强度，而在于情感的弱度，也就是自我意识的薄弱。对他们而言，一种散布广阔的意识模糊了自我与他人、内里与外在之间的界限，将梦境与现实融为一体。在《做梦的男孩们》中，柯克西卡透过"泛心理意识"这个不加区别的表层，肯定了性作为内在的个人体验这一基本事实，但这种肯定也带来最为灼人的羞耻感。尽管这首诗对一种过度崇高化的文化做出了颠覆与咄咄逼人的冲击，但它在本质上仍旧是忏悔性的；即使是标题中欺骗

性的复数——做梦的男孩们——也不能掩盖诗人的身份，他是以第一人称抒发了自己的意识流。

　　从这种性张力的可怕僵局中，柯克西卡看到了可能释放张力的两个方向：或追求，或征服。《做梦的男孩们》是第一种方法的极致；达到圆满的爱情重建了自我与世界。1909 年，柯克西卡在艺术展花园剧场上演的一部名为《谋杀者，女人们的希望》（*Mörder, Hoffnung der Frauen*）的短剧中探索了另外一种方法。性在这里变成了纯粹的侵犯。《做梦的男孩们》中那内省的梦幻世界，让位于两性之间一种赤裸裸的原始性的争斗。"具有体验能力的人性，令人战栗、激情澎湃，仿似我们自己的体验。"[16]

　　主题很简单："男人"，率领一群士兵，在一处要塞前遇见带着侍从的"女人"。男人给女人烙上自己的印记；她刺伤并囚禁了他。在爱恨交织中，她放了他。可濒临死亡的男人依旧能够释放出不可抗拒的力量：在他那极力伸展的手的触碰下，女人死去。这里所要宣告的，不是"爱之死"（Liebestod），而是"爱之谋杀"（Liebestöten）：一种爱情与谋杀在其中根本无法分割的激情。死亡不是特里斯坦（Tristan）与伊索尔德（Isolde）的传统中恋人们屈服的对象，而是在痛苦的激情中互相折磨的手段，这种激情包含了侵略和爱这两种无法区分的东西。柯克西卡把自己的强烈情感从戏剧语言转化为演出海报中的视觉语言（彩图 13）。这幅海报与他在上一年为艺术展所画的海报一样，由同样大胆的二维色彩构成（试比较彩图 11）。不过柯克西卡过去是在彩色平面上展现美丽的少女时代的安详宁静，如今却以一种遒劲有力的笔调，展现了一名女性杀手在"圣母怜子"（Pietà）场景中的剧烈苦痛。

　　海因里希·克莱斯特（Heinrich Kleist）在《彭忒西勒亚》
（*Penthesilea*）中，已经复活了古老的爱情与战争的融合——该
剧本身就是一部受压抑者回归欧洲高雅文化的里程碑式作品。柯
克西卡还是小学生时就发现了这个剧本，并以其为基础创作了自
己的短剧。他扯下了荷马神话的体面外衣，把克莱斯特的古典戏
剧浓缩成了一部简短而鲜明的原型场景。在这样一部粗暴地命名
为《谋杀者，女人们的希望》的剧作中，不需要什么希腊英雄：
阿喀琉斯（Achilles）和彭忒西勒亚（Penthesilea）索性被简化成
了"男人"（Mann）和"女人"（Weib）。克莱斯特声响洪亮的诗
意措辞被缩减为刀子般的话语。鲜明的色彩将人物简化为原型，
从而强化了敲击声响的诗性。明暗法与半色调在这里没有什么位
置。舞台指导的开篇让人想起了海报："男人：白色脸庞，蓝色盔
甲，头上的绷带包着伤口（大概应该血迹斑斑）。"女人则以对比
强烈的原色出场："红色外衣，开放的黄发（原文如此），高大、
响亮。"男人的随从武士也在开篇的台词中说出自己的身份，台词
里那醒目的视觉意象加强了他们狂热的悸动情绪：

众武士：我们是他身边的燃烧的车轮。
我们是你身边的燃烧的车轮，直捣
秘密堡垒之人！
众武士：领导我们吧，苍白之人。[*][17]

---

* 原文为：Krieger: Wir waren das flammende Rad um ihn.
　　 Wir waren das flammende Rad um dich, Bestürmer
　　 verschlossener Festungen!
　　 Krieger: Führ' uns, Blasser!

　　《谋杀者，女人们的希望》中的文字语言与视觉语言，似乎都在追求一种原始、强健的率直感：他们显示出强有力的肌肉，如今却萎缩得让人无法承受，但迸发出致命的能量。图 60 这幅钢笔画是艺术家为剧本的第一版所画的插图〔收入《暴风雨》（Der Sturm），1910〕之一，图中人物表现出坚实的金属般的轮廓，其四肢则呈钢铁般的、颇似神经的线条。假如我们把这幅描绘两性间殊死战斗的画，同早期的分离派成员恩斯特·斯托尔（Ernst

图 60　奥斯卡·柯克西卡，为《谋杀者，女人们的希望》所画的钢笔画，1908—1910 年

Stöhr）的画（图 61）做比较的话，就会发现柯克西卡那一代人是如何开始将其艺术从文学的语言中解放出来，对施虐-受虐体验进行直接的视觉展现的。柯克西卡的画作，就像是勋伯格那大跨度的音乐，打开了一个冰与火的世界，在以前根本不可能如此直接表达。在《谋杀者，女人们的希望》中，和在《做梦的男孩们》中一样，柯克西卡依旧并不关心图画与文字之间的严格对应。只有互相的强化才是这位戏剧家的目标，而这一点，他实现得非常充分。

这样一部戏，居然在迷人的艺术展花园上演了！观众刚刚学会提升感观与心理上的感受力，来欣赏奥斯卡·王尔德的《小公主的生日》中那精细微妙之处，如今却又不得不召唤柯克西卡剧中的原始野蛮。这位画家——当时已经被称为艺术展中的“蛮人首领”——写道，一场反对的风暴在开幕之夜将他吞没；不过这

图 61　恩斯特·斯托尔，无题，1899 年

种回忆受到了彼得·韦尔戈的质疑，他拿出了有力的相反证据。[18] 虽然这部戏或许并没有像作者所说的那样激起如此大的狂暴，但是比起《谋杀者，女人们的希望》中直接而富于破坏性的启示，人们肯定更容易忽略《做梦的男孩们》中内在化与寓言化了的青春期危机。为诗歌所创作的版画与为戏剧所创作的插画，这两者之间的差别，凸显了年轻的柯克西卡能够构想其情感的巨大视觉范围。他那灼人的心理真相，已无法再用唯美主义者的一致语法来表达了。为了传递新的信息，柯克西卡正在创造一种新的语言。

柯克西卡的挑衅性的爆炸，导致他被逐出花园（这或许是他早已料到的）——这对他本人乃至奥地利艺术都产生了重大的影响。在文化与教育部的教唆下，艺术与工艺学院的校长阿尔弗雷德·洛勒（Alfred Roller）取消了柯克西卡的奖学金。*可喜的是，爆炸也吸引了维也纳唯美主义最冷静、最坚定的批评家的注意，他就是建筑师阿道夫·洛斯（Adolf Loos）。洛斯站了出来，向这位年轻艺术家伸出了援手。短短一年内，他不光提供给柯克西卡无数委托画肖像的机会，还给他创造了一个思想环境，为他作为艺术家的成长开启了新的视野。柯克西卡认为他之于自己，正如维吉尔之于但丁，"不但对我的事业，而且对我的人生，都至关重要"。[19]

这位 48 岁的建筑师同年轻画家之间产生的友谊，象征了高雅艺术与应用艺术之间的一种全新的关系。分离派团体是为了生活之美丽而聚到一起的，新的一代则以真理的名义分裂了。

洛斯在分离派运动的早期就加入其中，一起反对历史风格。1898 年，他在分离派的《神圣之春》上对维也纳环城大道进行了

---

* 洛勒是分离派运动发起人之一，他因在宫廷歌剧院为古斯塔夫·马勒做舞台设计而闻名。

最为激烈的控诉，指责它把现代的商业真相掩藏到了历史外观的背后。[20] 分离派的艺术家与建筑师们通过开发出一种"现代"风格，寻求从历史风格中获得救赎，为的是将现代实用性置于新的美感中。而洛斯却要把"风格"（任何类型的装饰美化）从建筑和实用品中剔除出去，以显现它们的功能，让功能以自己的形态讲出自己的真相。他与好友，同是道德家的卡尔·克劳斯一道，无情地驳斥"用艺术渗透生活"以及将房屋风格化为艺术品的做法（这种做法在艺术展中达到了极致）。正像克劳斯把论说文中的一切审美虚饰全都排除掉，以此恢复语言环境的纯洁性，洛斯也试图摒弃所有的装饰，以此来纯净视觉环境——包括城市、住宅、衣着、家具。他曾直言，建筑不是艺术："任何有实用目的的东西，都必须排除在艺术领域之外……只有在'应用艺术'这种虚假的口号被排斥于民族词汇之外时，我们才能拥有一种属于自己时代的建筑。"[21]

在 1909 年——或许是由于受年轻的柯克西卡的叛逆行为的诱惑，肯定是本着他的精神——洛斯用前所未有的坚定口气，界定了自己对艺术与建筑的极端观点：

> 艺术品是艺术家的私事。房屋则不是。……艺术品不需对任何人负责，房屋则要对所有人负责。艺术品想要让人们不得舒适［或者说"自满"：Bequemlichkeit］。房屋则以舒适为目的。艺术品是革命的，而房屋却是保守的。[22]

柯克西卡与洛斯这两位截然相反的人联起手来，对艺术展上把绘画与建筑予以审美结合的做法进行了夹击。洛斯去除掉建筑中的修饰元素，代之以严格中立的理性。而柯克西卡则从对自己艺术展作品中情色生活的抽象探索出发，转到具体的性格绘画上。遵循着洛斯在绘画上的私人主义原则，柯克西卡以漫画家的热情投身到一种新的心理肖像画中。他常常通过对话来捕捉画中人的精神。通过这种深入对方灵魂的方式，他打算"透过我的绘画来找到一种自我认知的基础"。

回想起来，柯克西卡认为自己的新绘画出自一种与生俱来的疏远感："……为了直面问题，我开始画肖像。"[23] 他针对模特的策略，就是让他们不停地移动和讲话，振作起活力，这样一来，他们的脸庞便可以焕发出意识与精神的光彩。柯克西卡坚持认为，"人不是静物"。[24] 脸庞涉及一种意识的"代表性力量"，这种力量能够让画家选择意象，表现部分——虽然不是全部——的灵魂本质与运动。脸庞（以及躯体、姿态）之于精神，恰似灯芯之于灯油。艺术家的意识反过来又变成了他的对象的形象，这一形象受到眼前之人所散发出活力的感染，得到了"维持与滋养"。所谓"他者性"（otherness）被克服，幻觉也被识破，靠的是一种生命的"真实存在"，这种存在借由模特的脸庞和艺术家的意识，传递到肖像（意象）当中。

艺术家虽然是未经探究的生命海洋中的"没有规则之人"（regelloser Mensch），却可以通过自己对面容与景象（Bewusstsein der Gesichte）的意识，为一部分的无边际之物赋予形态。*意

---

* 德语单词 Gesicht 既有"景象"（vision）或"形象"（image）的意思，又有"容貌"（visage）或"面孔"（face）的意思，因此包含了视觉感知中的主观与客观两面。这种双重意思对于柯克西卡有关艺术家意识的观念，是必不可少的，但是在英文中，却要迫使我们一会儿强调这一面，一会儿强调那一面。

识同时兼具动静两态："使潮流前行，而视域不变。"[25] 它并不像画家们迄今为止依然在做的那样，"再现"人类或自然的现实，而是"展现"了未成形意识的有意创造过程。

柯克西卡在 1908—1915 年创作的肖像画，确实是把其中的人物展现为一种近乎神学意义上的"真实存在"。这些是灵魂的化身，他们的躯体的调性与姿态表现了画家从他们身上看到的本质和至关重要的特性。哪怕是在他逐渐走向一种强烈的三维现实主义时，柯克西卡依旧把躯体当成是心灵的声音。相应地，他也除去了肖像画中的环境元素，或者顶多留下一个模糊的背景。这是因为在花园中的爆炸之后，不管是外在的自然，还是衣着、地位与职业等外部象征，都无法触及表现主义者所关注的去除了文化的、本质的人。当现实存在于主动的精神时，心灵便会创造出属于自己的氛围，画像人物的人格的充满光彩的展现，而曾经的外部环境充当了理解人物本性的线索。

柯克西卡给艺术评论家汉斯·蒂策（Hans Tietze）夫妇所画的双人肖像（彩图 15）就展示了他的视域的力量。柯克西卡把丈夫的形象命名为"狮子"，把妻子的形象命名为"猫头鹰"。男方的头上似乎发出一种闪耀的光芒，后背则出现锐利的鳍状刮痕，表明有发散的能量存在。这些刮痕似乎让他得以跟同样获得能量的四周相互依存，构成一个生命场，场中的电流在朦胧起伏的氛围中随机交错。

根据蒂策太太回忆，在画这幅肖像的过程中，艺术家让二人坐在窗前，从后面射来的光线将其框入其中。然而在画里，柯克西卡却颠倒了二人与光线之间的关系，让人物成了主要的光源。[26] 夫妻二人的手原本在形状、肌肉和骨骼上互不相同，如今却并列摆放，几乎互相触碰，但还是没有伸向彼此——似乎这样的话，就会无意间破坏了隐私或者个性的窘境。

在为柏林的朋友赫尔瓦特·瓦尔登（Herwarth Walden）所创作的画像中（彩图 14），柯克西卡在画布上记录下了成为一名先锋派编辑所需要的素质。瓦尔登是个有胆魄之人，正是他出版了柯克西卡的《谋杀者，女人们的希望》——包括文本和插图——并雇用了这位年轻的艺术家。瓦尔登锐利的侧面形象，以及他坚定的眉毛，都传达出柯克西卡本人作为一名批判性知识分子的"视觉意识"。沉稳的眼神结合了冷静的远见与强烈的警觉，这是一只准备迎敌的眼睛，同样也会迅速发出正义的怒火。在那颇具美感的嘴唇后面，我们看出他的下巴十分坚定；然而整张脸却充满疲惫，原因是奋力投入的批判所致。那只手令人感到心安：它温暖、有力而放松。其髋部位置的布景活泼洋溢，说明不管脸上有多么紧张，斗争还要继续。

瓦尔登画像中最令人惊讶之处是多样的笔触和线条，它们构成了画中人物那结实身体上的衣服。外衣没有采用单一的质地；在混乱的先锋艺术中，有多少思想和态度，柯克西卡就运用了多少直线与曲线，以及同样多的或清洁或脏污的平面。瓦尔登轻快地穿着他那件或明或暗的斗篷。他所发散出的光线，方向都很明确（前方），以此保持了整体的连贯性。肩膀上的光线指向前方和下方；前臂衣袖上的光线也指向前方及微微向上。因此，画家表现的是一个坚定的、矫健的、直立的姿态，这种姿态使瓦尔登虽然身处混沌之中，却能够成为光明的使者。

1914 年，在一幅他称为《暴风雨》（*The Tempest*，彩图 16）的画中，柯克西卡又回到了爱的主题上来，他曾在 1908 年凭借同一主题在震惊的维也纳突然亮相。然而如今，他所展现的问题完全没有了神话色彩，活像坦白而形象的自传。同他所画的蒂策夫妇画像一样，这幅描绘柯克西卡和他的情人阿尔玛·马勒的画，展现出个体的独特之处和个体的相互关系。蒂策夫妇的手（狮子与猫头鹰的手）并未触碰，但凭借着一种共同的知性，两人的精神在强烈而又温和的电场中交融。而在《暴风雨》中，恋人的身体躺在一起，可柯克西卡的"视觉意识"却告诉我们，这份爱是多么不可能。阿尔玛那质感平滑的躯体躺伏在恋人毫无激情的胸膛上，颇为满足地酣睡着。奥斯卡也紧张地躺着，无比清醒，他紧咬牙关，头僵硬地挺在脖子上，活像直立时的样子。疲倦的眼睛瞪得大大的，死死盯着前方空间；干枯而浮肿的双手游移不定地绕在大腿根上，突出了他精神上的肿胀，同阿尔玛的安详完全不相称。从这两个精神肉化之人的不协调（失语性分裂）之中，刮起一阵旋风。暴风雨将他们像树皮一样托将起来，让他们几乎脱离了月光照耀下的爱情海洋。把他们引向上方的，是一种希望，一种巴洛克狂想的坚定手段吗？或者说，是一阵绝望的海浪，其波涛将吞噬他们那注定无望的爱？环境当中的模糊性强化了这种强大的性体验的模糊性，在这体验中，两位爱侣都无法辨别生理与心理，而唯我主义的困境是永远不能超越的。

回顾柯克西卡最早提出性体验问题的那些作品，我们可以看出他是多么快速地巩固了自己的审美革命。甚至《谋杀者，女人们的希望》——作为戏剧性的寓言和生动的抽象化——在精神上也更为接近克里姆特的心理绘画，而非他自己的《暴风雨》。毕竟，是克里姆特冲破了束缚艺术家的传统，对情色生活进行极度坦率的探索。不过，他颠覆性的作品依然是寓言式的，而且更重要的是，依然是非个人化的。匿名模特可以用来"再现"本能生活的痛苦与快乐，但是没有哪位身份可辨别的客户会让自己的肖像带有这种印记。事实上，克里姆特越是"心理化"，他就越会把自己的信息隐藏在象征主义这件镶满珠宝的外衣后面。克里姆特在艺术展上最受欢迎的绘画作品《吻》（彩图 8）是一幅杰作，具有激发美感的外表和升华了的本能实质，而一切个人身份的表象都被从中抹去了。

柯克西卡的第一次革命，就是重新恢复描绘本能时的原初形态——从根本上讲，是对克里姆特以及分离派大胆开创的心理探索所进行的一种延续。他的第二次革命——在其全部的肖像画中均有体现——把心理启示同具体的个人体验联系到了一起。他恢复了肖像绘画中的第三维度，并不是为了重新引入文艺复兴的科学空间透视法，而是为了恢复作为心理体验的主要表现载体的人体。基于同样的原因，他敢于在《暴风雨》和其他肖像画中，通过把人类的心理身体的孤独表现为一种个人的经历，来扩大他文化中越来越强的对这种孤独的意识的力量：资产阶级个人主义那痛苦和精神阴暗面。

比较一下柯克西卡的阿道夫·洛斯肖像（彩图 17）和克里姆特几乎同时代的福里查·里德勒肖像（彩图 5），就会发现洛斯和柯克西卡联盟的更广泛意义。克里姆特把客户画进了一个理想的风格化的室内背景中，墙壁和嵌线都按照维也纳生产同盟的样子修饰。整个环境从墙壁一直延伸到家具至衣着，将人物置于其正式的场景中。在这座美学圣殿中——连窗户用的都是有色玻璃，从而使射进封闭空间的光线失去自然性——里德勒夫人优雅的骨板鲜明地凸显出来。她让室内熠熠生辉，而室内则是衬托她的背景，个人教化与美好财富相得益彰。这样的一幅肖像，应归入具有装饰艺术的房间；而这样的一个房间，也配得上格调如此高雅的肖像来作为其中心饰品。

而柯克西卡的洛斯肖像画很明显讲的是另外一种语言。艺术家并未使用什么肖像指导或内部环境来为自己的画中人物提供背景。对于这样一位"保守"的理性主人公，他也不可能这么做。洛斯家的房子是极为理性的几何构造，现代生活中一切复杂、紧张的可见特征都被无情地拒之门外：一座空间明朗、畅通，线条稳固、坚实而明确的建筑。如果说一个有序的环境就能产生安全感的话，那么毫无疑问，洛斯那严格而明晰的室内风格肯定达到了创作者的目的。而柯克西卡在他的表现主义肖像绘画中则实现了相反的效果。在这里，洛斯建筑观的理性受到了改造，为的是表现他的灵魂，这位"机械之人"（l'homme machine）那坚强却受苦的灵魂。画的背景并非几何式的建筑，而是充满电流气氛的空间，有着蓝色的自然光亮，在这背景的映衬下，洛斯凝重而沉思的脸庞显得格外突出。他的两只手像齿轮般紧扣在一起。面部由一些不规则的平面组成，表情有些紧张。似乎只有烙铁那非理性的力量，才能征服这位强大人物身上那些过于理性的元素，并将这些元素聚合到一起。洛斯的建筑中的空间，是单纯而清晰的，可他个人身上的空间感，在柯克西卡的眼里，却过度承载着一种巨大的爆发力。这幅画的确印证了洛斯对艺术家下达的指令："把我们从自满与舒适（Bequemlichkeit）中摇醒。"

这样一幅肖像是不太可能挂在约瑟夫·霍夫曼所构想的室内设计中的，霍夫曼设计的艺术展展厅，秉承的是奢侈的唯美主义精神。然而在洛斯房内空荡荡的白墙上，这幅画能够表现出人类境遇的纷扰场景，即饱受内心紧张之摧残的现代人——或者用萨特的话讲，是"注定要自由"（condamné à être libre）的人。洛斯在建筑上有着严厉的清教式理性主义，柯克西卡在绘画上则具有凝结了的心理现实主义，面对此二者的夹击，艺术展对于美好生活的理想，虽然在正式的、失去自然特性的花园里可以完美表现，却也无法站得住脚。

⇒ III ⇐

1908 年，柯克西卡通过绘画来触发花园中的爆炸，同一年，阿诺德·勋伯格也为音乐世界的爆炸埋下了导火索。如柯克西卡一样，勋伯格几乎是无意识地从事着伪装——他运用传统的审美形态来掩饰自己的颠覆性作品，即使是在发挥这些形态的分解潜力时亦是如此。同样类似柯克西卡的是，勋伯格是在抒情诗的框架中踏出了自己的第一步，走进一个情感的新世界，但是很快就激进地转向戏剧，进入了大众视野。戏剧模式通过公开为一种新的音乐表现类型进行辩护，把作曲者从传统的音乐束缚中解脱了出来，就像《谋杀者，女人们的希望》中那严酷的戏剧效果帮助画家从艺术展团体的视觉语言中解放出来一样。文学本应当像助产士那样为二人服务，这表明思想在他们各自的语言革命中具有多么关键的作用。

勋伯格也是在一个花园的背景下，以青春期性觉醒为主题，完成他对无调性音乐的突破的，这似乎也太凑巧了。但事实的确如此。不管是在形式上还是在心理上，勋伯格的组歌《空中花园篇》(*The Book of the Hanging Gardens*)，都很像柯克西卡的《做梦的男孩们》，堪称它在音乐中的对等作品。

　　年长柯克西卡 12 岁的勋伯格，一直比这位画家更加积极地投身到世纪末的唯美主义运动中。他和年长的同代人、维也纳精英中的思想先驱——霍夫曼斯塔尔、弗洛伊德、克里姆特和恩斯特·马赫——分享了一种弥漫的感觉，即一切都是流动的，自我与世界之间的界限是可以渗透的。对他和他的思想先驱来说，稳定的传统坐标，即有序的时间与空间，正在失去其可靠性，可能也甚至失去其真实性。泛自然崇拜论（pan-naturism）和泛心理论（pan-psychism）是同一存在连续体上的主观与客观方面，它们在音乐和其他的艺术与思想领域中都有表达。这两种倾向共同促进了从贝多芬以来就一直在进行的过程：音乐中的旧秩序，全音阶的和声体系的腐蚀。勋伯格在《空中花园篇》中完成的最具革命性的行为就是放弃调性，他自己也将这一举动颇有意味地称为"不和谐的解放"。*

　　什么是音乐中的旧有秩序？勋伯格解放行为的本质是什么？ [27] 自从文艺复兴以来，整个西方音乐的基础，就被认为是一种等级分明的调性秩序，也就是全音阶，以主音三和弦（确定的音）为核心元素。三和弦代表着权威、稳定，以及最重要的平静的元素。但音乐是一种运动；假若和谐仅仅被视作一种静止的框架，那么所有的运动就都成了不和谐。我们的作曲体系把运动全都明确归入基调的范畴，使所有的运动都起自主音三和弦，也都

─────────

* 解放不和谐音，跟建构新的体系来代替原有的音调体系并不一样。勋伯格只是在第一次世界大战之后才建立起了音列（或十二音）体系，不过并不在本研究的范围之内。

回到主音三和弦。不和谐音，通过始终回到主音，便正当地成为一种动态元素——是基调环境中的一种偏离。而转调——从一个调性变到另一个调性——则是一个允许反常存在、含混状态加深的时刻，其解决方法便是在新调性中重新定位，或者回归旧调性。因此，钢琴家阿尔弗雷德·布伦德尔（Alfred Brendel）指出，李斯特（Liszt）的《巴赫变奏曲》以及海顿（Joseph Haydn）使用半音阶是一种主要的瓦解传统调性的手法："半音阶代表受苦与不安，而在作品末尾引入的'纯'全音阶和声，则代表了信仰的确定性……海顿的《创世记》开头……混沌与光明以一种类似的方式相互跟随。"[28] 不和谐——对主音的动态偏离——让音乐变得让人兴奋，也是其强大表现力的主要来源。

　　作曲家的任务就是为了和谐而操纵不和谐，这就如同制度体系中的一名政治领袖操纵运动，来为既有权力当局的目的服务一样。实际上，音乐上的调性与艺术上的科学透视法同属一个社会文化体系，具有集中的关注点，即社会上的巴洛克地位体系，以及政治上的法律绝对主义。同样的文化，也偏爱几何式的花园——这种花园是战胜自然的理性建筑之延伸。因此非常恰当的是，和音"法则"最清晰、最坚定的理论家正是路易十五的宫廷音乐师拉莫（Jean-Philippe Rameau）。音调体系是一种音乐框架，在这一框架中，音调拥有不平等的力量，能够表现出一种组织理性、等级分明的文化中的人类生活，并使之合理有效、可以忍受。使所有运动最终都归于有序［音乐术语叫"结尾和弦"（cadence）］，这在理论与实践上都是古典和声的目标。

　　19 世纪通常自认是"一个运动的世纪"，其中"运动的力量"挑战"秩序的力量"。音乐界亦是这种情形。因此，它也是不和谐

（作为音调运动的媒介）大量扩展、固定基调（音调秩序的中心）
深受侵蚀的世纪。在音乐界，如同在其他领域一样，时间对抗永
恒，动态挑战静态，民主质疑等级，情感抨击理智。在政治和性
上都堪称革命者的理查德·瓦格纳成了传统调性的头号公敌。在
《特里斯坦与伊索尔德》（*Tristan and Isolde*）中，厄洛斯带着汹涌
澎湃的节奏和半音卷土重来，对既定的政治与道德秩序宣战，而
这些秩序的表现，就是严格的音步与全音阶的和弦。在半音阶中，
每个音都有着同等的价值，构成了一个平等的声音世界。对于习
惯了音调等级秩序的人而言，这种民主是令人不安的。它是一种
流动、解体的语言。至于它意味着自由还是死亡，那就看你的具
体视角了。

　　如同理查德·施特劳斯（Richard Strauss）和其他很多同时代
的年轻作曲家，勋伯格在瓦格纳那里找到了一种适合其自身"生
命感"（Lebensgefühl）的媒介。勋伯格一直是一名观念音乐家，
他的前三部主要作品都是受到了世纪末主题（肯定性与消解疆界）
的文学文本的启发。这三篇歌颂爱情、反对社会传统的音调诗篇，
《升华之夜》（*Verklärte Nacht*，1899）、《古雷之歌》（*Gurrelieder*，
1901）和《普莱雅斯与梅丽桑德》（*Pelléas und Mélisande*，1903），
确实都是泛性论时代的作品。* 这些诗歌的原作者——理查德·德
梅尔（Richard Dehmel）、詹斯·彼得·雅各布森（Jens Peter
Jacobsen）和莫里斯·梅特林克（Maurice Maeterlinck）——都置
身于那个暧昧的新浪漫主义国度里，其中的象征主义来自正在解

---

*　梅特林克的《普莱雅斯与梅丽桑德》对当时的音乐家们吸引力十分巨
大，以至于四大作曲家都为之谱写了作品，即福尔（Fauré，1901）、德彪
西（Debussy，1902）、勋伯格（1903）和西贝柳斯（Sibelius，1905）。

体的自然主义。这些诗人一般都跳出了形式整齐的诗歌结构传统，走向新的沟通方式，勋伯格也一样，他在把他们的新鲜思想挪用到音乐上时，从自己尊崇的勃拉姆斯（Brahms）那里借鉴了一种形式的、结构的基础，以此来完成他的使命。不过他是从自己的第二位英雄瓦格纳那里，[29] 才找到了消除界线的音乐手段，这些界线存在于一张织纹密布、图案变化的网中，包括人类与自然、精神与环境、伦理与本能的界线，以及最重要的，男人与女人之间的界线。勋伯格的早期作品，清澈的声音与节拍的变化在汹涌起伏，具有真正的世纪末特色，其中的宇宙无序感，人们也可以在克里姆特的《哲学》中，或者施尼茨勒笔下那个受无名本能驱使的漂泊者身上找到。[30] 可是即使是在勋伯格利用持久转调和增加半音的手法创造一个无根的世界时，他也未曾挣脱基调，甚至是奏鸣曲形式的约束。他在《升华之夜》中表明（就像他说的那样），"［勃拉姆斯与瓦格纳］之间无法逾越的鸿沟不再是问题"。一方面，勋伯格把自己的六重奏构建成一对奏鸣曲，坚定地反映出德梅尔原文的结构。另一方面，他运用瓦格纳式的和声手法，来减弱音调中心的感觉，例如，避开通常为我们提供音调定位的全阶第五音。所以，勋伯格在奏鸣曲形式内，创造出了方向的模糊感、美感的涌动，以及意义的无常性，而这些都是奏鸣曲形式在传统上意欲支配的。[31]

　　在回顾欧洲音乐（以及他自身的音乐）中的印象主义阶段时，勋伯格强调的其实是他自己在这个变化世界中的独特本质，即在"我"与世界之间的连续统一体中主观、敏感的元素。"印象主义者的组织就是一台……测震仪，它能记录下最轻微的震动。"他在1911 年自己的《和声理论》（*Theory of Harmony*）中写道。由于这位印象主义者对哪怕最为轻微的震动都要探寻到底，所以他变成了一名未知世界的探险家。"静止的事物，几乎听不见的事物，显得十分神秘，因此很吸引他。他的好奇心被激发起来，要去尝试一切未曾试过的东西。"对于有需求的他而言，答案已经给定。"探索者总是具有寻找闻所未闻的事物的倾向……就这一点而言，所有的艺术家都是印象主义者：（他）对微弱刺激的精确反应，能向他揭示出未知的新奇事物。"[32] 这种探索上的敏感，不仅是外向性的，它还具有主观的含义。"重要的是能够听到自己的声音，深窥自己的内心……在内里，即本能之人最早出现之处，幸运的是，一切理论都将崩溃……"[33] 这种对自己的内心世界以及对一个片段（在声响的统一中，这些片段都尚未被听到）的世界同时进行的探索，勋伯格是从《空中花园篇》开始的。

非常恰当的是，新浪漫主义者勋伯格在其温和的歌曲革命中，选用了斯特凡·乔治（Stefan George）的诗篇，此人是世纪之交德国唯美主义的大祭司，并一度与霍夫曼斯塔尔交好。乔治具有很多吸引勋伯格的地方：如对神圣艺术的绝对虔诚，以及对人类和宇宙统一的神秘感觉。乔治的诗具有综合性的特点，很适合这位艺术家兼祭司那神秘的统一功能：一种在声响上具有魔力的语言，一个在色彩上十分丰富的意象。除了在观念和审美上吸引勋伯格之外，乔治的诗对于这位作曲家如今所从事的极为大胆的音乐使命而言，帮助尤其巨大，也就是将调性（作为音乐中具有内聚力的结构中心）给消解掉。这首诗具有古典花园自身形式上的简单清晰。这首在韵律与声音上都颇为坚定的作品，能够提供一种坚固的诗歌框架，人们得以在其中创作一种音乐，对于作曲家而言，在这种音乐所适合的世界里，本体的等级划分已经失去其意义和真理。

在《空中花园篇》中，[34]乔治在花园那社会有序的自然，与主动去施爱的激情迸发之间，树立起一种张力，这也很合勋伯格的理想。风流韵事从恋人的羞涩开始，移至宁静的花园，在里面的一处花床上达到圆满。然后恋人分别，花园也死去。因此，构成整个组歌的十五篇诗文，刻画的不只是恋人的转变，还有花园的转变。整个轨迹就是从独立的花园与恋人的自主，经由他们的融合，再到两者的破裂。第一首诗描写的是洛可可式的公园，是一处构造严整的外部场景，水池边是雕塑，就像柯克西卡童年时代在加利钦贝格的天堂。恋人似乎是个局外人，一个梦乡中的男孩。然后爱觉醒了，找到一个目标，于是献祭开始。中间的一组诗记录下恋人为了求爱而抛弃了外部世界，还有他在焦虑与希冀中热切欲望的升腾，以及对成就的急切坚持。随着恋人醒来而已被完全忘却的花园，在第十首诗中又出现了，成了"围着黑紫色荆棘的美丽床榻"，既是被爱者的性器官的象征，也是恋人肉欲满足的场景。最后三首诗是结局，恋人分离，花园干枯死去。这里没有离开花园的放逐，有的只是花园自身的解体，以及理想的极乐意象的瓦解。在最后一首诗中——它是对整部诗的绝妙重复，勋伯格也在音乐上对此加以充分利用——被弃的恋人蹒跚着走过水池变成的沼泽和干枯的草地；闷热的风卷着成堆的碎叶咝咝作响，吹向干枯的伊甸园里的堵堵灰墙。

勋伯格将外部秩序与个人情感的两重性，发展成了两股相互作用的音乐张力：一个是词语与语境之间的张力，另一个是传统音乐形态（特别是钢琴）与泛音调所实现的一种新奇古怪的心理表现之间的张力。[35]通过这两种张力，他把乔治写给献身情爱的风格化抒情诗，转变成一种性觉醒后的呐喊，既隐约无声，又激烈刺耳。在整个过程中，他提高了外部现实（花园）的整个自主地位，在一个超越主客体之分的经验国度中，将其与恋人融合在一起。作为印象主义者的勋伯格的如测震仪般精准的意识依然在发挥作用。不过他如今已摆脱了音调的束缚，这种意识能够捕捉和记录灵魂深处最微妙的颤动以及最广泛的恐怖，而不只是那些像标题音乐一样在感官表面所泛起的涟漪。

在对诗文组歌的设置中，勋伯格对其中根本的保守精神始终痴心不改，他通过这样一种主要的手法：对整体气氛（Gesamtstimmung）的营造，即单一的氛围。第一首歌用来定调，即晚间的洛可可公园的氛围（图62）。在钢琴序曲中，一系列缓慢、单调的乐句深沉安宁，传达出花园池塘那无声的寂静。基调的缺失，反而在我们的内心中产生了一种期待。处在空旷的宇宙中，我们很快就意识到这点。运动已不再通过和声的推进，而是存在于一种姿态上的塑造与再造。所以在第一首歌的前两个小节里，四个开头的四分音符在音高上结合紧密，而后乐句在更大的范围内上扬，再自然停止。这个在声响开始前就已重复了四遍的主题，不受正式的时间顺序的制约；它就像呼吸一样伸展和收缩。韵律跨越了小节线，忽略了节拍（一种自由的四分音符模式）——先是四个音符，而后是两个，再后是五个，然后它们才上扬和再次沉寂。于是，旋律变成了旋律的姿态（形态）；由于每个音符都具有一种扩大了的自主性，并且随处可去，所以整个序列就这样无声地发挥作用——对演唱者如此，对我们亦是如此。一个音调会突然把持优越的位置，也会再次消失在茫茫音符中，如同一枚石子被投进了黑暗的池塘。

演唱者先是像我们一样被困于静态之中。只有在她触碰到石头上那喷涌水流的"寓言动物"时（第 13 小节），新的生命才进入音乐中——其中钢琴声多过歌声，那依然是一位满怀期待的观察者的声音。而后，一束如烛照般的强光，突然照亮了树丛，就像磷火一般（第 17 小节）。此处不存在和声上的限制，这显示出其传达情感的潜能。勋伯格把我们与拂晓的寂静割裂开来，为的是同演唱者分享对光线的震撼感受，结果随着"白色形体"的出现，却让我们坠入了一个悬置的空间（第 19 小节）——预示了在随后的诗句里恋人那强烈而快速摇摆的情感。

在《空中花园篇》里，主题形式在前面非常接近表层，其中的花园背景被表现成随之而来的精神活动的确定场所。随着组歌中的辩证关系在花园与恋人之间显露，并走向恋人的激情中逻辑的胜利，雄辩般的语言节奏吸收（并在事实上摧毁了）花园的最后一点抵抗，而花园是外部现实和等级文化的有序象征。与此同时，更为无序的音乐元素把传统音乐形式中那些外形尚好的残余都埋掉了。

在这里，"对不和谐音的解放"不仅打破和谐的秩序与确定的节奏。通过树立音调的一种民主特性，它大大扩展了一切的表现可能，不管是主题上、节奏上，还是色彩和音调上。作曲家可以随心所欲地创造任何音调群，时而把它们塞在有限的音乐空间里，时而跨过星际般的距离把它们联系到一起。如勋伯格所言，音调的关系、集群和节奏，都"像一种气体般"伸展与收缩。让作曲家在这样一个空间无穷、物质细微的世界（既有宏观也有微观的世界）里具有创作力，这种可怕的要求无异于将之神化。

有一句德语谚语，叫作"有选择之人就必有痛苦（Wer die

I

图 62　阿诺德·勋伯格，空中花园篇，乐曲一

Wahl hat, hat die Qual）"。在下一部作品中，勋伯格对自己所开启的庞大的可能性国度进行了探索，他创作了一部令人畏惧的心理剧，《期待》（Erwartung）。该剧完全对应着——也是在 1909年——柯克西卡的《谋杀者，女人们的希望》。它记载了一段致命的爱情，只不过这一次的形式，是一个精神错乱的女人寻找自己的恋人——已被其所杀，抑或是被情敌所杀？我们不得而知。孤独者在一片迷乱的旷野中蹒跚行步，无力整理现实的头绪，亦找不到出路，而我们也随着她一同虚幻地求索。整段作品明显就是《空中花园篇》的续篇。它刚好在后者的结尾处开始，即在枯竭的花园之外：

> 从这儿进去？……我寻不见路……
>
> 这些树银光闪闪……像是白桦！
>
> 哦——我们的花园。
>
> 里面的花朵必定会枯萎。
>
> 夜是如此温暖。我怕……
>
> 闷热的空气从那儿扑面而来……
>
> 像是静止不动的风暴……
>
> 寂静得如此可怖，也如此空虚。* [36]

---

* 原文为：Hier hinein? ... Man sieht den Weg nicht. ...

　　Wie silbern die Stämme schimmern ... wie Birken!

　　oh—unsern Garten.

　　Die Blumen für ihn sind sicher verwelkt.

　　Die Nacht ist so warm. Ich fürchte mich ...

　　was für schwere Luft heraus schlägt ...

　　Wie ein Sturm, der steht ...

　　So grauenvoll ruhig und leer ...

当勋伯格从乔治的"爱之梦"（Liebestraum）走向《期待》中的"恐惧之梦"（Angsttraum）时，他抛开了乔治那种有强烈格律感的诗风，而投入一种狂躁的自由体诗——部分是话语，部分是歌唱，还有部分直接就是呐喊。所有连贯的主题上的遗留，都被从音乐中除去：这里的自由成了疯癫的紧密盟友。音调原子的民主特性，其反结构的潜能受到了可怕的运用，并得到节奏与管弦色彩的强化。[37] 勋伯格的"爱之谋杀"同柯克西卡的相比，如果说有什么不同的话，就是更加严酷，因为它所描画的并非两性间的一场英勇战争，而是内在的瓦解，属精神病理学的范畴。而随着混乱的精神成了音乐的主要焦点，作曲家也用新的隐喻（荒野）来取代旧的隐喻（花园）来形容外部秩序。

在《期待》的背后，是勋伯格投射到自己作品中的一段让人心碎的个人经历：他的妻子抛弃了他，跟了他最好的朋友之一，艺术家理查德·格斯特尔（Richard Gerstl），此人随后不久便自杀身亡。当然，个人的痛苦尚不足以解释艺术上的创作，但勋伯格的绝望情绪无疑为其音乐表现的激烈扩展增添了力量——在这里包含了在柔情与惊骇两种感受之间的疯狂摇摆——这位作曲家已经开始了这种表现。他的音乐在表达狂乱上越激进，他在社会上就越孤立，无法接触到大众。因此，虽然他找到了一种审美表现形式，足以表现精神变化的整个范围，但正是这一成就，反而导致这位艺术家愈加远离社会。

勋伯格两次被抛弃，一次是作为恋人，另一次是作为艺术家，他围绕着"失败的自我"（被人孤立、未受认可的艺术家）这个思想发展了自己的音乐。双重失败的主题，首先是出现在《幸运之手》*（*Die glückliche Hand*，1910—1913）中，这是一部勋伯格亲自填词的剧作，他还考虑把它拍成电影，由柯克西卡担任布景师。**柯克西卡实际上已经把注意力转到了作为艺术家兼受害者的自我这一主题上来。在一幅题为《论视觉的本质》的演讲所创作的海报上，柯克西卡展现出前面提到过的肖像画法理论，他形象地用蓝色的轮廓，把自己画在一个血红的背景前，用左手指着自己肋部那裂开的伤口，正如一个急于表现的基督（图 63）。***38 不过尽管他们同时都很支持这个主题，可两位艺术家却从来没有真正合作过。

《月迷彼埃罗》（*Pierrot lunaire*，1912）这部室内组歌一定算是勋伯格的代表作了，在这部作品中，他通过相关的宗教象征手法（弥撒），把艺术家等同于基督。勋伯格从阿尔伯特·吉劳德（Albert Giraud）涉及彼埃罗的组诗中挑选出 21 首诗，并把它们分成 3 组，每组 7 首，大致代表了弥撒的 3 个主要部分。其中的第二部分对应着献祭，里面充斥着幻想的杀戮。在这部分的正中间，也是整部组歌的正中间，是一首叫作《红色弥撒》的歌（第 11 号）。彼埃罗爬上了祭坛，"撕碎了自己的牧师服装"，然后"向惊恐的灵魂们展示他那滴血的红色器官，即他自己的心脏，抓在血淋淋的手指中，为了［它们］那可怕的圣餐仪式"。39

---

* 这个题目表明该作品相当于一个"绿拇指"，即多产的天赋；可实际却是反讽用法，暗指创造性艺术家命中注定的挫败。

** 舍弃柯克西卡后，勋伯格希望召集到瓦斯利·康丁斯基（Wassily Kandinsky）或者阿尔弗雷德·洛勒（Alfred Roller）。参见威利·赖希（Willi Reich）著，《阿诺德·勋伯格》，利奥·布莱克（Leo Black）译（纽约，华盛顿，1971 年版），第 84 页。

*** 演讲由"文学与音乐研究学会"（Akademischer Verband für Literatur und Musik）主办，而勋伯格也是该学会的成员。没有证据表明他曾参加此次演讲或是看到这份海报，但考虑到他的兴趣，这种可能性还是很大的。

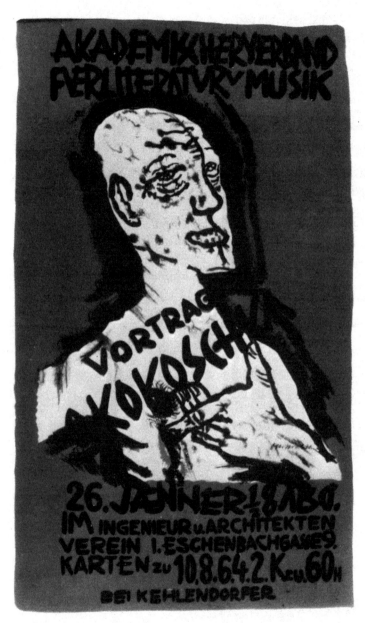

图 63　奥斯卡·柯克西卡，海报（自画像），1912 年

　　尽管勋伯格在展露个人狂热与焦虑（Angst）时自怜不已（原文用的是"伤感、现代"），但他对彼埃罗那离奇殉难的处理方式，将流行的悲剧-小丑主题提升到一个更广泛的层次上，成了传统艺术与现代艺术家的共同命运。彼埃罗这个喜剧作品中的人物，在其正值年富力强时，就早已知晓该如何将智慧与幻觉混在一起，来面对人生的残酷现实。如今，在这个浸在月光中的、漂泊无根的现代哑剧世界里，他作为艺术家生成幻觉的力量，只能作为幻想与超现实主义的景象而存在。难怪在最后，彼埃罗会通过怀旧来逃避现实。他最终的梦想是典型的维也纳式的，即沉醉于"从前的旧有芬芳中"。*

　　因此在《月迷彼埃罗》中，勋伯格并未像在《期待》中那样，将瓦解中的精神等同于爱情与花园的终结，而是等同于艺术与艺术家。可是这位充分阐述瓦解真相的艺术家，纵使受到忽视或中伤，还是要为普通人辩护。勋伯格在 1910 年写道："艺术就是那些亲身经历过人类命运者的大声呼救（Notschrei）。"当时他正处在改变传统音调构造的激进工作中。即使在勋伯格试图用一种音乐来表现爱情的瓦解以及自己艺术的被弃时，他所暗指的"人类命运"也超出了纯粹个人的心理领域。

　　　　艺术并不是那些向［那命运］妥协之人的呐喊，而是与命运抗争之人的呐喊；不是那些"为黑暗势力"殷勤效力之人的呐喊，而是那些投身机器之中、力图掌握其构造之人的呐喊；不是那些把目光移开、保护自己免遭情感伤害之人的呐

---

* 原文为："O alter Duft aus Märchenzeit
　　　　　Berauschest wieder meine Sinne!"

喊，而是那些睁大双眼、解决该解决之事的人们的呐喊。[40]

　　必须解决的都是什么事？勋伯格就是在这里，把自己的内心呐喊（cris de coeur）同文化批评联系在一起，完成了艺术的革命功能，正如他所敬仰的朋友阿道夫·洛斯所言："把我们从自满与舒适中摇醒。"洛斯是一个道德意义上（而不是社会上）的革命者，同他一样，勋伯格把批评的矛头对准的不是社会制度，而是社会制度中自欺欺人的文化，它那井然有序的幻象，以及支撑这一幻象的美丽掩饰。"我们的时代所求甚多，"勋伯格在他的《和声理论》中写道，"而它能找到的最重要的东西便是：舒适。它甚至全面渗透进思想领域，导致太过舒适（bequem）反而对我们不利。"[41]"舒适成了世界观（Weltanschauung）！"他再次呐喊道，"运动越少越好，别自讨苦吃！"勋伯格将美是一种独立价值的观点，同这种精神上的自满联系起来："只有当一事无成的人觉察到美的匮乏时，美才开始存在……艺术家是不需要美的，对他而言，真实就足够了。"[42]舒适，思想上的自满，静态，还有对美的膜拜——所有这一切，都在勋伯格的脑海中连为一体。针对这一切，他提出了运动，即对"头脑与本能生活"（"Geistes-und Triebs-leben"）[43] 的内在号令的回应，更是对真理的回应。

　　在这种批判精神下，勋伯格从 1912 年至 1914 年致力于创作一首大型交响曲，欢呼资产阶级上帝的死亡。由于战争的干扰，作品始终没有完成。该作品的开头乐章就叫作《生命的变化》（回顾过去，展望未来；阴郁，反叛，孤僻）。有两个乐章是献给"美丽的狂野世界"的，其中一章把资产阶级上帝与创世节庆中的大自然联系在一起。这部分的原文，是理查德·德梅尔本着世纪末的精神创作出来的，它是一种颂歌，赞颂的是酝酿在厄洛斯感召下的大自然。

勋伯格也具有德梅尔早年的泛自然崇拜观。而如今他把这种观点吸收进自己的计划，却是为了将其颠覆。在第四乐章中，他又提出了一个相反的观点："资产阶级上帝是不够的。"交响曲的整个第二部分，名为《原则的死亡之舞》，戏剧性地表现了资产阶级上帝的葬礼和悼词。死亡之舞带来了微小的希望，即意义之死不过是一场梦，因为"人类喜欢活着和信仰；喜欢盲目！"

> 黑暗屈服了——
> 可太阳仍没有气力。

勋伯格所呈现的他那垂死的资产阶级世界，处在过度与虚无之间的边缘。"在整体中有惊人数量的秩序。可也有同样多的无序。也就是说，假如有人要求意义的话。一切都同时既是有序又是无序。"人们无法辨别，人们无法决定。认知变得等同于决定。勋伯格的原文也是通过音乐的形式在询问有关宇宙统一的问题："一个音调？抑或是没有音调？还是说有很多音调？它是无限的还是为零？过去的多重性比起现在的统一性更容易把握。它简直势不可当。"44

斯蒂芬·斯彭德（Stephen Spender）曾评论说，艺术家的政治就是非政治的政治，其决定因素是生活，而不是政治。他的发现，对处于哈布斯堡时代后期的勋伯格来说，具有特殊的力量。在1912年写给德梅尔的一封信中，勋伯格解释了自己的交响曲计划的起源，其中强调了政治的破产。作品要涉及"今日的人类，他们已经走过了物质主义、社会主义、无政府主义；他们已是无神论者，却保留了旧有信仰（以迷信为表现形式）的部分残余。……"[45] 由于以上这些范畴全都已经分崩离析，勋伯格笔下的现代人类开始再次找寻上帝：但这是他们自己的、形而上学的上帝，他代表着现实那神秘而单一的充裕性，这是任何法则所无法理解的。同时代的罗伯特·穆齐尔，是一位专写奥地利等级社会和自由主义理性文化如何瓦解的小说家，勋伯格和他一样，也深感迫切需要找到能把"世界观同对世界的真正观点区别开来的东西"。* [46] 在交响乐草稿中，勋伯格称第五部分为"'幻灭者'的信仰；客观、怀疑的意识同信仰的结合：简单中深藏着神秘"。[47] 因此，他在文中清楚地表明了自己的转变，也就是从断裂了的资产阶级秩序，到一种对于世界的残酷场景的信仰，这个世界既能接受粉碎的现实，也能在这现实中树立起一种与之并不一致的秩序。作为这一系列观点的作曲者，勋伯格迈出了走向其第二次音乐革命的最初步伐，即创作音列体系。为了在其死亡之舞交响乐中引入一首叫作《幸福呐喊》的谐谑曲，他写出了自己的首个十二音主题曲。[48] 正如他早前在《空中花园篇》和《期待》中对不和谐音的解放，关系到爱的体验这一心理，他针对资产阶级的"舒适"（及其意识形态，以及宇宙秩序的虚幻原则）所发起的斗争，使他在第一次世界大战前夕开始探索一种投射型音调秩序的可能，这种秩序既和人类的创造力，也和世界那无法预测的多重本性保持一致。

---

* 德语能够把对现实状况主观的、意识形态的曲解，同客观景象更加严格地区分开："Was die Weltanschauung von der Anschauung der Welt unterscheidet"。

同柯克西卡一样，勋伯格很早就对自己的感受与本能产生了深深的信任，将作为道德与形而上学真理的典型价值观，归因于自己的心理磨难。作为一名坚定的资产阶级个人主义者，他在为精神的权力而战，反对社会及其狭隘的艺术形态，正如政治激进分子会为社会或法律的权力而战一样。在他对异化所持的坚如磐石的肯定态度上，是他作为艺术家的革命力量，以及他作为哲学家不愿正视任何人类成就的场景（除了荒野）的立场。荒野中的真理——碎裂、混乱、冷淡，但又无遮无拦、振奋精神——变成了勋伯格取代花园那乌托邦之美的途径。

直到帝国崩溃之后，勋伯格才在艺术中阐发了自己对美的倡导者的成熟控诉。这种看法，他在歌剧《摩西与亚伦》（*Moses und Aron*，1926—1932）里有充分的表现，他在其中不仅严厉惩罚了那些相信艺术魅惑力的人，还找到了新的音乐形式来传达自己的信息。他通过摩西和亚伦这对后来决裂的兄弟，分别表现了真与美。兄弟二人站在两大势力之间，他们受命要将双方连接：一方是上帝，"无法言说"的绝对的神灵；另一方是人民，容易堕落的肉体。人民接受不了上帝所说的任何抽象真理，除非是在艺术中，真理能够具体化。摩西，作为真理的先知，能够言说但不能歌唱：由于太过纯粹，远离艺术，所以他无法接触群众。于是他指派亚伦，通过感官来传达上帝的意旨。艺术那给人美感的外壳，扭曲了作为真理的纯洁性；民众的嗜好又进一步地将其腐蚀，使艺术的感觉性沦为肉体的感官性。因此，金牛犊取代了《摩西十诫》。主人公摩西只在一行词中求助于歌唱，然后便是他最为苦恼的时刻，绝望于上帝意旨的失败。[49] 作曲家塑造的主人公，居然是一个反艺术者，除非是在迫不得已的情况下，否则不会歌唱，这真是个莫大的讽刺。

勋伯格再一次将怒火发泄在艺术对真理的腐蚀上。在这控诉中，还有另一个回响，就是对奥地利传统下一切主要生成力量的全面抛弃，例如崇尚恩典的天主教文化，其中上帝的意旨道成肉身，清晰地呈现在肉体中；资产阶级对恩典文化的世俗化改造，以补充和提升自身主要的法制文化；以及将艺术本身视为价值的来源，视为自由主义世纪末危机中的宗教替代品。所有的这些分量，都能在这位先知针对歌剧而写的歌剧中感觉得到，它堪称天主教奥地利艺术的王者之作。这分量还存在于摩西对亚伦所说的话中，当时他斥责花园，说它是人类成就的一处虚假剧场，这番话似乎也结合了勋伯格最为憎恶的价值，即美与舒适：

> 而你在身体上想要，实际上
> 让自己的双脚踏上一片虚幻的土地，
> 那里流淌着奶与蜜。[50]

这审美上的乌托邦理想也曾是勋伯格的梦想。他曾通过一系列的创伤，痛苦地将自己同这理想隔绝（这些创伤，是随着他对《升华之夜》以及其他早期作品的情色肯定之后出现的）：起先是《空中花园篇》与《期待》中遭弃的恋人；而后是《幸运之手》与《月迷彼埃罗》中被拒的艺术家；最后是《摩西与亚伦》中受人误解、满腹哲理的传达上帝意旨的先知。所以，勋伯格本人连续的遭拒与失败把他永远地从肉体引向了精神，从艺术引向了哲学，从社会历史的世界引向了存在即本身的国度。如同他作品中告诫犹太人的摩西，勋伯格也劝诫人类，要同花园的培植永远断绝关系，以合乎他自己的反理想，即接受荒野：

> ……每当你离开那你不受欲望支配的荒野时
> 你的天分把你送上最高的顶峰，
> 可一次次，你会由于成功滥用天分而被掷下，
> 重新跌回荒野中。

> 但是在荒野中，你是不可战胜的，并会实现目标：
> 即同上帝融合。

　　难道说一旦花园被毁，就没有艺术的空间，就没有在荒野中规整生活的可能了吗？勋伯格将得以解放的半音阶世界，组织成十二音列体系，从而给上述问题做出了肯定的回答。那是一个在理性上如同阿道夫·洛斯的房舍一般纯粹的体系。然而它也容许一切强大的表现力，例如，柯克西卡的肖像画，或者勋伯格花园中的痛苦呐喊。最重要的是，它容许艺术家做一切上帝曾经做过的事情：在他所创造的世界深处，布置下基础结构，即一整套的关系，这些关系错综复杂，通过感官无法马上明了，但对于喜欢探询的人来说，却可以在逻辑的法则下理解其中奥妙。勋伯格由此所构想的体系，并非要回归全音阶体系那等级分明的特权秩序。不过，其中十二音调的民主特性，会再次以一种系统的方式紧密结合在一起：由作曲家按照一种隐藏的顺序所创作——其上下前后之顺序，对于有批判精神的人来说，可谓清晰可见，尽管在一般情况下，普通的听者无法领会。

　　直到世纪之交，传统的西方审美文化一直都将结构置于表面

之上，以控制自然和那从下向上的情感生活。作为心理表现主义
者的勋伯格，用艺术直面自己的听众，这种艺术的表面已破损，
其中充满了人类的情感生命，他们在无法驾驭的宇宙中四处漂泊，
易受伤害；然而在这表面之下，勋伯格凭着自身的力量，布置出
一个潜意识的、无声响的理性有序世界，这个世界能够整合混沌。
在这里，无拘束的不和谐变成了一种崭新的和谐；心理上的混乱
变成了一种超越美感的秩序。而这里的花园，被生生活埋，给我
们上面遇到的荒野赋予了一种持久的结构。所以作为艺术家的
勋伯格，即使是回过头来，重新信奉父辈的信仰、重新服从于上
帝时，也仍会成为造物主般的人，也就是歌德所说的"世界的小
上帝（der kleine Gott der Welt）"。

　　正是一种预言性的"生命感"，才引发了花园中的爆炸，即人
文主义同虚无主义的罕见结合。柯克西卡和勋伯格发觉对方都在
从事同一危险而又孤独的工作——既是解放也是破坏。两人都极
力反抗曾培养过他们的审美文化，反抗世纪末最早的一批维也纳
现代主义者的作品，当时这种文化已经失去其临界推力，而且如同
在艺术展上一样，已经成了上层资产阶级占统治地位的传统文化。
主要的老艺术家——美术上的克里姆特、文学上的霍夫曼斯塔尔、
建筑上的奥托·瓦格纳——都已开始代表受过良好教育的中上层阶
级讲话了，这一阶级当时大力扩展自己的审美文化，以适应对其政
治力量的限制。然而，年轻一代的艺术家（像柯克西卡和勋伯格
这样的表现主义者），却同那些最后的清教主义者（也就是像阿道
夫·洛斯和卡尔·克劳斯这样的理性主义批评家）联起手来，后者
反对将艺术用作文化粉饰手段，用来遮掩现实本质的做法。

柯克西卡和勋伯格通过直接的视觉与音乐语言，来维护令人不安的本能与心理上的真相，他们的前人早已发现这些真相，但只是学会通过间接的寓言形式来表现。新人造成的冲击导致了对他们的社会排斥，这种排斥又加强了他们的异化感。异化感反过来又成了他们闯入精神与艺术新国度的出发点。人类文化使其非理性的体验无法找到公共的表现渠道，而这两位反资产阶级的资产阶级人士，柯克西卡和勋伯格，却为人类的灵魂找到了表现形式。作为新艺术的批评家、先知和创造者，这两位表现主义者表达了其中的精神。

不管是柯克西卡还是勋伯格，都将自己的创新能力建立在明确接受其自我中心困境的基础上。柯克西卡在其自传性的寓言（本章即是以该寓言开篇的）中，机敏地将现代生活的私人本质，同阐述社会观的必要性及不可能性联系了起来："孤立迫使每一个人（全都孤独得像个野人）去创造自己的社会观念。每一个社会教条都必须始终是乌托邦，认识到这一点，也会驱使他走向孤单。这种孤单把我们吞噬进了它的空虚之中……"[51] 勋伯格在其康塔塔《雅各的天梯》（*Jacob's Ladder*）中，用一声呐喊呼应了柯克西卡的情感："把我们从孤立中拯救出来吧！"（Erlöse uns von unserer Einzelheit！）

在他们的战前作品中，两位艺术家都在一些形态中找到了描写自己内心呐喊的渠道，这些形态打破了传统艺术中那些压制这一呐喊的旧秩序。对于两人而言，代表秩序的花园，对它的借用，及其随后的瓦解，都可以充当解放人心的媒介。柯克西卡的爆发冲动，在肖像画里精神与肉体现实的统一中，得到了创造性的宣泄。他无意还原已被毁坏的花园，除非就他个人的内心而言。而勋伯格作为美丽花园的颠覆者，虽然找寻不到社会理想或现实来解除身上的诅咒（自己深切的孤独感），但他并没有像柯克西卡那样轻易地丢下这个问题。凭借其非凡的能力，他创造出了巨大的能量，将荒野恰当地展现成了心理之人那形而上学的类比和隐喻性的理想。他给那些能够倾听的人，展示了如何将荒野通过声音组织起来，来取代他不遗余力想要毁掉的花园。

注释

1. 奥斯卡·柯克西卡（Oscar Kokoschka）著，《青年传记》（"Aus der Jugendbiographie"），《文集，1907—1955》（*Schriften, 1907–1955*，慕尼黑，1956 年版），汉斯·玛利亚·温格勒（Hans Maria Wingler）编，第 21—46 页。

2. 有关新的别墅文化及其主要建筑师的作品，简要论述请见彼得·韦尔戈（Peter Vergo）著，《维也纳的艺术》（*Art in Vienna*，伦敦，1975 年版），第 142—177 页，散见各处。

3. 胡戈·冯·霍夫曼斯塔尔（Hugo von Hofmannsthal）著，《花园》（"Gärten"），《全集作品，散文》（*Gesammelte Werke, Prosa*），赫伯特·斯坦纳（Herbert Steiner）编（法兰克福，1959 年版），第 2 卷，第 176 页，第 178 页，第 181 页。

4. 《瞭望台》（*Hohe Warte*），该期刊以主要的知识分子隔都命名，服务对象是"城市文化中的艺术、思想与经济利益"（1904 年及以下各期）。它是极具启发性的资料来源，因为里面包括了奥托·瓦格纳这样的城市现代主义者，约瑟夫·霍夫曼这样的新古典主义者，舒尔茨-诺姆伯格（Schultze-Naumburg）以及西特的追随者这样的小资产阶级复古主义者（建筑与城镇生活的"乡土课程"理论家）。请见系列文章，

《花园建筑的艺术》（"Die Kunst des Gartenbaues"），《瞭望台》，第 1
期（1904—1905 年），第 5、7、12、14 号。

5. 奥斯卡·柯克西卡（Oscar Kokoschka）著，《我的一生》（*My Life*，纽
约，1974 年版），大卫·布立特（David Britt）译，第 219 页。

6. 《1908 年艺术展目录表》（*Katalog der Kunstschau, 1908*，维也纳，
1908 年版）。

7. 艺术展由帝国政府、下奥地利行政机关以及维也纳市政府捐助支持。
私人保险商也建立了一笔保证金。《目录表》，第 6 页。

8. 同上书。由于在莫里斯的文章中找不到原文，我在这里只好将德文重
译为英文。

9. 罗乔万斯基（L. W. Rochowanski）著，《维也纳的新艺术：弗朗茨·齐
泽克与他的疗养院》（*Die Wiener Jugendkunst. Franz Cizek und seine
Pflegestätte*，维也纳，1946 年版），第 20 页。

10. 同上书，第 28 页。德语 "sich auszusprechen" 的所指，不光是表现主
义，还有精神分析的谈话疗法。

11. 同上书，第 29 页。

12. 奥斯卡·柯克西卡（Oskar Kokoschka）著，《我的一生》（*Mein Leb-
en*，慕尼黑，1971 年版），第 55 页。有关他对自己在艺术与工艺学院
里的老师以及受教育的总体描述，请见同书，第 49—52 页；赫丁（J.
P. Hodin）著，《奥斯卡·柯克西卡：艺术家与他的时代》（*Oskar Koko-
schka: The Artist and His Time*，伦敦，1966 年版），第 62 页，第 221
页；约瑟夫·霍夫曼（Joseph Hoffmann）著，《柯克西卡家的开始》
（"Die Anfänge Kokoschkas"），收入赫丁编，《柯克西卡告白》（柏林
与美因茨，1963 年版），第 65—67 页。

13. 《德国艺术与装饰》，第 23 期（1908—1909 年），第 53 页。

14. 柯克西卡著，《我的一生》。1907 年的藏品内容在欧根·古戈里亚（Eu-
gen Guglia）所著的《维也纳：一本指南》（*Wien: Ein Führer*，维也纳，
1908 年版），第 65—67 页中有简要的记述。

15. 奥斯卡·柯克西卡（Oskar Kokoschka）著，《做梦的男孩们》（*Die Träumenden Knaben*，维也纳，慕尼黑，1968 年版）。

16. 柯克西卡记录，《奥斯卡·柯克西卡记叙他的一生》（*Oskar Kokoschka erzählt sein Leben*）德国留声机协会（Deutsche Gramophon Gesellschaft），1961 年。

17. 柯克西卡著，《文集》，第 141 页（本人翻译）。

18. 有关柯克西卡本人对这次所谓骚动的描述（他自称幸亏被卡尔·克劳斯对警察总长的影响所救），请见柯克西卡著，《我的一生》，第 27 页。另请见韦尔戈在其《维也纳的艺术》第 248 页注释 16 中的证据。

19. 柯克西卡著，《我的一生》，第 35 页。

20. 阿道夫·洛斯（Adolf Loos）著，《波特金城》（"Die potemkinische Stadt"），载《神圣之春》，第 1 期（1898 年），第 15—17 页。

21. 阿道夫·洛斯著，《建筑师》（"Architektur"，1909），收入《尽管》（*Trotzdem*，因斯布鲁克，1931 年版），第 109 页。

22. 同上。

23. 柯克西卡著，《我的一生》，第 36—37 页。

24. 同上书，第 33 页。

25. 虽然仅仅在《我的一生》里第三章的回忆中，记述了自己在肖像绘画中的实际方法，但他早在 1912 年的一次演讲中就首次记录下了这方面的理论：《论景象的本质》（"Von der Natur der Gesichte"）是以上讨论的基础。请见柯克西卡著，《文集》，第 337—341 页。

26. 根据蒂策太太对座位的回忆，柯克西卡当时迅速丢开画笔，用手指就画了起来，还用指甲画线。蒂策-康拉特（E. Tietze-Conrat）著，《一幅肖像及之后的事》（"Ein Porträt und Nachher"），收入赫丁编，《柯克西卡告白》，第 70 页。

27. 有关传统的音调次序及其与勋伯格的关系，最为清楚的分析是查尔斯·罗森（Charles Rosen）所著的《阿诺德·勋伯格》（*Arnold Schoenberg*），收入弗兰克·克尔莫德（Frank Kermode）编写的"现代大师系列"（纽约，1975 年版，平装本），特别是第 2 章。

28. 阿尔弗雷德·布伦德尔（Alfred Brendel）著，《音乐的思维与追思》（*Musical Thoughts and Afterthoughts*，普林斯顿，1976 年版），第 83 页。

29. 有关勋伯格早期作品的"双重性质"——勃拉姆斯与瓦格纳，请见威利·赖希（Willi Reich）著（纽约，华盛顿，1971 年版），《勋伯格：批判性传记》（*Schoenberg: A Critical Biography*），利奥·布莱克（Leo Black）译，第 5—8 页。

30. 见第 4 章和第 5 章。

31. 请见理查德·斯威夫特（Richard Swift）的透彻分析，《I-XI-99：勋伯格〈升华之夜〉中的音调关系》（"I-XI-99: Tonal Relations in Schoenberg's *Verklärte Nacht*"），载《19 世纪音乐》（*19th Century Music*）第 1 期（1977 年 7 月），第 3—14 页。

32. 阿诺德·勋伯格（Arnold Schoenberg）著，《和声理论》（*Harmonielehre*，维也纳，1911 年版），第 449—450 页。

33. 同上书，第 443 页。

34. 斯特凡·乔治（Stefan George）著，《牧歌和赞美诗，传说和歌唱，空中花园篇》（*Die Bücher der Hirten und Preisgedichte, der Sagen und Sänge und der hängenden Gärten*，柏林，1904 年版），第 103—112 页。

35. 有关该作品充分的专业分析，请见卡尔·海因里希·厄伦福斯（Karl Heinrich Ehrenforth）著，《表现与形态：勋伯格在乔治诗歌中向无调性音乐的突破》（*Ausdruck und Form. Schoenberg's Durchbruch zur Atonalität in den George-Liedern, Op. 15*，波恩，1963 年版）。

36. 本人翻译。有关玛丽·帕本海姆（Marie Pappenheim）的完整文本及翻译，请见哥伦比亚名著记载附带的小册子，M2S 679，《阿诺德·勋伯格的音乐》（*The Music of Arnold Schoenberg*，纽约，未注明出版日期），第 2 卷。这本小册子还包含罗伯特·克拉福特（Robert Craft）对《期待》中戏剧性结构的精彩论述。

37. 有关对该作品理论统一性的启发性讨论，请见罗森，《勋伯格》，第 38—49 页。

38. 柯克西卡创作这张自画像，首先是为瓦尔登 1909 年年末或 1910 年年初的《暴风雨》做海报。请见汉斯·温格勒（Hans Wingler）著，《奥斯卡·柯克西卡：书画刻印作品》（*Oskar Kokoschka. Das druckgraphische Werk*，萨尔茨堡，1975 年版），第 75—77 页。

39. 文本收入哥伦比亚唱片，大师作品，《阿诺德·勋伯格的音乐》，第 1 卷。

40. 引自《格言》（"Aphorismen"），1910 年，收入阿诺德·勋伯格著，《创作的忏悔》（*Schöpferische Konfessionen*），威利·赖希编（苏黎世，1964 年版），第 12 页。

41. 阿诺德·勋伯格著，《和声理论》，第 281 页。（斜体字是他自己标的。）

42. 引自同上书，无页数，收入《十二音列体系》（*die Reihe*），第 2 卷（英文版，1958 年），第 6 页。

43. 勋伯格著，《和声理论》，第 443 页。

44. 有关其文本和各个部分，请见阿诺德·勋伯格著，《文本》（*Texte*，维也纳，1926 年版），第 23—28 页。整部交响曲的提纲可见约瑟夫·鲁弗（Joseph Rufer）著，《阿诺德·勋伯格作品集》（*The Works of Arnold Schoenberg*，伦敦，1962 年版），第 115—116 页。

45. 阿诺德·勋伯格著，《书信集》（*Briefe*，美因茨，1958 年版），埃尔温·斯坦因（Erwin Stein）编，第 11 封信，写给理查德·德梅尔（Richard Dehmel），1912 年 12 月 13 日。

46. 罗伯特·穆齐尔（Robert Musil）著，《一个作家的札记》（"Aufzeichnungen eines Schrifstellers"），收入《选集》（*Gesammelte Werke*，汉堡莱茵贝克，1978 年版），第 7 卷，第 919—920 页。

47. 鲁弗著，《作品集》，第 116 页。

48. 同上书，第 117 页。

49. 请见乔治·斯坦纳（George Steiner）所写的精彩文章《勋伯格的摩

西与亚伦》("Schoenberg's Moses and Aaron"），收入《语言与失语》（*Language and Silence*，纽约，1970 年版），第 127—139 页。

50. 阿诺德·勋伯格（Arnold Schoenberg）著，《摩西与亚伦》（*Moses and Aaron*，纽约，1957 年版）。（本人翻译）

51. 柯克西卡著，《文集》，第 44 页。

重要名词英汉对照表

Academy of Fine Arts 美术学院
Adler, Victor 维克多·阿德勒
Akademische Lesehalle 学院读书会
Akademisches Gymnasium 学术型高中
Allgemeine Oesterreichische Baugesellschaft 奥地利建设公司
Altenberg, Peter 彼得·阿尔滕贝格
Andrian-Werburg, Leopold von 利奥波德·冯·安德里安-沃伯格
Andrian-Werburg, Viktor von 维克多·冯·安德里安-沃伯格
anti-Semitism 反犹主义
architectural styles 建筑风格
architectural training 建筑培训
army: counter-insurgency planning 军队：反叛乱计划
arsenal 军火库
art and social mobility 艺术与社会流动性
art deco 艺术装饰
artisans 手工艺者
art nouveau 新艺术
Arts and Crafts School 艺术与工艺学院
Arts Council (Ministry of Culture and Instruction) 艺术委员会（文化与教育部）
Athena 雅典娜
Auerbach, Erich 埃里克·奥尔巴赫
Austrian Reform Union 奥地利改革同盟
Austro-Prussian War 奥地利-普鲁士战争

Bahr, Hermann 赫尔曼·巴尔
Baudelaire, Charles 夏尔·波德莱尔
Beamtenministerium (Bureaucrat's Ministry) 官员部
Beer-Hofmann, Richard 理查德·比尔-霍夫曼
Beethoven, Ludwig van 路德维希·冯·贝多芬
Bein, Alex 亚历克斯·拜恩
Benedictine Order 本笃会

Berger, Johann Nepomuk　约翰·内波穆克·伯杰
Biedermeier　比德迈式样
Bildung　教化
Billroth, Theodor　特奥多尔·比尔罗特
Bismarck, Otto von　奥托·冯·俾斯麦
Bloch-Bauer, Adele　阿黛尔·布洛赫-鲍尔
B'nai B'rith　反诋毁联合会
Böcklin, Arnold　阿诺德·波克林
Boehm-Bawerk, Eugen　欧根·伯姆-巴沃克
Braun, Heinrich　海因里希·布劳恩
Brentano, Prof. Franz　弗朗茨·布伦塔诺教授
Broch, Hermann　赫尔曼·布洛赫
Brown, Norman O.　诺曼·布朗
Burckhard, Max　马克斯·伯尔克哈德
Burckhardt Jacob　雅各布·布克哈特
bureaucracy　官僚，官僚主义
Bürgerministerium　民政部
Burgtheater　城堡剧院

Catholicism　天主教（教义）
Chlumecky, Baron Johann　约翰·赫卢梅茨基男爵
Christian Social Party　基督教社会党
City Council, Vienna（维也纳）市议会
City Expansion Commission, Vienna　（维也纳）城市扩建委员会
city planning　城市规划
Cizek, Prof. Franz　弗朗茨·齐泽克教授
Coch, Georg　格奥尔格·科克
Columbia University International Conference on Urban Art　哥伦比亚大学城市艺术
　　国际研讨会
culture　文化
Czech nationalism　捷克民族主义

Dehmeil, Richard　理查德·德梅尔
Democrats, Vienna（维也纳）民主派分子
Depression of 1873　1873 年经济萧条
Deutsches Volksblatt《德意志人民报》
Dreyfus, Captain Alfred　阿尔弗雷德·德雷福斯上尉
Drumont, Edouard　爱德华·德鲁蒙

Dumba, Nikolaus 尼古拉斯·顿巴
Dumreicher, Freiherr Armand 阿曼德·杜姆赖歇尔男爵

Eitelberger, Rudolf von 鲁道夫·冯·埃特尔伯格
Ethical Culture 伦理文化
Exner family 埃克斯纳家族
Expressionism 表现主义

Felder, Kajetan 卡耶坦·费尔德
Ferstel, Baroness Marie 玛丽·费斯特尔男爵夫人
Ferstel, Heinrich 海因里希·费斯特尔
feuilleton 报纸文艺栏，文艺批评栏
Fischhof, Adolf 阿道夫·菲施霍夫
Flaubert, Gustave 古斯塔夫·福楼拜
Fliess, Wilhelm 威廉·弗利斯
Förster, Ludwig von 路德维希·冯·福斯特
Folk Theater 民间戏剧
Fortschrittsklub 进步俱乐部
Francis Joseph, Emperor 弗朗茨·约瑟夫皇帝
Franco-Prussian War 普法战争
Freud, Jakob 雅各布·弗洛伊德
Freud, Sigmund 西格蒙德·弗洛伊德
Friedjung, Heinrich 海因里希·弗雷德荣

George, Stephan 斯特凡·乔治
Gerstl, Richard 理查德·格斯特尔
Giraud, Albert 阿尔伯特·吉劳德
Gomperz, Elise 伊莉斯·贡珀茨
Gomperz, Theodor 特奥多尔·贡珀茨
Gürnne, Generaladjurant Karl 卡尔·格伦尼将军

Hansen, Theophil 特奥费尔·汉森
Hartel, Wilhelm von 威廉·冯·哈特尔
Hasenauer, Carl 卡尔·哈森诺尔
Hebbel, Friedrich 弗里德里希·黑贝尔
Herrengasse 绅士街
Herzl, Theodor 特奥多尔·赫茨尔
Hevesi, Ludwig 路德维希·赫维西

Hirsch, Baron Maurice de　莫里斯·德·希尔施男爵

Hitler, Adolf　阿道夫·希特勒

Hofburg　霍夫堡

Hoffmann, Josef　约瑟夫·霍夫曼

Hofmannsthal, Hugo, von　胡戈·冯·霍夫曼斯塔尔

Hofoper　皇家歌剧院

housing　住房

Humboldt, Wilhelm von　威廉·冯·洪堡

Jocobsen, Jens Peter　詹斯·彼得·雅各布森

Jews　犹太人

Jodl, Prof. Friedrich　弗里德里希·约德尔教授

Joseph II, Emperor　皇帝约瑟夫二世

Josephanism　约瑟夫时代的风尚

Jungen, die　"青年一代"

Kärntner Ring　卡恩特纳环路

Kana, Heinrich　海因里希·卡纳

Kandinsky, Wassily　瓦斯利·康丁斯基

Keats, John　约翰·济慈

Klimt, Gustav　古斯塔夫·克里姆特

Klinger, Max, "Beethoven" statue　马克斯·克林格，"贝多芬"雕像

Koerber, Dr. Ernest von　欧内斯特·冯·克贝尔博士

Kokoschka, Oskar　奥斯卡·柯克西卡

Kraus, Karl　卡尔·克劳斯

Kronawetter, Ferdinand　费迪南德·克罗纳韦特尔

Kundmann, Karl　卡尔·昆德曼

Kunstschau 1908　1908 年艺术展

Lanckoronski, Karl　卡尔·兰科龙斯基

Langer, Susanne　苏珊·兰格

Lassalle, Ferdinand　费迪南德·拉萨尔

Leseverein der deutschen Studenten Wiens　维也纳德意志学生读书会

liberal culture　自由主义文化

liberal politics　自由主义政治

Lichtenberger, Elisabeth　伊丽莎白·利希滕贝格尔

Liechtenstein, Prince Alois von　阿洛伊斯·冯·利希滕施泰因亲王

Linz program　林茨计划

Löwy, Emanuel 伊曼纽尔·洛维
Loos, Adolf 阿道夫·洛斯
Ludwig Victor, Archduke 路德维希·维克多大公
Lueger, Karl 卡尔·卢埃格尔

Mach, Ernst 恩斯特·马赫
Maeterlinck, Maurice 莫里斯·梅特林克
Mahler, Alma 阿尔玛·马勒
Mahler, Gustav 古斯塔夫·马勒
Mandl, Ignaz 伊格纳兹·曼德勒
Matsch, Franz 弗朗茨·马奇
Metternich-Zichy, Princess Melanie 梅勒妮·梅特涅-兹奇公主
Meynert, Theodor 特奥多尔·梅内特
Mill, John Stuart 约翰·斯图亚特·穆勒
Minerva 密涅瓦（掌管智慧、发明、艺术和武艺的女神）
Ministry of Culture 文化部
Ministry of Education 教育部
Ministry of Finance 财政部
Ministry of Religion and Instruction 宗教与教育部
Ministry of War 国防部
Modern Gallery, Vienna（维也纳）现代艺术馆
Moll, Karl 卡尔·摩尔
Morris, William 威廉·莫里斯
Moser, Koloman 科罗曼·莫泽
Museum of Art and Industry 艺术与工业博物馆
Museum of Art History 艺术史博物馆
Museum of Natural History 自然史博物馆
museum projects 博物馆工程
Musil, Robert 罗伯特·穆齐尔
Myrbach, Felician von 菲利西恩·冯·米尔巴哈

narcissism 自恋，自我陶醉
nationalism, German 德意志民族主义
Neue Freie Presse《新自由报》
Neue Wiener Tagblatt《新维也纳日报》
Neumann, Wilhelm von 威廉·冯·纽曼
Nietzsche, Friedrich 弗里德里希·尼采
Nordbahn 北方铁路

Nüll, Eduard van der　爱德华·范·德·努尔

Oesterreichische Creditanstalt　奥地利信贷公司
Olbrich, Josef　约瑟夫·奥尔布里奇
Opera, Court (Hofoper)　皇家歌剧院
Orlik, Emil　埃米尔·奥里克
Otway, Thomas　托马斯·奥特韦

Pan-Germanism　泛德意志主义
Paris　巴黎
Parliament (Reichsrat)　议会（帝国议会）
Pater, Walter　沃尔特·佩特
Pernerstorfer, Engelbert　恩戈尔伯特·佩纳斯托佛
Philosophical Society, Vienna（维也纳）哲学学会
Piarist Square　虔信广场
Plener, Dr. Ernst von　恩斯特·冯·普勒纳博士
Polytechnic Institute and School　工艺学院
Postal Savings Bank　邮政储蓄大楼

Raimund, Ferdinand　费迪南德·雷蒙德
Rathaus　市政厅
Rauscher, Cardinal Joseph von　枢机主教约瑟夫·冯·劳舍尔
Ravel, Maurice　莫里斯·拉威尔
Reichsrat　帝国议会
Reichsratsstrasse　帝国议会街
Rokitansky, Carl von　卡尔·冯·洛吉坦斯基
Roller, Alfred　阿尔弗雷德·洛勒
Rothschilds　罗斯柴尔德家族
Rousseau, Jean-Jacques　让-雅克·卢梭
Rudolph, Crown Prince　鲁道夫皇储
Ruskin, John　约翰·罗斯金

Saar, Ferdinand von　费迪南德·冯·萨尔
Schiller, Friedrich　弗里德里希·席勒
Schindler, Franz　弗朗茨·辛德勒
Schliemann, Heinrich　海因里希·谢里曼
Schmerling, Anton Ritter von　安东·里特·冯·施梅林
Schneider, Ernst　恩斯特·施奈德

Schnitzler, Arthur　阿图尔·施尼茨勒
Schoenberg, Arnold　阿诺德·勋伯格
Schönborn, Cardinal Franz　枢机主教弗朗茨·肖伯恩
Schönerer, Alexandrine von　亚历山德琳·冯·舍内雷尔
Schönerer, Georg von　格奥尔格·冯·舍内雷尔
Schönerer, Matthias von　马蒂亚斯·舍内雷尔
School of Arts and Crafts (School of Applied Art)　艺术与工艺学院（应用艺术学院）
Schopenhauer, Arthur　亚瑟·叔本华
Schottengymnasium　苏格兰文科中学
Schratt, Katherina　凯瑟琳娜·施拉特
Schubert, Franz　弗朗茨·舒伯特
Schwarzenberg, Prince Johann　约翰·施瓦岑贝格亲王
Secession　分离派
Semper, Gottfried　戈特弗雷德·森佩尔
Sicardsburg, August von　奥古斯特·冯·西卡德斯堡
Sitte, Camillo　卡米洛·西特
Sitte, Franz　弗朗茨·西特
Slavs　斯拉夫人
Social Democracy　社会民主
South Kensington Museum　南肯辛顿博物馆
State Trade School　国立职业学校
Stifter, Adalbert　阿达尔伯特·施蒂夫特
Stoclet house　斯托克雷特庄园
Stöhr, Ernst　恩斯特·斯托尔
Stonborough-Wittgenstein, Margaret　玛格丽特·斯通伯勒–维特根斯坦
Strasser, Arthur　阿图尔·施特拉塞尔
Strauss, Richard　理查德·施特劳斯
student　学生
Sturm, Der《暴风雨》
Szeps, Moritz　莫里茨·赛普斯
Szeps-Zuckerkandl, Berta　伯尔塔·赛普斯–祖卡坎德尔

Technical University (Technische Hochschule)　维也纳科技大学
textile industry　纺织业
theater　戏剧，剧场
Theater an der Wien　维也纳剧院
theatrum mundi　世界剧场
Theresianum　特里萨中学

Thun, Count Leo 利奥·图恩伯爵
Tietze, Hans, and Erica Tietze-Conrat 汉斯·蒂策与爱利卡·蒂策–康拉特
tonality 音调（性）
Toorop, Jan 扬·托洛普
Trade Ordinances of 1859 1859 年行业条例

United Christians 联合基督会
University 大学
urban development, Vienna（维也纳）城市开发

Verein der deutschen Volkspartei 德意志人民党联盟
Vergo, Peter 彼得·韦尔戈
Ver Sacrum《神圣之春》
Victoria and Albert Museum 维多利亚与阿尔伯特博物馆
Victorianism 维多利亚女王时代的风尚
Vienna Anthropological Society 维也纳人类学学会
Vogelsang, Karl von 卡尔·冯·福格尔桑
Votivkirche 感恩教堂

Wagner, Otto 奥托·瓦格纳
Wagner, Richard 理查德·瓦格纳
Wagner-Rieger, Renate 勒纳特·瓦格纳–里格
Walden, Herwarth 赫尔瓦特·瓦尔登
Walzel, Dr. Oskar 奥斯卡·沃泽尔博士
Wertheimstein family 维特海姆斯坦家族
Wickoff, Franz 弗朗茨·威克霍夫
Wiener Werkstätte 维也纳生产同盟
Wilde, Oscar 奥斯卡·王尔德
Winckelmann, Johann 约翰·温克尔曼

Yeats, William Butler 威廉·巴特勒·叶芝
"Young Vienna" (Jung-Wien)"青年维也纳"团体

Zionism 犹太复国主义
Zola, Emile 埃米尔·左拉
Zuckerkandl, Berta 伯尔塔·祖卡坎德尔
Zuckerkandl, Prof. Emil 埃米尔·祖卡坎德尔教授
Zweig, Stefan 斯特凡·茨威格

出版后记

在 19 世纪末到 20 世纪初,一方面,西方社会陷入了危机,矛盾日益尖锐突出,社会剧烈动荡,传统上 19 世纪坚信的价值观——例如,科学、进步——都在遭到越来越多的质疑;另一方面,科学技术日新月异,这也是一个各种新思潮、新思想、新艺术不断涌现的时代,是一个创造力格外活跃的时代。在艺术领域,无论是在文学上、音乐上还是绘画上,这都是一个艺术家格外活跃的时期。因此,"Fin de Siècle"(世纪末)这个法语词被借到英语中,专门用来形容这段历史时期,有时也用来形容一种特殊的氛围和一种特殊的艺术风格。

在世纪末的欧洲,维也纳占据着极为重要的地位,维也纳既是诸多艺术和音乐流派的起源地,也是各种日新月异的科学技术最先得到应用的地方,同时,在有着近千年历史的哈布斯堡帝国首都的维也纳,各种政治势力的斗争也是风起云涌,后来 20 世纪的诸多群众政治运动,诸如反犹主义、社会主义、民族主义,都能在世纪末的维也纳寻找到起源。

卡尔·休克斯的《世纪末的维也纳》问世以来广受赞誉,荣获了 1981 年的普利策奖,是文化史研究的经典著作。

服务热线:133-6631-2326　188-1142-1266
读者信箱:reader@hinabook.com

后浪出版公司
2021 年 3 月

图书在版编目（CIP）数据

世纪末的维也纳 / (美) 卡尔·休斯克著；李锋译
. —— 北京：光明日报出版社，2022.6（2024.5 重印）
ISBN 978-7-5194-6435-6

Ⅰ.①世… Ⅱ.①卡…②李… Ⅲ.①名人－人物研
究－奥地利－近代 Ⅳ.① K835.210.43

中国版本图书馆 CIP 数据核字 (2021) 第 278697 号

Fin-De-Siècle Vienna: Politics and Culture by Carl E. Schorske
Copyright © 1961, 1967, 1973, 1979 by Carl E. Schorske
This translation published by arrangement with Alfred A. Knopf, an imprint of The Knopf
Doubleday Group, a division of Penguin Random House, LLC.
Through Bardon-Chinese Media Agency.
Simplified Chinese translation copyright © 2022 by Ginkgo (Shanghai) Book Co., Ltd.
All rights reserved
版权登记号：01-2021-6968

世纪末的维也纳
SHIJI MO DE WEIYENA

著　者：[美]卡尔·休斯克　　　　　　译　者：李　锋

责任编辑：许黛如　曲建文　　　　　　策　划：张　鹏
封面设计：墨白空间·陈威伸　　　　　责任校对：舒　心
责任印制：曹　净

出版发行：光明日报出版社
地　　址：北京市西城区永安路 106 号，100050
电　　话：010-63169890（咨询），010-63131930（邮购）
传　　真：010-63131930
网　　址：http://book.gmw.cn
E-mail：gmrbcbs@gmw.cn
法律顾问：北京市兰台律师事务所龚柳方律师

印　　刷：天津联城印刷有限公司
装　　订：天津联城印刷有限公司
本书如有破损、缺页、装订错误，请与本社联系调换，电话：010-63131930

开　　本：143mm×210mm
字　　数：358 千字　　　　　　　　印　　张：16
版　　次：2022 年 6 月第 1 版　　　印　　次：2024 年 5 月第 4 次印刷
书　　号：ISBN 978-7-5194-6435-6

定　　价：99.80 元